CHRONIQUE SCANDALEUSE

DE LA

MAGISTRATURE FRANÇAISE

CONTEMPORAINE.

CHRONIQUE SCANDALEUSE

DE LA

MAGISTRATURE FRANÇAISE

CONTEMPORAINE

OU

HISTOIRE

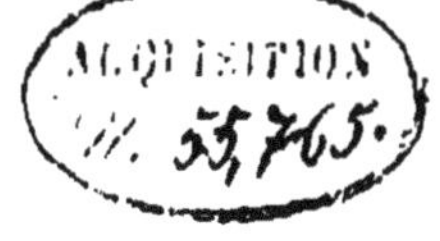

DE LA TYRANNIE JUDICIAIRE EN FRANCE

PAR UNE DE SES VICTIMES.

A CHARENTON

DANS UN COIN D'OÙ L'ON VOIT TOUT.

1868

INTRODUCTION.

L'histoire des Empires nous présente le spectacle des révolutions et des guerres produites par les passions et les vices de l'Humanité.

L'histoire des Religions nous offre des milliers d'exemples de persécutions, de tortures et de massacres ordonnés par le Fanatisme religieux.

De hardis écrivains, historiens ou poëtes, ont osé signaler au monde et flétrir les passions et les vices, les ridicules et les faiblesses des Rois et des Grands, ceux mêmes des Ministres de la Religion : ils ont déroulé le tableau des crimes de la *Tyrannie politique et religieuse.*

Personne cependant n'a parlé de *Tyrannie judiciaire* : Serait-ce qu'il n'en a jamais existé ? Serait-ce parce qu'elle ne paraît pas avoir produit de révolutions ? Serait-ce enfin parce que le nom sinistre de Vindicte publique glace d'effroi ? Peu importe : quelle qu'en soit la véritable cause, l'homme chargé de juger ses semblables, celui entre les mains duquel reposent la fortune, l'honneur, la liberté de chacun d'entre nous, le *Juge* en un mot, n'a jusqu'ici relevé que du Tribunal de sa conscience, n'est-il pas temps que lui aussi relève du Tribunal de *l'Opinion publique ?*

Nous nous sommes imposé la tâche de retracer l'histoire de la *Tyrannie judiciaire en France.* Mais afin de n'aborder en rien le terrain de la Politique et de nous borner à une œuvre essentiellement historique, nous nous arrêtons à l'an 1847 : trois ou quatre Gouvernements ont succédé à celui de *Louis-Philippe*, et la Postérité a déjà commencé pour lui.

Nous avons divisé cet ouvrage en trois Parties : 1° **Histoire** : nous présentons d'abord une analyse des *lois criminelles* de la Société dans la Théocratie, l'Aristocratie, la Démocratie et l'Absolutisme, puis l'histoire du *Parlement* de Paris. 2° **Drame** : nous donnons un *exemple vrai* de la Justice contemporaine et fesons pénétrer dans les coulisses intimes du Monde judiciaire ; c'est une comédie de mœurs intitulée : *la Justice des hommes.* 3° **Economie judiciaire** : nous traitons enfin des *Abus* de la Justice criminelle et indiquons les *Réformes* à y opérer.

Méthode. Nous allons sans aucun doute heurter bien des idées reçues, nous aurons à combattre bien des préjugés ; mais *la Vérité avant tout*, et tel est l'objet de nos recherches. A cet effet, voici les moyens auxquels nous devions recourir. — Pour juger sainement, impartialement, il faut tout d'abord se débarrasser des idées, que l'éducation, la lecture, la société nous ont inculquées, et qui doivent quelquefois être fausses. Oublions ensuite que nous sommes nés en Europe, ce qui a nous fait *Chrétiens*, et en France, ce qui nous a fait *Français*; mais n'allons pas tomber dans l'extrême opposé, et devenir Matérialiste ou Pyrrhonien, Russe ou Anglais ; non, restons *homme*, *un membre de l'Humanité.* Ce résultat ne peut être obtenu qu'au prix de profondes douleurs, de réflexions bien amères, de la perte de toutes illusions, et c'est là ce qu'on appèle *l'expérience* : il faut donc avoir *vécu* et *observé*, mais surtout *souffert* et *réfléchi*. Alors nous retirant dans la *solitude*, *transportons nous dans le Milieu* où vécurent les Personnages que nous voulons juger, imprégnons nous de leurs idées, de leurs préjugés mêmes. Nous examinons ainsi d'un air calme, serein, et dès lors impartial, tout ce qui se passe autour de nous, les vicissitudes des Empires, les persécutions religieuses, politiques ou judiciaires, bref les divers événements que l'Histoire nous présente. Nous comprenons les Passions que nous-mêmes avons ressenties, nous nous rendons compte des Phénomènes, qui jusqu'alors nous paraissaient extraordinaires, inexplicables, et qui ne sont cependant que le *développement logique* des passions humaines. Connaissant alors les *Effets*, nous pouvons remonter aux *Causes*, les comprendre, les expliquer, une seule exceptée, *Dieu !*

Nous désirons intéresser et appeler l'Attention publique sur des matières si graves et cependant si négligées. En traçant hardiment cette voie, nous engageons une lutte dans laquelle très probablement nous succomberons ; mais d'autres viendront ensuite, qui plus habiles et plus heureux sauront compléter notre œuvre : car un jour *doit* venir, qui verra enfin le triomphe de cette cause sacrée de la *Liberté humaine*, dont on fait maintenant si peu de cas.

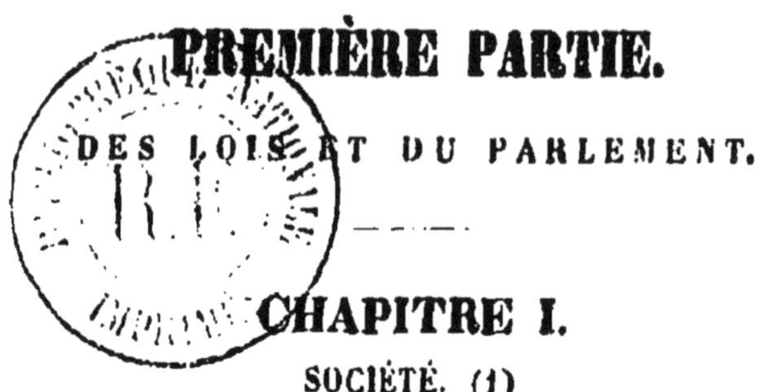

PREMIÈRE PARTIE.

DES LOIS ET DU PARLEMENT.

CHAPITRE I.

SOCIÉTÉ. (1)

Quand Dieu créa l'univers, il assujettit la matière à des lois fixes, immuables, de telle sorte que les mêmes causes doivent inévitablement et toujours produire les mêmes effets ; à l'homme au contraire, il donna le germe ou principe de toutes les qualités morales et intellectuelles, bonnes et mauvaises, avec des prédispositions différentes cependant, mais en y joignant la liberté la plus entière et la plus absolue pour en diriger l'emploi. Ainsi, tels nous sommes en venant au monde, tels ont été nos pères, nos ancêtres, les premiers hommes. Mais le milieu dans lequel va se trouver maintenant un enfant est bien différent de ce qu'il était il y a cent ans, deux mille ans, de ce qu'il était au commencement du monde ; de là vient cette différence des hommes qui à des époques diverses sont si dissemblables en apparence et qui au fond sont toujours les mêmes ! Que si cependant nous pouvions pour un instant oublier le monde

(1) Nous engageons vivement les personnes pour les quelles les questions abstraites de droit et de philosophie ont peu de charmes, à passer ce chapitre et à ne lire des 3 suivants que le résumé qui se trouve à la fin de chacun d'eux, puis à commencer au 5ᵉ chapitre, *Empire Romain* ; nous recommandons la lecture des chap. 5, 8, 10, 12 et suivants.

qui nous entoure, les principes de religion et d'éducation qu'on nous a inculqués, et ainsi libres, débarrassés de toutes entraves, nous plonger au sein de la nature, au milieu de l'immensité, alors sans aucun doute nous éprouverions ces mêmes sensations primitives que ressentirent les premiers hommes. Appliquons donc ici la méthode que nous avons développée dans l'introduction et cherchons à reconstruire les premiers âges de l'humanité ; nous assisterons ainsi à la formation des sociétés humaines.

Seuls sur la terre, faibles, isolés, en présence de l'immensité qui nous environne de toutes parts, nous entendons une voix qui nous parle, avec laquelle nous conversons, c'est notre *conscience* : elle nous révèle l'existence d'une cause première, d'un être infini, tout puissant ; notre faiblesse même nous fait sentir sa grandeur et alors nous l'implorons, nous l'adorons. Mais où est-elle cette puissance créatrice ? Ce ne sont pas les objets matériels qui nous entourent et nous paraissent insensibles ; ce ne sont pas les êtres animés que nous rencontrons et qui fuient à notre approche ou nous inspirent de la frayeur ; ce n'est donc pas sur cette terre qu'elle a sans doute créée comme nous mêmes, qu'elle peut être ; c'est donc là haut, au dessus de nos têtes qu'elle réside. Nous élevons nos regards vers le ciel, nous lui adressons nos prières et nous sentons que le créateur de toutes choses nous voit, nous entend, puisque cette même voix intérieure nous répond et que nous nous sentons fortifiés ; notre *conscience*, c'est donc *la voix de Dieu*, c'est Dieu lui même qui se révèle à l'homme.

Mais des êtres semblables se sont rencontrés : pensant, et pouvant déjà grâces à leurs gestes, au son de la voix, traduire leurs sensations, leurs besoins, leurs désirs qu'ils ont trouvés les mêmes, ils se sont rapprochés, ils vont vivre ensemble, la *famille* est formée. (1) — De même que des individus se sont réunis pour former la famille, de même la *tribu* se forme par l'agglomération des familles. Cette réunion d'êtres humains veut mettre en commun peines et plaisirs ; ils veulent s'entr'aider mutuellement, se défendre contre les animaux, contre les tribus ennemies, s'assister dans les maladies, se garantir contre l'intempérie des saisons, contre les tortures de la faim ; voila bien l'objet de la *Société* ou plutôt des nombreuses *Sociétés* qui se forment de toutes parts sur l'immensité du globe. Alors l'esprit inventif de l'homme se développe, ses idées s'étendent, ses gestes, ses cris les traduisent, le langage

(1) Comment admettre que Dieu ne fit qu'un seul couple, quand nous reconnaissons encore maintenant dans notre *espèce* au moins quatre variétes essentiellement différentes qui ne peuvent se reproduire l'une l'autre. D'ailleurs pour les Juifs et pour les Chrétiens, le texte de la genèse de Moïse est suffisamment clair et prouve sans réplique que Dieu a fait plus d'un couple. A cet égard les traduction diverses sont en accord complet : voici par exemple quelques extraits de la traduction de M. Lemaistre de Sacy : (Dieu veut chasser Caïn qui a tué son frère Abel) Chap. IV. § 14. Caïn dit au Seigneur : il arrivera que *quiconque me rencontrera*, me tuera. — § 15. Et le Seigneur mit un signe sur Caïn, afin que *ceux qui le rencontreraient*, ne le tuâssent point. — § 16. Caïn s'étant retiré de devant la face du Seigneur, fut vagabond sur la terre et il habita vers la région orientale d'Eden. — § 17. Et ayant *connu sa femme*, elle conçut et enfanta Henoch.

Ces textes et bien d'autres prouvent donc clairement qu'il y avait sur la terre, d'autres hommes que la famille d'Adam et Eve, puisque : 1° Caïn craint d'être tué par ceux qui le rencontreront et 2° qu'il épouse une femme dans le pays situé à l'orient d'Eden. Moïse l'explique aussi clairement que possible et s'il ne s'occupe que de l'histoire d'Adam et d'Eve, c'est qu'ils furent la souche du peuple Juif ; il appèle leur descendance les *enfants de Dieu* par opposition aux descendants des autres couples qu'il appèle les *enfants des hommes*.

se forme. Ce langage tout d'abord a rendu les idées *concrètes*, celles faciles à traduire à l'aide de gestes extérieurs, d'articulations imitatives; puis les hommes se communiquent leurs pensées, leurs observations, leurs sentiments, et tous sont d'accord sur ce point : la voix qui parle à chacun d'eux, parle également à tous et dans le même sens, de même que l'instinct à leurs appétits; elle leur indique ce qu'ils doivent *faire* et *ne pas faire*. Mais en même temps ils sentent qu'ils sont libres de suivre cette impulsion ou de s'y opposer : c'est le *devoir*, c'est l'*interêt* qui luttent ensemble et vont produire la *vertu* et le *vice*; dans le premier cas, ils trouvent leur récompense dans leur contentement intérieur; dans le second, ils s'attendent à quelque punition de Dieu; mais comme elle ne vient pas toujours, et qu'au contraire celui-là même qui remplit ses devoirs le plus scrupuleusement se voit souvent comme frappé par la main de Dieu dans ses affections, dans ses jouissances, et qu'au fond du coeur de tous règne l'éternelle idée de justice, ils comptent fermement alors sur une *récompense* ou une *punition dans une autre vie*, quand le corps devenu un cadavre insensible et froid est rongé par les vers.

Mais les passions qui couvaient dans l'âme de tous se sont éveillées au contact des hommes entr'eux, et ont amené la discorde, la lutte, le meurtre; la haine, la vengeance les suivent, la *vengeance* que chacun considère non seulement comme un *droit*, mais surtout comme un *devoir sacré*. C'est une lutte fratricide et sans fin qui trouble chaque société et menace de l'anéantir; alors pour rétablir la paix intérieure, chacun s'interpose et s'efforce de calmer les passions. On choisit un arbitre dont la sagesse et la force inspirent toute confiance; il proclame le coupable et la tribu tout entière demande qu'il soit condamné à souffrir le même mal qu'il a volontairement causé ; la peine du *talion* lui est ainsi appliquée. La vengeance n'est plus aveugle, brutale, elle devient *justice* et satisfait tout le monde ; enfin un *Sacrifice* est offert à Dieu pour effacer les traces du crime. Mais quand la tribu ne *veut* ou ne *peut rendre justice*, la *vengeance privée* reprend alors tous ses droits. Cet arbitre devient le juge de toutes les querelles, l'ordonnateur de tous les sacrifices ; il commande et l'on obéit, et peu à peu de *juge* il devient le *chef* en même temps que le *prêtre*. Bientôt par la force même des choses qui devient habitude, ce pouvoir de juger, de diriger, de faire les sacrifices se traduit en *droit ;* mais ce droit est trop beau pour que le possesseur ne s'efforce pas de le transmettre à sa famille ; les membres de la tribu y consentent, et le gouvernement devient alors *héréditaire*.

Pendant ce temps et sur plusieurs points du globe, les tribus rapprochées les unes des autres par la configuration du territoire, attirées par les interêts de l'échange d'abord, du commerce ensuite, ayant mœurs et usages à peu près semblables, se sont fondues ensemble et ont formé la *nation*, condition indispensable pour arriver à la civilisation. Les diverses familles entre les mains desquelles se trouve le gouvernement de chaque tribu s'associent entr'elles puisqu'elles ont un interêt commun et forment une classe à part, classe sacerdotale et sacrée ; la *théocratie* est fondée. Mais depuis longtemps déja les chefs ont étouffé la voix de leur conscience sous celle de leur intérêt ; ils craignent que le peuple ne leur retire leur pouvoir, et cependant ce pouvoir, il veulent le conserver à tout prix. A cet effet deux moyens sont indispensables : élever la caste sacerdotale bien audessus des autres hommes, abaisser au contraire ceux-ci. Tout d'abord ils se prétendent en communication directe avec le Créateur lui-même ils reçoivent directement de lui ses ordres, ils promulguent ses lois ; qui oserait les enfreindre, désobéit à Dieu, c'est un impie qui attire sur l'état tout entier sa colère et sa vengeance ; il n'est pas de tortures assez grandes pour expier un crime aussi épouvantable. Puis, pour atteindre le second but, ils inventent des fables qui plairont à l'imagination du vulgaire et offrent à son adoration des images de Dieu qui peu à peu deviendront la Divinité elle même : c'est le soleil tout d'abord, puis la lune, ensuite des animaux, des idoles de bois et de pierre, enfin une multitude de Dieux répondant aux passions, aux besoins de l'homme. Alors le but étant atteint, il ne s'agit plus que de conserver les avantages acquis, il faut donc *immobiliser* la situation présente ; à cet effet, on divise la nation tout entière en 3, 4 ou 5 classes ou castes, entre chacune desquelles on pose une barrière infranchissable, car telle est la volonté de Dieu. Mais pendant que les familles sacerdotales multiplient les fables et inculquent au Peuple le culte d'une Mythologie sensuelle et grossière qui étouffe la voix de sa conscience, elles inventent une écriture sacrée qui ne doit transmettre qu'à leurs descendants avec les résultats de leur expérience, le culte primitif de tous les hommes, *celui d'un seul Dieu.*

Ces prétendues lois de Dieu faites par les castes sacerdotales, et comme de bien entendu, dans leur seul intérêt, commentées et appliquées par elles-mêmes, devinrent le moyen le plus efficace d'une tyrannie qui se fit toujours plus inquiète, plus envahissante et plus féroce : tout appartient à Dieu, autrement dit, à ses ministres, la terre, les maisons, les animaux ; les hommes eux mêmes sont devenus leurs esclaves. Mais c'était trop beau pour durer toujours : les chefs de la caste des guerriers impatients d'un joug aussi abrutissant vont se révolter ; ils n'oseront pas cependant porter une main sacrilége sur les représentants du Seigneur; ils préféreront quitter leur patrie, et accompagnés de leurs fidèles ils vont au loin fonder des colonies; ces émigrants conserveront bien les mythes et superstitions qu'on leur a inculqués, mais jamais ils ne retomberont sous le joug de la Théocratie. N'allez pas croire cependant que le Peuple recouvre alors son indépendance: de même que les querelles d'homme à homme ont donné naissance au juge et engendré l'absolutisme de la Théocratie, de même les haines de nation à nation, de race à race vont engendrer des guerres acharnées qui d'une part produisent la *tyrannie* et de l'autre l'*esclavage*, tyrannie d'une nation sur une autre, tyrannie d'un seul sur le peuple vainqueur. A quoi bon parler ici des diverses formes de gouvernement qui vont régir alors les nations, *Monarchie*, *Oligarchie*, *République?* Le peuple a réclamé ses droits, il les reconquiert peu à peu par de sanglants mais persévérants sacrifices: d'abord il obtient des lois écrites données par le chef, puis il les fait lui même, et passant alors d'un extrême à l'autre, il veut en même temps gouverner; mais l'apogée de la civilisation est alors atteint, et suivi de près par la corruption qui la livre aux bras du despotisme pour s'anéantir bientôt devant un déluge de peuples appelés Barbares par la civilisation corrompue. Que de nations ont ainsi tour à tour brillé sur la scène du monde pour retomber inévitablement dans l'obscurité d'où jusqu'à présent aucune n'a pu sortir! Et néanmoins malgré ces chutes incessantes qui la menaçaient plus d'une fois d'un anéantissement complet, la civilisation marche et avance toujours. C'est l'Inde et l'Egypte tout d'abord, c'est Babylone, la société des Hellènes (Grèce), la société Romaine qui asservit à ses lois presque tout le monde connu, puis c'est la société Germaine au moyen âge et enfin la société Moderne qui comprend l'Europe tout entière, l'Amérique et quelques parties du reste du monde.

Depuis la création du monde, des milliers de systémes différens se sont efforcés d'expliquer les mystères de la création, l'alliance de la matière et de l'intelligence, les projets de Dieu : *vouloir définir l'infini!* Les uns ont invoqué la raison, d'autres ont prétendu parler au *nom de Dieu lui même* : l'on peut citer quelques systèmes philosophiques qui ont réussi pendant quelque temps à capter les esprits, quelques prophètes qui réellement ont rencontré juste dans leurs prédictions, enfin quelques systèmes de révélation qui tour à tour ont régné et se sont partagé le monde ; mais l'on oublie toujours de mettre en regard tous ceux-là, philosophes, prophètes et révélateurs qui ont passé inaperçus, et le nombre en est *incalculable!* Que de gens ont *cru réellement* obéir à la voix de Dieu et ont accompli ainsi les actions les plus grandes comme les forfaits les plus éxécrables!! Et cependant de ces milliers de systémes si différents transmis aux générations futures par la *superstition*, le *rationalisme* ou la *révélation* et qui n'ont produit qu'*ignorance*, *orgueil* ou *intolérance*, un *seul* peut être le véritable et chacun des humains, Juif, Chrétien, Mahométan, matérialiste, panthéiste, que savons nous encore, est convaincu de le posséder! Chaque religion révélée, et le nombre en est grand, a eu ses miracles, a compté ses martyrs : vérité en Chine, mensonge en Europe et réciproquement. Ces mystères de la création que depuis six mille ans l'homme s'efforce de sonder, sont restés impénétrables à son intelligence ; assez de grands esprits se sont usés à la peine, et nul doute, si la vérité pouvait être percevable à nos sens grossiers, qu'elle n'eut été découverte ; mais tout est resté mystère et restera pour nous mystère sur cette terre. Ne cherchons donc plus à soulever le voile impénétrable qui l'enveloppe; bornons nous à rechercher les forces et puissances que Dieu a mises à notre portée, tâchons de nous en servir, nous avons pour cela l'intelligence; agissons ensuite suivant notre conscience et nous aurons évidemment ainsi rempli le but pour lequel nous sommes créés. Dans tous les cas, nous jouissons de la *liberté* la plus entière et la plus absolue, car c'est à cette condition-là *seulement* que nous pouvons être *responsables de nos actes* : loin donc d'ici le *fatalisme* qui dès le berceau d'un peuple montre à son ambition l'empire du monde, en s'écriant: *Dieu le veut*, car inévitablement arrivera le moment où il excusera sa faiblesse en disant : *Dieu l'a voulu* et alors il s'endormira dans la décrépitude. Partout cependant se retrouve ce sombre fatalisme, dans les grands hommes d'un peuple nouveau comme dans les pygmées de la décadence, mais fort et énergique chez les uns, faible et lâche chez les autres. Ce ver rongeur du *Fatalisme* est aussi terrible, aussi redoutable que celui du *Doute*, et tous deux dévorent maintenant hommes et nations!!

Voilà l'histoire de la *Société*, autrement dit la *synthèse*; examinons maintenant la société dans les parties qui la constituent; ce sera l'*analyse*.

La *Société* est un être fictif et de convention, qui sert de lien aux hommes entr'eux : elle ne saurait donc avoir de droits que ceux à elle transmis par chacun des membres qui la composent. Et cependant elle est en possession du droit de tuer, du droit de confisquer à jamais la liberté de chacun, du droit de torturer à chaque minute, et il n'y a pas longtemps encore, du droit de confisquer la fortune. Et qui donc a pu lui donner des pouvoirs aussi exorbitants? Si un homme s'arroge l'un de ces droits à l'égard d'un de ses semblables, c'est un *crime*, il n'a donc pu donner à la Société un droit que lui même n'a pas. Que si l'on vient prétendre que chaque homme, pour vivre en état de société, a consenti à *faire abandon* de sa *vie*, de sa *liberté*, de sa *fortune*, alors nous demanderons : l'homme a-t-il donc le droit de disposer de sa vie ? N'appartient-elle pas au Créateur ? Et quant aux tortures, l'homme peut-il autoriser la Société à commettre un crime contre sa propre personne ou du moins à en être complice ? L'on a enfin reconnu que la Société n'a pas le droit de confisquer la fortune, où saurait-elle alors prendre le droit de confisquer la liberté ? La confiscation de la liberté est une torture, la plus cruelle, la plus épouvantable de toutes, parce qu'elle nous prive de notre bien le plus précieux et qui est inaliénable. Tous ces droits, les tyrans se les étaient arrogés autrefois, droit de vie et de mort, droit de tortures, droit d'esclavage, droit de confiscation, mais c'était le *règne de la force brutale.* Leurs esclaves se sont enfin révoltés, et au prix de l'or et de torrents de sang ils ont reconquis leur liberté ; serait-ce donc pour retomber sous le joug d'un tyran anonyme ? Non. Au règne de la *force brutale* doit succéder celui du *droit :* tous les hommes sont *nés libres*, *ils veulent* et *doivent rester libres.* Chacun cependant a compris que pour vivre en état de société, il est indispensable que chacun consente à *circonscrire* (1) ses droits pour ne pas nuire à la liberté des autres, et à prendre part aux charges communes dans la proportion de sa fortune. A ces conditions, la propriété de chacun a été déclarée sacrée, comme doit l'être sa liberté, sa vie ; on est

(1) Nous disons *circonscrire* et protestons hautement contre la prétention des législateurs modernes, que chaque homme aurait remis à la Société le droit de disposer de sa fortune, de sa liberté, de sa vie ; ce n'est là qu'une servile imitation de l'Empire Romain et les conséquences en ont été terribles.

convenu de certaines barrières qu'il serait défendu de franchir; tout reste néanmoins permis, excepté ce qui est formellement défendu par les *lois*, qui sont ainsi la *réglementation des rapports de tous les membres de la société entr'eux et avec la société*, ainsi que *des rapports de la société avec chacun des membres qui la composent.* Supposons maintenant un attentat à la vie ou à l'honneur de quelqu'un : nous comprenons parfaitement que la personne offensée ou blessée brûle du désir de se venger, nous l'excuserions même si elle pouvait en tirer vengeance, et cependant ce serait un nouveau crime; mais la Société ne le permet pas, elle intervient pour empêcher une lutte, elle a parfaitement raison. Et cependant que va-t-elle faire? Elle va *punir* le coupable, le condamner à la prison ou aux galères; mais punir un crime par des tortures, c'est commettre un nouveau crime, c'est là *se venger*,(1) et ce que nous aurions excusé de la part de l'offensé, mais ce que la Société ne veut pas lui permettre, nous ne saurions lui reconnaître à elle Société le droit de l'accomplir. Elle se rend alors aussi coupable pour le moins que le criminel lui-même, et celui-ci devient ensuite en quelque sorte excusable de commettre une nouvelle attaque contre elle ou l'un de ses membres, ce qui constitue ainsi une *guerre civile perpétuelle* entre la société et quelques uns de ses membres. A Dieu seul d'ailleurs le *droit de punir* dans une autre vie, car lui seul est infaillible et la *suprême Justice;* à la Société le *droit de réprimer*, mais en même temps le *devoir de prévénir* et le *devoir d'améliorer*. Car si la Société a des droits contre chacun de ses membres,

(1) Quand l'Empire romain tourna contre les citoyens les punitions réservées jusque là aux esclaves, Ulpien définira *la peine : la vengeance du crime (poena noxae vindicta).*

elle doit aussi avoir des devoirs à remplir, autrement ce serait un contrat léonin également défendu par la conscience publique et par les lois de toutes les nations. — La *Nation* est une association d'êtres humains devant avoir mêmes moeurs, même langage et mêmes lois. Nous voyons tout d'abord une démarcation essentiellement tranchée entre les membres qui la composent : les uns paient un impôt, les autres le dépensent, ce qui fait deux parties parfaitement distinctes : la partie payante appelée *Peuple*, la partie prenante appelée *Etat.* L'*Etat*, quels que soient son nom et sa forme politique, est chargé d'administrer, de diriger les intérêts de la Nation, de les défendre, en un mot de gouverner ; de là encore ses noms de *gouvernement*, quand il s'agit des grandes questions, d'*administration* quand il s'agit des détails. Le *Peuple* comprend tous les citoyens qui ne font pas partie de l'Etat, et qui vivent du produit de leur travail ou du revenu de leur fortune. L'on voit de suite que ces deux parties de la nation, *état* et *peuple* doivent être essentiellement ennemies l'une de l'autre : l'une veut payer le moins possible et le Peuple a raison, l'autre veut percevoir le plus possible et l'Etat n'a pas tort. Néanmoins, elles savent toutes deux qu'elles ne sont chacune que la partie d'un tout et que chacune est également indispensable à la vie de l'autre ; c'est ce qui entretient entr'elles une bonne intelligence apparente et forcée. — Viennent maintenant les questions : qui doit faire les lois ? Qui doit les faire exécuter ? Evidemment c'est le Peuple qui doit faire les lois, comme c'est l'Etat qui doit les faire exécuter. Mais qui sera *juge* des contestations auxquelles leur application donnera lieu ? Evidemment encore ce ne peut être ni l'un ni l'autre de ces deux pouvoirs, et un troisième devient dès lors nécessaire ; c'est le *pouvoir judiciaire* dont l'exercice est confié à des *magistrats.* — Ainsi que nous l'avons vu, les lois restreignent la liberté de chacun, mais elles doivent la *restreindre le moins possible*, ou pour nous servir du langage ordinairement employé, les *lois doivent assurer à chaque citoyen la plus grande liberté possible;* cette somme de libertés reconnues par chacun de ces trois pouvoirs doit toujours être assurée *contre les empiétements de l'un d'eux, quelqu'il soit, par l'alliance étroite des deux autres;* car l'absorption d'un de ces pouvoirs ou des deux autres par le troisième constitue la *tyrannie*, *despotisme*, *absolutisme* comme l'on voudra. Ainsi donc pour bien organiser une Nation, la condition indispensable, c'est l'*existence* de ces trois pouvoirs et leur indépendance entière, absolue les uns des autres : au *peuple*, le pouvoir législatif; à *l'état* le pouvoir éxécutif; à la *magistrature* le pouvoir judiciaire. Nous allons maintenant présenter dans les chapitres suivants l'histoire de ce troisième pouvoir sous les gouvernements de la *théocratie*, de la *démocratie* et du *despotisme*, et nous verrons alors ce que certains êtres pétris d'orgueil et de vanité, mais débordant de mépris pour la race humaine, entendent par le mot *société* et quel rôle ils lui ont fait jouer dans le monde sous le titre de *Vindicte publique*, un rôle semblable à celui de Dieu dans la Théocratie.

CHAPITRE II.

HÉBREUX.

La Théocratie fut le premier gouvernement des Peuples; ainsi que son nom l'indique, c'est le gouvernement des hommes *par Dieu* ou plutôt *par les prêtres au nom de Dieu.* Les premières contrées qui furent civilisées y furent tout d'abord soumises : c'est l'Inde qui à l'abri de ses montagnes inaccessibles reste depuis

50 siècles immobile dans ses croyances, l'absorption de l'homme dans la *nature-Dieu*, le *Panthéisme ;* c'est l'*Egypte* pays plat, sans forêts ni montagnes, qui succombe aussitôt après avoir conquis le monde ; c'est *Babylone*, le rendez-vous des peuples de l'Orient et de l'Occident, avec ses Chaldéens qui calculaient la marche du soleil et des éclipses ; c'est la *Perse* avec ses Mages tout-puissants et la doctrine si pure de Zoroastre ; c'est la *Gaule* enfin avec ses Druides et ses sanglants mystères. Mais de l'histoire de tous ces peuples, il ne nous reste rien que des hiéroglyphes indéchiffrables, des inscriptions à demi-effacées d'une langue inconnue, des récits tronqués, défigurés d'histoires impossibles, de fables invraisemblables ; un peuple cependant, un seul a sauvé du naufrage de l'oubli, l'histoire de ses ancêtres, de ses institutions politiques et religieuses ; nous voulons parler des *Hébreux* ou *Juifs*. C'est le seul type de Théocratie qui nous reste et ce n'est déja plus de la théocratie pure ; néanmoins nous devons l'étudier avec d'autant plus de soins que notre religion n'est autre que la religion de ces peuples réformée par *Jésus-Christ*.

Histoire. Une petite tribu de pasteurs venant de la Chaldée se rendit en Egypte où l'un de ses enfants jouissait d'un grand crédit ; mais elle se vit bientôt persécutée par les prêtres Egyptiens, réduite en esclavage et condamnée aux travaux les plus abrutissants. *Moïse* veut en faire une grande nation. (1) Il sait

(1) Tout le monde sait que Moïse fut élevé à la cour des Pharaons d'Egypte pendant 40 ans et qu'il fut initié à tous les mystères des prêtres Egyptiens ; il se retira ensuite dans le désert où après avoir vécu un même espace de temps livré à la contemplation et au recueillement, il revint en Egypte pour délivrer son peuple. L'oeuvre qu'il entreprit, était immense, grandiose et il la mena à bonne fin. Le génie de Moïse est es-

que le peuple n'aime pas à être éternellement lié dans les mêmes formes, qu'au contraire il recherche la variété et brise brutalement ce qui lui résiste : il sait que la caste des guerriers est l'ennemie-née de la Théocratie et il connaît l'ambition de celle-ci ; il sait aussi que le peuple qui commerce, devient riche, mais se rend bientôt indépendant de ses chefs ; il sait enfin que le peuple ami des arts s'amollit et perd toute sa virilité. La Constitution qu'il prépare est semi-théocratique, semi-démocratique ; *mais comme tous les prophètes* qui l'ont précédé et comme tous ceux qui le suivront, il déclare la tenir de Dieu lui-même. Il supprime la caste militaire, défend le commerce, l'industrie, mais surtout les arts, puis il donne au Peuple toutes facilités pour changer sans secousses sa forme de gouvernement. La religion seule doit rester inaltérable et elle subsiste encore de nos jours, quoique le peuple soit errant et dispersé par tout le globe. — Douze tribus ayant chacune à sa tête un Prince sont associées entre elles ; un Sénat composé de vieillards nommés à vie par le Peuple en forme le contre-poids ; les Hébreux, de pasteurs ou plutôt d'esclaves deviennent laboureurs et en même temps soldats ; voilà le Peuple. Où est l'Etat ? Le *Roi du Peuple* et le *Chef de l'Etat*, c'est le Dieu d'Abraham et de Jacob, c'est *Jehovah;* de tous les Dieux *(Elohim)*, il est le plus puis-

sentiellement pratique ; sans aucun doute il croyait à l'existence d'un *Dieu unique* et à l'*immortalité de l'âme*, mais il connaissait trop bien le peuple Juif pour lui parler de ces deux vérités. — Ce n'est que *mille ans après Moïse* et au retour de la captivité de Babylone (536 avant J. Ch.) que les Juifs eurent ces croyances et ils les avaient empruntées à la religion de Zoroastre. Dire que le rôle du peuple Juif fut de conserver intacte la *Révélation d'un seul Dieu et d'une vie future*, est donc inexact. Nous le répétons ici : *la vérité avant tout.*

sant, mais il est absolu, jaloux, colère et pardessus tout il aime la vengeance. Ce *Dieu-Roi* doit avoir sur la terre un Représentant qui transmette au Peuple ses lois ou plutôt ses ordres; son Prophète et Représentant, c'est Moïse; mais après lui son représentant ce sera le grand prêtre, le chef d'une treizième tribu *(Lévi)* qui forme une caste à part et qui ne possédant rien en propre, vivra du travail du Peuple; cette caste sacerdotale fournit ainsi les explicateurs de la loi (prêtres), les juges, les administrateurs (écrivains), les médecins, les astronomes etc. Moïse ne parle au peuple ni de peines ni de récompenses futures; pas d'enfer, pas de paradis, rien de l'immortalité de l'âme : tous ceux qui obéissent aveuglement aux ordres du Dieu-Roi, c-à-d. de son représentant, seront comblés de biens et de jouissances de toutes sortes sur cette terre et pendant une longue vie; que ceux-là au contraire qui ne s'y conforment pas, soient maudits : alors ils seront accablés de maux de toutes sortes, misère, famine, peste, maladies, esclavage etc., ils seront poursuivis de la colère de Jehovah jusque dans la troisième et la quatrième génération, mais toujours seulement sur cette terre. C'est une des religions les plus sensuelles et les plus grossières, c'est l'absolutisme exercé au nom de Dieu, bref c'est la Théocratie. — Après avoir promené le peuple Juif quarante années dans les déserts qu'il connait et avoir entassé miracles sur miracles, Moïse choisit pour son successeur Josué qui doit réaliser les promesses qu'il a faites (1605 avant J. Ch.) : la terre de Chanaan est en effet conquise, ses habitans massacrés, leurs richesses, villes, terres, et leurs filles sont partagées entre les tribus qui ensuite répartissent aux familles. Mais Jehovah demeure seul propriétaire, et l'Hébreu n'a que la jouissance du sol moyennant deux dixièmes du produit brut et les prémices de ses champs, troupeaux et enfants qu'il lui doit. — Après la mort de Josué les grands prêtres s'emparent du pouvoir ; les chefs qu'on appèle à tort *Juges*, ne sont que des généraux choisis par eux dans des instants de détresse pour sauver le peuple de l'esclavage. Mais les prêtres ont conservé tout le pouvoir, et mécontentent de plus en plus le Peuple, qui usant enfin de son droit réclame le Roi que Moïse l'a autorisé à mettre à sa tête. Ce roi doit être nommé par Dieu, c. à d. par le grand prêtre, et Samuel choisit un inconnu Saül, qui lui devant la couronne lui obéira aveuglément. Il s'est cependant trompé : Royauté et Théocratie luttent ensemble et Saül fait massacrer à Nobé, la cité des Lévites, le grand Pontife et 84 prêtres avec leurs femmes et enfants. La puissance théocratique est brisée de ce coup qui prépare l'absolutisme et la magnificence des règnes de David et de Salomon (1048—1005).

Tribunal. En même temps qu'il est roi et législateur du Peuple Hébreu, Jehovah en est aussi le Juge ; c'est dire assez que les prêtres sont encore ici les interprêtes de sa volonté : aussi pas d'appel des sentences rendues, on s'y soumet sans murmurer, c'est Dieu lui-même qui a parlé. C'est aux portes de la ville que se tiennent les *Lévites* chargés de recevoir la dîme, de tenir note des étrangers, des naissances, des mariages etc. ; c'est là qu'ont lieu les achats et les ventes, c'est le rendez-vous des oisifs et des affairés, c'est l'Agora des Grecs, le Forum des Romains. C'est là aussi que se tient le tribunal composé de trois juges : mais là pas d'avocats, chacun présente lui-même sa cause et la défend ; on fait venir les témoins, on les entend publiquement, deux ou trois au moins sont nécessaires pour la condamnation. — Moïse a trouvé établie la loi du *talion* et tellement enracinée dans les mœurs qu'il n'ose la supprimer, mais il s'efforce d'en adoucir la rigueur : à cet effet, il établit *six villes de refuge* où le meurtrier peut s'établir jusqu'à ce que la Justice ait prononcé sur son sort. S'il est déclaré coupable, il est alors livré au *vengeur* de la victime qui l'immole à son gré ; mais s'il prouve qu'il a tué sans préméditation, sans haine, et par hasard seulement, il est déclaré innocent. Cependant le sang versé doit être vengé, et il est ramené dans la ville de refuge, où il doit rester jusqu'à la mort du grand-prêtre ; s'il s'en éloigne d'une certaine distance (environ 500 mètres) les parents de la victime ont le droit de le tuer. Le talion s'exerce non seulement pour le meurtre, mais encore pour toutes les blessures faites avec intention ; on peut se racheter à prix d'argent, pour le meurtre excepté. Si les blessures sont faites dans une querelle, on ne doit payer que les frais de maladie et une indemnité pour le temps passé au lit ; si elles sont faites sans intention, l'on doit d'abord payer les frais de maladie, puis une somme d'argent proportionnée aux douleurs et au dommage causé. C'était le tribunal qui établissait la valeur de la *Réparation*, en rapport sans doute avec la gravité des blessures et la condition des deux parties.

Pénalité. Voyons maintenant les différents modes de pénalité en usage chez les Hébreux : 1° *Peine de mort* contre ceux qui blasphèment Jehovah, adorent d'autres Dieux, ou font des sacrifices humains ; contre ceux qui ont frappé les princes des tribus ou les prêtres du Seigneur, frappé ou maudit leurs parents ; contre les faux prophètes, contre ceux qui usent de sortilèges et d'enchantements etc. Trois sortes d'outrages sont réservés au cadavre après la mort suivant la gravité du crime : on le brûle, on le suspend à une potence, ou bien on le recouvre de pierres en souvenir du crime et de la condamnation. 2° *L'exil* dans une ville de refuge pour un temps plus ou moins long contre l'homicide involontaire et *l'homme devenu impur.* 3° La *flagellation* est la peine la plus habituellement appliquée; elle consiste en un certain nombre de coups de fouet ou de bâton, mais le nombre n'en peut jamais dépasser 40. 4° *L'argent* doit *réparer le préjudice* causé soit par des blessures, coups, calomnies, injures, vol etc.; ainsi, celui qui abuse d'un dépôt, est condamné à rembourser le double, et de même pour celui qui a volé des bestiaux, si toutefois on les retrouve vivants chez lui; il pourrait en effet se repentir de son action et les ramener à celui qu'il avait volé, et dans ce cas il n'avait qu'à payer un cinquième en sus; mais s'il a vendu ou tué les bestiaux, il est condamné à payer une amende de quatre fois leur valeur et de cinq fois pour des bœufs. S'il ne peut restituer et payer la réparation, il est vendu lui même comme esclave; mais nous devons faire remarquer ici que l'esclavage d'un Hébreu ne pouvait durer plus de *sept ans.* La réparation pécuniaire appartient en totalité à la partie lésée, mais elle ne peut dépasser 100 sicles d'argent. (1) 5° *Le sacrifice* est une peine toute religieuse : le coupable confesse publiquement sa faute et doit faire à Dieu le sacrifice que les juges lui imposent : un bœuf, un mouton avec du vin et de la farine, deux tourterelles, s'il est pauvre, ou même un peu de farine seulement. — Moïse voulait surtout se mettre en garde contre le faux témoignage : les témoins sont non seulement forcés d'assister au supplice de celui condamné sur leur témoignage, mais encore de lui jeter la première pierre; celui-là reconnu coupable de faux témoignage est condamné à la même

(1) Cette somme de 100 sicles d'argent pèse à peu près autant que 200 fr de notre monnaie, mais représente une valeur au moins 50 fois aussi grande.

peine qu'a soufferte ou que devait souffrir celui qu'il accusait faussement ; si le faux témoignage est rendu en faveur d'un coupable, ou qu'on cèle la vérité, l'on n'a que la vengance de Jehovah à craindre et on doit lui faire un sacrifice en confessant hautement sa faute. — Voilà pour les Hébreux libres ou esclaves. Quant à l'esclave étranger, son maître a le droit de le punir avec le nerf de bœuf ; mais s'il lui casse un bras ou crève un œil, l'esclave devient libre ; s'il meurt sous ses coups ou le jour suivant, le maître est déclaré coupable et doit subir une punition qui sans doute n'était pas bien forte. Quant aux crimes commis publiquement par l'esclave, c'est la flagellation et la mort sur la croix.

Résumé. Le Roi des Juifs est un Dieu qui aime la vengeance, il *punit ;* mais comme il n'y a pas d'autre vie, les *punitions* doivent être infligées à chacun sur cette terre. Le Dieu-Roi est juge suprême, et il inspire ses représentants ; ils ne peuvent se tromper, dès lors pas d'*appel.* — Moïse réserve la peine de mort aux crimes attentatoires à la majesté de Dieu, de ses représentants et aux crimes contre nature ; la véritable pénalité, c'est donc la *flagellation*, *la réparation pécuniaire* et *le sacrifice au Seigneur.* — Nous n'y voyons figurer ni prisons, ni tortures, car ce n'est que la civilisation postérieure qui les inventa : les prisons furent alors des citernes sans eau, mais pleines de boue, et les tortures étaient très ingénieuses déjà : chevalets, fournaises ardentes, étouffements par les cendres, bêtes féroces, etc. — Mais la flagellation est une punition dégradante pour l'humanité, va-t-on s'écrier ! L'opinion publique n'y attachait alors aucune idée de déshonneur, et les préjugés n'étaient pas encore inventés.

CHAPITRE III.

ATHÈNES.

Histoire. De même qu'un soleil plus chaud mûrit plus vite les fruits de la terre, de même un climat brûlant rend plus précoce la civilisation des peuples comme la nubilité des hommes. L'Inde, l'Assyrie, l'Egypte sont depuis longtemps des empires florissants que les habitants de la Grèce vivent encore à l'état sauvage. Mais son tour va venir : de la Perse et de l'Inde elle reçoit par le nord les premiers éléments de civilisation (*Prométhée*, *Linus*, *Orphée*), de l'Egypte et de la Phénicie par la mer (*Inachus*, *Ogygès*, *Danaüs*, *Cécrops*, *Cadmus*). Ces races si différentes de mœurs et de langages sont des ennemis acharnés, mais après des siècles de luttes le mélange d'éléments si divers s'accomplit et de nouvelles nationalités se fondent. La Grèce ne passe point par les langes de la Théocratie, car son sol a servi de refuge aux exilés, aux bannis de leur patrie par les castes sacerdotales. — *Cécrops* à la tête d'une colonie Egyptienne débarque sur les côtes de la Grèce (1850 avant J. Ch.), y fonde un Etat qu'il place sous la protection de la Déesse *Athena* (Minerve); la ville prit le nom d'*Athènes*, le territoire s'appela l'*Attique* et un royaume militaire y est fondé. Mais l'un des chefs des Hellènes et de la tribu des Ioniens, *Thésée* secoue le joug des Egyptiens et règne à Athènes (vers 1250). La royauté subsiste encore trois siècles, puis la noblesse s'empare du gouvernement : c'est d'abord un archonte nommé à vie, puis pour dix ans, et enfin ce sont 9 archontes nommés annuellement par la noblesse et choisis dans son sein : ils gouvernent en despotes et jugent suivant leurs caprices. Depuis longtemps le peuple réclamait des lois : *Dracon* l'un des archontes est chargé de faire des lois

(624), mais elles sont écrites avec du sang et ne peuvent être appliquées. Athènes est retombée dans l'anarchie, quand *Solon* qui a refusé la royauté est enfin chargé de faire une nouvelle constitution (593). Elle fut gravée sur des tables de bois et subsista pendant plus de cinq siècles jusqu'en 87. C'est cette constitution qui fit d'Athènes la plus célèbre République de la Grèce et servit de modèle aux lois des Romains ; à ce double point de vue nous devons l'analyser avec attention.

Tribunaux. L'*Aréopage* tribunal criminel institué par Cécrops avait jusque là jugé de tous les crimes ; malgré l'esprit de justice et d'impartialité qu'il avait toujours montré et qui le rendit célèbre, l'inquiète jalousie des Athéniens exigeait d'autres institutions judiciaires. Solon maintient l'aréopage comme sénat de la république et institue dix tribunaux populaires, dont six pour les affaires civiles et quatre pour les crimes. Chacun d'eux comprend environ 500 juges ; celui des Héliastes est chargé des grandes causes et peut s'adjoindre un ou plusieurs autres tribunaux, en sorte qu'il peut comprendre plusieurs milliers de juges. Chaque citoyen d'Athènes, âgé de 30 ans et d'une conduite irréprochable, fait partie d'un de ces tribunaux ; le sort décide auquel il doit appartenir. Les juges reçoivent une indemnité d'une obole par jour (3 sols) ; elle fut triplée sous Periclès. Quant aux affaires peu importantes, des arbitres tirés au sort dans chaque tribu et âgés d'au moins 60 ans sont chargés de les juger ou plutôt de les arranger.

Procédure. Solon reconnait deux sortes d'infractions aux lois : les unes intéressent l'état, la religion et par conséquent tout le monde ; les autres n'intéressent que les particuliers. Les premières s'appèlent *crimes publics*, et chacun peut se porter accusateur ; les secondes sont des *crimes privés*, et la personne lésée *seule* a le droit d'accuser. 1° *Les crimes publics* comprennent l'impiété, le sacrilège, l'incendie, prévarication des magistrats, corruption des juges, attentats à la vie ou à l'honneur des citoyens. *L'accusateur* s'adresse à ceux des archontes chargés de la justice : ils examinent la sincérité de la plainte et font prêter serment, avec caution quelquefois, de ne pas se désister, puis ils désignent l'un des tribunaux populaires qui s'engage aussitôt par les serments les plus solennels à juger suivant les lois. L'accusateur doit lui-même rechercher les preuves dont il a besoin, réunir les *témoins*. Au jour fixé, accusateur et accusé comparaissent devant le tribunal : l'instruction se fait en public, en présence de tout le peuple ; on peut faire appliquer à la torture les esclaves, mais du consentement de leur maître seulement, les *citoyens jamais* à moins qu'il ne s'agisse de haute trahison contre l'état. Les juges décident ensuite à la pluralité des suffrages, si l'accusé est coupable ou non : s'il est déclaré coupable et que la loi ait établi une peine, ce qui était fort rare, elle est appliquée par un second jugement ; si au contraire la loi n'en a pas établi, l'accusateur en réclame une ; le condamné en propose une pour lui-même, et le tribunal la détermine. Mais si l'accusé est déclaré innocent, et que l'accusateur n'ait pas obtenu le cinquième des suffrages, celui-ci est condamné à une amende de mille drachmes (900 francs) et perd le droit d'accuser ; en outre il peut être condamné à des peines plus sévères, s'il y a eu mauvaise foi de sa part. Quant à l'arrestation de l'accusé, elle n'avait lieu que très rarement et on devait le laisser libre quand il fournissait trois citoyens qui répondissent pour lui. Que si le premier jugement le déclare coupable, alors il doit être arrêté, à moins qu'il ne se condamne volontairement à l'exil. 2° *Les crimes privés* sont portés devant les archontes par la personne lésée ; ceux-ci rendent leur sentence de laquelle on peut appeler devant un tribunal populaire, ou d'eux-mêmes ils désignent un de ces tribunaux sans rendre de jugement. Chaque plaignant a le choix entre deux voies : la *voie civile* pour obtenir réparation en argent et il conserve le droit de transiger et de se désister ; la *voie criminelle* pour faire condamner l'accusé à des peines, mais dans ce dernier cas il ne peut plus se désister, et s'il perd son procès, il est condamné à mille drachmes d'amende.

Répression. Il y avait peu de lois pour établir les crimes et les modes de répression ; tout était laissé à l'appréciation des tribunaux, et leurs décisions formaient une espèce de jurisprudence. — 1o *Peine de mort :* celui qui a conspiré contre l'état ou provoqué la colère des Dieux ou tué son semblable est un *ennemi public*, il doit être mis à mort ; mais nous savons que le condamné peut s'y soustraire en se condamnant lui-même à l'exil : ses biens sont alors confisqués. 2o *L'exil* est en réalité la plus haute peine qui atteigne le criminel ; il est banni du territoire de la République et des solennités religieuses qui réunissent les tribus victorieuses formant la nation des Hellènes ; s'il contrevient à cette défense, chacun peut le tuer. En politique l'exil s'appèle *ostracisme*, mais cette peine est prononcée sans confiscation des biens et devait durer 10 ans ; elle fut plus tard réduite à cinq. 3o *L'atimie* (perte des droits de citoyen) était très fréquemment employée ; c'était une flétrissure que chaque Hellène craignait par dessus tout, et souvent même le tribunal ne condamnait pas à la perte de la totalité des droits de citoyen, mais d'une partie seulement. Ah ! c'est que ces droits étaient quelque chose dans un temps et un pays où le peuple s'administrait, se gouvernait lui-même. 4° Une *condamnation pécuniaire* était prononcée soit au profit de l'état, soit au profit de la personne lésée ; dans le premier cas elle est exigible dans les onze jours, et si le condamné n'y peut satisfaire, il doit être conduit en prison. — Quant aux crimes commis involontairement, le coupable devait s'exiler pendant un an et ne pouvait revenir à Athènes qu'après avoir payé des dommages-intérêts aux parents de la victime et s'être purifié. La révision des procès soit politiques soit criminels était toujours permise : un citoyen n'avait qu'à se porter accusateur de celui qui avait obtenu la condamnation ; ainsi l'accusateur de Phocion et ceux de Socrate furent condamnés à l'exil et une statue élevée au plus sage des Grecs — Dans toute la Grèce les esclaves ne jouissent d'*aucun droit* et leurs maîtres les *punissent* comme ils veulent ; un refuge leur est cependant assuré à Athènes dans le temple de Thésée contre les mauvais traitements ; ils peuvent même obtenir la faveur de changer de maître et d'être vendus à un autre. — Solon avait pensé qu'il est plus sage de prévenir que d'avoir à réprimer, et comme c'est la misère qui engendre le plus grand nombre de crimes, il avait posé en principe que l'Etat doit pourvoir à la subsistance des invalides et des pauvres ; le trésor public distribuait chaque jour 1 ou 2 oboles aux pauvres, sans compter les aumônes et les dîners publics que les riches donnaient aux malheureux. — Mais Athènes comme les autres villes de la Grèce, comme Rome plus tard, avait recours à un moyen plus efficace encore : quand à la suite de quelque bouleversement politique, de sinistres commerciaux ou de mauvaises récoltes, l'existence d'un grand nombre de citoyens se trouvait compromise, ou encore quand il y avait exubérance de population, vite on préparait quelque *co-*

Ionie. Des vaisseaux emmenaient ceux que des malheurs particuliers, la misère, le deshonneur forçaient d'abandonner leur patrie ; purifiée de ses souillures par les rites de la religion, et animée d'espérance, l'expédition allait se créer une nouvelle patrie, un nom nouveau et tenter fortune sur une terre lointaine.

Résumé. Ainsi d'une part, des devoirs incombent à l'Etat : celui de nourrir ses pauvres, celui de créer une nouvelle patrie à ses malheureux. D'autre part le droit d'accuser est reconnu à tout citoyen, l'instruction se fait au grand jour, ce sont les pairs de l'accusateur et de l'accusé qui les jugent en présence de tout le peuple. La vengeance tout d'abord réclame ses droits: *sang pour sang ;* mais l'humanité fait entendre sa voix, le coupable peut se condamner à l'exil ou sera privé de ses droits. Quant au tort ou dommage causé à un citoyen, il sera *réparé* par de l'argent. Et ces grands principes ont été reconnus et proclamés par les Athéniens il y a 24 siècles !

CHAPITRE IV.

RÉPUBLIQUE ROMAINE.

Histoire. Deux courants de peuples bien différents s'emparent de l'*Italie* sur ses habitants primitifs qui se retirent dans les montagnes du Samnium : par le nord, ce sont les *Keltes* ou *Galls* venant des Gaules ; par le sud, les *Pélages* venant de Grèce ; un fleuve, le Tibre sépare ces deux races ennemies. Du mélange de ces trois peuples fut fondée une ville appelée *Rome* (754 avant J. C.). Ses premiers habitants vivant de pillages et de brigandages se choisissent un chef tout à la fois militaire, judiciaire et religieux appelé *rex* (roi) ; un conseil de cent vieillards lui est adjoint, c'est le sénat ; le peuple est divisé en 30 curies. Cependant de nouveaux venus augmentaient chaque jour le nombre de ses habitants et voulaient acquérir les droits civils et politiques dont jouissaient les premiers; ceux-ci on le comprend s'y opposèrent et voulurent établir une large ligne de démarcation entre les anciens et les nouveaux habitants; la démocratie devient ainsi aristocratie à l'égard des nouveaux venus. Le sixième roi de Rome, Servius Tullius divisa le peuple tout entier en six classes suivant l'état des fortunes : la 1ère classe comprenait tous les patriciens et ceux des plébéiens dont la fortune s'élevait à cent mille as (8600 fr. environ), et qui furent appelés *chevaliers;* voilà l'aristocratie de naissance et de fortune; les 4 classes suivantes formant la *plèbe* (plebs), étaient assujetties aux contributions et au service militaire, sans recevoir de solde; la 6ème sans le moindre avoir et sans droits, mais la plus nombreuse, formait la classe des *Prolétaires.* Voilà en droit *le peuple romain*, mais en fait le voici : il est divisé tout entier en 193 centuries : la 1re classe en représente 98; les 4 classes de la plèbe 94 et les prolétaires 1; or, l'on vote par centuries, *(comitia centuriata)* et l'on voit que la 1ère classe est maîtresse des délibérations, quand patriciens et chevaliers sont d'accord. Les droits politiques appartiennent à la naissance, mais ils peuvent aussi s'acquérir par la fortune ou les services rendus à l'état, car tous les 5 ans a lieu une nouvelle répartition de citoyens dans les six classes, suivant leur conduite ou l'état nouveau de leur fortune; c'était le *cens.* Tarquin le superbe voulait régner en maître absolu, sans se préoccuper du sénat ni des centuries, mais il est chassé de Rome et la royauté abolie à jamais. (509). Le sénat s'appuyant sur la première classe, l'aristocratie, règne et gouverne : deux consuls choisis parmi les patriciens sont chargés d'administrer et de commander les armées. Les lois sont proposées par le sénat ou le consul, et votées par le peuple dans ses comices par centuries. Les patriciens sont également chargés du pouvoir judiciaire, tout est entre les mêmes mains, *c'est le despotisme de l'Aristocratie*. Mais les plébéiens surchargés d'impôts, rongés par l'usure et devant *tous* le service militaire sans recevoir de solde, se révoltent et refusent de combattre les ennemis de Rome. L'aristocratie se voit obligée de céder peu à peu : elle accorde à la Plèbe, d'abord 2 tribuns plébéiens (492) avec le droit de *veto* et enfin le vote par tête ou par tribus *(comitia tributa)*, l'instrument dont celle-ci va se servir pour s'emparer du pouvoir. La lutte de l'aristocratie et de la plèbe à Rome, c'est *la lutte éternelle* des classes qui possédant veulent conserver, et des classes qui n'ayant rien, veulent acquérir; elle se termine ici au bout de deux siècles par la victoire de la plèbe qui obtient l'accession à tous les emplois de la république.

Droit primitif. Le père dispose en *maître absolu* des personnes qui composent la famille *(gens)*, femme, filles non mariées, fils mariés ou non, petits-enfants, clients, esclaves, et il a droit de vie et de mort sur tous; en présence des Dieux de la famille *(lares)* il juge toutes les *fautes* qu'ils commettent, il condamne, il exécute. Les attaques contre la religion, contre l'état, contre les chefs de famille sont seules des *crimes publics (crimina)*; les pontifes jugent les premiers, le sénat les deux autres; la culpabilité entraîne de droit le *supplice*, châtiment nécessaire pour apaiser la colère des Dieux *(supplicare)*. Quant aux crimes privés ou commis de famille à famille *(delicta)*, le soin de les punir ou plutôt de les venger est laissé à la force brutale. Le roi cependant s'efforce d'interposer son autorité : la peine du talion doit être appliquée au coupable, mais celui-ci se rachète par l'abandon d'une partie de sa fortune, des bestiaux d'abord, plus tard de l'argent; en fait, ces crimes ne donnent plus lieu qu'à une action civile, qui se résout par une *condamnation pécuniaire (mulcta).* Après l'expulsion des rois, les patriciens qui se sont emparés du pouvoir judiciaire jugent suivant des coutumes religieuses et sacerdotales, qu'on dérobe soigneusement à la connaissance du vulgaire, ou plutôt ils jugent suivant leur caprice et leur intérêt. La plèbe réclame des lois écrites; l'aristocratie cède à ses clameurs et après avoir envoyé 3 patriciens étudier les constitutions des différents peuples de l'Italie et de la Grèce, surtout les lois de Solon à Athènes, elle suspend toutes les magistratures et nomme 10 magistrats *(decemviri)* chargés de rédiger la constitution de Rome. La première année, ils préparèrent des lois sur 10 tables d'airain, et la seconde ils en avaient préparé 2 autres, quand leur tyrannie força le peuple à la révolte. Alors les magistratures anciennes sont rétablies et la loi des 12 tables acceptée par le peuple (451); c'est la *source* et *le principe de toutes les lois romaines.*

Magistrature. Les consuls sont seulement chargés de faire rendre la justice; ils nomment les *juges* et proclament leur sentence. Mais quand le consulat devient accessible aux plébéiens (366), les patriciens qui comprenaient toute l'importance qu'assure le pouvoir *judiciaire* voulurent à toute force en conserver les avantages : une magistrature nouvelle est instituée, c'est la *préture* et elle doit toujours leur appartenir; mais hélas! 28 ans après, elle devenait également accessible aux plébéiens. — 1° Le *préteur* est le magistrat placé pour un an à la tête du pouvoir judiciaire à Rome, mais il *ne juge jamais:* il donne la formule de l'action et les juges; il applique la loi à leur sentence; il adjuge le profit; ce pouvoir s'exprime par la formule :

do, *dico*, *addico*. Pour en assurer l'exécution, il a le *pouvoir éxécutif* (*imperium*). A son entrée en fonctions, il rend un *édit* par lequel il expose les règles de procédure qu'il se propose de suivre. Ce magistrat enfreignit bientôt ses propres règles pour appliquer le droit suivant ses caprices; mais deux décrets du sénat lui ordonnèrent de se soumettre à son propre édit (160 et 68). Comme le nombre des étrangers s'accroissait toujours à Rome, on dut créer un préteur special pour eux, *praetor peregrinus* (247), et celui pour les citoyens romains prit alors le titre de *praetor urbanus* ou *major*. Quand on institua des commissions permanentes, on créa 4 autres préteurs (149). Sylla en créa 2 autres. César porte le nombre des préteurs à 10, 14 et 16; aprés lui il y en eut jusqu'à 76, mais Auguste en réduisit le nombre à 12. Le préteur urbain avait en outre 10 magistrats inférieurs (*decemviri de litibus judicandis*) chargés de diriger les procès : le préteur ne s'occupe pas des petites causes (*de minimis non curat praetor*). 2° Les *questeurs* avaient été institués par les rois déjà et chargés d'*informer* dans les accusations; de là leur nom (*quærere, rechercher*). Ils étaient en outre chargés de l'exécution des sentences et devaient appliquer les esclaves à la torture. Vers 289, ils furent chargés de la gestion du trésor public (*ærarium*) et remplacés par 3° les *Ediles*, trois magistrats chargés également de la police et de la sureté publique.

Juges. Les juges sont annuellement choisis parmi les patriciens, d'abord dans les comices par centuries, plus tard dans celles par tribus. Leur nombre varia : il fut d'abord de cent (*centumviri*), la loi Calpurnia l'éleva à 300. C. Grachus enlève aux patriciens les fonctions de juge et les donne aux chevaliers en élevant leur nombre à 450 (123). L'aristocratie se scinde ainsi, et la lutte devient plus acharnée encore qu'elle ne l'a jamais été entre l'aristocratie et la plèbe (luttes des *Gracques*, guerres civiles de *Marius* et *Sylla*, etc.); chaque tribu obtient ensuite le droit de nommer 15 juges qu'elle peut choisir parmi les 3 ordres (patriciens, chevaliers, plèbe) en tout 425; mais Sylla rend aux patriciens le pouvoir judiciaire et rétablit (vers 82) le chiffre de 300 juges.

Magistrat et juge. Ces doubles fonctions ne se trouvaient réunies à Rome que dans une seule magistrature, la *censure*. Deux magistrats qui devaient avoir été consuls, étaient nommés en même temps pour se contrôler mutuellement; ils étaient chargés de faire le recensement des citoyens, d'examiner leur conduite, leurs mœurs et l'état de leur fortune. Tous les cinq ans avait lieu un *cens* nouveau ou répartition de tous les citoyens dans les 6 classes dont nous avons parlé; ils *censuraient* ou *notaient d'infamie* et pouvaient enlever à un membre de l'aristocratie tous ses droits politiques en le transférant dans la dernière classe; ils choisissaient les sénateurs et devaient retrancher du sénat les membres qui s'en rendaient indignes. Tout d'abord ils furent nommés pour 5 ans, plus tard pour 18 mois seulement; leur sentence était sans appel, mais les censeurs devaient être d'accord. Ils devaient en outre déférer au préteur les actions qui tombaient sous l'application des lois. — La personne des magistrats et des juges est sacrée, et celui qui aurait osé les attaquer commettait un crime contre la religion; mais à l'expiration de leurs fonctions, tous, les tribuns du peuple et les censeurs exceptés, devaient rendre compte de leurs actes dans les comices par tribus, et le peuple à son tour les jugeait.

Procédure criminelle. Dans le principe, c'étaient les magistrats qui seuls pouvaient accuser, et alors les questeurs étaient chargés de l'instruction; peu à peu cependant l'on permit à l'offensé de se porter accusateur direct ; le préteur lui donnait l'autorisation de faire citer et la formule de l'action, puis accusateur et accusé étaient tous deux conduits en prison. La loi des 12 tables tout en donnant à la liberté individuelle toutes les garanties possibles, tient toujours égale la position des deux parties ; chacune peut donner caution : *qu'un homme riche soit caution pour un homme riche, mais que toute caution puisse se présenter pour le prolétaire.* Peu à peu l'on remplace cette arrestation par la consignation d'une somme d'argent égale (*sacramentum*) ; le dépôt de la partie qui succombe sera confisqué au profit du culte public. Alors c'est l'accusateur qui doit rassembler les preuves, faire citer l'accusé par des témoins à l'un des jours *fastes* établis par les pontifes et qu'a fixé le préteur. Chaque partie se présente devant sa chaise curule et choisit parmi le collège des juges un certain nombre égal ; chacune d'elles a le droit de récuser moitié des juges choisis par son adversaire. Plus tard on tirera au sort (*sortitio*) les noms des juges avec droit égal de récusation de part et d'autre. Tous les juges nommés prêtent alors serment (*judices jurati*), leur nombre varie de 30 à 75 environ ; l'un d'eux (*judex quaestionis*) est chargé par le préteur de présider et de diriger les débats. Le tribunal ainsi constitué (*quaestio*), se réunit sur la place publique (*forum*) et là s'ouvrent les débats : les témoins sont entendus, les preuves produites et discutées ; les esclaves seuls peuvent être soumis à la torture. *Jusqu'au dernier moment* l'accusateur peut se désister, l'accusé éviter la peine capitale en se condamnant lui-même à l'exil ; mais il n'y eut jamais de jugement criminel rendu contre un absent et par contumace. On remet aux juges 3 tablettes : l'une pour absoudre (A), l'autre pour condamner (C), la troisième (N L, *non licet*) pour un plus ample informé. La sentence est rendue : si l'accusé est déclaré innocent, il peut à son tour introduire contre son accusateur une action en calomnie ; s'il est déclaré coupable, le préteur applique la loi. Le condamné a le droit d'appel *(provocatio)* au peuple : devant les comices par centuries, s'il s'agit d'une peine de mort ou des droits de cité ; devant celles par tribus, s'il s'agit d'une condamnation pécuniaire. Un délai de 30 jours est accordé pour payer ou fournir caution ; ce délai passé, le condamné est enchaîné et conduit dans la maison de son créancier ; après un nouveau délai de 60 jours, celui-ci peut le vendre sur le marché public ou à l'étranger. — Mais comme certains crimes publics se présentaient fréquemment, on jugea utile de nommer des *commissions permanentes* (*quæstio perpetua*) chargées de juger tel ou tel crime ; les juges sont nommés pour un an, et un préteur spécial mis à la tête de chaque commission ; la même loi qui institue le préteur et les juges, détermine la procédure et la pénalité. La loi Calpurnia (149) en créa tout d'abord quatre : pour accusations d'extorsion (*de repetundis*), de brigues (*de ambitu*) ; pour crimes *contre l'état* (*de majestate*), *envers le trésor public* (*de peculatu*). *Sylla* en créa 2 autres : pour *faux* (*de falso*), pour *assassinat* (*de sicariis*). L'accusation était publique, et l'on donna même aux accusateurs le quart de l'amende ou de la confiscation des biens, d'où leur nom de *quadruplateurs* ; ce devint bientôt un métier infâme qui donnera naissance à un plus infâme encore sous l'Empire, la *délation*. Néanmoins on voulut éviter les abus de cette action publique : l'accusateur ne pouvait plus se désister, une fois l'action commencée, et s'il était convaincu de mauvaise foi, il était déclaré *calomniateur* ; non seulement il était condamné à des dommages-intérêts envers l'accusé, mais il perdait le droit d'accuser, et la lettre *K* marquée sur son front par un fer brûlant lui imprimait une tache indélébile (loi Remnia).

Répression. Il y avait 3 sortes de répression principales : 1° *Capitis deminutio* (perte de totalité ou partie des droits de citoyen romain) ; elle comprenait 3 degrés différents : [a] *maxima* (perte de la *liberté et totalité des droits*) s'appelait encore *interdictio aquae et ignis ;* c'était la *proscription* : le condamné devenait un ennemi public, et chacun pouvait, devait même le tuer s'il souillait le sol de la république. [b] *media* (perte des droits de citoyen). [c] *minima* (perte d'une partie seulement. 2° *Existimatio* (l'honneur) ; c'étaient les censeurs qui imprimaient à l'honneur des citoyens une tache plus ou moins grave : *levis nota*, *turpitudo*, *infamia*. Nous devons faire remarquer que le citoyen qui perdait la totalité ou partie de ses droits, de même que celui dont l'honneur était taché d'une de ces notes, pouvait recouvrer ses droits et son honneur par une conduite honorable ou des services rendus à l'état. 3° *Mulcta* (condamnation pécuniaire). Dans les premiers temps elle ne pouvait excéder 2 bœufs et 30 moutons ou leur valeur en argent ; mais elle fut ensuite laissée à l'arbitraire des juges et s'éleva à des sommes considérables qui la transformaient en une véritable confiscation. Néanmoins elle n'entrainait par elle-même aucune incapacité civile, aucune tache d'infamie. La loi des 12 tables fixait à 300 as la somme à payer pour rupture d'un membre à un homme libre, moitié à un esclave ; 25 as pour avoir injurié quelqu'un ou coupé des arbres etc. *Le dommage causé avec intention*, le vol par exemple, entraînait la condamnation au double ou au triple de la somme volée, suivant les circonstances ; l'abus de dépôt, le double ; l'usure, le quadruple ; mais le dommage causé *sans intention* *mauvaise* ne devait être que réparé. — Voilà pour le citoyen romain; mais ceux qui exercent des professions deshonorantes, les acteurs par exemple, les affranchis, les étrangers, ne jouissent pas de ces droits : pour eux la flagellation, la prison préventive, les tortures, la mort par le bourreau. Quant aux esclaves, c'est bien pire encore : ils sont exposés aux caprices de leurs maîtres ; ce ne sont pas des hommes, ce sont des choses, et le maître est libre de disposer de sa propriété comme il l'entend. C'est pour eux qu'on invente les divers modes *de punition* : des prisons souterraines ou cachots (*ergastula*) où ils sont chargés de liens, fouettés, torturés; enfin on peut les crucifier. Nous en verrons d'ailleurs le détail au chapitre suivant.

Nous ne saurions assez appeler l'attention sur deux points : 1° les *colonies* : en même temps que la République Romaine se débarrassait comme Athènes d'une foule turbulente et factieuse, tout en lui donnant les facilités nécessaires pour se créer une condition meilleure, elle reliait entre eux les intérêts épars et si divers des peuples qu'elle avait vaincus et s'assurait ainsi de leur fidélité. 2° La *Révision* des jugements; dans ce temps, on n'avait pas encore pensé à élever un droit contre le droit : toute sentence du peuple pouvait être annulée par le peuple, quand il voyait qu'il s'était trompé; nous ne parlerons pas de Camille, Marius, Sylla, car c'étaient de véritables proscriptions politiques, mais nous citerons d'autres exemples : Lucullus se signala par sa piété filiale en faisant réhabiliter la mémoire de son père condamné pour concussions pendant sa préture en Sicile. Cicéron avait dû se condamner à l'exil pour éviter une condamnation capitale, et une loi défendait sous peine de mort, de lui donner asile ou seulement de proposer son rappel; au bout de deux ans il est rendu à sa patrie par le

3*

suffrage unanime du sénat et du peuple. La sentence de condamnation était comme si elle n'avait jamais existé (*restitutio in integrum*).

Résumé. Ainsi le citoyen Romain est inviolable, *civis romanus sum;* il ne peut jamais être frappé, torturé, condamné à la prison, et il a le choix entre la peine de mort et l'exil. La *répression* se traduit par le retrait de tout ou partie des droits de citoyen, perte de son honneur; une condamnation pécuniaire répare l'offense ou le dommage causé. Mais ce que nous devons surtout faire remarquer, c'est que le pouvoir judiciaire est scindé en deux parties : 1° *des magistrats* pour diriger la justice, 2° *des juges* pour juger. Ce sont les mêmes principes que ceux qui régnaient à Athènes, et nous les retrouverons encore chez les Germains. En attendant, prenons tout notre courage, et examinons les institutions de l'empire romain.

CHAPITRE V.

EMPIRE ROMAIN.

Histoire. Après bien des guerres sanglantes au dedans, mais glorieuses au dehors, nous arrivons à l'ère des Césars : Octavien est tout d'abord décoré par le sénat du nom réservé aux choses saintes *Auguste* et du titre de Père de la patrie (30 av. J. C.). Rome est devenue *la reine du monde, mais hélas ! elle n'est plus que l'esclave d'un tyran.* Rome conserve bien ses consuls et ses tribuns, ses préteurs et ses censeurs, mais hélas ! c'est le tyran qui est tout à la fois consul et censeur, tribun, proconsul et juge, le tout *à perpétuité.* Rome conserve bien son sénat et ses comices par centuries et tribus, mais hélas ! le tyran propose les candidats, fait seul les élections, commande les lois et lui-même n'y est pas soumis. La république existe encore, et les Dieux immortels veillent au salut de Rome, mais Auguste est *imperator*, grand pontife, en attendant qu'il soit mis au rang des Dieux. C'est ce qu'on appèle *l'Empire*, mais ce que nous devons appeler le *despotisme qui abrutit* : puissance *législative, exécutive* et *judiciaire* sont réunies entre les mains d'*un seul !* Voici maintenant venir le cortège brillant des courtisans tout surchargés de titres et de dignités, car la servitude a aussi ses degrés ; la tourbe des délateurs, ces gardiens des lois qui savent si bien organiser la calomnie pour partager ensuite avec Auguste le produit des confiscations ; voici venir enfin les prétoriens qui feront et déferont les empereurs en mettant la pourpre à l'encan : *de l'or*, *des supplices* et *des orgies*, voilà *l'empire ! Panem et circenses*, voilà *le peuple Romain ! !*

Les crimes divisés jusque là en publics (*crimina*) et privés (*delicta*) comprennent un autre genre de crimes (*extraordinaria*) ; les préteurs jusque là juges seulement du *droit*, jugent *en fait* ces crimes, mais *par extraordinaire* (*cognitio extraordinaria*) ; mais peu à peu *l'extraordinaire* devient *l'ordinaire*, et voilà comment les employés de César jugent *en fait et en droit*. L'empereur c'est la loi, c'est le droit, car il a la souveraine puissance (*imperium*), et ses volontés s'appèlent *constitutiones*. Préteurs et préfets n'obéissent qu'à lui ; ce n'est donc plus au peuple, mais bien à l'empereur que les *appels* de leurs jugements seront adressés, et l'empereur charge le *préfet du prétoire* de les trancher. Les questions épineuses du droit lui seront également soumises et il charge des avocats choisis et autorisés de donner les *solutions* (*prudentium responsa*). Adrien fait faire un recueil comprenant les édits des préteurs et les commentaires des principaux jurisconsultes ; c'est *l'édit perpétuel* (131 après J. C). C'est alors qu'apparait *l'âge d'or* de la jurisprudence, les *Gaius*, les *Papinien*, puis les deux préfets du prétoire *Ulpien* et *Paul*, signe certain de dégénérescence et de corruption : après les avocats brillants viennent les rhéteurs, après les rhéteurs viendront les sophistes Il y avait bien pour les provinces un droit particulier (*jus provinciale*), mais *Caracalla* proclame tous les sujets de l'empire citoyens romains (212); tous sont égaux devant le despotisme, car tous sont devenus les *esclaves de l'empereur !* — Pendant ce temps, *celui* qui s'annonce aux hommes comme le fils de Dieu, est mort sur la croix du supplice réservé aux esclaves : il a scellé de son sang la religion nouvelle et promis à ses croyants *l'empire de l'autre monde.* Mais Rome qui jusqu'alors a toujours respecté la religion des vaincus et transporté dans ses temples les divinités qu'ils adoraient, Rome ne voit dans la secte nouvelle qu'une conspiration politique se cachant sous le masque d'une hypocrite soumission : il faut se débarrasser des sectateurs du crucifié, mais en même temps les faire servir aux plaisirs et distractions *du peuple-Roi.* Les prisons s'élèvent alors de toutes parts : d'un côté elles renferment les chrétiens, de l'autre les bêtes féroces amenées des déserts de l'Afrique ; puis l'arène se ferme, les barrières des prisons s'ouvrent et le spectacle commence ! Mais le sang des martyrs ne fut pas versé en vain : bientôt les idoles des Dieux Immortels tremblent sur leurs bases, leurs autels chancèlent : Constantin a proclamé la liberté des cultes (313) et le christianisme s'assied bientôt triomphant sur le trône vermoulu des Césars ! Quarante ans plus tard les persécutions recommencent, mais cette fois victimes et bourreaux ont changé leur place, et les adorateurs des Dieux de Rome traqués de toutes parts, punis de mort et de confiscations, ne trouvent de refuges que dans les solitudes des forêts, d'où leur nom de Payens (*pagani, campagnes*). — Depuis 4 siècles les barbares se pressent aux frontières de l'empire : les Germains s'efforcent de traverser le Danube et le Rhin, mais en vain ; car Rome est riche, elle peut acheter des défenseurs. Un seul homme cependant ne pouvait plus suffire à porter le poids de la couronne impériale. Théodose le grand partage l'empire à ses deux fils : Honorius aura l'occident, Arcadius l'orient (395) ; le fils d'Arcadius, Théodose II ou le jeune fait faire un recueil de toutes les lois romaines qui porte son nom, *code Théodosien* (438). L'empereur d'occident Valentinien III l'adopte pour ses états, et il est le seul code qui existe, lorsque les barbares pénètrent dans les Gaules. Nous allons présenter l'analyse du pouvoir judiciaire à cette époque.

Magistrature. Nous avons vu comment les préteurs sont devenus peu à peu juges *en fait*, comme ils l'étaient *en droit* déjà, et comment cette juridiction *extra ordinem* devint peu à peu la *règle ;* les jugements par commission et par juges tombent peu à peu en désuétude et sont supprimés par Dioclétien (294). Mais pendant ce temps s'est élevée une nouvelle magistrature qui s'empare des affaires criminelles ; c'est le *Préfet de Rome* (*praefectus urbis*). Il juge de toutes les affaires criminelles à Rome et dans un rayon de cent milles ; il n'y a pas de limites à sa compétence, et il s'entoure de *conseillers* (*assessores*) à qui les affaires criminelles sont distribuées. Un autre préfet chargé de surveiller les incendies et d'exercer la police (*praefectus vigilum*) est chargé de poursuivre et de juger les gens sans aveu, vagabonds et voleurs, mais il ne peut prononcer de peine capitale. Tous deux sont nommés par l'empereur et il n'est plus question de préteurs. Constantin complète ces mesures en établissant une Police régulière composée de *curiosi* et *stationarii*. Telle était la magistrature de Rome ; nous verrons plus loin celle des provinces, dans les Gaules spécialement.

Procédure. Le droit d'accusation est maintenu aux particuliers, mais il est entouré d'entraves de toutes sortes ; la *délation* remplace l'*accusation*. Les empereurs sont obligés de faire poursuivre les crimes, d'abord en nommant des accusateurs, puis par leurs magistrats mêmes, *d'office* (*ex officio*). Chaque tyrannie doit toujours recourir à un moyen particulier pour se débarrasser des gens qui lui déplaisent : sous l'empire c'est le crime de *lèse-majesté* (loi Julia). C'est alors qu'on accueille tous les indices, toutes les dénonciations; l'on a recours à la torture, non plus contre les esclaves seulement, mais contre les citoyens romains, contre les sénateurs mêmes, personne n'en est excepté. Mais on comprend qu'il n'est rien d'élastique comme le crime politique sous un tyran inquiet et soupçonneux, surtout quand la délation reçoit une part dans les confiscations. Il suffit qu'il y ait un *soupçon*, et l'on torture pour avoir des *indices;* ou qu'il y ait des *indices*, et l'on torture pour avoir des *preuves;* puis l'on torture pour avoir des *aveux*. L'on commence par les accusés, on finira par les témoins ; on les soumet 6 et 8 fois à la torture, bref tout dépend du caprice du magistrat, ce que nous appellerions *sa conscience*. Mais peu à peu on l'emploie pour les *crimes privés*. Aussi beaucoup d'accusés se dérobent-ils par la fuite aux *délations* et *accusations d'office*. Constantin décide que si les accusés ne se présentent pas dans le délai d'un an, leurs biens seront confisqués; mais on ne condamne pas encore *par contumace*.

Pénalité. Jusqu'à l'empire on n'a eu recours contre les citoyens qu'à des *moyens de répression* : retrait de tout ou partie des droits de citoyen, perte de l'honneur;

de *réparation* : condamnations pécuniaires. Avec l'empire commence un tout autre ordre d'idées : toute contravention aux lois est une attaque indirecte à la majesté impériale, elle doit être *punie*, autrement dit, *vengée*, car *la punition* n'est autre chose que la *vengeance du crime (poena est noxae vindicta)*; en effet *vindicta* vient de *vim dicere*, *ordonner la violence*, *se venger*. Et il fallait bien en venir là, car *les droits du sujet* comme *l'honneur de l'esclave* sont propriétés si minces que leur perte ne saurait constituer un mode efficace de répression; alors on recourt à quoi? *aux punitions jusque là réservées aux esclaves*. Elles sont arbitraires et dépendent du caprice des juges; nous allons néanmoins en donner un aperçu : 1° *Peines de mort* : [a] sur la croix *(crux)* supprimée par Constantin; [b] par la potence *(furca)*; [c] on brûle tout vivant; [d] on coupe la tête avec le sabre ou la hache du bourreau. Les deux premiers modes sont employés pour les gens de basse extraction et dans les provinces pour les voleurs, brigands, pirates et séditieux; le dernier mode est le plus habituel; mais le feu est réservé aux sorciers, magiciens, incendiaires etc. 2° *Combats publics* : [a] contre des animaux féroces *(ad bestias)*; [b] contre d'autres condamnés *(ad gladium)*. 3° *Prisons*. Jusqu'à Auguste, Rome n'eut qu'une seule prison, et elle servait surtout aux étrangers et aux débiteurs. Mais sous l'empire elles se multiplient à l'infini et il n'est pas de grande ville qui n'en ait plusieurs, pas si petite ville qui n'ait la sienne. L'emprisonnement constitue un grand nombre de punitions diverses : [a] travaux forcés dans les mines à perpétuité ou pendant dix ans *(ad metalla)*; [b] travaux forcés dans les ateliers *(ad opus metalli)*; [c] travaux en public *(opus publicum)*; [d] à des travaux dans les moulins *(ad pistrina)*; [e] cachots avec des fers aux pieds et aux mains, privation de lumière, de nourriture, etc. 4° *Peines corporelles* : [a] mutilations du corps, telles que le poing coupé, les yeux crevés, castration, etc.; [b] flagellation (*fustigatio*) pour vols peu considérables, injures, etc. 5° *Exil* [a] perpétuel dans une île avec confiscation de la fortune (*deportatio*); [b] à temps dans un lieu fixe (*relegatio*); [c] simple bannissement de l'empire (*exilium*). 6° *Confiscations* et *amendes* comme peines principales ou accessoires; les condamnations pécuniaires sont alors prononcées au profit du *fisc* (*fiscus*, trésor de l'empereur); et c'est juste, puisque toute infraction aux lois est une atteinte à la majesté impériale.

Gaules. Théodose le grand avait partagé l'empire à ses deux fils (395) : les Gaules fesaient partie de l'empire d'occident et appartinrent à Honorius. Elles comprenaient : la France actuelle, la Suisse, la Belgique, les provinces rhénanes, bref le Rhin formait les limites au nord; leur population était d'environ 10 millions d'habitants. Examinons leur situation en 406: D'un côté les Suèves, Vandales et Alains après avoir franchi le Rhin traversent les Gaules en les ravageant pour fonder des royaumes en Espagne et en Afrique; de l'autre un usurpateur Constantin s'efforce de s'y créer un empire indépendant d'Honorius. Le Préfet demeure maintenant à Trèves, son vicaire à Arles. Les Gaules sont divisées en 18 Provinces, à la tête de chacune des quelles se trouve un *Comte (comes)*; quelque temps auparavant c'était un *praesides* ou *proconsul*. Chacune de ces provinces comprend plusieurs *cités (civitates)*; chaque cité renferme des *villes* et *bourgs* (*urbes et vici*). Les Gaules comptent 115 cités ou états indépendants les uns des autres. Le comte est revêtu du pouvoir *administratif et judiciaire* (*judiciaria potestas*); il jouit de biens considérables attachés à son emploi (*beneficium*) ; il a le droit de poursuivre *d'office* tous crimes et délits ; la connaissance *exclusive* de certaines affaires, telles que questions d'état, crimes de lèse-majesté etc. lui est *réservée*, et leur nombre va toujours en augmentant. — Examinons la situation d'une cité : quand les Romains eurent conquis les Gaules, ils laissèrent aux vaincus leurs lois, leurs magistrats et leurs coutumes en leur accordant des droits différents afin d'empêcher toute révolte d'interêts semblables ; mais quand Caracalla eut donné à tous ses sujets le titre de citoyen romain, ces droits s'égalisèrent, et en 406 l'organisation des cités était partout presque la même, celle du *municipe*, et c'était une image de Rome. Voici les institutions principales : 1° Un *sénat* se recrutant dans la noblesse Gauloise et les magistrats de la ville, est chargé de l'administration, de la confection des lois locales, etc. ; ses membres appelés *honorati* sont exempts d'impôts et ne peuvent être soumis à la torture eux et leur famille que pour crime de lèse-majesté. 2° Tous les propriétaires de la cité qui n'étant pas sénateurs possèdent au moins 25 *jugera* (6 hectares) forment la *curie* et s'appèlent *curiales* ; ils sont solidairement responsables du paiement des impôts à l'égard du *fisc* et ne peuvent ni vendre leurs biens ni quitter la ville. Ils choisissent dans leur sein les magistrats de la cité : [a] 2 *duumviri* ou consuls chargés de l'administration ; [b] 10 *principales* chargés de la répartition et de la levée des impôts ; [c] 4 magistrats (*quatuorviri*) juges au civil et au criminel. 3° Le peuple (*plebs*) comprend les hommes libres possesseurs de moins de 25 jugera et qui ne jouissent d'aucun droit politique. Mais comme la plèbe paie fort peu d'impôts, et que les sénateurs, les employés de l'état, les militaires en sont exempts, ce sont les curiales seuls qui doivent tout payer; la solidarité les écrase, les ruine et les rejète peu à peu dans la plèbe dont le nombre s'accroît dans une effrayante proportion. Aussi Valentinien III abolira-t-il tous les privilèges dont jouissaient les sénateurs et employés de l'état, en les contraignant à payer les impôts dans la proportion de leur fortune (440). 4º Nous ne parlons des esclaves que pour mémoire, *coloni*, *loeti*, *servi*, etc. Les magistrats de la ville (*minores magistratus*) jugent en première instance les affaires civiles et criminelles dans l'étendue de la cité et de son territoire; ils jugent seuls des affaires de police, mais tous leurs jugements au civil et au criminel sont soumis au Comte de la province qui seul leur donne force d'éxécution; il juge moins qu'il n'administre. De même que le préfet de Rome, le comte s'entoure de conseillers de son choix : il leur répartit les affaires et ils s'appèlent alors *judices pedanei* (juges siégeant sur des degrés inférieurs); mais c'est le comte qui prononce la sentence, car il a reçu de l'empereur le *pouvoir éxécutif* (*imperium*) et il ne peut le substituer. Voilà le tribunal *d'appel*, voilà les magistrats supérieurs (*majores magistratus*). Un dernier appel peut encore être porté à l'empereur ou à son préfet à Trèves, mais le comte a bien soin d'y apporter toutes sortes d'obstacles; aussi les empereurs les menacent-ils dans ce cas d'une amende de 20 à 30 livres d'or et les conseillers d'amendes proportionnées. — Malheureuse Rome! Provinces mille fois plus malheureuses encore!! Car c'est là que le valet se venge des adulations prodiguées à César, par son insolence à l'égard de ses sujets, de ses bassesses par ses exactions, de son ignorance enfin par son impitoyable despotisme! L'empereur a vu le péril, il a pressenti la ruine des cités par les exactions et tyrannies de ses proconsuls; dès 365 il a autorisé les cités (sénateurs, curiales, plèbe et clergé) à se choisir un *défenseur*, mais en dehors de la curie, et comme l'évêque a été choisi par les mêmes électeurs, il sera presque toujours revêtu de cette charge importante : il rendra de grands services en appuyant les plaintes près de l'empereur, mais il en rendra de bien plus grands encore, quand les barbares envahiront le sol des Gaules et s'y établiront. — Rome vendue par ses esclaves a succombé sous les coups d'Alaric et de ses Visigoths (410). A sa mort, son beau-frère Ataulphe épouse Placidie, sœur de l'empereur Honorius et reçoit pour dot les 2 Narbonnaises et une partie de l'Aquitaine, à charge de les reconquérir sur ceux qui ont remplacé l'usurpateur Constantin. A la tête de 80 mille Visigoths, il y fonde un royaume dont Toulouse est la capitale (412) et qui bientôt s'étendra en Espagne, et dans les Gaules jusqu'aux bords de la Loire. Honorius a cédé aux Bourguignons les provinces de l'est qu'ils doivent également reconquérir; Vienne devient leur capitale (413). Les Visigoths et les Bourguignons ont pénétré sur les terres de l'empire non en ennemis, mais en qualité d'alliés; depuis longtemps ils sont chrétiens mais Ariens, pendant que les habitants des Gaules ont toujours été catholiques. On procède au partage des terres du fisc: les barbares reçoivent les ⅔ des terres labourées, la moitié des cours et jardins, le tiers des esclaves, les forêts restent en commun; ces nouvelles propriétés divisées par le sort s'appèlent *sortes* et sont réparties entre les familles, car les Visigoths et Bourguignons ont immigré avec leurs femmes, leurs enfants et leurs *gens (loeti* du germain *leute)*. — Au nord des Gaules, les Francs, Germains à la solde de l'empire, étaient chargés depuis longtemps de la défense du Rhin contre les attaques des autres Germains. Mais les Suèves et les Vandales ont brisé en 406 cette digue et se sont précipités sur les Gaules, puis sur l'Espagne, l'Afrique. Les Francs repoussent avec courage les autres barbares ; mais ne recevant plus de solde des Romains, ils pensent à se payer de leurs propres mains et à prendre part à la curée. Ils tournent leurs armes contre les Romains, et les chefs de bandes s'emparent des villes à leur convenance. Le centre des Gaules seulement appartient encore à l'empire d'occident, quand Attila à la tête de ses Huns se précipite sur les Gaules et les ravage jusquà Orléans. Romains, Bourguignons, Visigoths, Francs, se réunissent sous les ordres du général romain Aëtius contre l'ennemi commun et le battent près de Châlons sur Marne (451). Mais enfin l'empire d'occident est détruit par *Odoacre* qui prend le titre de Roi d'Italie (476), et Syagrius le gouverneur des dernières possessions Romaines dans les Gaules s'y fait également proclamer Roi : ses états comprennent Sens, Troyes, Châlons, Reims, et Soissons qui en est la capitale. Il règne pendant 10 ans jusqu'à ce que le chef d'une tribu de Francs-Saliens, *Chlodwig* (*Clovis*, *Louis*) le défait près de Soissons (486) et s'empare sans coup férir du royaume romain. Les Gaules comprennent alors trois royaumes : celui des Visigoths au sud, celui des Bourguignons à l'est, celui des Francs au nord. Mais avant d'aller plus loin, nous devons présenter une analyse des lois criminelles de ces nouveaux conquérants.

Résumé : *La procédure criminelle*, c'est la délation, puis les poursuites d'office ; le *tribunal*, c'est l'Empereur, ce sont ses préfets et ses proconsuls ; la *pénalité*, ce sont les châtiments réservés aux esclaves sous la république ; car la *loi* c'est l'Empereur, et les citoyens Romains devenus ses sujets sont pour lui les *égaux de leurs propres esclaves.*

CHAPITRE VI.

GERMAINS.

Histoire. Les peuples qui de temps immémorial habitaient les plateaux élevés et froids du milieu de l'Asie (Boukharie), se dirigent vers l'occident sous la conduite d'*Odin* qui devient ensuite leur Dieu. Ils s'appellent *Teutsch* et les Romains nomment *Teutones* les premières bandes qu'ils auront à combattre et qu'ils détruisent (Marius à Aix en Provence, 102 avant J. C.). Leurs occupations, leurs plaisirs, ce sont les combats, d'où la dénomination qu'ils se donnent eux-mêmes : *Heermann* (*homme de guerre*). Les Romains qui ne peuvent prononcer les sons gutturaux de cette langue barbare remplaceront l'aspiration par un *G dur*, de même que nous le ferons pour le mot *guerre;* les Romains les appellent donc *Germani* et nous *Germains;* le pays qu'ils habitent au delà du Rhin et du Danube prend le nom de *Germanie.* Ils ont conservé encore aujourd'hui leur nom générique de *Teutsch* et appèlent le pays qu'ils habitent *Teutschland* (pays des Teutschs); ce sont les *Allemands.* — Ils ont toujours vécu divisés en nombreuses tribus, indépendantes les unes des autres, mais que rattachent les liens d'une origine commune et leurs aspirations à l'unité; ils parlent une même langue divisée en nombreux dialectes, leurs mœurs et leurs coutumes sont semblables, et cependant ils n'ont pu parvenir qu'à former quelques *Confédérations* (réunion de tribus). Au commencement du Vème siècle, on compte quatre confédérations principales : les *Francs* (Saliens et Ripuaires) à l'ouest sur le Rhin, de la mer du nord au Mein; les Alemans au sud ; les *Goths,* (Ostrogoths et Visigoths) à l'est; les *Saxons* au nord. — Une assemblée annuelle réunissant tous les hommes libres de la tribu ou même de la confédération, a lieu au mois de Mars pour discuter des intérêts généraux et politiques, des alliances, de la paix, de la guerre ; c'est là que le *Koenig*, *Kong* ou *King* (*chef* ou *roi*) est acclamé par tous, que les *Grafs* sont nommés. Car le territoire de la tribu est divisé en *districts* (*gau*), et à la tête de chacun est placé un *Graf* (latinisé *grafio*) ; il est chargé des affaires *militaires*, *judiciaires et administratives*. A la nouvelle et à la pleine lune, tous les hommes libres du Gau se réunissent sur une colline, sans autre abri que le ciel ; c'est là qu'on discute des intérêts généraux et particuliers, c'est là que se font la plus grande partie des marchés, les achats et ventes en présence de témoins, car l'écriture est chose inconnue aux Germains ; c'est là enfin que se vident les *procès civils et criminels*, puis un festin termine le tout ; de là le nom du lieu où se rend la justice *mahlberg* (*montagne du festin*, latinisé *mallum*). — Quand plus tard devenus Chrétiens les Germains voudront fonder des monarchies sur le sol de l'empire Romain, les évêques traduiront en latin leurs coutumes et en feront des codes connus sous le nom de *code des Visigoths*, *des Bourguignons*, *loi Salique*, *loi des Ripuaires*, etc. Ces lois qui toutes se ressemblent ne sont évidemment que la reproduction des coutumes de la Germanie ; c'est un mélange de droit civil et politique, mais avant tout un code pénal ; nous allons étudier le plus important de ces codes, surtout pour nous, la *loi salique*.

Droit primitif. L'offense qui chez les peuples méridionaux produit ces luttes pleines de ruses et de pièges qui se terminent par des assassinats, donne naissance en Germanie aux *démêlés entre les familles* (german. *Fehde*, latinisé *faida*), lesquelles sont solidaires pour chacun de leurs membres, ou au *duel* (*Zweikampf*) lutte au grand jour de deux hommes en présence de témoins. Mais le duel exige des deux champions une certaine égalité de forces : que si l'offensé est trop faible, il s'adresse alors à la tribu tout entière et lui demande justice et réparation. Elle lui assure son appui, et s'engage à faire subir au coupable le même mal que celui-ci lui a fait éprouver ; c'est la peine du *talion* dont nous avons déjà parlé. L'offenseur effrayé soit de sa faiblesse, soit du sort qui l'attend, prend la fuite et va se cacher au fond des bois ; on l'appèle alors *Warg* (*celui qui se gare*, latinisé *vargus*). En même temps que la vengeance personnelle a été reconnue comme un droit, la vengeance du sang (*Blutrache*) est considerée comme un devoir : le fils de la victime, sa famille tout entière doivent *partout et toujours* poursuivre le meurtrier ; il y a dès lors guerre entre celui-ci et ses semblables ; mais s'il est obligé de se cacher, chacun doit aussi *se garer* de lui. La tribu cherche à mettre un terme à cet état de choses qui la trouble et menace son existence, elle s'interpose entre les deux parties : l'offenseur offre une partie de sa fortune à titre de réparation ou bien plutôt *pour se racheter lui-même*. A la soif de vengeance de la famille, la tribu oppose alors l'appât du gain et lui représente les périls à braver, l'incertitude de la victoire ; elle *ne contraindra jamais* la partie offensée d'accepter, toute liberté lui est laissée à cet égard ; mais que si elle consent à traiter, le *droit de vengeance* s'éteint ou plutôt se transforme en un *droit de justice* dont la tribu s'empare. Les deux parties se soumettent d'avance à la décision de la Société qui fixe le nombre de bestiaux que le *Warg* doit remettre ou la somme d'argent qu'il paiera pour reprendre sa place dans la tribu ; c'est le *Wehrgeld* (*argent du Warg*, en latin *compositio*) (1). La plus grande partie du

(1) Le mot *Warg* vient du verbe allemand *wahren*, maintenant *wehren* ; ce verbe a été transporté dans notre langue par

Wehrgeld, les deux tiers environ, appartient à l'offensé et à sa famille qui a pris son parti, c'est le *faida;* l'autre est attribuée au Graf qui garantit la paix au coupable et assure sa sécurité; c'est le *Friedgeld* (*argent de paix*, latinisé *fredum*).

Tribunal. Le territoire du Gau comprend des *groupes* de fermes et demeures d'une centaine de familles à la tête desquelles se trouve un *Tunginus*; plusieurs de ces groupes forment une juridiction appelée *Bann* (latinisé *bannum*, d'où notre mot *Ban* de mariage, vendanges, etc.). Le chef qui doit mener la bande guerrière au combat s'appèle *Bannherr* (latinisé *Baro*); mais le *pouvoir judiciaire* est réuni au pouvoir militaire et le Bannherr prend alors le titre de *sachebannherr* (latinisé *sachibaro*) (1). Il juge des affaires peu im-

le changement habituel du *W* en *G*, et nous en avons fait ainsi le mot *garer*. Notre *Loup-garou*, traduction littérale de l'allemand *Wehrwolf*, rappèle par les superstitions populaires qui s'y rattachent, la terreur qu'inspiraient ces proscrits appelés *Warg* d'abord, plus tard *outlaw* (hors la loi). Ce qui prouve en outre que *Wehrgeld* signifie bien *argent du Warg*, c'est sa traduction en latin par *compositio* : ce mot est également passé dans notre langue (*recevoir à composition, entrer en composition*) et il indique une idée de soumission.

(1) Il est évident que tous les mots de guerre de notre langue proviennent de l'allemand ou tudesque, langue des vainqueurs; on fait cependant venir notre mot *Baron* du celte *bers*, mais nous pensons que c'est à tort. Dans le mot *Sachibaro*, *sachi* signifie évidemment *affaires*, reste *Baro* : ce mot nous parait venir par *Contraction* de *Bannherr* (chef du Ban). Tel était le nom du chef de la bande guerrière, comme *sachibaro* était celui du chef de la Justice; nous croyons cependant qu'une même personne réunissait presque toujours ces deux fonctions. Quand les Germains s'établissent dans les Gaules, ils y conservent de longs siècles encore leurs lois et leurs coutumes : les terres sont partagées aux chefs qui s'y établissent avec leurs bandes guerrières et ils en restent *le chef militaire* et *justicier*,

portantes au civil et au criminel dans des assemblées publiques ; quant aux affaires importantes, elles se discutent dans le Mallum que préside le Graf. L'offensé doit assigner par trois témoins et au moins sept nuits à l'avance celui qu'il veut accuser ; l'affaire est alors présentée au Graf qui la retient ou désigne un Sachibaro. Parmi les Germains présents et qui jouissent de toute considération, *ahrimani* (*ehrenman*, traduit par *boni* ou *probi homines*, hommes d'honneur), on choisit des *juges*, 7 ou 12 qui prennent alors le nom de *Rechtsburger* (latinisé *Rachimburi*, garants du droit). Le Graf ou le Sachibaro préside, mais il ne juge pas ; tous doivent être à jeûn. L'accusateur comparaît alors et expose lui-même sa demande ; l'accusé répond, car le ministère des avocats est odieux aux Germains. Chaque partie produit toutes sortes de preuves à l'appui de son dire : témoins, *cojurateurs* (*jurare cum*, jurer avec) personnes qui sans avoir vu le fait se portent fort pour la véracité de l'une des parties ; leur nombre doit varier de 3 à 12, 24 et jusqu'à 72 suivant l'importance de l'affaire ; mais nulle part il n'y a trace de *tortures*. La procédure se fait ainsi publiquement, puis les Rachimbourgs se concertent, et le Sachibaro proclame leur décision. Tout jugement en Germanie est *sans appel*, car tout jugement est rendu par les pairs

subordonnés cependant au *Graf* devenu *Comte ;* ils s'appèlent *Barones* chez les Francs, *Farones* chez les Bourguignons, et pendant tout le moyen-âge les *Barons* resteront chefs militaires et bas-justiciers. — La demeure du *Bannherr* en Germanie avait très probablement un signe extérieur, de même que sa bande en portait un à la guerre ; ce signe s'appèle *Banner*, d'où nous avons fait *Bannière*, *Bannerel*, *Fahne* en Bourgogne d'où *Fanon*, *Gonfalonnier* (Kongsfahnherr). Au 12e et 13e siècle, le mot Bannherr se change par une contraction différente en *Bers*, avec même signification que Baro, mais ce dernier mot reste consacré par l'usage et devint enfin *Baron*.

de l'accusé. Que si le droit parait incertain, les juges ordonnent alors le *duel* ou *combat judiciaire;* c'est le retour au *droit primitif;* le vaincu perd le procès et doit payer le *Wehrgeld*, d'où le proverbe : *le battu paie l'amende.* Il y avait un autre moyen pour trancher toute difficulté, c'était *l'épreuve par l'eau bouillante* (*inium*) : chaque partie devait amener 3 témoins pour éviter toute fraude, puis l'accusé plongeait la main dans un seau d'eau bouillante, ou les deux parties suivant l'ordre des juges; le nombre et l'intensité des brulures témoignait de la culpabilité ou de l'innocence. Mais on pouvait racheter sa main moyennant un Wehrgeld particulier : le *Fredum* restait invariable, mais le *Faida* était de beaucoup inférieur, et joint au Fredum, il s'élevait à environ moitié du Wehrgeld fixé pour le crime; l'on devine que l'affaire dût s'arranger plus facilement. — Si le condamné ne *veut pas* éxécuter la sentence, il se met en état de guerre avec la tribu tout entière, il devient *Warg.* S'il ne *le peut*, sa famille doit payer pour lui, sinon il devient le *leude* (latinisé *laetus, domestique*) jusqu'à ce qu'il puisse s'acquitter. Que si l'accusé ne comparait pas, il doit être cité à trois reprises différentes, ce qui lui donnait un délai de 40 jours; et alors il était déclaré *Ferbannt* (*mis au ban, banni*) et ses biens mis sous le séquestre. Il pouvait appeler de cette sentence à l'assemblée générale de sa tribu; mais après un délai d'un an et jour, la sentence devenait définitive et ses biens étaient confisqués. Il était défendu à peine de 15 sols d'amende de donner asile ou de la nourriture au Warg ou au *Ferbannt;* on doit se saisir de sa personne, si on le rencontre, on peut même le tuer s'il résiste. A part ce cas et celui de flagrant délit, il est défendu de priver un Germain de sa liberté, et même on doit le laisser libre, si deux Germains répondent pour lui. —

Mais ces tribunaux n'existent que pour les hommes libres, car le chef de famille est le maître absolu de ses gens (domestiques, colons ou esclaves); il ne peut cependant les battre ou les mutiler, il doit s'adresser au *Tunginus* qui les condamne à subir un certain nombre de coups de fouet.

Rachat. Tous les crimes peuvent se racheter, la lâcheté et la trahison exceptées : le traître est pendu, le lâche est noyé. Il y a quatre sortes principales de crimes : le meurtre, les violences, le vol et les injures. Nous allons les examiner attentivement; c'est d'ailleurs le meilleur moyen de bien connaître l'état et le rapport des personnes, lorsque les Francs se sont emparés des Gaules. 1° *Meurtre* : le Wehrgeld pour le meurtre d'un Franc libre (*ingenuus*) est de 200 sols d'or (1); celui pour un Romain libre (*possessor*) est de 100 sols; le Romain colon, tributaire ou fermier mais libre, est assimilé au domestique germain (*laetus*); leur Wehrgeld est de 45 sols. Quant aux esclaves romains ordinaires (*servi*), le Wehrgeld est de 35 sols, mais celui qui les tue ou s'en empare, doit en outre rembourser leur valeur qui varie de 8 à 15 sols; il est de 70 sols pour les esclaves artisans (vigneron, meunier, cocher etc.) et leur valeur de 15 à 25 sols. Mais le Wehrgeld de toute personne appartenant au roi est triplé : ainsi pour un Leude du roi ou Graf mais Franc (*antrustion*), il

(1) Nous devons faire remarquer qu'avant leurs relations avec les Romains, les Germains n'avaient pas de monnaies; ils avaient dû établir la valeur du Wehrgeld en bestiaux, armes, etc. Quand par suite d'échanges avec les Romains ils eurent leurs *solidi* (sols), ils évaluèrent les objets ainsi : vache 1 solidus, bœuf 2 solidi, cheval 6, épée avec fourreau 7, cuirasse 12 etc. Le poids du sol d'or est bien de 9 fr. 28 d'or, mais sa valeur représentait environ une centaine de francs de notre monnaie actuelle. Le sol valait 40 deniers d'argent.

est de 600 sols; pour un leude du roi ou comte mais *Romain* (*conviva*), il est de 300. Le *sachibaro* est toujours un Franc : si on le tue dans l'exercice de ses fonctions, il est assimilé au Leude Franc (600 sols) s'il est né libre, ou au leude romain (300) s'il n'est qu'affranchi. Mais si le meurtre a lieu à l'armée, ces différents Wehrgelds sont encore triplés. 2° *Violences:* Si un Romain dépouille un Franc, le Wehrgeld est de 62 sols; si au contraire c'est le Franc qui dépouille un Romain, il n'est que de 30 sols. Si un Romain charge de liens un Franc sans motifs légitimes, le Wehrgeld est de 30 sols; il n'est que de 15, si c'est un Franc qui a fait arrêter un Romain. Comme on a pu le remarquer jusqu'ici, la valeur du Franc est toujours estimée double de celle du Romain à conditions égales; les Bourguignons et Visigoths au contraire avaient établi l'égalité la plus parfaite entre eux et les Romains. Celui qui coupe le pied ou la main, le nez ou une oreille ou qui crève un œil, doit un Wehrgeld de 100 sols; mais s'il a été frappé le premier, il ne doit payer que 62 sols pour le pied ou la main coupé, l'œil arraché, 45 sols pour le nez coupé, 15 sols pour une oreille. Dans tous les cas, le Wehrgeld est de 100 sols pour celui qui coupe la langue ou les parties viriles, de 15 sols pour chaque doigt de la main ou chaque dent; il est de 62 sols contre celui qui incendie toute habitation qui renferme des hommes ou seulement des animaux, ou qui attaque à main armée une maison; mais il s'élève à 200 sols si l'on tue ou torture des hommes. 3° *Vols* : en outre du Wehrgeld spécifié dans la loi, le voleur est obligé de restituer l'objet volé ou d'en payer la valeur, et aussi de solder la prime offerte à celui qui l'a dénoncé (*excepto capitale et delatura*). Le Wehrgeld pour vol de brebis, coq, canard, est de 3 sols; mais il s'élève à 15 sols s'ils étaient derrière des clotures; il est de 30 sols pour une vache, de 35 pour un bœuf, de 45 pour un taureau. Le Wehrgeld est de 15 sols pour vol d'une valeur inférieure à 40 deniers (1 sol), et de 35 sols au delà; mais si l'on entre dans une maison avec effraction, le Wehrgeld est de 30 sols; il s'élève à 35 si l'on a volé, à 45 sols s'il a été fait usage de fausses clés. 4° *Injures* : la preuve des imputations injurieuses est permise; mais si l'on n'en peut prouver l'exactitude, le Wehrgeld varie de 3 à 45 sols. — Tout esclave convaincu d'un crime dont le Wehrgeld coûterait 15 sols à un homme libre, est condamné à recevoir 120 coups de bâton, et 240 si le Wehrgeld est de 35 sols; s'il était de 45 sols, l'esclave est condamné à mort; mais les coups de bâton peuvent se racheter à raison d'un denier chacun. Le maître est *pécuniairement* responsable des crimes que peuvent commettre ses gens; mais il peut s'en dispenser et n'en payer que la moitié en les livrant à l'offensé ou à sa famille. Par contre, c'est au maître qu'appartient le Wehrgeld pour un crime commis sur la personne de son esclave.

Résumé. Les lois des Germains indiquent un peuple paisible, juste, humain tel que Tacite nous le dépeint; elles témoignent du plus grand respect pour la liberté humaine. La crainte d'une condamnation pécuniaire retient tout autant que les menaces de prison ou de mort, mais elle n'est pas une vengeance inutile : elle profite à l'offensé ou à sa famille, et *répare* dans les limites du possible. Et d'ailleurs, elle est juste pour les Germains, parce qu'elle frappe à peu près également tout le monde, la fortune de tous étant à peu près la même : une maison, des armes, des bestiaux, des instruments de labour, quelques esclaves. Ces lois étaient bien les plus justes et les meilleures pour un peuple d'agriculteurs et de pasteurs. Que si l'on compare les lois de ces barbares avec celles de l'empire Romain, on est bien forcé de reconnaître que ces lois germaines sont la législation du *bon sens* consacrant la liberté individuelle et s'efforçant de réparer le dommage, tandis que les lois romaines forment une législation *d'arguties*, qui confisque la liberté de tous au profit du despotisme et ne sait recourir qu'à une vengeance inutile. Mais quatre siècles plus tard quels changements, pour les Francs surtout ! ils ne savent que piller, jouer, s'enivrer, violer, assassiner ; ils épousent chacun 2 ou 3 femmes légitimes, quoique chrétiens, sans compter les concubines. Ces changements dans leurs mœurs proviennent sans aucun doute de leurs rapports avec les Romains : la civilisation, sans les rendre moins cruels, les a faits plus débauchés ; ils en ont pris de suite les vices, mais ils ont besoin de bien des siècles pour en comprendre les bienfaits.

CHAPITRE VII.

FRANCS ET ROMAINS

Histoire. Sous la domination des Germains (Visigoths et Bourguignons), les populations romaines ont conservé leurs lois, leurs magistrats et leurs coutumes ; elles vivent indépendantes et libres. Malheureusement les deux races, quoique chrétiennes, appartiennent à deux confessions différentes : les Germains sont *ariens* et les Romains *catholiques ;* la concorde ne pourra durer longtemps entre leurs prêtres. Les évêques catholiques sont chassés de leurs sièges et persécutés (dès 483) ; St. Remy archevêque de Reims et confesseur de Clotilde princesse Bourguignonne que Clovis a épousée après sa victoire sur Syagrius, les engage à s'adresser à ce Roi dont il connait la bravoure et l'ambition. Les Francs sont de tous les Germains les plus terribles, les plus féroces, d'où leur nom (*frang*, féroce); ils ne connaissent d'autre culte que celui d'*Odin*, mais qu'importe. Après la victoire de Tolbiac sur les Alemans (496), un traité d'alliance est signé entre Clovis et les évêques : Clovis se fera catholique et détruira l'arianisme ; à ce prix les évêques lui promettent l'appui de leur Dieu et de ses saints, et la secrète intelligence des populations catholiques qui frémissent d'impatience sous le joug des hérétiques. Les Bourguignons sont vaincus près de Dijon (500), forcés de payer tribut, puis de se faire catholiques. Les Visigoths sont vaincus à Vouillé (507), leur roi est tué et tout le royaume conquis, à l'exception de la Narbonnaise qui prend le nom de Gothie. Mais les fils de Clovis accompliront ses projets : la Bourgogne se soumettra en 534, la Provence et la Viennoise en 540.

Propriétés. Dans quel but les Francs fesaient-ils la guerre ? Bien différents des Visigoths et des Bourguignons qui ont amené avec eux leurs familles, ils ne pensent qu'à piller et à satisfaire leurs appétits grossiers ; le clergé catholique seul peut à l'aide de ses miracles apporter quelque frein à leurs passions. Les évêques ont initié Clovis aux secrets de l'administration romaine et lui en ont fait comprendre les avantages ; à l'autorité que lui donne la force des armes, ils ajoutent les apparences de la légalité, en le fesant revêtir par l'empereur d'Orient des titres de Consul et de Patrice Romain, et en le proclamant eux-mêmes le *fils aîné de l'Eglise*. L'administration romaine continue bien d'exister, mais au profit du roi des Francs, et les villes lui paient leurs impôts. Les terres des fiscs Romain, Visigoth et Bourguignon tombent entre ses mains : il en donne une partie à l'Eglise et à ses Leudes, et conserve le surplus pour son propre fisc. Nous trouvons alors quatre sortes de terres : 1° Les terres du *fisc royal* qui sont *imprescriptibles* et *inaliénables*, comme l'étaient celles du fisc impérial; elles comprennent : [a] les *domaines de la couronne*; [b] les *bénéfices* attachés à certains emplois, ceux de comte surtout et dont les titulaires ont la jouissance. 2° Les domaines immenses donnés à l'Eglise à perpétuité, avec les droits les plus étendus de propriété, exemption d'impôts et appelés *immunités* (*emunitates*); ils sont exempts de la justice royale et nul juge ne peut s'y présenter. Le concile d'Orléans (511) spécifie formellement ces privilèges et assure aux églises et aux demeures des évêques le droit d'asile; Clovis les approuve. 3° Les différents chefs de Bandes (*Bannherr*, *Barones*) reçoivent des terres en *toute propriété* (germain, *all*, *od*) d'où leur nom *alleux*; mais les coutumes Germaines sont toujours conservées : [a] ces terres restent exemptes d'impôts au roi, d'où leur nom postérieur de *franc-alleu*; [b] le chef germain reste le chef militaire de ses guerriers (*Baro*) de même que leur juge (*sachibaro*); [c] il reconnait toujours la supériorité du *Graf* qui prend le titre Romain de *comes* ou *comte*. 4° Enfin les propriétés des Romains, Visigoths, Bourguignons, sont maintenues, mais elles doivent payer au fisc du roi des tributs, d'où leur nom générique de *tributaria*.

Lois. De même que les Bourguignons et les Visigoths, les Francs proclament hautement que chaque habitant des Gaules doit être régi par la loi de sa nation; *les lois deviennent donc personnelles*. Deux races bien différentes, les Germains et les Romains habitent les Gaules et il y a ainsi deux sortes de lois bien distinctes. Nous en connaissons l'esprit et la pénalité. Alaric II. roi des Visigoths charge une assemblée composée de *vénérables évêques* et de *chefs Visigoths* de faire un extrait du code Théodosien et autres lois (506); ce fut la *Lex Romana* qui devint le *droit écrit du moyen-âge*.

Tribunaux. Il est évident qu'il dut y avoir des tribunaux différents pour juger chacun d'après sa loi : 1° *Tribunaux romains* pour juger tous les Romains d'après la *loi Romaine;* nous les connaissons, ce sont les tribunaux des cités (p. 44). Mais quel sera le tribunal d'appel? Evidemment, c'est le roi des Francs : il représente l'Empereur, puisqu'il est consul ou patrice Romain. D'ailleurs Clotaire I déclare (560) "que si un juge applique injustement la loi, la personne lésée pourra en appeler au Roi s'il est présent, mais en son absence ce sera à l'Evêque." Ainsi en fait, c'est l'évêque qui devient tribunal d'appel des juges Romains. 2° *Tribunaux Germains* du Sachibaro et du Graf ou comte Franc qui jugent Bourguignons, Visigoths, Francs Saliens ou Ripuaires, en un mot tous les Germains, mais suivant le code de leur nation. Ils sont en outre chargés (595) de réprimer les vols et brigandages, à quelque nation qu'appartiennent les coupables; si ce ne sont pas des Francs, ils doivent les faire pendre. Ce n'est là rien moins que l'origine de la Justice Prévotale en France. Ils doivent enfin s'emparer des biens de celui qui est excommunié par l'évêque et les partager à ses parents. 3° *Tribunal de l'évêque* qui connait en premier et dernier ressort de tous les crimes commis sur les terres de l'Eglise (*immunités*); nous lui consacrerons le chapitre suivant. Il connait en outre en *dernier ressort* de presque tous les jugements rendus par les tribunaux Romains. 4° *Plaid du palais* (*placitum Palatii*); à l'exemple des empereurs romains les rois Francs établissent près d'eux une cour (*curia*) : elle est composée d'évêques Romains et de leudes Germains et doit réviser les sentences qui auraient été rendues *contrairement à la loi.* Elle juge aussi les comtes et autres officiers du palais (*domestici*).

Histoire. A l'exemple de leur roi, les Leudes et Barons comblent de leurs dons les saints dont l'intervention leur a donné tant de richesses. Le pouvoir des évêques va toujours en croissant, non seulement dans les cités, mais encore dans les conseils du roi, et ils jouissent de toutes sortes de privilèges. Aussi Chilpéric roi des Francs s'écriera-t-il vers 580, au dire même de St Grégoire de Tours : "voici que notre fisc est devenu pauvre, voici que nos richesses sont passées aux églises ; nul ne règne, si ce n'est les évêques ; notre honneur a péri, il a été transféré aux évêques des cités." Mais alors aussi va commencer la réaction : les Francs prétendent eux-mêmes aux évêchés, pendant que les ducs et comtes s'efforcent de se rendre indépendants du roi ; des guerres civiles épouvantables divisent la famille royale, car Clovis et ses successeurs considérant la France comme un *alleu*, la partagent entre leurs enfants. Les Francs Saliens et les Ripuaires (Neustrie, Austrasie) se livrent des combats acharnés, qui se terminent par la défaite des Saliens, pendant que les cités du midi sont prises et saccagées par les Sarrazins qui viennent de conquérir l'Espagne. Le maire d'Austrasie, Charles Martel les détruit près de Poitiers (732). Mais comment récompenser ses guerriers, lorsque tous les habitants des Gaules sont ruinés? Il fait alors main-basse sur les richesses du clergé, il dépouille les saints de leurs ornements et s'empare des terres de l'Eglise : le clergé résiste et le poursuivra de sa haine jusqu'après sa mort. Son fils *Pépin* s'efforça de satisfaire aux réclamations du clergé, sans mécontenter ses guerriers : il leur promet de nouvelles victoires et les emmène contre les Lombards. Pépin, maire du Palais, *duc* et *prince* des Francs, et l'évêque de Rome se sont entendus pour secouer le joug de leurs souverains : Pépin aura la couronne de

France, l'évêque deviendra indépendant de l'empire d'Orient et des Lombards qui le menacent. Pépin est proclamé Roi (752) "par l'autorité et le commandement du St pape Zacharie, par l'onction du St Chrême qu'il reçoit des bienheureux évêques de France et par l'élection de tous les Francs." Pépin vainqueur des Lombards se rend à Rome et dépose aux pieds du pape le duché de Rome, l'exarchat de Ravenne, l'Emilie et la Pentapole (756). L'empereur d'Orient proteste, mais inutilement; ainsi fut fondée la puissance temporelle des Papes. — *Charlemagne* (768) s'occupe moins à innover qu'à restaurer : il ne cherche qu'à rétablir l'unité romaine, en réunissant la Justice à l'Administration. Dans chaque cité il établit un comte; mais pour les surveiller, il envoie deux *missi dominici*, un évêque et un de ses leudes, dans chaque province qui s'appèle alors *missiaticum*. Le territoire de la cité est divisé suivant la coutume germaine en circonscriptions, mais avec un nom latin *centena*, d'où notre mot *canton*, et un magistrat appelé *centenier*. Les appels de tous les tribunaux doivent être adressés au roi, et à cet effet il établit à la cour deux officiers : le *comte Palatin* (*comes palatii*) pour juger les appels formés de la justice des comtes, et un évêque appelé *Archichancelier* pour les appels de la justice municipale et épiscopale. Le comte est toujours chargé de faire payer les impôts, de lever les soldats, de faire rendre la justice à tous les Germains : une amende de 15 solidi est infligée à tout Franc qui n'assiste pas aux assemblées du Mallum, et cependant c'est à peine si l'on trouve assez d'hommes libres pour juger. Charlemagne charge alors les comtes de choisir ceux qui leur plaisent et de les inviter à s'y présenter pour juger; ils s'appèlent *Scabini*. L'innovation est grave : car le pouvoir judiciaire passe ainsi des mains du peuple à un corps de juges nommés par l'Etat et dépendant de lui. Charlemagne confirme la compétence du comte qui devra juger tous les voleurs et brigands : pour un premier vol il fera crever un œil, pour un second couper le nez; pour un troisième vol, le coupable est pendu, de même que tout brigand; le parjure a le poing coupé. A cet effet les comtes doivent faire construire une prison et avoir un gibet. Charlemagne déjà patrice des Romains voit poser sur sa tête par le pape à Rome la couronne d'empereur romain d'Occident (800). Ses nouvelles lois ne tendent plus alors qu'à augmenter les pouvoirs de l'évêque. Citons quelques extraits de ses capitulaires : "Les comtes, juges, centeniers, doivent se soumettre à la puissance de l'évêque, payer la dîme (800)." "L'évêque aura *le droit de connaître des incestes, parricides, adultères*, etc. bref *de tous les actes qui sont contraires à la loi de Dieu* et que les chrétiens doivent éviter d'après les saintes Ecritures (813)." — En résumé : la justice rendue dans les cités par les magistrats municipaux est presque partout abolie, dans le nord surtout; *le municipe est remplacé par la paroisse.* Le Comte assisté de *Scabini* juge tous les Germains; l'évêque connaît de tous les méfaits des Romains, excepté des crimes tels que vols, meurtres, empoisonnements, que l'Eglise ne peut punir suffisamment et qui sont laissés à la justice du Comte. — Charlemagne meurt (814); l'œuvre de son génie s'écroule bientôt sous ses impuissants successeurs : Evêques et Comtes augmentent leur puissance et leurs richesses aux dépens de l'autorité royale, ce qui d'ailleurs produit entre eux une lutte sourde. Mais la puissance des évêques est devenue si grande, surtout en fait de justice criminelle, qu'ils citeront devant leur tribunal l'Empereur lui-même Louis le Débonnaire, qu'ils le dégraderont et le relégueront dans un monastère. Le partage de l'Empire entre ses trois fils (840), les invasions des Normands produisent des guerres épouvantables, qui doivent bientôt amener le renversement de la dynastie Carlovingienne et élever à sa place deux puissances nouvelles, la *féodalité* et la *théocratie*. En 877 à *Quierzy*, Charles le Chauve, Empereur et roi de France, rend *héréditaires* les titres et emplois de Ducs et Comtes, et leur donne en *toute propriété* les bénéfices attachés à l'emploi ; ils doivent au roi *fidélité et service militaire*, d'où le nouveau nom de la propriété : *feudum* ou *fief*, *féodalité* (*fides*, fidélité) et le nouveau nom des grands, *vassaux* (*vas*, foi, *vassus*). C'est la féodalité (*noblesse héréditaire*), qui depuis trois siècles s'efforçait en vain de se fonder. Les ducs et comtes réunissent dans leurs mains tous les droits *régaliens*, pouvoir *législatif*, *militaire et judiciaire ;* ils perçoivent les *tributs*, les *freda*, de leur gouvernement comme des revenus de leurs domaines, et bientôt comme le roi, ils s'intituleront Ducs ou Comtes *par la grâce de Dieu*. C'est alors qu'ils ne veulent plus souffrir une autorité qui les humilie et dont les richesses d'ailleurs excitent leur convoitise : ils expulsent les évêques de leur siège, nomment à leur place d'autres clercs ou même des laïques plus complaisants, leurs propres enfants dont ils seront les tuteurs, et ils se nomment eux-mêmes abbés des plus riches abbayes. C'est alors le règne de la *force brutale*, *du bon plaisir* : ducs et comtes ne connaissent plus ni Romains, ni Germains, ni Francs mêmes ; tous sont devenus leurs sujets ou plutôt leurs esclaves, ceux là seuls exceptés qui *peuvent et osent résister*. Les *lois*, ce sont leurs ordres, et leur volonté règne toute puissante dans l'étendue de leur duché ou comté. Elles cessent d'être personelles, elles *redeviennent territoriales*, et forment les coutumes si diverses et si étranges qui régiront la France au moyen-âge. C'est alors que s'élèvent ces forteresses inaccessibles, ornées de prisons et de cachots à l'instar des monastères, et d'où le comte brave la rage de ses victimes comme les foudres de l'Eglise. Le clergé qui a vu ses temples et ses chapelles, ses abbayes et ses monastères, pillés, dévastés et brulés par les Normands, les Sarrazins et les Hongrois, le clergé se sent vaincu, absorbé par la féodalité : les miracles ne font plus d'effet, la croyance s'en va, et avec elle la puissance et la fortune. C'est alors qu'il faut frapper un grand coup : faisant appel aux superstitions de l'époque, il veut ramener grands et peuple à la croyance, et l'eau au moulin. A quels nouveaux moyens va-t-il recourir ? C'est ce que nous verrons au chapitre suivant.

CHAPITRE VIII.

DROIT CANON.

La connaissance du *Droit Canon* ou *Ecclésiastique* est *indispensable* pour connaître l'origine du droit criminel moderne. Son histoire comprend trois périodes bien distinctes ; mais nous n'avons à nous occuper que des deux premières : 1° La première s'étend de la mort du Christ jusqu'à l'an 813. Le clergé est soumis à la puissance temporelle et ses tribunaux n'ont qu'une autorité fort circonscrite. 2° La seconde s'étend de 813 à 1303 : le clergé aspire à la Théocratie, sans y pouvoir atteindre complétement ; mais il est prédominant et ses tribunaux existent presque seuls.

Première période. Histoire. L'Eglise Chrétienne avait adopté l'organisation romaine : un *Evêque* dans chaque cité qui prend le nom de Diocèse ; un *Archevêque* dans chaque province ; ils étaient élus par le peuple tout entier. La réunion des évêques de toute la province forme un *Concile* dont les *canons*, (κανών, règle) sont obligatoires pour tous les fidèles. L'évêque s'entoure d'un nombreux *clergé* (1) formé de *prêtres*, *diacres* et *clercs* ; il leur est défendu à tous de s'adresser à la justice séculière, á peine d'être déposés: l'évêque est seul juge de tous les différends. L'empereur Honorius l'autorise à juger les délits légers commis par les clercs, et des différends civils entre *laïques*, mais en qualité d'arbitres seulement, c'est à dire sur compromis et du consentement des deux parties (398). Un décret de Valentinien ne leur reconnait le droit que de juger des affaires de la religion ; les clercs au civil comme au criminel restent justiciables des juges ordinaires. — Nous avons vu les fruits de l'alliance des évêques catholiques et des Francs : les *immunités* accordées aux Eglises, leur pouvoir toujours croissant; puis après une réaction, l'alliance étroite de Pépin et de l'évêque de Rome : les clercs ne sont plus justiciables que de l'évêque (755). L'administration des biens de l'Eglise appartient à l'évêque, ceux des monastères à l'abbé; ils instituent des juges laïques pour juger les criminels conformément à la loi Romaine. Mais si le haut clergé, archevêques, évêques et abbés, se recrutait dans la noblesse Romaine ou parmi les Germains, le bas clergé ne se recrutait guère que d'esclaves Romains affranchis par l'Eglise (2) : l'évêque

(1) L'ancien Testament avait donné le nom de κλῆρος (héritage) à la tribu de *Lévi* qui formait la caste sacerdotale des Hébreux. Le Christianisme emprunta ce nom pour désigner ceux qui se consacrent au Seigneur, en latin *clerus*, en français *clergé*. On appèle *laïques* (λαός peuple) toutes les autres personnes, ou encore *séculiers* (seculares, ceux vivant dans le siècle). Les *clercs* étaient ceux qui voulant se consacrer au culte du Seigneur portaient la tonsure.

(2) Nous donnons le nom d'*esclaves* aux êtres humains qui dans l'antiquité *appartenaient* à d'autres hommes, celui de *serfs*

était autorisé à donner la liberté aux esclaves qui avaient rendu des services, et à leur accorder à titre de *précaire* ou de *colonat* quelque terre appartenant à l'Eglise, d'une valeur de 40 sols au plus. L'affranchi jouit d'une *demi-liberté*, il devient colon; mais s'il ne laisse pas d'héritiers, ses biens retournent à l'Eglise. Un exemple fera mieux comprendre l'état de la Société

à ceux qui dans le moyen-âge appartenaient au roi, au clergé ou à la noblesse; il y a là une *transposition* de nom et d'idée très grave. Les Romains les appelaient *servi*, et le mot *esclave* ne date que du Xème siècle, après les victoires remportées par l'empereur Othon sur les peuples *Slaves*. La religion chrétienne ne se proposait nullement d'abolir l'esclavage : le seul apôtre qui en parle, St Paul *recommande aux esclaves d'obéir à leurs maîtres et à ceux-ci de ne pas les maltraiter*, et les évêques auront soin de citer ces paroles quand les *serfs* se révolteront au XIIe siècle. Dailleurs quand les empereurs Romains devinrent chrétiens, rien n'eut été si facile que d'*abolir l'esclavage*, mais il n'en fut jamais question. Nous reconnaissons bien qu'à partir des empereurs chrétiens jusqu'à Charlemagne, l'esclavage tendit à se transformer peu à peu en *colonat*, mais par des raisons et des motifs étrangers au Christianisme. Et en effet à l'époque de la plus grande splendeur de l'Église, de 950 à 1250 environ, tous ces colons et même les habitants de presque toutes les villes sont retombés dans l'*esclavage*. C'est afin de faire supposer un état différent de celui de l'*esclavage antique*, qu'on donne à celui-ci un nom d'*invention nouvelle*, mais on conserve l'*ancienne dénomination*, *servitude*, *en fait comme en nom*. A cette époque la Société ne connait que 2 classes d'hommes, le *clergé* et la *noblesse*, qui se partagent *toutes les propriétés*, et avec celles-ci on entend les hommes qui vivent sur le sol. Mais les serfs les plus malheureux étaient certainement ceux qui appartenaient aux evêques, et *cela devait être* : l'évêque n'ayan que le droit de jouissance, *usait* et *abusait*, tandisque le noble pensait moins à *abuser* qu'à laisser intactes à ses enfants toutes ses propriétés, terres comme serfs, ses droits comme ses châteaux. Et en effet ce sont les serfs des évêques, les habitants des villes, qui les premiers se *révoltent*, établissent des *communes*. Nous y reviendrons un peu plus loin en note.

à la fin de cette période : L'abbaye de St Germain des Prés possédait vers 806 : 24 manses (maisons) seigneuriaux, 1646 manses tributaires d'une étendue de 220 mille hectares avec une population de dix mille individus ; cette population se répartit en 2396 ménages, dont 8 *sont libres*, 29 lides (lœti), 1957 colons, 43 serfs et 250 sont de condition indéterminée. Et cependant l'on croit n'avoir que l'état du *quart* environ de ses possessions. Quel seigneur pouvait alors se comparer à M^r l'Abbé !

Lois. Les lois des Chrétiens comprennent : 1° la *Bible* (ancien et nouveau testament) ; 2° les *Canons* des conciles ; 3° les *lettres Décrétales* des Papes. Le premier recueil de canons et de décrétales fut celui du pape St Léon (460) ; puis celui de l'abbé Denys le petit (vers 500) (corpus canonicum), mais qui ne fut connu dans les Gaules qu'en 787 lorsque le pape eut fait présent d'un exemplaire à Charlemagne. L'église Gallicane y ajoutait les canons des conciles qui s'étaient tenus dans les Gaules.

Tribunal. L'évêque entouré de son clergé (synode diocésain) siège dans le chœur de l'église ; l'accusé se prosterne devant lui, revêtu d'un cilice et l'on répand des cendres sur sa tête. L'évêque l'interroge et l'écoute ; il peut demander l'avis de son clergé, mais il est *seul juge*, et il prononce publiquement la sentence. Si l'accusé est déclaré coupable, il est conduit hors de l'église et les portes en sont refermées sur lui : il est *excommunié* (mis hors de communication avec les fidèles). L'évêque est également juge de son clergé ; mais il doit être assisté de deux autres évêques pour juger un diacre, et de 5 pour juger un prêtre. L'évêque ne peut être jugé que par le concile composé de tous les évêques de la Province présidé par l'Archevêque.

Pénitence. Toute atteinte à la religion, à la morale et aux lois, c. à. d. toute contravention aux canons de l'Eglise est un *péché;* le coupable doit en demander pardon à Dieu et prouver son repentir pour en obtenir *l'absolution.* A cet effet l'évêque lui impose *une pénitence (poenitere*, se repentir) : ce fut d'abord la privation pendant un certain temps des sacrements de l'Eglise et de toute communication avec les fidèles, ou *excommunication mineure*, mais au moment de la mort les sacrements ne pouvaient pas être refusés. Cependant l'évêque qui a prononcé la sentence, peut abréger la durée de la pénitence, si le coupable s'amende; cette exemption s'appèle *indulgence*, et on l'obtient par des jeûnes, des prières, des aumônes, des dons en faveur de l'Eglise, des coups de fouet appelés discipline, des pélérinages au tombeau d'un saint ou d'un martyr, séquestration dans un monastère etc. — Il y avait une autre peine terrible, épouvantable : c'était l'*anathème (excommunication majeure)* ou exclusion définitive du sein de l'Eglise accompagnée de la malédiction que le Grand-prêtre des Juifs prononçait contre les grands criminels; elle était *de droit* contre tout excommunié qui n'obtenait pas l'absolution de ses péchés dans *l'an et jour.* L'anathématisé est frappé de mort *civile* : il ne peut plus être juge ni témoin; il est défendu à tous les fidèles de lui parler, de l'approcher, à peine d'être eux-mêmes excommuniés, bref, c'est alors l'*interdiction de l'eau et du feu.* Mais l'Eglise ne doit jamais répandre de sang (*Ecclesia abhorret à sanguine*).

Deuxième période. Histoire. Nous connaissons le capitulaire de 813 qui rend justiciables de l'évêque *tous les actes contraires à la loi de Dieu* : les tribunaux des villes sont anéantis, à quelques minimes exceptions près, ceux des comtes n'ont plus guères à connaître que des vols et brigandages. Les trois fils de

Louis le Débonnaire signent un traité par lequel ils s'engagent à ne pas donner asile dans leurs états aux excommuniés, et au contraire à se les livrer réciproquement (851) ; c'est *l'extradition*. La foudre des évêques poursuit et atteint partout. Et cependant cette puissance immense ne leur suffit pas encore. C'est alors qu'apparaît un nouveau recueil de capitulaires et un troisième recueil de canons et décrétales ; or, un grand nombre des pièces que renferment ces deux recueils sont *fausses*, soit qu'elles aient été entièrement inventées, soit que le texte ait été altéré en ajoutant ou en retranchant quelques mots. Quel fut le faussaire ? Où était la fabrique ? Quelque *moinillon* à Rome, ou quelque *lévite* à Mayence, peu nous importe. Ce que nous devons seulement faire remarquer, c'est l'usage qu'on en va faire : le pape Nicolas I casse les actes des conciles de Constantinople et de Metz ratifiés par ses propres légats, puis ceux du concile de Reims; il soutient que les évêques et archevêques sont justiciables de la chaire de St Pierre et casse les archevêques de Cologne et de Trèves ; il menace d'excommunication l'empereur Louis, le roi Lothaire, Charles le chauve, et ceux-ci d'obéir humblement à ses volontés ! Pour justifier des actes aussi hardis, Nicolas s'est fondé sur le nouveau recueil qui vient de paraître, et dont *mieux que personne* il devait connaître la fausseté. Le clergé étonné n'ose cependant résister à une volonté aussi impérieuse, il courbe la tête et se soumet. Et c'est cependant de cette *fabrique de faux* que sont sorties les lois qui vont régir l'Europe *pendant tout le moyen-âge*. Au XVIème siècle *seulement* on pense à en rechercher l'origine, on en reconnait la fausseté ; pendant deux siècles les théologiens combattent pour et contre, puis la lutte cesse : *tous* ont dû reconnaître qu'une quantité considérable de canons, décrétales et capitulaires, sont des *faux matériels* (1). Et cependant au commencement du Xème siècle, la Théocratie renaissante périssait étouffée par la Féodalité, quand tout à coup se répand de *toutes parts* une nouvelle sinistre : *la fin du monde approche ! !* Le livre d'un saint apôtre, livre incompréhensible et qui par conséquent contient tout ce qu'on veut y trouver, l'explique et le prouve : *l'an mil* doit voir le règne de l'Antéchrist, le jugement universel le suit de près. Des famines terribles, résultat de guerres acharnées et des ravages des Normands, Hongrois, etc., une peste épouvantable en sont les indices précurseurs; la découverte extraordinaire de reliques sacrées, telles que la baguette de Moïse, la tête de St Jean Baptiste, un soulier de Jesus Christ, etc., de nombreux miracles offerts avec habileté à la crédulité surexcitée inspirent une con-

(1) Nous devons signaler ici quelques uns de ces *faux*, parce qu'ils ont joué un très grand rôle dans toutes les discussions du moyen-âge : 1° Les opprimés reçoivent secours du siège Apostolique, et tous ceux *condamnés injustement* reçoivent restitution. 2° Un capitulaire de Charlemagne décidait que les causes *majeures ecclésiastiques* seraient déférées au pape; le recueil biffe le mot : *ecclésiastiques*, et alors toutes les *causes majeures* (temporelles et spirituelles) lui sont déférées. 3° Un faux capitulaire fixe une sanction à la peine de l'excommunication prononcée contre les laïques : *confiscation de moitié* des biens pour ceux de condition élevée, *confiscation de la totalité* pour ceux de condition inférieure et en outre *peine de l'exil.* 4° La *puissance temporelle des Papes* se fonde sur le *faux acte de donation* de Constantin le grand, qui après son baptême se reconnaissant indigne d'habiter la ville que le chef des apôtres a choisie pour sa résidence, aurait déclaré se retirer à Byzance et *donner aux successeurs de St Pierre tout l'empire d'Occident.* — Ainsi donc le monopole de juger les évêques et celui de connaître de toutes les affaires spirituelles et temporelles était attribué au *Pape seul*, *car il juge au nom de Dieu lui-même;* c'est la *Théocratie.* — Les *Escobars* décorent ces *faux* du nom de *pieux mensonges*, de *fraudes pieuses !*

fiance aveugle dans les prédictions du clergé. Une panique irrésistible s'empare alors de tout le monde : aussitôt *Ducs et Comtes*, *nobles et serfs*, *d'implorer* la miséricorde du Très Haut, l'intercession des Saints, enfin l'assistance du clergé ; *pour le salut de leur âme*, *la rémission de leurs péchés*, *et afin de s'amasser des trésors dans le ciel*, ils comblent de présents les abbayes, décorent de leurs richesses les autels et statues des Saints, et donnent par *testament* tous leurs biens à l'Eglise qui les accepte, tout comme si elle ne croyait pas aux prédictions de *l'Apocalypse !* Mais quand devait arriver l'époque fatale ? L'ère chrétienne calculée par Denys le petit et adoptée par Charlemagne après son couronnement était encore peu employée ; d'ailleurs les calculs variaient suivant que l'on comptait de la naissance ou de la mort de Jesus Christ. Mais ce que l'on peut dire *avec certitude*, c'est que du milieu du Xème siècle et *pendant un siècle entier*, on fut journellement dans l'attente de ce grand cataclysme ; quatre ou cinq générations successives furent élevées dans cette crainte salutaire. Ce coup habilement préparé est admirablement conduit, ses résultats prodigieux : il rend au clergé toutes ses richesses, toute sa puissance, mais aussi toute son ambition ; il produit les Grégoire VII, les Innocent III et les Boniface VIII, qui armés de l'excommunication forceront les Rois à s'abaisser à leurs pieds dans la poussière et à implorer d'eux les couronnes qu'ils distribuent au nom de Dieu ; il prépare enfin les croisades, ce magnifique élan de fanatisme religieux, duquel devaient sortir tout à la fois l'épuisement de la féodalité, le réveil de la royauté, puis entre les deux, la renaissance des municipes, l'aurore d'une civilisation nouvelle.

Procédure. Quand l'évêque fait dans son diocèse sa tournée pastorale, il envoie en avant des prêtres et des diacres, qui doivent prendre leurs renseignements et réunir tous les habitants pour le jour de son arrivée. Il en choisit alors 7 et leur fait jurer sur les reliques des Saints et sous peine d'excommunication, de lui faire connaître tout ce qui à leur connaissance s'est dit ou fait contre la religion, tous les crimes et délits dont ils ont entendu parler. Tous ces crimes et délits défendus par les commandements du Dieu des Hébreux et ceux que l'Eglise y ajoute, s'appèlent indistinctement des *péchés*, qui, *s'ils ne sont pas vengés*, doivent attirer *sur tous les hommes* la **colère et la vengeance de Dieu** (p. 16); et ainsi l'interêt particulier commande en outre à chacun de *dénoncer* tous les péchés qu'il connait. Pour faciliter cette instruction criminelle, il y a des formulaires spéciaux qui ne comptent pas moins de 80 à 88 péchés différents, non compris les circonstances atténuantes ou aggravantes. Aussi rien n'échappe à cette procédure de *délation* faite *au nom de* **la Vengeance publique**, ou plutôt, comme tout se fait en latin, *in nomine vindictae publicae!* Mais ces voyages sont fatigants, dangereux même quelquefois, et l'évêque redevenu un grand seigneur ne songe qu'à jouir en paix des richesses et du pouvoir qui sont à sa disposition. Il charge alors ses prêtres du soin de le remplacer dans ses fonctions judiciaires : l'un d'eux, celui chargé de rechercher ces péchés et agissant au nom de la Vindicte publique prend le nom de *Vindex publicus religionis!* mais bientôt il le change par euphonie contre celui de *Inquisitionum promovens*, d'où l'on fit *promotor*, *promoteur (pro* et *movere*, *celui qui commence une affaire et la poursuit)*. Mais la procédure criminelle s'améliore : l'ancien mode, l'*accusation*, le nouveau la *dénonciation*, ne paraissent plus suffisants, et l'on en invente un troisième : l'*inquisition*. Les papes et les conciles (Vérone 1184) recommandent aux évêques d'*informer (inquirere)*, bien entendu dans le plus grand secret, contre un crime épouvantable, le plus horrible de tous, l'*hérésie*. Nous verrons un peu plus loin une confrérie spéciale se parer de ce nom et se couvrir d'une gloire impérissable.

Tribunal. L'évêque est toujours *seul juge*. Il se fait cependant remplacer par son *archidiacre*; mais le caractère de celui-ci étant attribué à vie sauf la déposition par jugement, l'archidiacre prétend bientôt que ses fonctions de juge sont *inamovibles*. Alors l'évêque préfère les confier à un simple prêtre révocable à volonté, qu'on nomme *official*. Du Xe au XIIIème siècle, le Tribunal de l'évêque s'appèle *cour d'Eglise* ou de *Chrétienté*, en suite *officialité*. — On prépare l'accusé et l'accusateur, s'il y en a un, par le jeûne, les prières, la messe, la communion et un droit payé à l'Eglise; puis on apporte un brasier ardent sur lequel on doit étendre la main, une chaudière pleine d'eau bouillante du fond de laquelle on retirera un caillou; ou encore l'on doit marcher pieds-nus sur des charbons ardents, lancer à une certaine distance une barre de fer rougie au feu, etc. Le nombre plus ou moins grand des brûlures indiquera la culpabilité ou le bon droit; le tribunal n'a donc qu'à constater : Dieu pourrrait-il laisser condamner l'innocence? C'était ce qu'on appelait *ordalies* (allemand, *ordall*, *urtheil*, *jugement*) ou encore *épreuves judiciaires, jugements de Dieu*, et ce que nous appelons, nous, un jeu de hasard joué bien souvent avec des dés pipés! Bien des évêques avaient protesté contre ces ordalies, mais en vain, c'était si commode; Louis IX les abolit. — L'organisation cléricale apparait alors dans toute sa splendeur. La chasse à l'homme a commencé : voici revenir de sa tournée le *Vindex* ou *Promoteur* accompagné de nombreux accusés devant lesquels s'ouvrent les portes des prisons de l'officialité.

Accusés et témoins sont interrogés à part, dans le plus profond secret ; que s'ils ne *confessent* pas la vérité, on a recours alors à la *gehenne*, *torture*, *question* (nous y reviendrons amplement au chap. 12.) La science des clercs emprunte avec avidité à la législation Romaine ses plus horribles instruments de tortures ; ces instruments détruits depuis *six siècles* par les Germains qu'on traite de *barbares* sont rétablis par le clergé, et bientôt ils seront perfectionnés par l'*Inquisition* : devant eux, tous sont égaux, nobles comme serfs, seigneurs comme bourgeois. La Vindicte publique réclame sa proie, elle exige ses victimes : le bourreau *questionne*, le Vindex dicte, le greffier écrit. Mais là plus de confrontation entre les témoins et l'accusé qui ne peut ainsi les démentir. L'instruction se fait par écrit et reste secrète. L'archidiacre ou l'official qui l'a remplacé, peut se faire assister de prêtres gradués en théologie, de juges séculiers ou d'avocats ; mais il ne fait que demander leur avis, *il juge seul*, sans avoir *ni vu ni entendu l'accusé ou les témoins*, sur le *vu* des pièces de la procédure. Le greffier se transporte ensuite dans les prisons de l'officialité et lit à l'accusé sa sentence, qui est définitive, *sauf appel au pape*. Le promoteur et l'official ont été nommés par l'évêque ; l'un *accuse*, l'autre *juge* ; la même autorité est ainsi tout à la fois *juge et partie !* — Quant à ses clercs ou plutôt ses enfants, l'Eglise en bonne et indulgente mère de famille ferme les yeux sur les crimes les plus atroces, qu'elle décore du nom de *faiblesses*. Aussi chacun de solliciter les privilèges de clerc, et elle couvre de sa protection tous ceux qui acceptent la tonsure ainsi que ceux là qui portent sur leur poitrine le signe des Croisés.

Pénalité. L'Eglise a toujours : 1° l'*excommunication*. 2° L'*anathème*. 3° Mais quand elle s'attaque aux puissants de la terre, elle pense à rendre l'excommunication plus efficace encore, et alors elle jette l'*interdit* sur les terres du roi, duc ou comte qu'elle a excommunié : aussitôt les églises se ferment, les cloches se taisent, les sacrements sont refusés, même le viatique aux mourants, toutes les cérémonies religieuses cessent, un silence sinistre règne dans les campagnes, la famine et la peste vont accourir. L'on comprend quelle désolation règne parmi le peuple, quels sourds murmures s'en élèvent! Grégoire VII se montrera plus hardi encore : il déliera tous les sujets des princes de leur serment de fidélité, et Sixte-Quint honorera le régicide comme une action sainte et méritoire!! 4° Depuis longtemps on a eu recours à plusieurs des modes de *punition* de l'empire Romain : dans la construction des monastères on n'a eu garde d'oublier des prisons. L'on devait jeûner et prier pendant le temps qu'on était condamné d'y passer ; que si c'était *à vie*, le condamné était introduit dans la cellule ou plutôt *cachot* qui lui était destiné, on en murait derrière lui la porte, la fenêtre, et l'on n'y laissait que *deux petites ouvertures* : l'une pour respirer un peu, l'autre — pour y passer la nourriture — du pain et de l'eau ; quelquefois même l'on oubliait d'y porter à manger, et le malheureux endurait les tortures de la faim. C'était comme on le voit, fort habilement arrangé pour empêcher toute évasion, et c'était tout aussi intelligement nommé, *in-pace (en paix)*, car rien n'en venait troubler la solitude. 5° Les abbés font aussi crever les yeux de leurs prisonniers, couper le nez, les mains ou les doigts ; Charlemagne a soin dans un de ses capitulaires de défendre aux abbés toute mutilation à l'égard de leurs moines et de leurs prisonniers. 6° Pour compléter l'amélioration des coupables *(emendatio)* on les force ensuite à se priver d'une partie de leur fortune au profit de l'Eglise : c'est l'*amende*. 7° Il y avait enfin l'*amende honorable* : Le Pénitent fait abjuration publique de ses erreurs au milieu de l'église et assiste à la procession, en chemise, pieds-nus, les bras en croix, aux fêtes de la Toussaint, Noël, Epiphanie, Chandeleur, et à chaque dimanche de carême. Arrivé à la cathédrale, il est publiquement fouetté par l'évêque ou le curé, puis il est chassé de l'église pendant tout le temps du carême et doit y prier à la porte. Et l'amende honorable se répétait ainsi 3, 5 ou 7 hivers différents. Quelle puissance n'avait pas le clergé qui força bien des comtes, des ducs et des rois à se soumettre à de telles humiliations ! 8° A peine est on revenu de la panique causée par l'approche de la fin du monde, que l'hydre toujours renaissant de l'hérésie reparait : Calixte II excommunie les Manichéens (1119) et s'entend avec les puissances temporelles pour faire brûler par le bras séculier tous ceux condamnés comme hérétiques par l'Eglise. Honorius III assimile le crime d'hérésie à ceux de rébellion et de lèse-majesté, ce qui entraine les plus horribles tortures et la confiscation des biens ; les juges séculiers doivent jurer d'*obéir passivement* aux ordres qu'ils recevront des tribunaux de l'Eglise, à peine de devenir eux-mêmes suspects. Enfin il commine les peines suivantes : la *prison perpétuelle* à ceux qui se repentent, mais le *feu* aux *obstinés et relaps* et à ceux qui sont *suspects pour la seconde fois*. L'Eglise ne viole pas son serment : il n'y a pas de sang répandu, mais il y a tant d'accomodements avec le ciel !

Inquisition. Nous avons reconnu trois modes différents de procédure : l'*accusation*, la *dénonciation*, puis l'*inquisition*. Dominique de *Guzman* gentilhomme Castillan organise une confrérie de *frères-prêcheurs*, qui doit exciter le zèle des catholiques à dénoncer les hérétiques appelés *Albigeois*, dont les bûchers de Calixte II n'ont pu anéantir les infâmes doctrines : ils n'avaient rien moins que l'audace d'attaquer la puissance *temporelle, les richesses immenses et les vices des papes et des* grands dignitaires de l'Eglise. La milice de Don Guzman, qui procédait par *inquisition* surtout, fit merveilles et s'organisa en tribunaux spéciaux pour la recherche de l'*hérésie ;* Innocent III approuva ces tribunaux qui prirent le nom d'*Inquisition* (1215), et les déclara indépendants du tribunal de l'évêque. L'ordre prit alors le nom de *Dominiçains* dans le midi de la France, celui de *Jacobins à Paris.* L'Inquisition s'occupe surtout de *perfectionner* la *question* et la *procédure criminelle* : elle divise en 3 catégories ceux que l'on *soupçonne coupables d'hérésie,* suivant la nature du soupçon, qui est *léger, véhément* on *violent* : 1° dans le premier cas, on doit se purger canoniquement c. à. d. par serment sur des reliques, et fournir des témoins qui cautionnent la pureté de la foi. 2° Le soupçon *véhement* établit une *présomption* de *culpabilité,* et le *suspect doit prouver son innocence;* s'il y parvient, il n'en doit pas moins abjurer les erreurs dont on l'a accusé et faire amende honorable; il est appelé *réconcilié.* Mais s'il devient suspect une *seconde fois*, il n'est plus admis à prouver son innocence : de *droit* il est considéré comme *relaps,* et *brûlé comme tel.* 3° Que si le soupçon est *violent*, le *suspect* n'est pas même admis à prouver son innocence : *il est tenu pour hérétique, condamné* et *brûlé.* Les provinces les plus riches et les plus peuplées de France, celles qui ayant eu le moins à souffrir des guerres civiles, se réveillent les premières du sommeil léthargique dans lequel l'Europe fut plongée pendant plusieurs siècles, le Languedoc et la Provence, sont ravagées par le fer et le feu, leurs habitants massacrés, brûlés vifs ou au moins mutilés : on ne voit plus qu'aveugles et borgnes, boiteux et manchots, des nez coupés, des langues arrachées! „*Tuez les tous*, s'écriait le légat du Pape, *Dieu saura bien distinguer ceux qui sont à lui.*" Horribles paroles qui ne peignent que trop bien la pensée secrète de l'Inquisition : *massacrer des milliers d'innocents plutôt que de laisser échapper un coupable.* Ces magnifiques provinces ne se sont jamais relevées de tant de désastres et de ruines, mais ce légat posa sur sa tête la mitre d'archevêque de Narbonne avec la couronne ducale! — Et ceux-là qui dans tous les événements de la terre prétendent toujours voir le doigt de Dieu, se refusent à reconnaître qu'un jour devait venir, où les descendants des victimes et des bourreaux, échangeant et leur nom et leur place (*suspects* et *Jacobins*), recommenceraient ces scènes hideuses et sanglantes aux accents vengeurs de la *Marseillaise* et de la *Carmagnole* ! !

Résumé. Le but de la pénalité Chrétienne de la première période n'est pas de *punir* un mal par un autre mal, comme l'empire Romain, ni de *racheter* le mal par de l'argent comme le droit Germain ; elle invite le coupable à se *repentir*, à s'*améliorer*, et à cet effet lui indique la *pénitence* qu'il doit faire. La peine est toute *volontaire*, et le coupable reste parfaitement libre de ne pas s'y soumettre ; mais alors il est exclu de la société Chrétienne, comme il sera un jour privé des joies du Paradis. Ce système est le plus admirable qui ait jamais existé ; mais hélas ! il ne pouvait durer toujours : St Augustin, St Jerôme et d'autre docteurs, tout en voyant avec bonheur la puissance de l'Eglise, redoutaient pour elle l'ambition, l'amour des biens temporels et des richesses ; ils ne se trompaient pas. En effet ces passions produisent bientôt la rapacité et l'incontinence, la superstition et l'hérésie, l'hypocrisie et la férocité. L'Eglise prêche le *pardon des injures et invente la* **Vindicte publique.** L'abus des meilleures choses produit les plus grands maux : c'est ainsi que le *rachat* de la pénitence par des œuvres pies, des jeûnes, des prières, des pèlerinages, produit les *indulgences* ; mais les indulgences s'achètent à prix d'argent, et alors tous les crimes sont permis à la fortune : Rome redevient vénale comme au temps de Jugurtha. Par contre et pour conserver ses immenses richesses, pour augmenter encore sa puissance, l'Eglise ne recule devant aucun moyen : *faux*, *tortures*, *bûchers*, *ruine de provinces entières*, *massacre de ses habitants*, *peinture effrayante mais imaginaire* des tortures de l'enfer, etc. ; tout est permis, pourvu que la *vérité* triomphe : *La fin justifie les moyens !*

CHAPITRE IX.

FÉODALITÉ.

Histoire. Nous avons vu (p. 63) Charles le chauve fonder la Féodalité à Quierzy (877), en accordant à tous les Ducs et Comtes à titre héréditaire les provinces et cités qui étaient confiées à leur administration; elles prennent les noms de *Comitatum*, *Ducatum*, d'où ceux de *comté* et *duché*. Les archevêques, évêques et abbés qui conservent leurs *immunités*, les ducs et comtes qui deviennent souverains, voilà les *grands-vassaux* de la couronne de France. Onze ans plus tard, la race de Charlemagne est chassée du trône, et l'empire d'Occident morcelle en 8 royaumes différents. Les Gaules voient tailler dans leurs flancs les 5 royaumes de *Bretagne*, *France*, *Lorraine*, *Bourgogne* et *Provence*; la couronne de France est posée sur la tête du comte de Paris, Eudes qui règne 10 ans. A sa mort (898) la race de Charlemagne remonte sur le trône pour s'en voir chassée par le frère d'Eudes, Robert (922) que remplace son gendre Raoul duc de Bourgogne (923 — 936). Elle y remonte bien encore une fois, mais pour s'en voir définitivement expulsée par le petit-fils de ce Robert, Hugues *Capet*, duc de France (987). C'est grâces à ces divisions que le système de la féodalité put se fonder et s'affermir : chaque duc ou comte devenu indépendant sauf l'hommage au roi, veut s'assurer de la fidélité des grands (Barons, Vicomtes, Viguiers, etc.) qui vivent sur son nouveau domaine; de quelque nation soient-ils, Romains, Bourguignons, Visigoths ou Francs, ils sont obligés de reconnaître l'autorité que le roi lui a transférée et de se soumettre aux obligations qu'il a prises à l'égard du roi; c'est ce qu'on appèle *se recommander*. Chaque recommandation forme entre le vassal et son suzerain un contrat, qui contient des droits et des devoirs récipoques, excessivement variables, très bizarres souvent, mais qui peuvent se résumer ainsi : *fidélité* et *service militaire* du vassal au suzerain, *protection* et *justice* du suzerain au vassal. Le duc ou comte a confié à chaque vassal pour les affaires militaires et judiciaires une certaine partie de son domaine; les petits propriétaires qui y sont établis sont également forcés de se recommander à ce vassal qui devient leur suzerain. Le Roi est ainsi le suzerain direct des grands-vassaux, le suzerain *indirect* de leurs vassaux qui deviennent ses *vavassaux*. Tous ceux qui ont pu *se recommander* sont libres; on les appèle indistinctement *Francs (libres)*, en latin *nobiles*, plus tard en français *nobles* ou *gentilshommes;* ceux là qui n'ont au dessous d'eux que *leurs gens* prennent des titres divers de *Sire*, *Seigneurs*, *Châtelains*, etc. Telle fut la *noblesse féodale*. Pendant un siècle environ *la féodalité* règne en souveraine et replonge la France dans les ténèbres de la barbarie. Mais grâces aux craintes de la fin du monde (p. 70) le clergé reprend la place qu'il a perdue et occupe le premier rang; la noblesse féodale doit se contenter du second. Les évêques ont grâces aux *fausses décrétales* reconnu la suprématie du pape; mais en contractant une alliance avec la nouvelle race des *Capétiens*, ils reconnaissent la suzeraineté du roi pour leurs biens temporels et se rattachent ainsi au système de la féodalité : il n'y a plus dès lors qu'une sorte de terre, *le fief*, d'où l'*axiôme* du moyen-âge : *nulle terre sans seigneur*. Tous les autres habitants des Gaules forment une troisième classe, et sont appelés *ignobiles* (non nobles) avec des noms divers de *bourgeois*, *roturiers*, *colons*, *forains*, *manants*, *villains*, *main-mortables*, etc.; *de droit*, ils sont *tous serfs (servi)* sauf les privilèges qu'ils achètent à prix d'or ou qu'ils osent conquérir les armes à la main.

Droit féodal. Voyons ce qu'était le droit féodal pour les Seigneurs : la noblesse féodale compte des Germains, Francs, Visigoths, Alemans, etc., mais peu de Romains ; le droit féodal pour les seigneurs entr'eux n'est rien autre chose que le droit Germain. Pour juger des crimes et des différends des *Grands-vassaux* de la couronne, Huges Capet choisit parmi eux 12 membres, dont 6 laïques et 6 ecclésiastiques ; ce sera la cour des Pairs qu'il présidera. Faisons remarquer ici que le roi était libre de convoquer tels membres de ses Grands-vassaux et en tel nombre que bon lui semblait ; il prétendit ensuite avoir le droit de remplacer ceux des pairs convoqués qui ne se présentaient pas, par de grands officiers de la couronne *(ministeriales)*, qui après avoir fait partie de la cour des Pairs par exception et comme représentant des absents, changeront bientôt ce mandat en un *droit acquis.* Le roi ne jugeait pas lui-même, mais il présidait et se chargeait de veiller à l'éxécution de la sentence. Cette institution sommeilla pendant deux siècles, et le roi n'eut qu'un pouvoir de suzeraineté nominal. Qu'on nous permette de donner un exemple du droit féodal : Jean roi d'Angleterre était vassal de la couronne de France en sa qualité de duc de Normandie et d'Aquitaine, de comte de Poitiers, Anjou, Maine etc. Il est accusé de meurtre sur la personne de son neveu Arthur duc de Bretagne également vassal de la couronne ; sa famille se plaint à leur suzerain commun *Philippe-Auguste*, roi de France. La *Cour des Pairs* est convoquée : Jean assigné à comparaître (1202) fait défaut, mais il est déclaré coupable de félonie et de trahison, condamné à perdre toutes les terres qu'il tient à hommage de la couronne de France, et le Suzerain chargé de l'éxécution de la sentence. Philippe s'empare facilement du duché de Normandie et des comtés du Maine, Anjou,

Touraine, Berry et Auvergne qu'il réunit à la couronne. De même chaque *Grand-vassal* devait avoir une cour de Justice féodale composée de quelques uns de ses vassaux pour juger des crimes commis par ses vassaux à son égard ou à l'égard les uns des autres; c'est le jugement par *ses pairs.* Les évêques sont représentés par des *avoués*, ou s'il s'agit de *duel judiciaire* par des *champions.* Que si un Seigneur ne garnit pas sa Cour de nombre de juges suffisant, 4 ou au moins 3 suivant les coutumes, ou s'il refuse de juger, l'offensé a le droit d'en appeler à la justice du suzerain de son seigneur pour *défaulte de droit.* Ce sera le premier moyen dont se serviront Philippe et ses successeurs pour attirer à leur Justice les causes des petits seigneurs et augmenter la puissance Royale. La procédure est libre, publique comme dans le Mallum : chaque juge doit énoncer hautement son opinion ; la partie qui se voit condamnée peut jeter son gage de bataille et provoquer le juge en combat singulier. Si la Cour est embarrassée pour sa décision, elle ordonne le *combat judiciaire* entre les deux parties, car il n'y a jamais d'accusé sans accusateur. Comme on le voit, les procès et accusations se terminent toujours par des duels ou des guerres privées. Aussi le clergé redevenu tout puissant s'efforça-t-il d'y mettre un terme en publiant *la paix de Dieu* (1030); mais comprenant qu'il est impossible d'arrêter complétement les passions de l'homme, il la remplaça bientôt par la *trève de Dieu* : toute guerre ou duel était défendu du mercredi soir au lundi matin, sous peine d'excommunication qui au bout de 3 mois se changeait en anathème. Voilà pour les pays dits de *non obéissance le roi.* — Quand le duc Hugues devint roi, son duché de France devient le domaine de la couronne ou pays *d'obéissance le roi ;* les vassaux du duc, vavassaux des Carlovingiens, devinrent les vassaux *immédiats* ou plutôt *particuliers* du roi Capet, mais sans devenir pour cela les pairs des Grands-vassaux de la couronne. Pour les faire juger par *leurs pairs*, il dut donc établir une cour choisie parmi ces vassaux particuliers : c'est la *Cour du roi* (curia regis) présidée par le roi ou son grand sénéchal. Cette cour connaissait en outre des appels de *défaulte de droit* dont nous avons parlé, des *cas royaux* et des *cas privilégiés* dont nous parlerons bientôt. Mais en outre de ces fonctions judiciaires, cette *Cour du roi* formait son conseil, appelé *grand conseil*, *conseil privé (consilium)*; mais alors elle n'avait pas à décider, et le roi restait libre d'agir comme bon lui semblait. — Quant à la pénalité, nous nous bornerons à dire que c'était le *bannissement*, *perte du fief*, *Wehrgeld*, mais ces deux dernières peines étaient prononcées au profit du suzerain : le Wehrgeld s'est changé en *amende*.

Droit coutumier. Voyons maintenant quels étaient les rapports judiciaires des deux premières classes de l'Etat (clergé et noblesse) à l'égard de la troisième, les *non nobles*. Tout manant, vilain, etc., doit avoir un Seigneur, et il en est justiciable, car nous le savons : *nulle terre sans seigneur*. Mais l'organisation judiciaire est bien différente de l'organisation féodale : *fief et justice n'ont rien de commun*. Les *Grands-vassaux* (duc et comte, archevêque et évêque) se sont réservé «*la connaissance de tous les crimes punissables de mort, mutilation de membres et autres peines corporelles comme fustiger*, *pillorier*, *bannir*, *flétrir*, *marquer et autres semblables;*» c'est ce qu'on appèle la *haute-justice*. Ils maintiennent à leurs vassaux immédiats le droit de connaître des procès et délits qui appartenaient au Sachibaro ; c'est la *basse-justice* : elle ne connaît que des délits dont le Wehrgeld ne dépassait pas 7, 10 ou 12 sols suivant les provinces. Un grand nombre de ces Barons ou Vicomtes obtiennent de leur suzerain le droit de haute-justice ou plutôt s'en emparent, et deviennent haut-justiciers, tout en restant vassal d'un Grand-vassal de la couronne. Plus tard au 13ème siècle, par la concession de droits ou plutôt à la suite d'empiètements successifs, certains bas-justiciers jouissent du droit de condamner jusqu'à 60 sols d'amende à leur profit; c'est la *moyenne justice*. Quant aux simples gentilshommes, ils n'ont de droits que sur leurs *serfs* (colons, roturiers, etc.) pour leur faire payer le *cens* et les *redevances;* cette Justice s'appèle suivant les provinces, *censuelle*, *domaniale*, *foncière* ou mieux encore *manuelle*, car c'est celle du maître qui commande et dispose de la *force nécessaire* pour se faire obéir. Ainsi pour juger les *non nobles*, il y a quatre justices bien différentes, suivant l'objet du procès, l'importance du crime : *foncière*, *basse*, *moyenne*, *haute;* mais conformément au droit Germain, chaque justice juge en *premier et dernier ressort* de toutes les affaires qui sont de sa compétence. — Le *haut-justicier* charge des *officiers (office)* du soin de rendre la *haute-justice* en son nom; ils s'appèlent *Baillis* dans le nord, *Sénéchaux* dans le midi. Ils président des tribunaux appelés *assises* ou *grands jours*, composés en général des pairs de l'accusé, bourgeois, roturiers, colons, etc, qui sous le titre de *bons hommes*, *prudhommes*, *échevins*, remplacent les *boni homines* et les *scabini;* ce sont les *jugeurs*. Le bailli les choisit lui même : ce seront presque toujours les mêmes, et le *jugeur* deviendra peu à peu un *juge permanent*. Pour rendre la basse justice, les Grands-vassaux ont des officiers appelés dans le nord *prévots (praepositus)*, dans le midi *viguiers (vicarius);* ils afferment les domaines privés de leur suzerain, et les amendes leur appartiennent; ils doivent de même juger avec des assesseurs, mais ils sauront bien s'en débarrasser. Philippe-Auguste roi de France eut 4 baillis pour rendre la haute justice et 78 prévots pour la basse-justice. Mais l'étude du droit Romain a repris faveur, et contrairement au droit Féodal, Philippe charge les Baillis du soin de réviser les jugements des Prévots dont on se plaindrait ; la Cour du roi révisera les jugements des Baillis qui sont obligés de venir à Paris donner tous renseignements nécessaires. *L'appel est ainsi rétabli.*

Droit communal. Mais les habitants des villes ne peuvent plus supporter la tyrannie odieuse qui les accable de vexations ; ils se comptent, ils se soulèvent, ils se débarrassent peu à peu de leurs tyrans. Du midi le mouvement se communique au nord (1). Les Cités se rappèlent le temps où elles jouissaient de leurs libertés municipales ; elles se disposent des lois, se dressent des chartes ; leurs droits comme leurs intérêts sont communs, elles adoptent le titre de *communes.* Elles appèlent à leur aide la noblesse contre le clergé, le clergé contre la noblesse et le roi contre tous ; elles achètent à prix d'or et de torrents de sang

(1) La tyrannie la plus insupportable était celle du clergé. Que l'on prenne les villes qui se sont révoltées contre leur Seigneur féodal, et l'on verra que c'est presque toujours contre un évêque : ainsi Cambrai, Noyon, Laon, Beauvais, Soissons, Reims, Sens, Metz, Verdun, etc. ; une seule dans le nord fait exception, c'est *Amiens* qui soutenue par l'évêque se révolte contre son vicomte. Il en était de même dans le midi, car c'est en haine surtout de la tyrannie des évêques et abbés que le peuple a prêté l'oreille aux idées schismatiques présentées par quelques prêtres obscurs Aussi c'est autant pour rasseoir sa domination, même sur des ruines, que pour ramener les peuples à l'unité catholique que la croisade fut prêchée contre les Albigeois (p. 77). Les villes républicaines du midi comptaient sur l'appui de la noblesse, mais celle-ci se vit bientôt ruinée et remplacée par une noblesse nouvelle accourue avec empressement du nord pour répondre à l'appel du Pape et prendre part à la curée.

l'approbation de leurs chartes par leur seigneur et par le roi. Les Cités redeviennent indépendantes : dans le midi, elles rétablissent les institutions *municipales* avec des consuls et des jurats, magistrats qui administrent et *jugent ;* dans le nord, imitant les institutions *Germaines* avec un maire et des échevins, elles établissent le Jugement par les *pairs* et le *Wehrgeld.* Mais hélas! Cette liberté si chèrement acquise et qui développe leurs richesses, attire la convoitise de leurs ennemis naturels, qui y sèment la discorde et les remplissent de dissensions intestines. Fatiguées de ces troubles, incapables de se maintenir, elles doivent perdre leur indépendance ; mais préférant un maître à une multitude de tyrans, elles se jettent dans les bras de la Royauté, et troquent leurs libertés communales contre les privilèges de la bourgeoisie.

Droit royal. Du milieu du IXe siècle jusqu'au XIVème environ régna le système de la *féodalité ;* le clergé tout en ayant l'air de s'y soumettre le domina pendant tout ce temps. Il y avait alors quatre Juridictions bien distinctes : 1° Les *évêques* qui ont des tribunaux parfaitement organisés, des codes de procédure et de pénalité complets (Décrétales de Gratien (1140) et de Gregoire IX (1234). 2° Les seigneurs *haut-justiciers,* maîtres absolus d'instituer dans leurs principautés telles lois et coutumes que bon leur semble. 3° *Les cités* qui se reconstituent en municipes ou s'établissent en communes. 4° *Le roi de France* seigneur féodal qui avec plus de droits que les autres a peut être moins de pouvoir. — Le clergé constitué en corps obéit à une volonté unique qui réside à Rome et aspire toujours davantage à la Théocratie ; à cet effet l'Inquisition a été fondée, ses tribunaux organisés et pourvus d'une milice nombreuse et dévouée. La noblesse féodale voit le danger qui la menace ; elle veut opposer une digue aux empiétements toujours croissants du clergé. Les ducs de Bourgogne et de Bretagne, les comtes de St Pol, Angoulême, etc., jurent entre eux une alliance pour la ruine des tribunaux écclésiastiques (1247). *Louis* IX se met à leur tête, mais c'est pour fonder un droit criminel nouveau que nous appellerons *droit Royal;* il absorbe peu à peu le *droit canon*, *le droit féodal*, les *libertés communales* et *municipales*, grâces surtout à l'institution du *Parlement*, et fonde le *droit criminel moderne*. A ces différents points de vue nous devons examiner avec soin le *droit Royal et Chrétien de Saint Louis* qui doit bientôt nous ramener le despotisme de l'empire Romain.

CHAPITRE X.

PARLEMENT. — ORIGINE.

Les *Etablissements* de Louis IX ou St Louis (1270) forment le premier recueil du *Droit Royal Chrétien;* nous allons nous en servir pour examiner la procédure, les tribunaux et la pénalité à la fin du 13ème siècle.

Procédure. Jusqu'à présent les tribunaux criminels de tous les peuples n'ont jugé que les gens contre lesquels s'élevait un *accusateur;* les délations à Rome ont cependant fait exception et donné naissance aux poursuites d'office. Dans le nouveau droit Royal, l'*accusation* est bien maintenue, mais elle est entourée de mesures telles, qu'elle doit peu à peu tomber en désuétude : tout accusateur doit être conduit en prison en même temps que la personne qu'il accuse ; s'il ne peut en établir la culpabilité, il est de droit condamné aux peines qu'il réclamait contre l'accusé. L'offensé recule devant ces épreuves, mais il aura recours à la nouvelle voie qui lui est ouverte, la *dénonciation;* c'est un emprunt fait au droit canon, et l'*accusateur* se change en *dénonciateur*. Mais il faut qu'un magistrat soit spécialement chargé de recevoir les dénonciations qui vont pleuvoir de toutes parts, et poursuive au lieu et place de l'offensé; cette procédure qui produisit dans le droit canon le *vindex* d'abord, le *promoteur* et les *familiers de l'Inquisition* ensuite (p. 72), doit nécessairement donner naissance à une institution semblable dans le droit criminel; ce *sera* le *Ministère public*. De même que les évêques avaient des *avoués* pour les représenter dans toutes les affaires temporelles, de même les seigneurs et le roi ont des *procureurs;* comme alors le roi c'est la Société, au moins dans les pays d'*obéissance*, c'est le *procureur du roi* qui est chargé de *recevoir les dénonciations*, *d'ordonner les poursuites*, *de réclamer condamnation* et d'en *assurer l'exécution*. Mais bientôt il s'empare de l'autre mode de procédure du droit canon, l'*inquisition;* il en changera le nom seulement et l'appellera *enquête* : et alors il peut agir efficacement au nom de la *Vindicte publique*. — Pour établir la culpabilité des *suspects* qu'il appèle *accusés*, le procureur du roi a besoin d'un autre magistrat pour rassembler les preuves du crime c. à d. *enquêter (inquirere);* c'est le prévot ou bailli qui d'abord est chargé de l'*enquête*, mais bientôt ce sera un magistrat spécial appelé *enquêteur*. Et néanmoins on a compris de suite quels *abus épouvantables* peuvent résulter de ces enquêtes faites par celui que le procureur du roi choisit : l'enquêteur sera assisté de *deux auditeurs*, qui doivent être présents aux interrogatoires des témoins et accusés pour dicter les réponses au greffier et sceller de leur sceau toute la procédure. Mais comme l'enquête doit se faire dans le plus profond mystère, l'enquêteur saura se débarrasser de témoins inutiles et gênants : les *auditeurs* sont bientôt supprimés. — C'est l'enquête qui doit remplacer le *duel judiciaire* : dès

1245 St Louis établit la *quarantaine le roi*, qui défend *sous peine de mort* toute guerre ou duel pendant les 40 jours qui suivent le crime ou l'offense : d'une part la soif du sang s'affaiblit, et de l'autre l'ardeur de la vengeance force l'offensé à s'adresser à la Justice. Il recommande aux seigneurs *haut-justiciers* de suivre son exemple, et plusieurs en effet y consentent. Il défend en outre les guerres privées entre les Grands vassaux de la couronne et veut qu'ils s'adressent à la cour des Pairs, mais cette prescription reste encore inapplicable. Quant à l'arrestation provisoire, elle est autorisée pour les voleurs, malfaiteurs, meurtriers et bannis saisis en *flagrant délit ;* la liberté doit toujours être rendue, si l'accusé fournit bonne caution, excepté pour les cas de *trahison*, *homicide* et *rapt.* Ainsi l'*arrestation* n'a lieu tout d'abord que *par extraordinaire* : les ordonnances de 1498 et 1539 en feront *une mesure générale.* — A l'instar de l'Inquisition, baillis et enquêteurs ont recours aux *tortures de la question ;* la noblesse, les villes réclament de toutes parts contre la *gehenne.* St Louis en dispense les nobles à titre de privilège, et défend de soumettre à la question les *personnes honnêtes et de bonne renommée sur la déposition d'un seul témoin* : par l'exception qu'on juge de la règle !

Tribunal. Nous connaissons le tribunal pour la basse et la haute justice : *Prevôt et assesseurs*, *Bailli et jugeurs.* Néanmoins les vols et brigandages appartiennent toujours à la justice la plus expéditive, la justice Prévotale. L'appel s'est reconstitué pour faux jugement : du prévôt au bailli, du bailli à la cour du roi ; c'est un progrès véritable. Les justiciables des seigneurs, tyrannisés par leurs prévôts, envient le sort des sujets du roi ; dans leur désespoir ils s'adressent au bailli royal, au roi lui-même, et malgré les réclamations des *haut-justiciers*, malgré les promesses de la royauté, ces appels seront répondus. Il y aura lutte perpétuelle entre la justice seigneuriale et les baillis royaux. La Cour du roi doit trancher les difficultés, et l'on devine facilement en faveur de qui elle se prononce. Elle deviendra l'instrument le plus précieux pour ramener peu à peu aux Capétiens les pouvoirs que les Carlovingiens se sont laissé prendre, car on doit le reconnaître, les rois de France ont gagné plus de provinces et d'autorité par la procédure et la ruse que par la force des armes. A la défaulte de droit et aux cas d'appel inventés par Philippe-Auguste, St Louis ajoute : les *cas royaux* (crimes attentatoires à l'autorité ou à la majesté royale) que le roi prétend seul pouvoir juger ; les *cas privilégiés* (crimes énormes dont les nobles et les clercs sont accusés, et certains crimes que jusqu'alors l'Eglise seule punissait, tels que le blasphème, le parjure, la magie, etc.) ; plus tard on y joindra les *appels comme d'abus* (appels des Jugements des officialités comme contraires aux lois du royaume et aux libertés de l'Eglise Gallicane). Tous les cas royaux et privilégiés sont revendiqués par le bailli Royal jugeant en première instance ; l'appel sera porté à la *cour du roi ;* les appels comme d'abus lui sont directement soumis. On comprend que les baillis ne se feront faute d'empiéter de toutes manières sur les juridictions des seigneurs et du clergé. — Mais revenons à la *cour du roi* : elle était composée d'évêques, abbés, barons, officiers de la couronne et autres vassaux ; à la Pentecôte, à la St Martin et à la Chandeleur, elle se réunissait à l'effet de juger de tous les procès qui lui étaient soumis. Le mot *parlatorium* qui depuis longtemps désignait toute assemblée où l'on avait *à parler*, fut peu à peu donné par le peuple à ces trois époques ; la salle où l'on jugeait s'appelait bien *chambre aux plaids*, mais l'usage lui attribua spécialement le nom de *parlamentum* d'où *parlement.* L'étude du droit romain qui se répandait de plus en plus, l'habitude du droit canon et l'emploi de la langue latine rendaient ces séances fort ennuyeuses pour les officiers et barons qui devaient y assister : leur bon sens ne suffisait plus, il fallait posséder des connaissances, et à peine quelques uns savaient-ils lire! Ils ne voulaient d'ailleurs pas *changer leur épée en écritoire*, et force fut bien de prendre des clercs pour *faire les enquêtes*, d'autres pour *préparer les affaires.* Il y eut donc des *enquêteurs* et des *rapporteurs;* ils assistèrent aux séances, assis dans la grand'salle aux pieds des seigneurs; ils donnaient bien des *conseils*, d'où leur nom de *conseillers*, mais ils n'avaient pas voix délibérative. Peu à peu cependant les barons se dispensent d'assister aux séances judiciaires, le roi ferme les yeux, et alors *vu l'absence des juges*, les *conseillers* sont bien obligés de *délibérer* et de *juger.* Impossible de fixer des dates à des empiétements lents et cachés, mais persévérants : nous ne pouvons que citer la date du triomphe : 1291 et 1302 sous Philippe IV.

Pénalité. Il y a cinq sortes principales de peines : 1° *Peine de mort;* [a] par le feu, pour l'hérésie, l'infanticide, association de voleurs, etc.; [b] par la potence, pour assassinat, incendie, rapt, trahison, vol sur les grands chemins, vol domestique, vol d'un cheval, récidive d'un vol ordinaire, bris de prison, etc., ainsi que pour la complicité. 2° *Mutilation* : on crève les yeux pour vol dans une église, fausse monnaie etc.; on coupe l'oreille pour un petit vol, le poing pour un parjure : on applique un fer chaud sur le front au blasphémateur, et en cas de récidive on lui perce les lèvres, puis la langue, etc. 3° *Coups de fouet.* 4° *Amendes;* il y en a 3 sortes : [a] à la volonté du juge, autrement dit confiscation ; [b] grosse amende : 60 livres pour le noble, 60 sols pour le non noble ; [c] petite amende, variant suivant les provinces. 5° *L'amende honorable* (p. 76). Pour plus de détails v. chapitre XII.

Résumé. La Société du moyen-âge est devenue Chrétienne : elle *s'empare des droits de l'offensé*, *torture*, *poursuit et juge au nom de la Vindicte publique.* Contre les coupables elle cumule deux *peines* ; l'une *corporelle*, sous le prétexte de *punir*, mais en réalité pour *se venger*, et à cet effet elle fouette, mutile, pend, brûle, etc. ; l'autre *pécuniaire*, sous le prétexte de *réparer* le dommage, mais bien pour *enrichir* ses représentants ; le Wehrgeld se change ainsi en *amende*, *et l'offensé ne reçoit aucune réparation.* — La Société, c'est le roi : *si veut le roi*, *si veut la loi ;* il choisit *accusateur* et *juge*, et il est tout à la fois *pouvoir législatif*, *exécutif et judiciaire.* Et voilà le *droit royal et chrétien* : c'est l'imitation parfaite do l'empire Romain.

Philippe IV dit *le bel* (1285-1314) petit fils de St Louis continue son œuvre et la complète : son conseil est composé de légistes, son règne est un gouvernement judiciaire et ses peuples l'ont stygmatisé du titre de faux monnayeur. Satisfait des services que lui ont déjà rendus ses légistes, de leurs bons conseils, il veut fonder une institution vraiment et exclusivement judiciaire : les barons n'auront plus à s'occuper de droit, ni la Cour du roi d'affaires judiciaires. Par ses deux ordonnances de 1291 et 1302 il fonde le *Parlement* : il y aura deux chambres : l'une appelée des *enquêtes*, chargée de constater par la preuve testimoniale les usages des tribunaux et les conventions des parties ; l'autre des *plaidoyers* (plus tard des *requêtes*) chargée de juger les procès sur requêtes des parties, plaidoyers des avocats ou rapports des enquêteurs ; chacune d'elles présidée par un baron se composera de 4 conseillers appelés chevaliers de justice, de 8 clercs et 8 laïques jugeurs, de 8 autres clercs et laïques et de 24 rapporteurs; depuis longtemps déjà Philippe a défendu aux ecclésiastiques l'entrée du Parlement et des tribunaux des seigneurs. Les présidents en succédant aux barons-présidents en conservent les insignes, le *mortier*, d'où plus tard le titre de *président à mortier*; les conseillers appelés *chevaliers-ès-lois* appartiennent dès lors à la noblesse, et comme peu à peu les autres membres du Parlement usurperont ce titre de conseiller, *tous seront nobles*. La Cour du roi continue d'exister, mais reste simplement le *conseil privé du roi* ou *grand conseil*. Le Parlement devenu sédentaire à Paris devait s'assembler deux fois par an, à Noël et à la Pentecôte, et chaque session durer deux mois. Tous ses membres sont comme les baillis et sénéchaux nommés par le roi et révocables à sa volonté; en réalité ce sont des commis et non des juges. Philippe institue le Parlement juge des crimes et félonies des Grands du royaume; il empiète ainsi sur la juridiction de la cour des Pairs, il l'absorbe même toute entière; mais il décide que les membres de la cour des Pairs s'adjoindront au Parlement pour les affaires politiques et que la réunion prendra le titre *de cour des Pairs*. Les principaux légistes de Philippe et ses seuls conseillers furent Pierre *Flotte* chancelier, G. de *Nogaret* qui le remplaça, G. de *Plaisan*, mais surtout les deux frères *Le Portier*, dont l'aîné devint célèbre sous le nom d'Enguerrand de *Marigny*, trésorier, ou plutôt coadjuteur du royaume. — *Boniface* VIII fesait valoir à nouveau les prétentions de ses prédécesseurs les plus exaltés; il voulait que toutes les couronnes dépendissent des deux pouvoirs qu'il s'attribuait, des deux glaives qu'il faisait constamment porter devant lui. Après avoir excommunié l'empereur et sept rois, il s'attaque à Philippe;

mais celui-ci soutenu par son peuple (noblesse, bourgeoisie et même une partie du clergé), brave les foudres de l'Eglise. Il ose même à son tour attaquer la Papauté par son endroit sensible et vulnérable, en défendant toute exportation d'or et d'argent du Royaume c. à d. le paiement des annates et autres revenus du pape. Philippe est excommunié ; mais G. de Nogaret son chancelier et ambassadeur à Rome s'empare de la personne de Boniface ; le pape parvient cependant à s'échapper, mais il meurt bientôt dans des transports de rage et de délire (1303). Après une lutte de 5 siècles contre la féodalité, la papauté est vaincue : le saint Siège est transféré à Avignon et il devient l'allié très humble de l'absolutisme monarchique ; les tribunaux ecclésiastiques ont succombé dans leur lutte contre le Parlement naissant.

Templiers. La royauté et la papauté ont contracté une nouvelle alliance contre la féodalité ; leurs Tribunaux (Parlement, Inquisition) vont devenir des instruments précieux ; en voici un exemple remarquable : *L'ordre religieux du Temple* célèbre par sa valeur et sa puissance était devenu pour Philippe un objet de convoitise à cause de ses richesses immenses. A un jour convenu, tous les Templiers sont arrêtés, non seulement en France, mais dans toute l'étendue de la Chrétienté et leurs biens saisis (1307). Une commission nommée par le pape et formée d'archevêques, évêques, inquisiteurs, est chargée de les *juger*, mais les *légistes* de Philippe sont chargés d'*enquêter*. C'est leur premier procès important ; ils veulent gagner leurs éperons, ils vont faire merveilles ; d'ailleurs une part a été promise pour stimuler le zèle de tous. Grâces aux tortures du feu, du fer et de l'eau, on obtient 140 aveux des crimes les plus ridicules, les plus invraisemblables ; c'était cependant la *vérité*. Car quand ensuite les accusés se rétractent ou prétendent n'avoir jamais fait de semblables aveux, ce n'est plus alors que *mensonge*, ce qu'on appèle *impénitence finale*. Les témoins qui osent déposer en leur faveur mentent et sont emprisonnés, torturés. L'un des accusés est torturé trois fois et retenu 36 semaines au pain et à l'eau au fond d'une tour infecte ; un autre a été suspendu en l'air par les parties génitales ; un troisième montre les os dénudés de ses talons qui ont été soumis à l'action d'un feu ardent, etc., et tout cela parce qu'ils *voulaient céler la vérité*. Pour pousser les accusés dans la voie du mensonge et de l'accusation contre leurs frères, on montre à ceux que l'on suppose les moins résolus, des lettres où pend le sceau du roi qui sont censées leur garantir la vie et la liberté. Un grand nombre de Templiers *périssaient déjà dans les tortures et les prisons*, il était temps d'interroger enfin les principaux coupables : le grand maître Jacques *Molay*, un vieux et brave soldat, mais peu lettré, persuadé par les conseils perfides des cardinaux, et d'ailleurs *affaibli par trois longues années de prison et des tortures de toutes sortes*, renonce à défendre l'Ordre. Dans toute l'Europe cependant les Templiers sont reconnus innocents, mais Philippe veut les voir coupables et cela suffit : 54 d'entre eux sont d'abord dégradés par l'évêque de Paris comme relaps, et livrés au bras séculier qui les fait brûler vifs et à petit feu, espérant toujours qu'ils avoueront, mais en vain ; un grand nombre d'autres sont condamnés à une prison perpétuelle et murée (1310). Enfin ce drame sanglant et ignominieux se termine en 1314 : le grand maître et trois autres dignitaires de l'Ordre sont condamnés à une prison perpétuelle par la commission apostolique ; mais le conseil privé de Philippe en fit brûler deux à petit feu. L'Ordre fut aboli, ses biens confisqués ; Philippe conserva la totalité de leurs biens situés en France, sauf ce qu'il dut donner aux bourreaux pour les récompenser de leur ignoble métier et les allécher à d'autres curées. Grâces au Parlement la royauté a triomphé de l'aristocratie féodale et du clergé, elle est devenue *absolue*. En présence de cette concurrence redoutable, l'Inquisition quitte la France et va s'établir en Espagne où elle règnera en despote et sans rivale.

Philippe laissa 3 fils qui lui succédèrent l'un après l'autre (1314 à 1328). Mais alors commence la réaction de la noblesse féodale contre les légistes, et avec elle les vengeances : Enguerrand de Marigny accusé de *dilapidations* et de *sorcelleries*, déclaré innocent sur le premier chef, mais *coupable sur le second !* est pendu au gibet de Montfaucon qu'il a lui-même fait élever. Pierre de *Latilly* et Raoul de *Presles* sont torturés et voient leur fortune confisquée. Pendant un siècle la puissance des légistes est anéantie et le Parlement ne s'occupe plus que d'affaires judiciaires. — Nous devons mentionner ici quelques ordonnances importantes : Pour apporter des bornes aux abus inouïs des dénonciations, on oblige les dénonciateurs, à jurer sur l'évangile qu'ils agissent sans fraude ni malice (1319), puis à déposer une caution pour le paiement de dommages-intérêts en cas *d'acquittement de l'accusé* (1338). — La *grand'-chambre* du Parlement est instituée avec deux présidents, 15 conseillers-clercs et 15 laïques ; elle devait se réserver les affaires civiles et criminelles les plus importantes ; c'est le *coeur* du *Parlement* (1320). — La Cour du roi avait été chargée d'enrégistrer sur ses registres les ordonnances des rois de France, et celles-ci se trouvaient transcrites pêle-mêle avec les arrêts ; quand le Parlement devint un tribunal judiciaire, il conserva l'habitude de transcrire les lois, en qualité de *garde-notes*. Une ordonnance de Philippe V (1319) recommande au Parlement de *retarder l'enregistrement des ordonnances qui par erreur ou oubliance octroieraient aucune chose contre l'entente d'ordonnances précédentes*. Le Parlement devait donc *vérifier* les ordonnances du roi, et si elles étaient contraires à d'autres, lui *faire des remontrances;* mais sur des *lettres de jussion* du roi, il devait enregistrer. Cette ordonnance renouvelée par Charles V (1359) et Charles VI (1389) donna naissance au droit *de vérification*, *de remontrance*, dont nous verrons plus tard les Parlements se servir pour essayer de transformer leur *pouvoir judiciaire* en *puissance législative*.

CHAPITRE XI.

VALOIS.

La famille directe des *Capétiens* s'est éteinte, la branche des *Valois* la remplace (1328). *Philippe* VI, *Jean* se préoccupent peu de justice, mais beaucoup de guerres contre l'Angleterre, lesquelles sont malheureuses. — **Charles V** (1364 — 1380) à l'exemple de Philippe-Auguste assigne à comparaître devant le Parlement son beau-frère Charles le Mauvais, puis le Prince Noir duc de Guyenne ; il les fait condamner par défaut, puis s'empare de leurs fiefs. — Charles devait s'occuper du Parlement qui lui avait rendu de si grands services : il régularise *les lits de justice* dont on trouve déjà des traces en 1318 et 1356 : c'étaient des séances solennelles du Parlement auxquelles assistaient tous les princes du sang et les pairs du royaume, les membres du Parlement en robes rouges, quelques grands dignitaires du royaume ; le chancelier préside, mais le roi y assiste sur un lit de repos recouvert d'un dais ; de là le nom donné aux séances. — Charles intéresse les juges à la poursuite des crimes et contraventions, en leur donnant une partie des confiscations et des amendes qu'ils prononcent. Il défend à l'Inquisition de confisquer les biens des hérétiques à son profit ; ils le seront dorénavant au profit du roi, et l'inquisiteur devra se contenter d'un salaire de 190 livres tournois : *le pauvre homme !*

Charles VI ne s'occupa nullement de justice, et pendant sa folie les Anglais s'emparèrent de la France et de sa capitale. Le Parlement de Paris qui avait absous le duc de Bourgogne du meurtre commis sur la personne du duc d'Orléans (1407), avait condamné le Dauphin comme complice de l'assassinat du duc de Bourgogne commis par Tanneguy du Châtel, au bannissement perpétuel et l'avait déclaré indigne de succéder à la couronne et à toutes autres seigneuries (1420); il avait en outre sanctionné le traité de Troyes qui livrait le royaume à Henri V, roi d'Angleterre. Le Dauphin devenu **Charles VII**, ou plutôt *le roi de Bourges*, comme on l'appelait par raillerie, établit un Parlement à Poitiers pour l'opposer à celui de Paris. Mais suivant toutes probabilités, la France perdait sa nationalité et devenait province anglaise, si Jeanne *d'Arc* n'eut relevé le courage des Français, et par son exemple, par son courage, ne leur eut inspiré en la protection du Ciel une confiance qui produisit de véritables miracles. Jeanne d'Arc, cette sublime et touchante apparition, faite prisonnière par les Anglais, fut poursuivie pour crimes d'hérésie et sorcellerie et brûlée vive à Rouen par l'officialité; c'était monseigneur l'évêque-comte de Beauvais lui-même, Cauchon de son nom (1430). Ce n'est qu'en 1455 que Charles fit réviser ce procès inique et réhabiliter sa mémoire.

Louis XI (1461) avait parfaitement compris les services que le Parlement devait lui rendre, pour colorer d'un semblant de justice l'exécution de ses vengeances ou de ses haines. La féodalité avait été écrasée par les légistes et le Parlement de Philippe IV; mais la féodalité nouvelle qui l'a remplacée est plus dangereuse peut-être, parcequ'elle se compose de *princes du sang apanagés de fiefs héréditaires*. Afin de donner au Parlement un semblant d'indépendance, Louis décide que les conseillers seront nommés à vie et ne pourront plus être privés de leur charge que pour *forfaiture* déclarée par le Parlement toutes chambres assemblées (1467). Il va même plus loin : il lui accorde le privilège de présenter pour chaque place vacante dans son sein trois candidats, et le roi devra choisir l'un d'eux. Mais quand Louis veut se débarrasser de ses ennemis, il a soin de tirer du Parlement les conseillers dont il connait la conscience élastique, il y joint quelques jurisconsultes, et les réunissant sous la Présidence de son compère *Tristan l'Hermite* Prevôt de Paris ou plutôt de toute la France, il les décore du titre de *Commission extraordinaire ;* il a soin de partager à l'avance les biens de la victime entre la couronne et ses juges, et ce moyen est infaillible pour obtenir condamnation et confiscation. C'est ainsi qu'il fit pour le connétable de St Pol, Charles de Melun, les ducs de Nemours et d'Alençon, etc. ; quant au cardinal de J. Balue, il se contente de le tenir enfermé dans une des cages de fer inventées par ce prélat. Voilà pour les grands seigneurs ; quant aux petits nobles, à la bourgeoisie, la justice de Tristan les expédie sans formes ni procès.

A la mort de Louis XI (1483), les princes du sang commencent à respirer et veulent reconquérir les privilèges qui leur out été enlevés. Le Parlement en profite et se venge des favoris du feu roi, entr'autres d'Olivier le Daim qui a osé faire emprisonner un huissier et un conseiller au Parlement : il ne peut montrer d'ordre écrit du roi, il sera pendu. Anne de *Beaujeu* régente pour son frère Charles VIII agé de 13 ans convoque les Etats-généraux : ils demandent l'abolition des commissions extraordinaires et des cours prévôtales, dont le dernier règne a fait un abus scandaleux ; l'organisation judiciaire elle même a besoin de réformes : les procédures sont trop longues, les frais trop élevés, les *épices (V. le chapitre suivant)* coûtent trop cher, etc. On leur promit tout ce qu'ils voulaient, mais la Cour oublia bientôt ses promesses, et au lieu de convoquer de nouveau les Etats, elle fit proroger par le Parlement la levée des impôts votés pour deux ans seulement par les Etats : il usurpait ainsi les droits de la nation au profit de l'absolutisme, et en même temps répondait hypocritement par la bouche de son premier Président *de la Vacquerie* aux princes du sang révoltés qui voulaient l'entraîner dans leur parti : « le Parlement est institué pour rendre la justice au peuple; les finances, la guerre, le gouvernement ne sont pas de son ressort. » Principes justes et sages, langage droit et sevère, malheureusement peu d'accord avec les actes.

Louis XII (1498 — 1515) convoque une assemblée de notables; elle révise une ordonnance de 1493 et produit la célèbre ordonnance de 1498 en 162 articles. Celle-ci règle l'administration de la justice et de la procédure, assigne des gages fixes aux magistrats et modère leurs *épices ;* elle fixe la durée des procès, le nombre des instances, établit une taxe pour les frais des procès; enfin elle institue un tribunal de censure pour surveiller les mœurs et la probité des juges, et faire subir des examens aux juges, baillis et conseillers avant leur nomination. Mais la réforme la plus grave, c'est la suppression des *jugeurs*, et leur remplacement par des *praticiens* près les Baillis dans les assises ou grands jours. *Le droit Germain a cessé d'exister :* ainsi l'accusé n'est plus jugé par ses *pairs*, mais par des *juges commis par le roi.* Pour les *crimes énormes* et *qui sont niés*, la procédure devient secrète *par extraordinaire*, qui bientôt deviendra *la règle* pour *tous les crimes* (1539); c'est un dernier emprunt fait à la législation Canonique. Pour continuer les guerres d'Italie sans accabler à nouveau le peuple des impôts dont il l'a allégé, Louis XII vend les nouveaux *offices de finances* qui viennent d'être créés (Cour des Aides, Cour des Comptes), mais il défend expressément de vendre les offices de judicature (1508).

François Ier (1515 — 1547) inaugure son règne par le trafic des places de judicature qui sont données au dernier et plus fort enchérisseur. On crée ensuite de nouvelles places : une 4ème chambre au Parlement de Paris composée d'un président et 18 conseillers, mais chaque place ne se vendit que 3800 à 4000 livres. Le Parlement de Paris fait cette fois des remontrances (1522); mais il se contente de la réponse, que ce n'est pas une vente d'office, mais seulement un prêt fait à l'Etat; il enregistre, mais en ayant soin de faire jurer aux nouveaux conseillers qu'ils n'ont acheté leur office ni directement ni indirectement (1), et sous la condition qu'ils ne prendront pas part aux délibérations du Parlement; leur office devait en outre être remboursé et supprimé au fur et à mesure des extinctions, ce qui n'eut jamais lieu. Après le désastre de Pavie (1525) le Parlement donne un grand exemple d'abnégation : il fait abandon de 6 mois de ses gages, et fort alors de son patriotisme, il veut qu'au lieu de rembourser les financiers qui ont prêté un million et demi, on les poursuive comme ayant volé l'Etat; puis il prétend que les désastres qui accablent la France proviennent de l'indulgence qu'on a montrée à l'égard des hérétiques. Aussi quand François I revient de sa captivité, il s'empresse de faire poursuivre hérétiques et financiers : 2 ou 3 protestants sont tout d'abord brûlés-vifs; Poucher, Semblancay et plusieurs autres financiers sont pendus et leur fortune confisquée; c'est comme on le voit, un moyen commode de payer ses dettes et encore de s'enrichir par dessus le marché. — Mais de tous côtés en province s'élèvent des plaintes contre la justice des Seigneurs; François profite de l'occasion et remet en vigueur l'usage des *grands jours* ou *as-*

(1) Ce serment ne fut aboli qu'en 1597, et aucun conseiller ne se faisait le moindre scrupule de le prêter, tout en ayant acheté sa place : Le premier acte de leurs fonctions était donc un parjure.

sises : des commissions extraordinaires composées d'un président et 12 conseillers du Parlement de Paris sont chargées de juger dans un certain ressort toutes les affaires criminelles et toute affaire civile inférieure à 10 mille livres. On commence par Poitiers (1531) : plus de 500 causes sont jugées en 2 mois ; 12 à 15 gentilshommes sont décapités et leurs biens confisqués, d'autres en sont quittes pour leurs biens confisqués, mais tous ont des amendes à payer ; de 1531 à 1547 il y eut ainsi 9 *grands jours* tenus dans différentes villes du royaume. Le produit des confiscations fut énorme, et cependant il suffisait à peine pour payer les maîtresses du roi et satisfaire le zèle de Mrs les Commissaires. — Le roi voulait rétablir l'Inquisition en France, afin de poursuivre et d'extirper l'hérésie, mais le Parlement proteste : il a payé sa place, il doit avoir le monopole de juger, questionner, torturer, condamner, pendre, rouer, écarteler, brûler-vifs excommuniés, hérétiques, relaps, Vaudois, Huguenots, Calvinistes, Protestants, etc., tout aussi bien que les astrologues, magiciens, sorciers, jeteurs de sort, diseurs de bonne aventure, etc. Et de suite à la besogne : 6 hérétiques sont condamnés par le Parlement (1535) ; procession publique du St Sacrement dans toute la ville ; dans 6 endroits différents s'élève un bûcher ; le roi Très-Chrétien y met le feu, puis va se prosterner en prières à un autel voisin, jusqu'à ce que la malheureuse victime ait expiré dans les flammes et les tortures de l'estrapade. Le signal est ainsi donné : les Parlements de province s'empressent de suivre un si bel exemple, et comme on donne aux dénonciateurs le *quart des biens* des hérétiques, des bûchers s'élèvent dans toute la France *pour la plus grande gloire de Dieu !* — Cependant François I rendit deux ordonnances fort importantes : l'édit de Crémieu (1536) qui règle la juridiction des baillis et sénéchaux royaux dans leurs rapports avec les prévôts des seigneurs, juges inférieurs; il établit des bornes précises aux justices seigneuriales et restreint leur juridiction. L'ordonnance de Villers-Cotteret (1539) en 192 articles complète celle de 1498 et rend la Justice *entièrement secrète (Procédure et Jugement)*. La *question* est laissée à la *discrétion* du lieutenant-criminel, et les peines à l'*arbitraire* des Juges. Cette ordonnance substitue le français au latin barbare employé jusque là dans les procédures et jugements. Enfin elle restreint la compétence des officialités aux affaires purement ecclésiastiques et spirituelles, et ces tribunaux n'y perdirent pas moins des sept huitièmes de leurs causes; la nomination de l'official est donnée au Roi, et le droit d'asile dans les églises est supprimé (1).

Le Duc de **Bourbon** avait été l'un des amants de *Louise de Savoie*, mère de François 1er, qui veuve à l'âge de 20 ans s'était livrée à la galanterie. Elle l'en récompense en lui fesant donner l'épée de connétable et le gouvernement du Milanais. C'était un homme jeune, beau, possesseur d'une fortune immense, d'un grand nom, orné des qualités les plus remarquables, un de ces hommes enfin que la fortune a doués de tous ses dons. Sa femme meurt en 1522, il demande en mariage la belle-sœur du roi, Renée fille de Louis XII. Mais la duchesse de Savoie se fondant sur des droits plus anciens s'y oppose, et lui offre sa main; elle était agée de 47 ans, mais elle était encore assez bien conservée. Bourbon, âgé de 33 ans, eut l'audace de ne pas se trouver honoré d'épouser la mère du roi, et l'audace plus grande encore, dit-on, de répondre qu'il n'épouserait jamais une femme *sans pudeur*. Elle jure de se venger : elle appèle le

(1) Ces ordonnances sont l'œuvre du Chancelier *Poyet*, qui disait avec raison que *le roi est au dessus des lois*. Mais il éprouva la disgrâce de son maître (1545), et comme E. de Marigny, comme la Balue, il fit l'épreuve des lois qu'il avait préparées. Il s'en plaignit amèrement, *mais on lui répondit* avec raison : *patere legem quam tuleris* (souffre la loi que tu as faite).

chancelier cardinal *Duprat*, *le plus pernicieux des bipèdes*, et celui-ci s'empresse de mettre à sa disposition tout son arsenal de lois et de ruses : le comté de la Marche et les seigneuries confisquées sur Nemours avaient été donnés par Louis XI à sa fille Anne, dont la fille unique Suzanne les apporta en dot au duc de Bourbon son mari ; il se voit assigné devant le Parlement pour voir retourner au domaine royal tous ces biens. Il est condamné à les restituer, et aussitôt François I en fait cadeau à sa mère. Mais elle-ci est loin d'être satisfaite : les duchés d'Auvergne et de Bourbon, le Beaujolais, Dombes, le comté de Clermont, etc. appartenaient encore au duc de Bourbon et avaient été donnés à sa famille *à titre de transaction* par les rois Charles VII et Louis XI, et ces donations confirmées plus tard par Louis XII ; les gens du roi prétendent que ces aliénations ont été faites au préjudice des biens de la couronne, qu'elles sont le résultat de la faveur et non de la justice, et l'assignent à nouveau en restitution devant le Parlement. Le *séquestre* est tout d'abord mis sur tous les biens en litige, et le résultat définitif est facile à prévoir. Mais ce n'est pas encore tout : sous prétexte de pénurie de l'Etat, tous les traitements et pensions du connétable sont suspendus. Le but de Louise de Savoie était clair : du plus riche seigneur du royaume, elle voulait faire le plus misérable, et son fils oubliant les services du connétable, était assez faible pour prêter la main à de semblables infamies. Que pouvait faire le connétable ? Se défendre les armes à la main contre un suzerain aussi déloyal, telle était la coutume féodale. Mais surpris à l'improviste dans ses préparatifs de défense, il se vit obligé de quitter la France et alla offrir son épée à l'empereur Charles Quint : la bataille de Pavie, la captivité de François I (1525), le vengèrent de cette abominable trame. Il fit ensuite le siège de Rome, et là il trouva la mort dans son triomphe. Telles furent les conséquences d'un amour-propre de femme blessé !

Les seigneurs **du Cental** et de *Rocca-Sparviera* avaient amené du *Piémont* deux colonies de *Vaudois* (secte religieuse) dans une des contrées les plus incultes de la Provence ; grâce au travail et à l'activité de ces colons, ce désert fut bientôt changé en un jardin fertile ; deux villes importantes s'y élevèrent, Mérindol, Cabrières, et 22 villages florissants. Les gens de la baronie d'*Oppède* située près de là et qui étaient catholiques, ressentirent une vive jalousie de la prospérité de leurs voisins et les dénoncèrent au parlement d'Aix comme hérétiques; en 1540 tous sont condamnés *par contumace*, les pères de famille au feu, les femmes et les enfants à l'esclavage, si dans les trois mois ils n'abjurent pas; mais la guerre les fit oublier et ils purent vivre tranquilles quelques années encore. Pendant ce temps, Jean *Meynier* 1er Président du Parlement d'Aix ayant acheté la baronie et étant ainsi devenu baron d'Oppède, s'était épris de la beauté de la comtesse *du Cental*, peut-être davantage de sa fortune qui était immense et consistait dans la plus grande partie de ces colonies Vaudoises : il demanda sa main, mais il n'en éprouva qu'un refus. Il brûle du désir de se venger et il en cherche les moyens : il se rappèle alors l'arrêt rendu par contumace et s'empresse de le mettre à éxécution (1545); à la tête d'une armée considérable, il fait cerner les paisibles habitants de ces colonies qui n'opposent aucune résistance, bien qu'ils aient pu réunir et armer 15 mille hommes. Le signal est donné: 4 mille de ces malheureux sont massacrés, les femmes, les filles, même celles âgées de 7 et 8 ans sont violées, puis précipitées dans les flammes; les maisons sont détruites, les arbres fruitiers coupés, les champs ravagés; la comtesse du Cental est ruinée, la vengeance du premier Président satisfaite. Mais la comtesse porte plainte au grand Conseil contre lui et ceux qui l'ont assisté. Les accusés déclinent sa juridiction : en leur qualité de juges, ils ne sont justiciables que de leurs pairs, puis le Parlement d'Aix est une cour souveraine, elle ne reconnait qu'une autorité, le roi. L'affaire traina ainsi 5 années : François I meurt; son successeur Henri II évoque l'affaire et la renvoie à la grand'-chambre du Parlement de Paris : 50 audiences consécutives furent consacrées à cette cause célèbre; les plaidoyers des avocats, des milliers de témoignages et des preuves de toutes sortes firent connaître tous ces horribles détails. Mais le Parlement de Paris ne pouvait vraiment condamner celui d'Aix pour des faits dont lui-même se rendait coupable tous les jours, puis les loups ne se mangent pas entr'eux et enfin il ne s'agissait que d'hérétiques, il déclara donc les accusés innocents et débouta la comtesse du Cental de ses demandes. Néanmoins l'affaire était tellement épouvantable, atroce même, qu'une victime expiatoire était nécessaire; ce fut l'avocat général Guérin qui fut sacrifié : sous prétexte de falsification de pièces, on lui coupa la tête.

Henri II (1547 — 1559) choisit pour favoris le duc de *Guise* et le cardinal de *Lorraine* son frère, qui veulent de nouveau introduire l'Inquisition, mais en vain. Le Parlement s'y oppose, il suffit à la besogne, et cependant il est encombré d'affaires de toutes sortes, tant civiles que criminelles. C'est alors que fut fondée l'organisation judiciaire (1551) qui existe encore de nos jours, mais sous des noms différents : Les grands baillis ou sénéchaux établis dans les grandes villes sont supprimés : un tribunal appelé *présidial* les remplace ; il doit trancher l'appel formé contre les jugements des Seigneurs et des petits baillis ou prévôts ; il juge en dernier ressort au civil jusqu'à concurrence de 250 livres ou 10 livres de revenu, sauf appel jusqu'à 500 livres ou 20 livres de revenu ; il connait en outre des affaires criminelles en première instance ; les autres affaires plus importantes au civil, de même que l'appel de leurs jugements vont au Parlement. Le ressort du Parlement de Paris est divisé en 32 présidiaux ; celui des Parlements de Rouen, Toulouse, Bordeaux, Rennes est divisé en 28 présidiaux, total 60 pour la plus grande partie de la France ; leur nombre s'éleva jusqu'à Cent. Chaque présidial doit compter au moins 7 juges et avoir en outre un lieutenant-criminel pour l'information ; les grandes villes ont en outre un lieutenant-général. — Cette nouvelle organisation donnait au roi 600 places nouvelles à vendre, et le produit alla bientôt s'engloutir dans le gouffre creusé par François I. Mais le Parlement se plaint amèrement ; savez-vous pourquoi ? Ce n'est pas son intérêt personnel qui le fait parler, Dieu l'en garde, ce n'est que l'intérêt général : tant de tribunaux vont introduire l'esprit de chicane dans les petites villes ! Ce n'était qu'un prétexte : il s'est acheté le monopole de la Justice, il veut le conserver ; s'il y a trop d'affaires, il jugera vite, plus vite encore, *à la vapeur* même (quoique cette force ne soit pas encore connue), il jugera bien ou mal, peu lui importe, *mais il jugera;* est-ce que les procès et les criminels ne lui appartiennent pas? et les épices donc? — Henri mécontent de cette résistance vend 70 nouvelles places de conseiller, et comme la grand'chambre ni la Tournelle ne peuvent plus suffire aux *dénonciations*, qui sont récompensées par le quart de la fortune du condamné, on forme des commissions extraordinaires, pardon, nous nous trompons, la royauté a promis de n'en plus instituer, mais des *chambres ardentes;* on les nomme ainsi parce qu'elles ne condamnent à *rien moins qu'au feu.* On leur donne les procès d'hérésie : que de bûchers s'élèvent-alors de toutes parts au nom du Dieu de paix et de miséricorde! Et non seulement on condamne ceux convaincus comme tels ou qui courageusement confessent leur doctrine, mais ceux-là aussi, parents ou amis, qui osent solliciter pour eux la pitié des bourreaux. Mais de même que le sang des martyrs versé par les empereurs Romains avait été une semence fertile pour le Christianisme, de même les bûchers du Parlement ne firent qu'augmenter le nombre des Protestants. Le Parlement lui-même est infecté de l'esprit de tolérance, et, ô horreur! quelques uns de ses membres sont soupçonnés d'avoir embrassé les nouvelles doctrines. Henri tient un lit de justice pour qu'on débatte en sa présence, *mais en toute liberté*, la meilleure ligne de conduite à tenir avec les Protestants : 5 conseillers osent plaider *la liberté de conscience devant l'absolutisme;* ils sont aussitôt arrêtés, et *Dubourg* qui est clerc est livré à l'officialité. C'est envain qu'il réclame le droit d'être jugé par ses pairs, il s'entend condamner comme hérétique, puis il est livré au bras séculier qui le brûle en place de Grève. — Le clergé avait fait entendre des plaintes amères contre l'édit de 1539, des protestations même ; mais voyant que tout est inutile, il se décide à offrir au roi 3 millions d'écus d'or payables en 6 mois pour obtenir le droit de nommer les juges aux officialités, c. à d. de vendre ces places. L'offre était trop séduisante pour n'être pas acceptée (1552). Le malheureux clergé se vit obligé de se défaire de son argenterie pour acquitter ce droit ; se fût-il agi de sauver la France, il n'eut certainement pu trouver un petit écu ; il n'aurait eu que des prières à offrir.

François II ne règne que 18 mois.

Charles IX monte sur le trône (1560—1574). Ce règne s'ouvre par les États-généraux d'Orléans ; le clergé en masse et une partie de la noblesse réclament l'extirpation de l'hérésie, le tiers-état se contente de demander des réformes. Le chancelier *Lhôpital* s'occupe sérieusement de la justice : l'ordonnance de 1561 transmet définitivement l'administration de la Justice des baillis d'épée et robe courte à leurs lieutenants qui deviennent juges de robe longue ; elle supprime l'un des deux degrés de justice Seigneuriale, simplifie la procédure, diminue le nombre des vacations et réunit en une seule les professions de procureur et d'avocat. — Une nouvelle ordonnance (1563) crée pour les commerçants une justice spéciale, rapide et dépourvue de procédure : 5 juges appelés consuls, nommés annuellement par les commerçants eux-mêmes, forment le tribunal dit consulaire ou de commerce, et cette institution dure encore de nos jours, même sans que les noms en aient été changés. Le Parlement qui se voit enlever de nouveau une partie de ses affaires, celles dont les épices sont les plus grasses résiste, rien ne pourra le décider à signer sa ruine. Alors le chancelier se décide à convoquer une assemblée des notables à Moulins (1566) (1). Il lui soumet le travail qu'il a préparé et qu'elle approuve. Le Parlement refuse encore d'enrégistrer l'ordonnance du roi; sa résistance dure toute l'année, mais elle se brise enfin contre la fermeté du chancelier. Cette ordonnance de Moulins est fort importante : les attributions des prévôts des seigneurs, des baillis ou sénéchaux royaux, les ressorts des présidiaux sont fixés. La nomination à tous les sièges est réglée : des examens doivent prouver la capacité des juges, qui ne peuvent être âgés de moins de 25 ans. La juridiction des tribunaux relativement au lieu du crime, au crime lui-même, à la qualité et aux privilèges de l'accusé ou de la victime est établie; les lois et ordonnances doivent être soumises à l'enregistrement du Parlement de Paris; il conserve bien le droit de faire des remontrances, mais sur un nouvel ordre du roi, il doit enrégistrer. Cette ordonnance impose en outre à toutes les villes l'obligation de nourrir leurs pauvres. Lhôpital prétendait que les

(1) Les princes du sang, les grands du Royaume, quelques évêques, Chr. de *Thou* et *Séguier*, Présidents du Parlement de Paris, les premiers Présidents des autres Parlements y assistent. Lhôpital déclare : "que presque tous les maux de l'État proviennent de la mauvaise administration de la Justice; qu'on a trop souffert que les juges résignassent leurs offices à des hommes incapables; qu'il faut diminuer le nombre inutile des conseillers, supprimer les épices et soumettre les juges à la censure, car *l'ordre judiciaire s'est souillé par des concussions, des rapines et des excès de tout genre.*" — Le discours que le chancelier tint quelque temps après au Parlement de Bordeaux est plus sévère encore, et il peint parfaitement les mœurs de la Magistrature : "Vous vous mettez dans vos arrêts au dessus des ordonnances du roi; on vous accuse de beaucoup de violences: *vous menacez les gens de vos jugements*, et plusieurs sont scandalisés de la manière dont vous *faites vos affaires et surtout vos mariages;* quand on sait quelque riche héritière, quant et quant, c'est pour Mr le conseiller et l'on passe outre."

offices des gens du roi sont parfaitement inutiles, nuisibles même, et qu'on devait les supprimer. Mais son courage et sa fermeté doivent se briser contre la coalition des intérêts ligués qu'il a menacés dans leur existence, et des passions des Catholiques contre les Protestants qu'il a voulu refréner; sa démission lui est demandée et il la donne aussitôt (1568). — Cependant après 4 paix différentes, toutes plus boiteuses l'une que l'autre, la cloche de la St *Barthelémy* a retenti (24 Août 1572). Charles IX vient déclarer solennellement au Parlement que ce massacre préparé par le chancelier de *Birague* s'est fait par ses ordres, et le premier Président de Thou d'applaudir et d'appliquer à cette mesure atroce la maxime de Louis XI : *qui nescit dissimulare, nescit regnare.* Le Parlement qui 3 ans auparavant a promis 50 mille écus à qui lui livrerait vivant ou assassinerait *Coligny*, le chef des Protestants, procède juridiquement contre un cadavre : "il déclare la mémoire de Coligny infâme, ses enfants ignobles (non nobles), vilains, roturiers, intestables, ses biens confisqués, son château démoli; ordonne qu'il soit traîné sur la claie, pendu au gibet de la place de Grève, puis suspendu aux fourches patibulaires de Montfaucon." — Mais la lutte recommence plus terrible que jamais : les Calvinistes se défendent avec le désir de la vengeance et l'énergie du désespoir.

Henri III (1574—1589) ami du repos et des plaisirs se voit à regret contraint de poursuivre cette guerre. La religion est en péril, les bons Catholiques doivent se réunir; Pierre *Hennequin* président au Parlement, homme riche mais avare, fanatique et tout dévoué aux Guises, organise une *sainte Ligue* à Paris; en un clin d'œil tous les Catholiques de France se voient englobés dans cette association militaire, politique et religieuse, qui obéit au mot d'ordre venant de Rome. La Papauté a fait alliance avec *les Guise* qui doivent renverser les Valois et former en France la quatrième dynastie, ou plutôt, comme ils se prétendent issus de Charlemagne, rétablir sur le trône la dynastie des Carlovingiens. Le roi effrayé de cette puissance nouvelle et croyant la dompter s'en déclare le chef; mais il en est arrivé au point où les Mérovingiens, puis les Carlovingiens ont cessé de régner : la France n'obéit plus au roi, mais aux seigneurs à qui sont confiés les divers gouvernements, et tous, ce sont des Guisards. Henri se voit même chassé de sa capitale par le peuple qui s'est soulevé à la parole du duc de Guise (1588) (1), mais il s'en venge en le faisant assassiner lui et son frère aux états de Blois où ils sont venus braver leur souverain. A cette nouvelle, Paris est en feu, le Parlement s'assemble et nomme des commissaires pour instruire sur ce meurtre. Bussy procureur et l'un des chefs du peuple, vient sommer le Parlement de rendre contre le roi une ordonnance de déchéance; le premier président de Harlay, se refuse noblement à mettre aux voix une semblable proposition; Bussy l'arrête ainsi que 2 présidents à mortier ; un grand nombre de conseillers veulent partager leur sort et les suivent en prison. Exemple d'autant plus beau qu'il est plus rare ; mais la nuit porte conseil, et le lendemain ils supplient qu'on les relâche. Le Parlement épuré, composé de 126 membres qui se qualifient de *cour souveraine* des Pairs de France, prête serment à la Ligue et jure sur le

(1) Le premier Président du Parlement, Achille de *Harlay* donne alors un exemple de courage remarquable : le duc de Guise était allé le voir après la journée des barricades et s'efforçait de le rattacher à sa cause. *Harlay lui dit* : "c'est grand pitié de voir que le valet chasse le maître ; au reste mon âme est à Dieu, mon cœur est à mon roi et mon corps entre les mains des méchants." Le duc de Guise sut respecter la fermeté et le courage du magistrat.

crucifix de venger la mort des Guise; 326 avocats, procureurs, greffiers, notaires, répètent à l'envi ce serment. Le Parlement prononce ensuite la déchéance du roi et nomme *Mayenne* frère de Guise, lieutenant-général du royaume; il déclare enfin qu'on instruira contre le meurtrier, et somme Henri de Valois, ci devant roi de France et de Pologne, à comparaître à sa barre. Tous les Parlements de province suivent l'exemple de celui de Paris, la France tout entière est en révolution. Henri convoque à Tours les membres du Parlement qui lui sont restés fidèles et ont pu s'échapper des mains des Ligueurs ou racheter leur liberté; de Harlay qui a payé 10 mille écus pour sa rançon le préside; un second Parlement est établi à Châlon sur Saône. Le pape *Sixte Quint* qui n'a trouvé pour la St Barthélémy que des paroles de louanges, excommunie Henri, le déclare déchu du trône et délie tous ses sujets de leur serment de fidélité. Henri se joint à son beau-frère le roi de Navarre, le chef des Huguenots, et ils mettent le siège devant Paris. Mais la doctrine du régicide y est prêchée ouvertement dans les églises et elle produit Jacques *Clément* qui assassine le roi (1589).

CHAPITRE XII.

ORGANISATION.

Jusqu'à présent nous ne nous sommes occupés que de l'histoire politique du Parlement; il est temps d'étudier son organisation. Nous allons donc successivement examiner : 1° la *procédure criminelle*; 2° la *question*; 3° la *pénalité*; 4° sa *constitution*; enfin 5° la *position* qu'il occupait dans la Société.

Procédure criminelle. Nous avons vu St Louis remplacer le *duel judiciaire* par l'enquête et emprunter au droit canon ses deux modes de procédure : la *dénon-*

ciation et l'*inquisition*. Le procureur du roi fait l'office de *vindex* ou *promoteur*. Le magistrat chargé des enquêtes et appelé enquêteur, prendra le nom de *lieutenant-criminel*, quand l'enquête s'appellera *information* (1522). Nous ne saurions trop engager à revoir la double origine de la *Vindicte Publique* (p. 72 et 88). Les infractions aux lois comprennent deux catégories : le *grand* et le *petit criminel*, ce qui répond assez bien à notre distinction de *crime* et *délit*. Le lieutenant-criminel peut rendre trois sortes de *décrets* pour interroger les accusés : 1° Un *amenez sans scandale*, appelé dans le code de 1670 *décret d'assigné pour être ouï*, qu'il décerne dans *tous les cas de petit criminel*, et aussi dans le cas de *grand criminel* contre les magistrats, officiers publics et personnes de considération. 2° Un *décret d'ajournement personnel*, contre tous ceux qui n'ont pas comparu au jour fixé ; c'était un ordre remis aux agents de la force publique d'arrêter et amener la personne devant le juge. 3° Un *décret de prise de corps* ne peut être rendu qu'*après information préalable*, et s'il s'agit d'*un crime ;* un semblable décret décerné sans information préalable contre des gens *domiciliés* et hors le flagrant délit, est nul de plein droit. Néanmoins, on peut le notifier de suite contre les *vagabonds* sur la plainte du ministère public et contre les *domestiques* sur la plainte de leur maître (1).

(1) Contre les personnes de *distinction*, il y avait les *lettres de cachet*. Dans le principe on avait appelé *lettres closes* tous les ordres émanés du roi, parce qu'ils étaient fermés par le cachet royal, d'où plus tard leur nom Lettres de cachet. Quand un courtisan en faveur voulait se débarrasser d'un rival ou d'un ennemi, haine, jalousie ou caprice, il sollicitait du roi sous un prétexte quelconque, une de ces lettres closes qui servaient à faire arrêter et clore sous serrures et verroux la personne qui offusquait. Ces lettres de cachet furent en usage aussitôt qu'il y eut des prisons, et nous trouvons en 1359 une ordonnance de

Quand le lieutenant-criminel ne peut trouver les coupables qu'il recherche, il adresse à tous les curés un *monitoire* : ceux-ci doivent le lire en chaire et ordonner à tous leurs paroissiens *sous peine d'excommunication* de leur faire part de tout ce qu'ils savent; puis ces dénonciations sont envoyées au greffe. — Mais il n'y a plus de garantie contre la mauvaise foi du lieutenant-criminel, depuis qu'il s'est débarrassé de ses deux Auditeurs (p. 88) : rien ne l'empêche de détruire les pièces qui ne lui plaisent pas, ou de les remplacer par d'autres plus à sa convenance; rien ne lui est plus facile que d'ajouter *après coup* quelque phrase de son invention dans les pièces à remettre au tribunal (1). Dans tous les cas, après la condamnation, on avait soin de brûler toutes les pièces du dossier, probablement afin de faire disparaître toutes traces de falsifications.

Question. Passons maintenant dans les appartements de M. le lieutenant-criminel; nous allons examiner quelques uns des moyens employés pour *questionner*

Charles V régent du royaume "qui défend au Parlement et aux officiers judiciaires d'avoir égard aux *lettres closes*, de les casser et annuler comme *injustes*, *subreptices*, *tortionnaires et iniques*, etc. D'autres rois renouvelleront encore cette ordonnance; c'est bien signaler les abus, mais ce n'est pas les empêcher. Les Etats généraux d'Orléans (1561) s'en plaignirent vivement et en demandèrent l'abolition, mais en vain. Sous Louis XV on en fera trafic, à 25 louis le cachet, et le Duc de la Vrillière pendant son ministère en délivra plus de 50 mille. Le Parlement ne s'en plaignit que lorsque le chancelier Maupeou en eut fait usage contre ses membres.

(1) Mathieu *Molé* Procureur général du Parlement sous Louis XIV recommandait à son ami l'abbé de St *Cyran* poursuivi pour crime d'*hérésie* d'avoir grand soin de parapher toutes les pages de son interrogatoire et de tirer des lignes depuis le haut des marges jusqu'en bas. Mieux que personne, il devait savoir si ces précautions étaient nécessaires ou non.

les accusés et les inviter à *déclarer* la vérité. L'ont-ils avouée? On les requestionne pour les engager à *dénoncer* leurs complices. Qu'est-ce donc que la *Question?* Tout d'abord elle s'appela *géhenne* : ce mot biblique inventé par les auteurs de la Vulgate, indiquait la vallée où les Cananéens, puis les Juifs, sacrifièrent leurs enfants à Moloch, en les brûlant-vifs sur l'autel de ce Dieu ; il vient, comme notre vieux mot *geindre*, du latin *gemere*. La *géhenne* est d'invention ecclésiastique, mais les légistes lui donneront un nom plus euphonique, celui de *Question*. On questionne de bien des manières différentes : 1° *Par la corde (estrapade)*; on attache les mains de l'accusé derrière le dos, à l'aide d'une corde passée dans une poutre suspendue à la voute de la chambre ; on le soulève en l'air, puis on le laisse retomber tout d'un coup d'une hauteur de 25 à 30 pieds jusqu'à un pied de terre ; la corde entre ainsi dans les chairs et la secousse disloque les membres ; on peut renouveler ce supplice de temps en temps, jusqu'à . . . 2° *Par l'eau;* on étend et lie solidement l'accusé dans un chevalet en bois creusé, de telle sorte que les pieds soient plus élevés que la tête ; on lui ouvre la bouche et l'on introduit au fond de la gorge un linge fin mouillé ; l'on verse alors de l'eau par la bouche et le nez, mais avec une lenteur et une dextérité tellement calculées, que le patient n'en avale guère qu'un litre dans une heure, quoique l'eau coule sans interruption. Impossible de respirer malgré les plus violents efforts, et le linge est bientôt imprégné du sang des vaisseaux qui s'ouvrent dans la gorge du malheureux. D'autres juges criminels préféraient au contraire faire couler une grande quantité d'eau par ce même moyen, jusqu'à ce que le ventre enflât et devînt gros comme un tonneau. 3° *Par le feu;* on lie les bras et les jambes de l'accusé, on lui frotte la plante des pieds avec de l'huile, puis on les approche d'un feu ardent, jusqu'à ce que nerfs et os soient mis à nu. 4° *Brodequins.* On prend quatre ais de bois, forts et épais, on les attache solidement au côté intérieur et extérieur de chaque jambe; ensuite on introduit à coups de maillet un coin de bois ou de fer entre les deux ais intérieurs, en sorte que le coin entrant et les ais ne cédant pas, les os du malheureux sont broyés et ses jambes s'applatissent. — Toute liberté est accordée au lieutenant-criminel pour arriver à la découverte de la vérité, et chacun employait les moyens qui lui paraissaient les meilleurs. Chacun d'eux avait en outre ses moyens particuliers : l'un vous fesait introduire sous les ongles des mèches souffrées, auxquelles on mettait le feu; un autre fesait brûler les doigts les uns après les autres; un troisième avait recours aux tenailles rougies au feu pour vous arracher la chair des cuisses, des bras ou de la poitrine; il y en avait d'autres qui préféraient vous faire jeûner pendant quelques jours, ou vous faire attacher par des chaînes aux pieds et aux mains, appelées *ceps*, ou vous priver d'eau en été, etc.; bref, leur imagination était inépuisable. Ils ne devaient pas prévenir l'accusé, afin qu'il ne pût *se préparer contre les douleurs*, et ils se fesaient assister d'un médecin, pour rappeler le patient à la vie s'il tombe en faiblesse, ou prévenir le juge quand la victime va succomber aux tortures. La question était appliquée par un bourreau et ses aides dans un appareil propre à inspirer la terreur; le lieutenant-criminel *interrogeait*, commandant au bourreau, dictant au greffier; c'était une lutte ouverte entre la férocité du juge et le courage de la victime. — De tous les genres de question, quel est le plus douloureux, mais en même temps le moins susceptible de compromettre la vie du patient? Tel fut le problème un jour solennellement discuté au sein du Parlement : il s'agissait du coup de canif donné par *Damiens* au *Bien-aimé de France*, Louis XV, alors qu'il était matériellement prouvé qu'il n'avait pas voulu l'assassiner. Des mémoires furent demandés et fournis, les chirurgiens assemblés, et ils décidèrent que les *brodequins* étaient le genre de torture qui réunissait le mieux les deux conditions charitablement exigées. — Et néanmoins MM. les lieutenants-criminels se plaignirent bientôt que les supplices durent d'autant moins longtemps qu'ils paraissent plus efficaces ; que si la souffrance est atroce, le patient perd bientôt tout sentiment de douleur, et que le bourreau ne s'exerce plus alors que sur un cadavre. Ils se proposèrent donc le problème suivant : trouver une torture lente, qui tue peu à peu, minute par minute, tout en laissant à l'accusé toute sa raison pour en ressentir les souffrances continuelles ; une torture qui le contraigne à vivre, mais qui lui ôte toute énergie ; qui le force à penser, et ne donne à son esprit nulle alimentation ; qui l'empêche de dormir, et tue ainsi peu à peu son intelligence. Pour résoudre ce problème, il ne s'agissait que de faire un dernier emprunt à la législation ecclésiastique, imiter ses *in-pace* (p. 75) : c'est alors que s'élèvent la Bastille, Vincennes, Pignerol, St Pierre d'Encise, etc. ; ces forteresses renferment dans leurs flancs des cachots souterrains ou des cellules plombées ; on change le nom d'*in-pace* en *secret*, et l'on obtient ainsi le moyen le plus inoffensif en apparence et le plus efficace en réalité, pour forcer un accusé à confesser la vérité. La *vérité*, telle que l'appèlent MM. les lieutenants-criminels, n'est pas autre chose que l'*aveu du crime*, et quel courage inébranlable, surhumain, pour endurer des souffrances aussi atroces, aussi raffinées ! Chaque religion a eu ses martyrs, le crime lui-même, car les *Clément*, les *Ravaillac* croyaient tout aussi bien que

Jeanne d'*Arc* remplir une mission divine; mais combien d'autres n'ont-ils pas préféré *s'avouer coupables d'un crime dont ils étaient innocents* ou *même d'un crime imaginaire*, tel que la sorcellerie ou la magie, et se condamner ainsi d'eux-mêmes à la mort, plutôt que d'endurer des souffrances aussi épouvantables! Honte et ignominie à ceux-là qui les ont inventées! Infamie à ceux qui de nos jours osent encore les défendre!!

Pénalité. Voyons maintenant quels sont les moyens de *punition* comme on les appèle, mais plus exactement, de *vengeance*, inventés pour satisfaire la *Vindicte publique* : 1° L'*amende honorable*; [a] *sèche* faite dans la Chambre du Conseil n'est pas infamante; [b] *publique* est deshonorante (p. 76). 2° L'*amende* en argent appartient au roi; il y en a de 2 sortes : grosse et petite (p. 92). 3° *Confiscation;* le roi donne toujours une partie des biens confisqués aux Juges et aux délateurs (p. 102). 4° *Bannissement*; [a] à vie; [b] à temps; [c] hors du royaume; [d] hors du ressort du Parlement. 5° *Carcan;* c'est le collier par lequel on attache le condamné à un poteau appelé *pilori*, pour l'exposer pendant quelque temps à la risée publique; mais l'on y ajoute en général un certain nombre de coups de fouet; le pilori est le signe de haute-justice. Nous l'avons conservé sous le nom d'*exposition*, c'est l'accessoire de toute condamnation aux travaux forcés; comme peine principale elle a été supprimée en 1832. 6° *Fouet.* Nous venons de voir qu'on attachait au pilori par un carcan ceux qu'on devait fouetter; les femmes étaient battues de verges. Cette peine à été définitivement supprimée à la révolution de 1789. 7° *Marque.* Nous avons vu que sous St Louis les blasphémateurs étaient marqués d'un fer rouge au front; qu'en cas de récidive, on leur perçait les lèvres et la langue. Le but de ces peines était d'être ineffaçables et visibes à tous les yeux, et ainsi de *prévenir* par le spectacle et l'horreur des supplices le renouvellement de crimes semblables ; c'était logique. Peu à peu cependant on abolit ces mutilations appelées *marques*, et on se contenta de l'imprimer sur l'épaule des condamnés sous forme de fleur de lys : c'était afin de reconnaître les récidivistes. Abolie en 1791, rétablie en 1806, elle fut définitivement abolie en 1832 (1). 8° *Prison ;* le roi, l'évêque, les Seigneurs ont chacun la leur ; mais là pas de règles, tout est laissé au caprice des juges. D'ailleurs on n'avait pas encore pensé à faire travailler en prison, il fallait nourrir les prisonniers, puis la bâtisse coûtait cher, aussi cette peine était peu employée. On préférait le fouet, les galères, ou la pendaison. Maintenant au contraire qu'on a su si bien la perfectionner, en tirer partie, elle est devenue la peine principale. 9° *Galères*. *François I* voulait avoir une marine : il fit bien construire des galères, mais il manquait de rameurs ; il imita les Grecs du Bas-empire, et condamna au métier de rameurs les contrebandiers, faux-sauniers (ceux qui vendaient du sel en fraude), faussaires, les hérétiques, etc. ; ils formaient la chiourme, et furent appelés *galériens*. *Charles IX* régularisa cette nouvelle peine et défendit aux Parlements de condamner à moins de six ans de galères « attendu que trois ans étant nécessaires pour apprendre le métier de la vague et de la mer, il serait *très facheux* de les renvoyer chez eux au moment où ils deviennent utiles à l'Etat ; » ces

(1) On l'a remplacée par l'institution des casiers judiciaires : chaque jugement ou arrêt de condamnation est transmis par le greffier au greffe du tribunal dans le ressort duquel est né le condamné. Le premier soin du magistrat instructeur dans une poursuite, est de faire venir un extrait de ces casiers judiciaires ; il connait ainsi de suite les antécédents de l'accusé. C'est un véritable progrès et dont il faut sincèrement féliciter la Justice.

raisons sont irréfutables. Quand à la fin du règne de Louis XIV la navigation à voile remplaça les galères, on construisit des bagnes et l'on employa les galériens aux travaux les plus pénibles et les plus meurtriers. La révolution française maintint la peine, changea le nom bien entendu, et remplaçant le travail de galère par les travaux publics et forcés, les galériens prirent le nom de forçats. 10° *Potence;* c'était l'instrument destiné au supplice de ceux qui devaient être pendus : il se composait d'un poteau élevé et d'un bras horizontal soutenu par une troisième pièce de bois, et formait ainsi un triangle. L'on attachait le condamné à l'extrémité du bras à l'aide de la *hart*, (lien ou corde); c'était le mode le plus communément employé, car c'était le plus expéditif, mais il ne servait qu'aux roturiers. Quand le condamné était bien mort, on transportait son cadavre sur un *gibet* : il se composait de 2 colonnes de pierre sur lesquelles s'appuyait transversalement par le haut une forte pièce de bois soutenant plusieurs crocs et chaînes de fer. Ce hideux appareil, signe de haute-justice féodale, était placé hors des villes sur un endroit élevé, appelé lieux patibulaires, d'où le nom de *fourches patibulaires* donné encore au gibet; là, le cadavre devenait la proie des corbeaux, et son squelette, le jouet des vents. Le premier et le plus fameux gibet du royaume, fut celui de Montfaucon : sur cette colline située près de Paris s'élevait un massif de maçonnerie surmonté de 13 piliers reliés ensemble par des poutres et dont les crocs ne supportaient pas moins de 50 à 60 cadavres. 11° *Décapitation*, séparation de la tête du corps opérée par le glaive ou la hache. Ce supplice était réservé à la noblesse : le condamné posait sa tête sur un billot et le bourreau frappait. L'on a vu des bourreaux maladroits s'y reprendre à plusieurs fois, notamment sous le ministère de Richelieu : la tête de *de Thou* ne tomba qu'au *douzième coup*, celle de *Chalais qu'au vingtième !* Notre siècle ne connait plus qu'un mode d'exécution, c'est la *guillotine*, devant laquelle sont égaux nobles et plébéiens. 12° *Bûcher*. C'était un amas de bois sur lequel on attachait le condamné à un poteau ; on y mettait le feu et il mourait ainsi brûlé-vif, puis sa cendre était dispersée aux vents. Quelques juges miséricordieux consentaient à ce qu'on étranglât à l'avance le condamné, afin de lui éviter ces tortures affreuses. D'autres au contraire trouvant que la fumée les étouffait trop vite et ne leur donnait pas assez longtemps un *avant-goût des peines de l'Enfer*, y joignaient le supplice de l'estrapade : quand on les voyait suffoqués par la fumée, on leur donnait de l'air en les remontant à l'aide d'une corde, puis on les laissait tout d'un coup retomber, et ce spectacle pouvait ainsi durer assez longtemps, 2 à 3 heures. Ce supplice, d'invention religieuse, était surtout réservé aux hérétiques ; en Espagne il s'appèle *auto-da-fé* (acte de foi). 13° *Ecartèlement ;* on attachait les bras et les jambes du condamné chacun à un cheval, puis on les fesait tirer dans quatre directions différentes ; les membres se disloquent, puis se détachent peu à peu du tronc. Ce supplice était réservé aux criminels de *lèse-majesté : Ravaillac*, assassin de Henri IV le subit en 1610, de même Damiens en 1757 ; le supplice de ce dernier ne dura pas moins de 50 minutes ; ses membres s'alongèrent, mais sans se détacher, et les bourreaux durent couper quelques muscles pour séparer les membres du tronc. 14° *Roue ;* ce supplice dont on attribue l'invention à différents rois, fut introduit en France par le Cardinal *Duprat* et sanctionné par *François* 1er. Il y avait tant de voleurs de grand chemin et l'on commettait tant de vols avec effraction, que la peine de la corde paraissait être insuffisante. On commina la roue contre ces crimes, et ceux de parricide, viol, assassinat, etc. : « à savoir, dit l'ordonnance (1534), les bras leur seront brisés et rompus en deux endroits, tant haut que bas, avec les reins, jambes et cuisses, et mis sur une roue haut plantée et élevée, le visage contre le ciel, où ils demeureront vivant pour y faire pénitence, tant et si longuement qu'il plaira à notre Seigneur les y laisser.» — On reconnait à ces précautions la renaissance de la civilisation. Que les barbares sont donc petits à côté de cette monstrueuse hypocrisie !

Constitution. Nous allons présenter le tableau de la composition du Parlement de Paris (1) au 17ème et 18e siècle, au temps de sa plus grande splendeur. Ce corps auguste était divisé en quatre parties bien distinctes : la *grand'chambre*, les *enquêtes*, les *requêtes* et la *tournelle* : 1° La *grand'chambre* était composée d'un 1er Président nommé à vie par le roi et appelé M. le Premier, de 9 présidents à mortier, 25 conseillers-laïques et 12 conseillers-clercs ; elle retenait les grandes causes et avait la haute direction des affaires de la Compagnie. 2° Les *Enquêtes* comprenaient 5 chambres ; chacune d'elles avait 2 présidents et 25 conseillers ; elles jugeaient des procès par écrit rendus par les tri-

(1) Au fur et à mesure de leurs conquêtes, les rois de France établirent dans les provinces des Parlements avec une organisation semblable à celui de Paris : Parlement de Toulouse fondé en 1302, puis supprimé et rétabli en 1443 par Charles VII. Grenoble (1451). Bordeaux (1462). Dijon (1477). Rouen (1499). Aix (1501). Rennes (1553). Pau (1620). Metz (1633). Tournay transféré à Douay (1668). Dôle transféré à Besançon (1668). Nancy (1775). Il y eut en outre un Parlement établi à Dombes (1528) pour la principauté ; il fut supprimé en 1775. Différents *Conseils Souverains* pour rendre la justice en dernier ressort furent établis également à Ensisheim, Brisach et Colmar (Alsace) ; à Perpignan et en Corse.

bunaux inférieurs en matière civile, commerciale, et au petit criminel. 3° Les *Requêtes* ne comptaient que deux chambres, et chacune d'elles avait 3 présidents et 15 conseillers; sa juridiction spéciale, c'étaient les ecclésiastiques et les privilégiés. 4° La *Tournelle* se composait de membres pris dans la grand'chambre et les enquêtes, ainsi : les 5 derniers présidents à mortier et 10 conseillers de la grand'chambre pendant 6 mois, et 2 conseillers de chacune des 5 chambres des enquêtes pendant 3 mois. Fondée vers 1446, sa juridiction comprit d'abord le petit criminel, mais François 1er lui attribua le grand criminel (1515). Elle prit son nom de sa composition même, parce que les juges sont tirés des autres chambres et y viennent siéger tour à tour. Une chambre des *vacations* instituée en 1358 et formée de conseillers choisis par le roi expédiait les affaires urgentes pendant les vacances du Parlement, qui duraient depuis le 9 Sept. jusqu'au 12 Novembre. Les *chambres réunies* du Parlement comprenaient ainsi 218 membres; la grand'chambre prétendait avoir *seule* le droit de provoquer la réunion; mais les enquêtes prétendaient l'avoir également. Les chambres se réunissaient pour juger un de leurs membres, procéder à l'enregistrement des lois, délibérer sur les affaires importantes et faire des remontrances. Le 1er Président avait seul le droit de présenter les questions; chaque conseiller votait à haute voix sur appel du président et en se découvrant; il pouvait expliquer son vote ou se borner à porter la main à son bonnet, ce qui indiquait qu'il était d'un avis conforme au *préopinant* et ce qui s'appelait : *opiner du bonnet.* Les audiences criminelles se tenaient au matin; les conseillers-clercs ne pouvaient assister à aucune condamnation à mort. — La *cour des Pairs* se composait des chambres réunies du Parlement, des princes du sang, des pairs, du chancelier, du garde des sceaux, des conseillers d'état, de 4 maîtres aux requêtes désignés par le roi, de l'abbé de Cluny, et à partir de 1690 de l'archevêque de Paris. La cour des Pairs connaissait des crimes de lèse-majesté, des procès criminels des pairs, maréchaux de France et grands officiers de la couronne. — Le *grand conseil*, ou *conseil privé* était formé des personnes qu'y appelait la confiance du roi : celui-ci étant *omnipotent* comme l'empereur Romain, pouvait à son gré casser les arrêts du Parlement ou au moins les réviser lui même, ce qu'il fesait dans son grand conseil. Contre ce droit, il n'y avait nulle prescription de temps ni de forme. — Nous avons vu l'origine du *Ministère public* (p. 88); il fut appelé *Parquet* du lieu où il siégeait au Parlement. Le *procureur du roi* représentait le roi, et par suite la Société, pour accuser, requérir, faire éxécuter; tout d'abord il choisit parmi les *avant-parliers* (avocats) ceux qui devaient plaider pour le roi, tout en conservant leur clientèle; mais peu à peu ceux-ci se contentèrent de celle de sa *Majesté*, et prirent le nom d'*avocats du roi*. Mais quand le roi eut également un procureur pour le représenter devant les bailliages, celui près le Parlement prit un autre titre et s'appela *Procureur général* (1319), les avocats plaidant pour le roi celui d'*Avocats généraux* (1587). Ceux-ci sont entièrement indépendants dans leurs conclusions et plaidoiries; mais ils sont soumis à l'action de *Calomnie*, s'ils portent plainte trop légèrement sur le témoignage de gens sans aveu, ou s'ils mettent de l'imprudence dans leurs poursuites; il y a plusieurs décisions en ce sens. Le Procureur général avait 3 avocats généraux et 18 substituts. — Il y avait enfin la *Justice Prévotale*, ou *Cour des Maréchaux*; elle était composée de 4 officiers ou gradués en droit et d'un lieutenant-criminel de robe courte appelé encore Prévot; l'ord. de 1670 éleva le nombre des juges à 7. Cette Cour connaissait des vols sur les routes, des vols à main armée ou avec bris, des attroupements armés, fausse monnaie; elle jugeait les *vagabonds* et les *récidivistes*; il n'y avait pas d'appel de ses sentences. — Vers 1450 Charles VII avait institué une séance qui devait se tenir à huis-clos tous les quinze jours, et dans laquelle le Procureur général devait signaler au Parlement les abus dans lesquels la Compagnie ou quelques uns de ses membres pouvaient être tombés; et comme cette séance se tenait un mercredi, elle prit le nom de *mercuriale*. François I ne les fait tenir qu'une fois par mois, Henri III tous les six mois seulement, à chaque rentrée de vacances. Maintenant elles ont lieu une fois par an, et comme probablement il n'y a plus d'abus, on est bien forcé de faire l'*éloge* des magistrats morts dans le courant de l'année.

Noblesse. La noblesse féodale avait fondé les noms de famille en ajoutant à ses titres de Duc et de Comte le nom de leur duché ou comté; de même firent les Vicomtes, Barons et autres Seigneurs, en prenant le nom de leur fief, de leur château, ou quelque nom de fantaisie, appelé *nom de guerre*. Les conseillers de Philippe IV ayant reçu de ce prince le titre de *Chevalier ès lois* étaient bien *anoblis*, mais un nom leur manquait: du produit des confiscations, épices, etc., ils s'achetèrent un fief ou terre de quelque seigneur ruiné, puis soudant à leur titre à l'aide de la particule *de* le nom de leur emplette, ils eurent à la fois *titre* et *nom*. Si l'on n'est pas encore assez riche pour acheter un fief, on se contente d'une ferme, d'une métairie, et l'on en prend le nom; aussi voit-on dans cette noblesse beaucoup de noms commençant par *du*, *de la*, *des*. La noblesse d'épée qui gagnait son titre sur les champs de bataille, dédaigna toujours cette noblesse de robe : elle les appelait *robins*, et *savonnette à vilain* l'emplette à laquelle ils étaient redevables de leur nom. Ce débordement de noblesse d'achat prit des proportions inouïes ; Henri III décida que l'achat d'un fief donnait bien le droit de propriété, mais nullement le droit d'en porter le nom, qui restait à la famille du vendeur.

Vente d'office. C'est François 1er qui le premier vendit les offices de judicature ; bien qu'ils ne fussent que viagers d'abord et même révocables, ils furent cependant assez recherchés, car ils donnaient la noblesse, et par suite tous les privilèges y attachés, tels que l'exemption de tailles, de corvées, d'impôts, etc. ; les rois n'y voyaient rien à redire, car ils y trouvaient leur compte, et d'ailleurs que leur fesaient quelques nobles de plus ou de moins. Ainsi le fond de la noblesse de robe, *c'est la vénalité*. Tout traitant qui s'est enrichi dans la taille, les aides ou la gabelle, tout vilain qui de son pécule s'est acheté quelques bons morceaux de terre, tout manant devenu bourgeois qui a su s'enrichir dans le commerce, achetait pour son fils une *place de conseiller* et une *savonnette à vilain ;* s'il n'avait que des filles, il n'avait qu'à *s'acheter des gendres*, la dot fournissait l'office, et l'office noblesse et particule. Plus tard afin de vendre les places de conseiller plus cher, on pensa à donner plus de sécurité au titulaire : on lui permit de *résigner*, pourvu qu'il survécut 40 jours au marché, sinon la place retournait au roi qui la revendait ; *résigner*, c'est présenter un successeur, ou en termes plus clairs, c'est *vendre sa place.* Mais en 1604 le né *Paulet* fit comprendre à Henri IV qu'il était de l'interêt de la couronne de faire de ces places une véritable propriété, sans réserves ni restrictions, avec le droit d'user et abuser. Il proposa de fonder une assurance à prime fixe : moyennant un droit de 4 deniers par livre de la valeur des offices, les titulaires en devenaient propriétaires absolus et pouvaient laisser en héritage à leur vouve, à leur fils ou fille encore au berceau, leur place de conseiller au Parlement, de président à mortier; la place de premier Président fut seule laissée à la nomination du roi; et voilà comment on devint *Juge de naissance*. Paulet avait raison, le prix des charges augmenta de suite dans une proportion extraordinaire; c'est la *Paulette* (1).

Les Gages payés par l'Etat à MM. les Chevaliers de Justice étaient fort maigres, et néanmoins les familles Parlementaires étaient riches, très riches même. D'où vient donc leur fortune? De deux sources : les *épices* et les *confiscations*.

Epices. Le mot *épices* (autrefois écrit *espices*) vient du mot latin *species*, d'où nous avons également tiré le mot *espèces*. Les riches clients, pour se rendre leurs juges favorables, leur avaient d'abord fait quelques présents consistant surtout en *épices*, marchandises du Levant excessivement chères. Mais de même que le prêtre doit vivre de l'autel, de même le juge de sa place, et les plaideurs furent autorisés à changer les *épices* en *espèces*, bien que le nom d'*épices* fut conservé, toujours par euphonie. Cette autorisation se changea bientôt en usage, de l'usage au droit il n'y a qu'un pas, et voilà comment bientôt MM. les juges, tout en ne recevant que des épices, vendirent la justice à prix d'argent au dernier et plus fort enchérisseur, tout comme on leur avait vendu leur place; c'est logique comme on voit. D'un don volontaire d'abord

(1) Louis XIV établit un prix fixe et général pour tous les *offices* : celui d'un *juge de présidial* coutait 3000 livres, de *président* 10 mille; celui de *conseiller au Parlement* 120 mille livres, de *président à mortier* 350 mille, enfin celui du *Procureur général* 1 million 200 mille.

l'usage avait fait un droit tellement rigoureux, que plusieurs registres de Parlement portent cette mention : *non deliberetur donec solvantur species* (on ne délibérera pas, tant qu'on n'aura payé . . . est-ce *espices* ou *espèces?)* Mais comme les plaideurs ne pouvaient donner des épices à tous les conseillers d'une chambre, on prit l'habitude de nommer pour chaque affaire un *conseiller-rapporteur.* Son *devoir* est d'examiner attentivement les dossiers, d'entendre les parties, de tâcher de les mettre d'accord, si non de faire *son rapport* à la chambre, qui alors rend son arrêt; son *droit* est de percevoir des épices des deux parties, et à cet effet il a un *Secrétaire* à qui elles doivent *tout d'abord* s'adresser. Les épices rapportaient beaucoup, surtout quand le *rapporteur* savait tenir la balance d'une main si ferme entre les deux parties, qu'il fût bien difficile à chacune d'elles de la faire pencher en sa faveur, à moins d'empiler les poids les uns sur les autres; c'est ce qu'on appèle, *plumer la poule sans la faire crier.* Bien entendu que la chambre jugeait dans le sens du rapport présenté, en sorte que si une chambre était composée de 25 à 30 conseillers, votre affaire en réalité n'était jugée que par un seul; c'est ce que les Grecs appelleraient : *homologuer.* Mais que voulez-vous? Entre juges il faut bien se rendre de petits services : *passez-moi la rhubarbe, je vous passerai le séné* (1).

(1) L'ordonnance de 1453 rendue par Charles VII défendait aux conseillers d'accepter directement ou indirectement *aucun don corrompable;* ils devaient s'abstenir de toutes communications avec les parties, de tous diners, etc. Ces défenses furent souvent renouvelées, notamment par Charles VIII (1493) et Louis XII, mais inutilement; les épices avaient tant d'attraits et de si profondes racines !

Confiscations. Mais le produit le plus net, le plus important de MM. les Chevaliers de Justice, c'était le partage dans les confiscations et les amendes. Quand un roi voulait entourer d'un semblant de formes judiciaires l'éxécution de quelque grand seigneur, il réunissait une commission extraordinaire tirée du Parlement et lui remettait l'accusé. Elle commençait toujours, *vieille* mais *prudente habitude judiciaire*, par *saisir provisoirement* tous les biens, ce qu'on appèle encore *mettre sous séquestre.* Sa Majesté s'empressait d'accepter le depôt et en donnait généreusement une part aux juges ; le moyen de ne pas reconnaître une semblable faveur par une condamnation, le moyen de ne pas s'assurer une si belle part par une belle et bonne *confiscation* ? L'éxécuteur des hautes-œuvres n'était pas oublié : il recevait lui aussi sa petite part, c'étaient les vêtements et bijoux saisis sur la personne du condamné, et ainsi toute le monde était satisfait, roi, juge et bourreau ; ce sont là *les revenants-bons du métier.* Les courtisans, comme on sait, *sont gens imitateurs du maître* : aussi quand la royauté obérée de toutes parts ne pouvait plus récompenser leurs services par ses largesses, poussés par le besoin, et qu'est ce que le besoin n'excuse pas ? ils s'informent des villes où demeurent usuriers, hérétiques ou réformés ; ils dénoncent ces crimes au roi, qui les charge du soin de les poursuivre et leur donne à l'avance le produit des confiscations : une commission extraordinaire est nommée, courtisan et juges s'entendent, l'on partage . . . et l'on devine le reste. Ils prennent goût à la chose, et se mettent en quête de droits litigieux qu'ils achètent, ou de procès importants dont ils se chargent ; l'on comprend facilement de quel côté devait ensuite pencher la balance de la Justice.

Mariages. Nous ne parlerons que pour mémoire des mariages, ou comme la noblesse de robe les appelait, des *mésalliances*. Elle recherchait avec autant d'avidité les filles des financiers qu'elle poursuivait avec acharnement ceux-ci, qui alors s'appelaient *traitants*, *maltôliers*, *usuriers*, *manieurs d'argent*, etc. Chacun des Parlementaires ambitionnait une dot bien grasse, souvent pour payer son office : il se préoccupait alors fort peu des moyens employés par le beau-père pour l'amasser; celui-ci s'assurait ainsi une bonne protection, et sa fille était enchantée qu'on l'appelât Madame la Conseillère ou Madame la Présidente. Rappelons-nous les reproches adressés par Lhôpital au Parlement de Bordeaux. Le fils de Mathieu *Molé* ne dédaigna pas d'épouser la fille de Samuel *Bernard*; il est vrai que c'était le plus riche traitant de l'Europe et que l'orgueil du Grand roi s'était humilié devant ses écus, au point de le promener lui-même à Marly. On méprise le traitant comme le renard de *la Fontaine* les raisins : *ils sont trop verts, dit-il, et bons pour des goujats.* Mais n'est pas goujat qui veut dans le sens que nous pensons.

Brantôme (vie des dames galantes) nous fait connaître les autres *revenants-bons* du métier : "je ne parlerai pas, dit-il, des *bons morceaux* que les conseillers, rapporteurs et présidents ont *tatés des femmes des gentilshommes*,„ Puis il indique "*par quels moyens* les dames qui n'avaient pas bon droit *le fesaient bien venir*."

Rabelais dans son *Pantagruel* complète le tableau : dans le 3ème livre, nous voyons paraître *Bridoye* (l'aïeul du Bridoison de *Beaumarchais*), *qui sentenciait les procès au sort des dés; Perrin Dandin* (l'aïeul du juge des Plaideurs de *Racine*), *qui appoinctait les procès* (arrangeait à l'amiable), quand ils étaient bien *mûrs et digérés*. Dans le 4e livre, nous trouvons une critique fine et amère des Papes, de leurs décrétales et des miracles qu'elles produisent; aussi Rabelais se vit-il obligé de fuir devant les poursuites du Parlement. Mais c'est le 5e livre surtout qui est admirable; il ne fut publié qu'après sa mort (1553), *et pour cause*. Rabelais n'y présente rien moins (chap. XI et suivants) qu'une peinture véridique mais hardie des mœurs du Parlement : c'est là qu'on voit *Grippeminaud*, archiduc des *Chats-fourrés* (1er Président et Conseillers), qui grippent tout, dévorent tout ; parmi eux vice *est vertu appelée*, *méchanceté est bonté surnommée*, larcin est dit libéralité ; pillerie est leur devise. Leurs lois sont comme une toile d'araignée, où sont pris les simples moucherons et petits papillons, mais que rompent les gros taons malfaisants. *Panurge* et autres sont amenés devant cet auguste tribunal : depuis 3 siècles il n'advint que personne échappât de céans sans y laisser du poil, ou de la peau pour le plus souvent. Mais quand ils eurent jeté dans le ratelier des Chats-fourrés une grosse bourse pleine d'or, et que le procès fut ainsi devenu bien bon, bien friand et bien épicé, ils devinrent alors *gens de bien*. On les rend à la liberté, moyennant qu'ils fassent des présents seigneuriaux, tant à la *Dame-Grippeminaude* qu'à toutes les *Chattes-fourrées*, sans oublier le vin pour les *Serrargents* (Sergents). Il faut lire le portrait de Grippeminaud, celui de Dame Justice et des Chats-fourrés, le dénombrement des marchandises appelées *espices*, enfin l'énigme des cossons noirs et des fèves blanches et le discours d'un *Gueu de bien*. Il ne faut pas négliger la description du *Grand Pressoir* (Chambre des Comptes), dans lequel on jette des raisins de touts plants, général, extraordinaire, épargne, décimes, casuel, etc., le portrait de *Gagnebeaucoup* et celui des gros pendards qui grappent le moins mal qu'ils peuvent, sans longs procès, et qui en trois petits mots vendangent le clos, sans tant d'interlocutoires, ni décrétoires, dont les Chats-fourrés en sont bien fâchés.

Et cependant, nous dira-t-on, les familles Parlementaires avaient des mœurs pures, austères même. — Nous le reconnaissons très volontiers : les commencements de l'institution furent admirables, et d'ailleurs chacun de ces Parlementaires pris un à un était un très honnête homme, surtout un excellent père de famille, à très peu d'exceptions près. — Mais alors d'où vient ce contraste ? — *C'est que la place fait l'homme*, et que chacun en s'asseyant sur un de ces sièges, s'imprègne aussitôt de l'esprit de son prédécesseur ; il n'est plus lui-même, il est devenu le collègue des juges, solidaire avec eux et pour eux, l'esprit de corps seul l'anime tout entier. — Qu'est-ce donc que l'*esprit de corps?* — Pour bien le saisir, de nombreux exemples sont nécessaires et ils ne manquent pas dans l'histoire du Parlement; mais attendons la fin et nous pourrons alors juger en parfaite connaissance de cause. Au résumé donc.

CHAPITRE XIII.

BOURBONS (1589—1715).

Henri IV (*1589—1610*). Le Parlement resté à Paris proclame roi le cardinal de Bourbon sous le nom de *Charles X* et défend sous peine de mort de correspondre avec les Calvinistes. Le Parlement de Tours proclame roi *Henri de Navarre* et brûle les bulles du Pape qui l'excommuniaient, ainsi que l'arrêt de celui de Paris. Tous les actes de gouvernement, de même que les arrêts de tous les Parlements, ceux de Tours et Châlon exceptés, sont rendus au nom du fantôme de roi qui meurt bientôt prisonnier de son neveu Henri IV. A Paris la démocratie des Seize glisse dans la démagogie : les descendants des fameux bouchers de 1411, les Cabochiens s'emparent du Pouvoir, le président du Parlement est pendu avec deux autres conseillers, puis les suspects voient leurs biens confisqués. Mayenne revient à Paris et venge leur mort en fesant pendre quatre des principaux chefs. Qui va-t-on nommer roi maintenant? Les Etats-généraux composés de catholiques exaltés et la populace soudoyée par l'or espagnol veulent proclamer reine *Claire*, fille de *Philippe II* roi d'Espagne et d'Elisabeth de France sœur des derniers Valois, en lui donnant pour époux le jeune duc de *Guise; Mayenne* de son côté veut se faire nommer roi. Pendant ce temps Henri IV a pour la seconde fois abjuré; il achète Paris de son gouverneur Brissac (1594), et réunit en un seul Parlement les royalistes de Tours et Châlon aux ligueurs de Paris qui lui prêtent serment. Neuf mois après la reddition de Paris, Jean *Châtel* tente d'assassiner Henri IV, et le Parlement dont une partie a besoin de faire oublier son passé par son zèle nouveau, épuise sur sa personne tous les genres de torture imaginables; le lieutenant-criminel se déguise en prêtre pour obtenir des aveux dans sa confession, mais en vain; Châtel persiste à prétendre qu'il n'a pas de complices. Et néanmoins il est écartelé, un Jésuite est pendu, le père de Châtel banni pendant 9 ans et sa maison démolie. Plus tard le Parlement ira encore plus loin : 3 personnes seront rompues et brûlées-vives, non pas pour avoir attenté à la vie du roi, mais sous l'accusation d'avoir eu cette pensée : *la pensée du régicide seule est devenue un crime.* L'édit de Nantes (1598) accorde enfin aux Protestants la liberté de conscience : on crée dans le Parlement de Paris une chambre dite de l'Edit composée d'un président et 16 conseillers, mi-partie protestants, mi-partie catholiques : elle jugera des procès qui intéressent un protestant. Le Parlement de Paris refuse d'enregistrer; le roi se voit forcé de le faire venir au Louvre pour l'y contraindre. Henri IV après avoir racheté le royaume pièce à pièce des gouverneurs *nommés à vie* par le dernier des Valois et qui s'étaient rendus indépendants, s'occupe de cicatriser les plaies de la France; il fait tenir des *Grands jours* dans plusieurs provinces, notamment dans le Limousin où quelques têtes tombèrent. — *Ravaillac* l'assassine (1610); c'était probablement quelque vieux levain de la Ligue.

Louis XIII (1610—1643). Le jour même de l'assassinat de Henri IV, le Parlement de Paris se rassemble; le 1er président. de Harlay, l'avocat général Servin lui proposent de donner la régence à la reine-mère, *Marie de Médicis;* le duc d'Epernon, descendant du fameux Nogaret l'un des conseillers de Philippe IV, assiste à la séance l'épée à la main pour appuyer cette motion; mais elle flattait trop l'orgueil du Parlement pour que les menaces d'Epernon fussent nécessaires. Les funérailles de Henri commencèrent à faire éclater ces duels à coups de poing par lesquels s'illustra la magistrature française, car elle était aussi délicate sur le point d'honneur que la noblesse d'épée; il n'y avait qu'une légère différence, c'est qu'elle ne recourait jamais à l'épée, *le duel étant défendu par les lois*, mais qu'elle se servait des armes que la nature lui avait données. La question de préséance en sera toujours la cause : ainsi la lutte commence entre l'évêque de Paris et le Parlement d'une part, et de l'autre la cour des comptes et celle des aides; une grêle de coups de poing fut échangée entre les deux partis, mais sans résultats bien sensibles. — Les Etats-généraux sont convoqués (1614). Le clergé et la noblesse se plaignent surtout de la vénalité et du nombre effréné d'offices de tous genres; le tiers-état qui au lieu de bourgeois n'est composé que d'officiers de judicature et de finances, s'efforce de détourner l'orage : à cet effet il accuse les financiers de tous les maux de l'Etat: *ils sont riches*, donc *ils sont coupables*, et réclame avec opiniâtreté des commissions extraordinaires pour les juger; mais les Etats-généraux sont dissous sans avoir rien produit. — La féodalité tendait à se reconstituer, et le Parlement qui veut essayer de sa force sous l'administration d'une régente s'allie avec la noblesse contre le favori de la reine, *Concini;* mais celui-ci fait arrêter le 1er Président et *Condé*, et tout aussitôt rentre dans le silence. Mais quand Louis XIII âgé de 15 ans autorise son favori de *Luynes* à faire assassiner celui de sa mère, une députation du Parlement composée de 3 présidents et 8 conseillers vient le complimenter et lui décerne le surnom de *Juste*. Le Parlement procède ensuite contre la femme de Concini : 3 chambres se réunissent et lui font subir tous les genres de *questions et tortures ;* néanmoins on ne peut trouver le moindre motif pour la condamner, les juges eux-mêmes hésitent. Le favori du roi donne sa parole d'honneur au procureur général *Lebret* que le roi fera grâce après condamnation. C'est suffisant pour la conscience des juges : on l'accuse alors de *judaïsme*, de *magie* et de *sortilèges ;* Lebret requiert la mort, tous votent dans ce sens, au moins 70 ; 5 seulement s'abstiennent, *un seul* ose voter pour l'acquittement ; on aurait dû conserver le nom de ce magistrat *unique*, assez courageux pour voter suivant sa conscience. Elle mourut avec le plus grand courage. — Enfin *Richelieu* parvient aux affaires et il s'allie aux Parlements : ceux-ci l'aideront à détruire la féodalité, il leur livrera les financiers. Une commission extraordinaire, appelée *chambre de justice* est aussitôt créée : quelques traitants sont éxécutés, et leurs biens confisqués rapportent quelques millions à l'Etat et à peu près autant à leurs juges et dénonciateurs. Son Eminence de son côté forme des commissions extraordinaires, composées de conseillers des Parlements ; les présidents ou rapporteurs sont P. *Seguier*, chancelier, *Martin* dit *Laubardemont*, *Laffémas*, ses âmes données qui osent tout, sachant bien que toute impunité leur est assurée : *soupçonné*, *accusé*, *jugé*, *condamné*, *éxécuté*, *c'est tout un*. Ainsi le comte de Chalais, le maréchal de Marillac, Bouteville, le duc de Montmorency, etc. ; puis Urbain *Grandier*, curé de Loudun "atteint et convaincu du crime de magie, maléfices et possessions arrivées par son fait ès-personnes d'aucunes religieuses Urselines et autres séculières, et condamné à faire amende honorable, nue-tête, et *être son corps brûlé-vif avec les pactes et caractères magiques* étant au greffe, et les cendres jetées au vent.„ Voilà le prétexte : le motif était qu'on le *soupçonnait* d'avoir écrit un libelle contre son Eminence rouge. Enfin *Cinq Mars* et de *Thou* : Laubardemont affirme à de Thou que son ami a tout avoué, qu'il ne l'a pas même épargné, mais il lui promet sa grâce s'il déclare la vérité ; puis il tient à Cinq-Mars le même langage et il obtient par cette double perfidie le succès désiré ; bien entendu que tous deux furent éxécutés. Quand de semblables moyens ne réussissaient pas, Laubardomont n'avait besoin *que de trois lignes de l'écriture d'un homme*, *et il se chargeait de le faire pendre ;* il avait des scribes très adroits et tout dévoués. *La fin justifie les moyens*, nous dira-t-on ; mais c'est justement là ce qu'ont toujours dit et pratiqué l'Inquisition et les Jésuites ; le Parlement n'a jamais voulu reconnaître tout haut cette maxime, mais en secret il s'en est toujours servi. Toutes ces procédures se fesaient à huis-clos, *en famille*, et les magistrats les plus respectés ne se fesaient pas le moindre scrupule de siéger dans ces commissions : ils n'étaient difficiles ni sur la véracité des témoins, ni sur la qualité des preuves ; ils n'avaient besoin que de quelques *apparences* pour soulager leur conscience. — Le Parlement, instrument docile de Richelieu, ne montra une velléité d'opposition que lorsqu'il créa un nouvel office de président et 20 de conseiller (1635). Il s'assemble pour protester, mais 7 conseillers sont arrêtés, la 3e chambre des enquêtes est suspendue, tout rentre aussitôt dans l'ordre. Néanmoins, il donna deux exemples de courage et fermeté bien remarquables : l'un est raconté avec orgueil par Omer *Talon*, avocat général, dans ses mémoires : les présidents à mortier du Parlement de Paris réunis en commission extraordinaire avec le roi, le cardinal et le chancelier P. Seguier pour juger La Valette, restèrent *assis* et *couverts* . . . mais ils le condamnèrent à mort; le second, et Omer Talon oublie d'en parler, c'est une lutte corps à corps qui eut lieu dans l'église Notre-Dame lors du vœu de Louis XIII, entre ces mêmes présidents à mortier et les présidents de la cour des Comptes qui voulaient avoir le pas sur eux : le 1er président des comptes, qui pendant plus de 2 siècles fut un *Nicolaï*, prit à bras le corps un président à mortier et le jeta par terre; chaque président des comptes gourme un président du Parlement et en est gourmé; chaque maître des comptes, un conseiller; chacune des deux parties *verbalisa* ensuite; mais Louis XIII ordonna que le Parlement sortirait par la grand'porte de Notre-Dame et les Comptes par la petite : ici donc le Parlement remporta une victoire complète. — Richelieu mourut tranquillement (1642), et Louis le suivit bientôt dans la tombe, après avoir institué *Anne* d'Autriche régente, mais avec un conseil présidé par Condé, et sans lequel elle ne pouvait rien faire.

Louis XIV (1643 — 1715). Le Parlement casse le testament de Louis XIII qui avait été rédigé et conservé par son 1er président Mathieu *Molé*, et nomme Anne d'Autriche régente sans conseil; *Mazarin* devient son ministre. Le Parlement qui vient d'établir deux régences est énivré d'orgueil et d'ambition, la tête lui tourne : il est le premier pouvoir de l'Etat, il va bien le montrer : deux malheureux huissiers apportant à l'une des chambre des enquêtes un arrêt du conseil du roi, ont conservé leur toque sur la tête; colère épouvantable du Parlement qui se sent tout entier offensé dans sa dignité : il les décrète de prise de corps et *suspend* le cours de la justice jusqu'à ce qu'ils aient fait amende honorable, ce qui a lieu en effet. — Mais la guerre civile est au sein du Parlement : les conseillers *des enquêtes* veulent être traités comme ceux de la grand'chambre qui résiste ; les conseillers des requêtes veulent être traités comme ceux des enquêtes qui *résistent* encore bien davantage ; ce sont des querelles continuelles et vraiment ridicules. L'église Notre Dame est témoin d'un nouveau combat à coups de poing : il s'agissait *de savoir qui* devait avoir le *pas* d'un conseiller-doyen ou d'un président qui n'est pas à mortier ; les enquêtes perdirent la bataille et plusieurs de leurs membres allèrent coucher à la Bastille. Molé va faire des remontrances ; le chancelier Seguier lui répond "que le Parlement n'a jamais pensé à invoquer les principes de liberté et de légalité pour aucun citoyen, mais seulement aujourd'hui qu'il s'agit de ses propres personnes." Néanmoins les différentes chambres des enquêtes furent si mécontentes de leur défaite, que pendant 4 mois elles boudèrent et ne voulurent plus rendre la justice ; mais la source des épices était tarie, puis deux des leurs moururent à la Bastille et alors elles se calmèrent. — Mazarin a besoin d'argent pour continuer la guerre contre l'Autriche et l'Espagne ; il ne trouve plus de crédit, car on sait comment ensuite les *commissions extraordinaires* poursuivent ceux qui ont prêté de l'argent à l'Etat ; il faut donc recourir à l'*emprunt forcé*. Le Parlement y consent, *sous la condition expresse*, qu'aucun de ses membres, même avocat, procureur ou notaire, ne soit obligé d'y prendre part, et qu'en outre il sera lui-même chargé de répartir *aux plus riches bourgeois de Paris* les deux millions en rentes au denier douze que la Cour veut placer ; les aides et les fermes doivent servir de gage au remboursement (1644). Mais ces fonds sont bientôt épuisés. Mazarin sait parfaitement qu'il est impossible d'augmenter les tailles et autres impôts qui déjà écrasent le peuple des campagnes ; il propose d'établir aux portes des villes des droits sur les objets de consommation : cet impôt qui devait ainsi atteindre tout le monde, manants, bourgeois, *parlementaires* et *noblesse*, en proportion des jouissances et *sans distinction de rang ni de privilèges*, était un progrès ; aussi le Parlement s'y oppose-t-il de toutes ses forces. Mazarin fait tenir au roi un lit de justice pour faire enregistrer 5 édits bursaux : on créait 19 nouveaux offices afin de les vendre à l'encan, et le paiement de la Paulette était remplacé pendant 9 ans par le retranchement de 4 années de gages. A ce dernier trait, l'irritation est générale, la fureur au comble, la coupe déborde : Omer Talon se fait dans le Parlement l'auxiliaire des factions, sous prétexte de prendre en mains la défense des libertés publiques ; puis le Parlement délibère : il engage la Cour à ne pas rembourser aux bourgeois de Paris que maintenant il appèle *traitants*, l'*emprunt forcé* que lui-même a réparti ; quant aux remboursements déjà faits, on doit les leur reprendre et leur ôter les gages qu'on leur a donnés ; ainsi donc après avoir approuvé l'*emprunt forcé*, le Parlement propose la *banqueroute*. Mais Mazarin qui a compris que ce serait ruiner le commerce et rendre toute opération financière impossible, refuse et insiste pour l'enregistrement de ses édits ; il offre même au Parlement de l'excepter des mesures qu'il propose. Mais celui-ci comprend qu'accepter ce serait perdre la popularité qu'il s'est acquise par son hypocrisie, et au lieu d'accepter, il s'empresse, qui le croirait ? de s'allier avec le grand Conseil qui cependant juge des compétences et lui a enlevé presque toutes les affaires ecclésiastiques, avec la cour des Comptes dont le 1er Président a bravé ses Présidents à mortier, avec les Pairs de France qui osent réclamer la préséance dans l'intérieur du Parlement, avec les maîtres des Requêtes qui ont fait quelquefois casser ses arrêts ; et, chose plus extraordinaire encore ! L'on voit les chambres des requêtes et des enquêtes, celles des enquêtes et la grand'chambre, conseillers d'ancienne et conseillers de nouvelle création, tout oublier et s'embrasser pour s'unir contre l'ennemi commun, le Mazarin. Les quatre grands corps de l'Etat (grand conseil, Parlement, cour des aides et cour des comptes) rendent un édit d'union, que Mazarin à cause de sa mauvaise prononciation appelait toujours *édit d'oignon.* La régente casse l'édit et défend les réunions de ces quatre corps ; elles continuent. La victoire de Lens enhardit la Cour, qui fait arrêter quelques uns des meneurs, le président Blanc-mesnil et le conseiller Broussel ; quelques autres s'échappent, la servante de Broussel crie *au secours*, le peuple commandé par ses capitaines de quartier, qui pour la plupart étaient des conseillers au Parlement ou au Châtelet, accourt, se rassemble, les barricades s'élèvent de toutes parts ; la reine alors cède et rend la liberté aux Parlementaires ; tout paraît fini (1648). Tout à coup le bruit court que le roi va quitter Paris : la populace force les gardes du Palais-royal et vient s'assurer par elle même qu'il repose dans son berceau ; *un peu plus d'audace*, et le Parlement était vainqueur en France comme il régnait à Londres (1). Mais Louis n'oubliera jamais la conduite

(1) L'on n'a peut-être pas assez remarqué que le Parlement, en jouant la Fronde, voulait suivre l'exemple du parlement d'Angleterre : ce corps législatif, avait en vain réclamé du roi *Charles* 1er, des réformes ; quatre fois cassé, le 5e parlement commença cette longue lutte contre la royauté (*1640*), qui devait se terminer par la défaite de l'armée royale, la captivité du roi (*1648*) et son exécution (9 février 1649). Le Parlement de Paris avait bien

du Parlement et les tumultes de Paris : du premier il saura faire une chambre de dociles courtisans ; pour se venger du second, il bâtira Versailles. Néanmoins la Cour a quitté Paris et se sauve à St Germain (6 Janvier 1649) ; Condé commande l'armée royale. Le Parlement de son côté lève des troupes, nomme des généraux ; chaque conseiller donne 500 livres ; les 20 derniers nommés, voulant se faire bien venir de la Compagnie, se taxent eux mêmes à 15 mille livres chacun, ce qui les fait appeler les Quinze-Vingt (Etablissement d'aveugles). On taxe chaque maison par porte et fenêtre : chaque porte-cochère doit fournir un cavalier, aussi le général de la cavalerie est-il appelé *le général des portes cochères.* Tous les Parlements de province s'unissent à celui de Paris et s'empressent à l'envi de rendre des arrêts de mort contre Mazarin. C'est la guerre de la *Fronde.* Il faudrait des volumes pour raconter les péripéties de cet imbroglio, les chassés-croisés de ses personnages, la petitesse des passions qui sont en jeu. Mais enfin les mal-entendus cessent, tout s'explique, et le Parlement qui dix fois a rendu des arrêts de mort contre Mazarin, le Parlement va au devant de lui et le comble de louanges, qui même aux courtisans paraîtront outrées (1652) ; et quand Mazarin meurt (1661), le Parlement en corps assiste au service solennel à Notre-Dame, où cette fois il se fait remarquer par sa tenue modeste, puis il fait consigner sur ses registres cet acte de déférence, qui élève le cardinal

le désir de jouer un rôle semblable, mais il n'en avait pas la force ; à Londres ce fut un drame, et à Paris une farce ; le drame devait plus tard y être joué, mais entre la Royauté et le Peuple. — En outre, Naples s'était révolté (1648), Masaniello l'avait délivré du joug espagnol, et après sa mort, le duc de Guise venait de partir pour se mettre à la tête du peuple. Le mot d'ordre donné au peuple à Paris et dont il menaça plusieurs fois la reine, était *Naples.*

au niveau de la royauté. — Si Richelieu abattit définitivement la puissance féodale, Mazarin sut grâce à son habileté détruire la puissance Parlementaire ; aussi Louis XIV pouvait-il ensuite se présenter au Parlement en grosses bottes, habit gris et une houssine à la main, en lui disant : l'*Etat c'est moi ;* puis lui ordonner d'enregistrer ses édits. Quant au droit de remontrance, il le lui laisse, mais sous condition de n'en faire usage que *huit jours* après avoir enregistré. Le Parlement se tut pendant un demi-siècle.

Boileau (né en 1636), fils du greffier de la grand'chambre, bercé dès son enfance de ces grands faits héroïques, conservera aux âges futurs la mémoire d'événements aussi mémorables, dans l'une des deux épopées que la *France* a produites, le *Lutrin* (1674). Il n'ose pas placer la scène dans le sanctuaire de la Justice ou dans l'église Notre-Dame, ni revêtir ses personnages de leurs robes noires ou rouges et de leurs perruques à trois marteaux ; il remplace le tout par un cloître et de bons chanoines. Il fait bien allusion à la Fronde quand dans le 3ème Chant il dépeint *d'écoliers libertins une troupe indocile.* Mais il a soin d'expliquer dans la préface, qu'il n'a composé le Lutrin que *sur une espèce de défi fait en riant par M. de Lamoignon 1er président ;* à part un différend assez léger survenu dans la sainte-Chapelle entre un trésorier et un chantre, *tout,* depuis le commencement jusqu'à la fin, *n'est que fiction.* Mais afin de se défendre encore davantage de toute allusion aux combats titanesques des Parlementaires, il a bien soin d'apprendre au public, qu'*Ariste* (ἄριστος, très bon, Voir VIème chant), *cet homme incomparable, élevé par la Piété, choisi par la Justice pour dispenser ses lois,* n'est autre que M. de Lamoignon lui-même, dont tous les jours il déplore la perte.

Le poëte a parlé ; écoutons maintenant un historien, le *Tacite français.*

Le duc de **Saint-Simon** rapporte dans ses *Mémoires* l'histoire suivante (Paris, Delloye vol. 8, p. 198 à 200) : "Le Roi et la Reine témoignent au 1er Président de Lamoignon un extrême désir qu'il pût trouver des *moyens juridiques* de perdre un nt *de Fargues* qui avait été amnistié. Lamoignon avide et bon Courtisan résolut bien de les satisfaire et d'y trouver son profit : il fit ses recherches, fouilla tant et si *bien, qu'il trouva* moyen d'impliquer Fargues dans un meurtre commis à Paris au plus fort des troubles de la Fronde, sur quoi il le décréta sourdement, et un matin l'envoya saisir par des huissiers, etc. Fargues eut très promptement la tête coupée et sa confiscation donnée en récompense au 1er Président ; elle était fort à sa bienséance et fut le partage de son second fils *Courson* Avocat général. Ainsi le beau-père et le gendre (de Harlay p. 147) *s'enrichirent* successivement dans *la même charge*, l'un du *sang de l'innocent*, l'autre *du dépôt* que son ami lui avait confié. „

Qui donc a raison du poëte ou de l'historien ? adressons nous au *Contemplateur.*

Molière après 3 ans de luttes contre les faux dévots était enfin parvenu à faire jouer son *Tartuffe* en public. La 1ère représentation avait eu un succés extraordinaire, et à la seconde l'affluence du public était énorme ; mais un ordre de M. le Premier vint la défendre. Molière s'adresse alors au public : "Messieurs, nous devions jouer Tartuffe aujourd'hui, mais M. le Premier Président ne veut pas qu'on *le* joue.„ Malgré la protection du roi, Molière ne put faire rejouer son chef-d'œuvre qu'au bout de deux ans, mais pendant trois mois la salle ne *désemplit pas. — Le clergé s'était bien tout d'abord opposé de* toutes ses forces à la première représentation, mais il avait enfin succombé, et cependant le Tartuffe était de nouveau défendu : c'est que M. le Premier, qui n'était autre que M. de Lamoignon, avait reconnu dans la peinture du Tartuffe et à certaines circonstances caractéristiques, son fils aîné Président à mortier.

Boileau et *Molière* avaient chacun une maison de campagne à *Auteuil* où la famille Lamoignon possédait un hôtel magnifique. Ils durent prendre plus d'une fois leurs modèles, Molière surtout, dans cette famille dont nous peignons le *chef*, le *gendre* et *2 fils ;* un troisième fut *de Basville*, intendant de Languedoc, qui s'est rendu célèbre par sa dureté et l'atrocité de ses persécutions contre les Protestants (les dragonnades) ; par compensation, elle produisit plus tard le vertueux et courageux *Malesherbes.* — Boileau et Molière redoutaient moins, comme l'on voit, les foudres de l'Eglise que les prisons du Parlement.

A la mort de Mazarin, les places vénales de judicature et de finances s'élevaient à 45780; les appointements n'étaient que de 8 millions, c'était peu, *mais les épices! et les confiscations!!* Colbert essaya mais en vain de supprimer une partie de ces places, la plupart inutiles. Mais quand il mourut (1683), M. de Chamillart, un Robin, en créa bientôt de nouvelles. La vente de ces places rapporta au trésor royal de 1689 à 1694, 294 millions, et 428 millions de 1701 à 1709. Le prix des places avait été fixé par Louis XIV lui même; l'on murmura, mais l'on paya : *l'esprit de bureaucratie, l'amour des offices, étaient à jamais implantés en France.* C'est ce M. de Chamillart qui disait au roi : "toutes les fois que votre Majesté crée un office, Dieu crée un nouveau sot pour l'acheter." — Mais Louis avait compris que la condition indispensable pour tenir tous ses sujets courbés sous un despotisme absolu, c'est l'*unité dans les lois* : une commission composée des magistrats les plus distingués par leur nom, leur emploi et leurs lumières, fut chargée de préparer une codification des principales coutumes de France. Le projet fut ensuite soumis au conseil du roi qui le discuta, et enfin présenté à l'enregistrement du Parlement. C'est ainsi que furent rédigés les codes de procédure civile (1667), criminel (1670), de commerce (1673) et bien d'autres concernant la marine, la juridiction ecclésiastique, les nègres, etc. M. de Lamoignon fesait partie de la commission, et disait *bien haut* qu'il *vaut mieux laisser échapper mille coupables que de condamner un innocent;* mais *tout bas*, il discutait froidement et dans leurs moindres détails, les divers genres de tortures à employer pour arriver à la découverte de la vérité : la torture fut régularisée et divisée en *ordinaire* et *extraordinaire*, en *préparatoire* et *définitive.* Mais laissons de côté ces atrocités et espérons *pour l'honneur de l'Humanité*, qu'elles sont abolies à jamais.

Fouquet, Procureur général au Parlement et surintendant des finances, ami du faste et de la magnificence et pour qui ce vers avait été fait : *jamais surintendant ne trouva de cruelles*, eut le malheur d'adresser ses vœux à Mlle de *La Vallière*, en cachette la bien-aimée du Grand roi. Celui-ci résolut de s'en venger : 15 jours après avoir assisté à la fête splendide donnée par son ministre à Vaux et dont l'éclat éclipsait les siennes (1661), il le fait arrêter et saisir tous ses papiers, hors de sa présence, de celle de sa femme, de ses commis, sans être ni paraphés ni inventoriés. Qu'on ne se récrie pas trop, cela se fait encore de nos jours (1847). Une commission extraordinaire composée du chancelier Seguier, du 1er président Lamoignon et de 20 conseillers, est chargée de juger Fouquet et tous les autres financiers que leur fortune rend *suspects*. La procédure ne dura pas moins de trois années, et Fouquet resta soumis au secret. Quand enfin il comparait devant la Commission, il s'empresse de protester : en sa double qualité de Procureur général et de surintendant des finances, il se prétend justiciable seulement du Parlement, toutes chambres réunies. C'était son droit, c'était le devoir du tribunal de se déclarer incompétent, le devoir du Parlement de réclamer l'accusé, mais ils se turent, et Fouquet qui avait l'expérience de ces sortes de choses, comprit qu'une volonté supérieure avait parlé. Les plus graves accusations qui pesaient sur lui, celles de complot contre l'Etat de concert avec les Anglais, s'évanouirent à la première audience. Le chancelier lui montra ensuite une note écrite de sa main et dans laquelle Mazarin était fort mal traité ; Fouquet lui répondit : "Dans tous les temps et même au péril de ma vie, je n'ai jamais abandonné la personne du roi, et dans ce temps-là, vous étiez, Monsieur, le chef du conseil de ses ennemis, et vos proches donnaient passage à l'armée qui était contre lui." Le chancelier se tut, mais se rabattit alors sur les dilapidations qui lui étaient imputées. Fouquet répondit à tout avec une lucidité, une raison qui confondaient ses juges : il n'avait agi que par ordre de Mazarin, et il invoquait à l'appui les lettres et reçus du cardinal et de la reine-mère, dont une partie cependant lui avaient été soustraits. Le chancelier, de plus en plus embarrassé, recourt à la ruse habituelle en pareil cas : il lui posait 5 à 6 questions différentes à la fois, et quand il avait répondu seulement à deux ou trois, il passait à d'autres chefs d'accusation. Mais Fouquet sut l'arrêter en lui disant : "Vous m'interrogez, et il semble que vous ne vouliez pas écouter mes réponses.„ *L'avocat général* Bailly avait eu le courage ou plutôt l'imprudence de dire quelques mots en sa faveur ; il fut destitué et remplacé par Denis *Talon*, qui soutint l'accusation avec un acharnement incroyable et réclama la peine capitale. *Il n'y avait* cependant pas la moindre preuve contre Fouquet, et ses commis arrêtés avec lui et accusés comme lui, s'étaient tous refusés à témoigner contre lui, malgré la grâce qui leur était offerte. On ne pouvait donc le condamner ; mais on savait que le roi *désirait* une condamnation, et c'était suffisant : 9 voix le condamnèrent à mort, 13 au bannissement. Louis mécontent de voir sa victime lui échapper, le fit conduire au mépris de l'arrêt dans les prisons de Pignerol, où il resta enfermé pendant 16 ans jusqu'à sa mort (1). Le Parlement fit-il ici la *moindre remontrance?* Allons donc ! Ceux des juges qui avaient opiné pour la mort avaient été royalement récompensés par le partage des biens de Fouquet et des autres traitants poursuivis et condamnés par cette même commission extraordinaire : *plus de cent millions* leur furent ainsi arrachés et partagés entre les maîtresses du roi, les juges et les courtisans. C'était ce qu'on appelait : *faire rendre gorge.*

Le duc de **Saint-Simon** nous présente un tableau fidèle de la magistrature, et une idée exacte de la manière dont les jugements se rendaient. L'on sera dès lors bien convaincu que s'ils sont prononcés en séance publique, c'est dans les *coulisses judiciaires* qu'ils sont préparés et arrangés. Nous ne pouvons cependant résister au désir de transcrire ici le portrait qu'il trace de 3 autres premiers Présidents, en sorte que nous connaîtrons parfaitement les 4 magistrats qui furent à la tête du Parlement de 1657 à 1707, (Lamoignon, de Novion, de Harlay) et de 1712 à 1723 (de Mesmes).

"Il serait bien difficile de trouver 3 magistrats de suite en aucun tribunal, aussi profondément corrompus que *Novion, Harlay* et *Mesmes*, et de genres de corruption plus divers par leur caractère personnel, sans qu'on pût dire néanmoins, lequel a été le plus corrompu, quoique corrompus au dernier excès et chacun

(1) Fouquet est peut-être le seul exemple de courtisan qui dans la disgrâce conserva des amis, Pellisson, Lafontaine, Mad. de Sévigné, Mlle de Scudéry, etc.

différemment aussi, avec tous les talents et qualités qui pouvaient rendre leur corruption plus dangereuse„ (vol. 22, p. 16). — "**De Novion** était un homme vendu à l'iniquité, à qui l'argent et les maîtresses obscures fesaient tout faire; on gémit longtemps au Palais de ses caprices et les plaideurs de ses injustices; il se mit à changer les arrêts en les signant, mais il avait encore une façon plus hardie pour les arrêts d'audience: il les prononçait à son gré. Chaque côté de la séance dont il avait été prendre les avis, admira longtemps comment tout l'autre côté avait pu être d'un avis différent de celui qui avait été le plus nombreux du sien; mais comme cela arrivait de plus en plus souvent, leur surprise fit qu'ils se la communiquèrent; elle augmenta beaucoup, quand ils s'apprirent mutuellement qu'elle leur était commune depuis longtemps et que ces arrêts qui l'avaient causée n'étaient l'avis d'aucun des deux côtés. La ruse fut découverte à l'occasion d'un marguillier que le Parlement devait nommer, et comme on lui fesait des reproches, il répondit tranquillement: "Il serait bien malheureux que je ne puisse faire un marguillier quand j'en ai envie.„ (vol. 22, p. 14 et 15). — "**De Harlay** était un homme sans honneur effectif, sans mœurs dans le secret, sans probité qu'extérieure, sans humanité même; en un mot, un hypocrite parfait, sans foi, sans Dieu et sans âme, père barbare, frère tyran, ami uniquement de soi-même, méchant par nature, se plaisant à insulter, à outrager, à accabler et n'en ayant de sa vie perdu une occasion„ (vol. 1er, p. 197). De Harlay avait reçu un dépôt fort important de son ami intime Buvigny; mais comme il était protestant, le roi confisqua ses biens; de Harlay s'empresse d'avertir le roi du dépôt qu'il a reçu; le roi le confisque également, mais au profit de Harlay qui accepte et le garde (p. 143). Voilà bien ce qu'on peut appeler un acte *légal*, mais *moral?* — "**De Mesmes** n'apprit rien et fut extrêmement débauché; il chercha à suppléer à son ignorance, en apprenant bien ce qu'on appèle le *tran-tran* du Palais et à connaître le faible de chacun de Messieurs qui avaient du crédit et de la considération dans leurs chambres; beaucoup d'esprit, grande présence d'esprit, élocution facile, naturelle, agréable, pénétration, reparties promptes et justes, hardiesse jusqu'à l'effronterie, ni âme, ni honneur, ni pudeur; petit-maître en mœurs, en religion, en pratique habile à donner le change, à tromper et à s'en moquer, à tendre des pièges, à se jouer de paroles et d'amis ou à leur être fidèle selon qu'il convenait à ses intérêts„ (vol. 18, p. 165). St Simon dit plus loin : "de Mesmes fit tant de promesses, de bassesses, employa tant de fripons pour abuser de la faiblesse et de la facilité de M. le duc d'Orléans dont il sut bien se moquer, que le voyage de Pontoise (1720) lui valut plus de cent mille écus" (vol. 34, p. 137).

CHAPITRE XIV.

BOURBONS (1715-1793).

Louis XV (1715—1774) arrière petit-fils de Louis XIV n'était âgé que de 5 ans à la mort du roi. Le lendemain même, le Parlement à qui Louis XIV avait confié le testament renfermant ses dernières volontés s'assemble, les princes du sang et les pairs de France viennent y prendre séance. Le duc *d'Orléans*, neveu du roi défunt, réclame la régence et promet au Parlement de se laisser diriger par ses conseils et ses sages remontrances ; le testament qui établissait un conseil de régence est cassé, et le duc d'Orléans nommé régent avec un conseil qu'il peut nommer à son gré. Pour l'en récompenser, le régent lui rend la faculté de présenter directement au roi des remontrances avant enregistrement. Mais bientôt le Parlement fera sentir au Régent qu'il tient de lui le pouvoir : l'Ecossais *Law* voulait fonder à l'aide d'une banque en France le crédit, et à l'aide du crédit rembourser les dettes de l'Etat s'élevant à 3 milliards; mais il avait eu le malheur d'ajouter, qu'il rembourserait en outre les places de judicature et rendrait ainsi la Cour indépendante des tracasseries du Parlement. Celui-ci, craignant pour ses offices, et d'ailleurs ennemi-né des nouveautés, refuse d'enregistrer un édit nécessaire à l'existence de la banque et qui autorisait les officiers publics à prendre les billets en paiement des impôts : le régent fait tenir au jeune roi un lit de justice et enregistrer l'édit; puis il décide que le Parlement doit faire ses remontrances dans les huit jours, si non les ordonnances seront considérées comme enregistrées (1718). Le Parlement cède, mais il attend : le système de Law se précipite à sa ruine par l'excès de faveur même qui l'a accueilli; le Parlement se sentant cette fois appuyé par le peuple recommence son opposition : il rejette les édits qui lui sont présentés, le régent l'exile à Pontoise (1720). Le cardinal de Noailles archevêque de Paris, avait fait appel à un concile futur de la bulle *Unigenitus* enregistrée de force sous Louis XIV (1), et le Parlement s'empresse de saisir cette nouvelle occasion pour protester contre son *propre* enregistrement. *Dubois* le menace de l'exiler à Blois, s'il n'enregistre de suite et sans la moindre réserve : le Parlement qui s'ennuyait déjà beaucoup à Pontoise, ne se souciait nullement d'aller à Blois, et il enregistre : à cette condition, le Parlement est rappelé à Paris, et Dubois

(1) Louis XIV dans la dernière partie de son règne s'était laissé dominer par une puissance toute nouvelle, aussi humble *en apparence qu'ambitieuse en réalité; nous voulons parler des Jésuites.* Les R. PP. la Chaise et Letellier avaient eu l'oreille du Grand roi et l'avaient toujours dominé par les terreurs de l'Enfer. En opposition aux Jésuites s'était formée une secte nouvelle, celle des *Jansénistes,* qui comptait dans ses rangs les Arnauld, les Nicole, tous les docteurs de Port-royal, etc. Les Jésuites firent condamner en cour de Rome et anathématiser 101 propositions extraites du livre d'un *Janséniste, le P. Quesnel,* et voulurent faire enregistrer par le Parlement la bulle du pape, *Unigenitus.* Le Parlement, qui par esprit d'opposition à la Cour s'était fait Janséniste, s'y refusait; mais comme le fougueux Letellier ne parlait de rien moins que de faire arrêter M. le Procureur général et tous les Jansénistes, on comprend qu'en présence d'arguments aussi concluants, il s'était empressé de se soumettre (1715). Cette lutte qui avait occupé toute la seconde moitié du 17ème siècle, paraissait terminée par l'enregistrement du Parlement; mais elle se réveille et va remplir encore une partie du 18ème.

reçoit de Rome le chapeau de cardinal. Après la déclaration de majorité du roi et la mort du duc d'Orléans, le duc de *Bourbon* nommé premier ministre charge les frères *Pâris* de rétablir les finances du royaume : ils proposent un impôt du 50ème en nature, soit deux centièmes du revenu de tous les *fonds nobles*, *ecclésiastiques* et *roturiers*. Parlement, noblesse, clergé, jusqu'ici exempts d'impôts se récrient ; le Parlement, défenseur-né des priviléges, refuse d'enregistrer l'édit et le duc de Bourbon succombe (1726). L'ambitieux abbé *Fleury* évêque de Fréjus le remplace ; bientôt nommé cardinal, il évoque au grand conseil toutes les affaires ecclésiastiques : protestations, remontrances du Parlement, mandements d'évêques qui l'attaquent, c'est toujours la même querelle, sous d'autres noms ; elle va même devenir plus comique et plus ridicule. Pour donner le viatique aux mourants et une sépulture à leur cadavre, le clergé exige un *billet de confession* signé d'un prêtre qui n'ait pas appelé de la bulle *Unigenitus* : le Parlement s'émeut de ces nouvelles prétentions, toutes les chambres s'assemblent et rendent un arrêt qui condamne les prêtres à donner l'absolution, le viatique et la sépulture. Les Parlements de province suivent son exemple, mais la Cour soutient les Jésuites. Le Parlement se rendait très populaire grâces aux ennemis qu'il attaque ; il veut faire des remontrances (1753), le roi refuse de les entendre, le Parlement refuse alors de rendre la justice. On l'exile de nouveau à Pontoise, puis on crée une chambre royale composée de 6 conseillers d'état et de 21 maîtres des requêtes pour rendre la justice ; un an après, le Parlement est rappelé aux acclamations du peuple. La Cour lui présente des édits à enregistrer, entr'autres celui du vingtième sur les revenus de la noblesse et du clergé comme sur ceux du peuple. Cette fois encore le Parlement refuse d'enregistrer ; il proteste même contre le lit de justice tenu par le roi. Tous les Parlements de province réunis par l'interêt commun pour défendre leurs privilèges s'associent sous le titre de classes : c'est un *seul corps* maintenant, dont Paris est la tête. Louis supprime la 3e et 4e chambre des enquêtes (13 Decembre 1756). Le Parlement presqu'en masse, 180 membres, donne sa démission ; les Parlements de province font des remontrances, ceux de Rennes, Bordeaux et Rouen cessent de rendre la justice. Le 5 Janvier 1757, *Damiens* frappe Louis XV d'un coup de canif qui penètre de 4 lignes dans la chair. Les Jésuites s'empressent d'accuser le Parlement d'être l'auteur de cet attentat et rappèlent que l'assassin assistait très souvent aux conciliabules des Jansénistes et Parlementaires dans la grand'chambre. Le Parlement à son tour accuse les Jésuites et leurs doctrines, et il rappèle que Damiens a servi pendant deux ans et demi chez eux comme valet de réfectoire. Mais chacun d'eux se trompait : Damiens, tour à tour laquais, serrurier, soldat, garçon de cuisine, valet de réfectoire, homme du peuple enfin, a connu la misère, les injustices ; observateur silencieux mais juste, il a fait connaître dans une lettre au roi le motif qui arma son bras : "Si vous ne prenez pas le parti de votre peuple, avant *qu'il soit quelques années d'ici*, vous et M. le Dauphin et quelques autres périront." C'était le dernier avertissement à la royauté ; c'est *Jacques Bonhomme*, le souffre-douleurs, toujours battu et repoussé, qui veut avoir lui aussi sa place au soleil et qui a la force de la prendre. Le Parlement pour repousser les accusations des Jésuites et pour forcer au contraire Damiens à accuser ses ennemis, épuise sur son corps tous les genres de tortures que l'imagination des bourreaux a jamais pu inventer ; mais il ne varia jamais dans ses réponses. La grand'chambre du Parlement qui seule existait encore est chargée du procès, et 22 ducs et pairs y assistent : Damiens est tenaillé avec des pinces ardentes aux bras, aux cuisses et à la poitrine; de l'huile bouillante et du plomb fondu sont versés dans toutes ses plaies; on lui brûle la main dans un brasier, puis il est écartelé. La grand'chambre s'est distinguée par son zèle : chacun des deux rapporteurs reçoit une pension de 6 mille livres, le premier greffier une de 2 mille, le second une de 1500; puis la Cour entre en négociations avec les membres démissionnaires ou exilés des Parlements de Paris et de Rennes, et leur rend leurs charges. — Mais la guerre recommence bientôt entre les Jésuites et les Parlementaires à l'occasion de la banqueroute du P. Lavalette à la Martinique. Cette fois il faut en finir : un arrêt du Parlement déclare leur institut incompatible avec les lois du royaume et leur ordonne de renoncer pour toujours au nom, habit et vœux de leur Société (1762). Tous les Parlements de province s'empressent de rendre des arrêts semblables, et enfin celui de Paris ordonne d'expulser de France tous les Jésuites, qui dans la huitaine ne feront pas le serment d'abjurer l'institut; le roi confirme ensuite l'arrêt par un édit. Mais en même temps, et afin qu'on ne puisse pas l'accuser d'irreligion, le Parlement poursuit les Protestants avec une implacable férocité, ou de connivence avec les philosophes, il proscrit l'*Emile* et décrète *Voltaire* et *Rousseau de prise de corps*. — Le roi espérait enfin avoir la paix et vivre tranquille; c'était tout ce qu'il désirait, mais il se trompait. Les Parlements, forts de leur alliance mutuelle, forts surtout de la faiblesse du roi et de la popularité qu'ils viennent d'acquérir, espèrent enfin pouvoir jouer le rôle du Parlement d'Angleterre : ils s'attendrissent sur les misères du peuple, parlent de ses droits, signalent les abus du gouvernement et s'attaquent aux maîtresses, aux courtisans ; le Parlement de Rennes commence le procès du duc d'Aiguillon, celui de Paris le continue malgré les ordres du roi, qui alors tient un lit de justice. Le Parlement refuse de rendre la justice. Louis veut se débarrasser de ce corps et il s'adresse à son chancelier *Maupeou*, autrefois 1er président du Parlement. Celui-ci, ambitieux, mais ferme et énergique, connaissait parfaitement le côté faible du Parlement : dans la nuit du 19 au 20 Janvier 1771, des mousquetaires viennent réveiller chaque président et conseiller et leur posent la question par *oui* ou par *non*, *s'ils veulent reprendre leurs fonctions ;* tous s'y refusent, 40 exceptés, qui encore le lendemain se rétractent. Le chancelier déclare leurs offices confisqués, le grand conseil remplacera provisoirement le Parlement ; puis Maupeou institue six conseils supérieurs pour rendre la justice en appel dans le ressort du Parlement de Paris, à Arras, Blois, Châlons, Clermont, Lyon et Poitiers. Quelques autres Parlements résistent à la Cour, on exile les présidents et conseillers, et l'on établit des conseils supérieurs ; des conseillers d'état, des maîtres de requêtes en font partie. La vénalité des offices est supprimée du coup, la justice doit être rendue gratuitement, sans épices, et les juges se contenter de leurs gages. Néanmoins les Parlementaires avaient de profondes racines dans la nation : abritant soigneusement le but secret de leur ambition derrière les intérêts du peuple, ayant à leur disposition mille moyens d'influence, devenus populaires par leurs luttes contre le clergé et les Jésuites, les courtisans et les maîtresses, ils organisent une opposition contre leurs successeurs. Les avocats refusent de plaider, 4 exceptés, qu'on appèle les quatre-mendiants, les conseils supérieurs sont chansonnés, couverts de ridicule ; et cependant, ô terreur ! la nouvelle magistrature s'affermit peu à peu. Les places sont donc perdues, et la valeur des offices ! Alors les Parlementaires s'abaissent aux prières pour obtenir la fin de leur exil et le remboursement de leurs offices ; l'abbé *Terray*, autrefois conseiller-clerc au Parlement et maintenant contrôleur-général de finances s'en occupe, quand Louis XV meurt (1774).

Les *Mémoires judiciaires de* **Beaumarchais** donnent l'idée la plus exacte de la magistrature au 18e siècle : il avait un procès contre le légataire de Pâris-Duverney qui lui réclamait 150 mille francs, et le conseiller *Goëzman* était chargé du rapport de l'affaire ; Beaumarchais désirait le voir, mais celui-ci n'avait pas le temps de l'entendre ; cent louis et une montre à brillants lui procurèrent une audience. La partie adverse fit probablement des présents plus séduisants, car le plateau de la justice pencha en sa faveur : mais comme c'était au temps du Parlement Maupeou, où les juges *ne devaient rien accepter* des parties, Beaumarchais furieux réclame *ses épices ;* elles lui sont rendues, sauf les *épingles* à Mad. la conseillère, *15 malheureux louis*, et Beaumarchais de faire du scandale. Goëzman l'attaque comme calomniateur devant le Parlement, Beaumarchais riposte par ses mémoires qui occupent et la Cour et la Ville : il faut voir ces caractères si vifs et si tranchés, les mystères augustes et redoutables de la justice dévoilés, mis à nu ; bref, le Parlement termina le procès en admonestant Mad. la conseillère et blâmant Beaumarchais, mais celui-ci avait gagné son procès devant l'Opinion publique. — Il faut ensuite lire comme un écho de ces mémoires le *mariage de Figaro* (1784), et là nous retrouvons le type du juge : *Bridoison*, ignorant et naïf, bégayant et fesant l'important ; *Double-main*, son Secrétaire, mangeant, non, *dévorant* à deux rateliers, et enfin *Figaro* ou plutôt *Beaumarchais* lui-même, respectueux et railleur tout à la fois. On se sent alors à la veille de la Révolution !

Voltaire osa le premier prendre en mains la défense de quelques victimes de la Justice ; cette voix puissante qui déjà bravait les trônes et dirigeait l'*Opinion publique* à sa naissance, dressa en faveur de *Calas*, *Sirven*, *La Barre*, *Lally*, des Mémoires qui furent lus dans toute l'Europe. Le temps de sa Majesté était trop précieux pour s'occuper du procès de quelque manant, villain, croquant, ou autres petites gens, mais la plume de Voltaire sut élever ces procès au niveau de ceux de Jacques *Coeur*, *Nemours*, *Coligny* et autres, qui avaient été révisés par le roi dans son conseil. Nous allons analyser deux de ces procès.

Calas, l'un des plus honorables négociants de Toulouse, jouissait de l'estime publique, bien qu'il fût protestant. L'un de ses fils, ambitieux de parvenir, abjure et se fait catholique; quelque temps après, l'aîné qui était d'un caractère sombre et morose se pend, et les catholiques accusent le père de l'avoir assassiné pour l'empêcher de suivre l'exemple de son frère. Calas père, un troisième fils, sa femme, leur domestique et un jeune homme venant de Bordeaux sont arrêtés, traduits devant le tribunal des Capitouls; sur les conclusions de M. le procureur du roi Dupuy, *et comme aucune preuve n'existait contre eux*, ils sont soumis à la question ordinaire et extraordinaire; ils interjettent appel, et qui le croirait? M. Dupuy interjette également appel, *à minimâ;* que pouvait donc désirer de plus ce misérable? Ces malheureux accusés, chargés de fers, sont traînés dans les cachots du Parlement, et là l'horrible procédure s'exécute, puis comme elle n'aboutit pas, elle recommence. Enfin ils comparaissent devant le Parlement, et M. le Procureur général prend la parole : il conclut à ce que Calas et son fils soient livrés aux plus affreux supplices, il pousse la fureur jusqu'à faire réprimander un des Capitouls qui a montré trop d'indulgence à leur égard. Calas soumis aux tortures de la question, déploie la plus grande fermeté, et au milieu des douleurs implore le pardon pour ses juges ou plutôt pour ses bourreaux. Enfin, il est brûlé vif et sa cendre jetée au vent; sa famille est condamnée au bannissement, leurs biens confisqués. Ils traînèrent une vie misérable en Suisse, jusqu'à ce qu'enfin Voltaire s'intéressa en leur faveur. Le conseil royal évoqua l'affaire, cassa l'arrêt du Parlement de Toulouse, et Louis XV s'efforça lui même d'adoucir par ses bienfaits les infortunes de cette malheureuse famille.

Lally-Tollendal, après avoir donné des preuves de courage et d'habileté à la guerre et dans les négociations, fut nommé lieutenant-général, commandant de tous les établissements français dans les Indes, et chargé d'y combattre la puissance anglaise. Après trois années de luttes tant contre les Anglais que contre ses propres officiers et les employés de la Compagnie des Indes, après avoir remporté de grandes victoires, il se vit abandonné de tous et bientôt obligé de se rendre prisonnier de guerre. Les nombreux ennemis qu'il s'était faits dans l'Inde en voulant réprimer les abus de tous genres, profitèrent de son absence pour l'accuser de concussion et de trahison; à son retour de prison de Londres, il est arrêté et jeté à la Bastille. Après *deux années de procédure secrète*, et sans même daigner l'interroger, le rapporteur dépose son rapport; Lally demande un conseil et huit jours pour réfuter les 160 chefs d'accusation réunis contre lui; *tout lui est refusé*. Néanmoins l'Avocat-général Seguier prend la parole en sa faveur et déploie la plus grande éloquence : les Avocats-généraux étaient encore libres dans ce temps là de suivre la voix de leur conscience! Mais le Procureur général, sans daigner lire les pièces de sa justification, signe des conclusions *à mort*, et le Parlement d'y faire droit. "Il n'y a point de *délit particulier*, disait un des juges après la condamnation, c'est *sur l'ensemble* de sa conduite qu'on a assis le jugement." Maxime funeste, épouvantable, toujours en usage pour arracher de la faiblesse des juges la condamnation des innocents! Le fils de Lally soutenu par Voltaire poursuivit opiniâtrement la réhabilitation de son père, et douze ans après, Louis XVI en son conseil après 32 séances et à l'unanimité des 72 membres, cassa l'arrêt du Parlement de Paris. "Il n'y a pas de témoins, dit le nouveau rapporteur, il n'y a même pas de délit." Quatre jours avant sa mort, Voltaire apprit cette nouvelle, ce fut pour lui une bien douce satisfaction, car il écrivit à M. de Lally : *le mourant ressuscite* (1778).

Louis XVI (1774—1793) commença par rappeler les Parlements et exiler le chancelier Maupeou, qui depuis lors vécut dans la retraite. Ce rappel fut fatal à ce malheureux prince, à la France elle-même. Le Parlement reprend son rôle d'*ambitieux hypocrite* : oh! cette fois la puissance sous un roi débonnaire et vertueux ne saurait lui échapper, il ne reculera devant aucun moyen, devant aucun péril, pour se saisir enfin du gouvernement. Louis XVI était rempli des meilleures intentions et avait su parfaitement choisir ses ministres : *Turgot*, *Malesherbes*, *Necker*, étaient chargés d'introduire dans l'Etat les réformes devenues nécessaires, indispensables. Turgot veut affranchir les campagnes de la corvée, les provinces de leurs barrières, le commerce des douanes intérieures, l'industrie de ses maîtrises et jurandes ; la noblesse et le clergé contribueront aux impôts dans la même proportion que le peuple. Les courtisans, nobles et évêques, s'opposent à ces réformes, cela se conçoit, mais le Parlement, lui, le protecteur du peuple, le tuteur des rois, s'y oppose bien davantage encore : les corvées sont très utiles, attendu que tous les Parlementaires sont de grands propriétaires ; les maîtrises sont justes, attendu qu'elles donnent lieu à une foule de procès ; bref, le peuple est *taillable et corvéable à merci*, c'est un article de la constitution, et le *roi lui-même n'y peut rien changer ;* ce que fait cependant l'intérêt personnel ! Turgot succombe bientôt, et avec lui *Malesherbes*, qui a voulu introduire des réformes dans la Justice et supprimer les lettres de cachet, les tortures. Necker qui s'est occupé des réformes en matières de finances, vient aussi se heurter contre de semblables résistances, et les embarras s'ammoncèlent de toutes parts, en même temps que la dette s'accroît tous les jours. Une assemblée de Notables, composée des membres les plus distingués de la noblesse et du clergé seulement, est convoquée (1787). On leur demande des sacrifices, ils ne répondent que par des récriminations d'abord, et cependant consentent enfin à voter l'impôt du timbre et un impôt sur les terres de la noblesse et du clergé. Mais ce n'était nullement l'affaire du Parlement : perdre son rôle et par dessus le marché payer des impôts ! Il refuse d'enregistrer les édits ; que voulait-il donc ? Les États-généraux. Mais en attendant il fallait de l'argent. Louis XVI à son tour veut se débarrasser d'un corps si turbulent et si ambitieux, et remplacer tous les Parlements de France par de grands bailliages

(Mai 1788). Mais le Parlement en est averti : il se rassemble, et fesant une déclaration solennelle des coutumes de la Monarchie française à son point de vue, il déclare protester à l'avance contre toutes les atteintes qu'on essaierait d'y porter. Le secret étant éventé, la mesure était devenue impossible. Le roi cède alors et consent à la convocation des Etats-généraux. Ivre d'orgueil et d'ambition, il va donc enfin atteindre le but qu'il poursuit depuis si longtemps et avec un si persévérant machiavélisme ! Et en effet, un grand nombre de ses membres fait partie des Etats-généraux pour la noblesse et le tiers-état ; ils sont donc sûrs d'y dominer, grâce à leur habitude de la parole, à leur entente des affaires, grâce surtout à leur *esprit de corps*, qui réunit tous les Parlements du royaume en un seul corps. Mais hélas ! après qu'ils ont abaissé jusqu'à eux la puissance de la Royauté, ils s'aperçoivent à leur grand effroi, qu'ils n'ont été que des instruments, qu'ils ne sont que des marionnettes, et que le *tiers-état*, ce *Peuple* au nom duquel ils ont toujours parlé, veut enfin faire seul ses affaires. Saisis d'épouvante, ils veulent reculer, ils se cramponnent de toutes leurs forces au trône dont ils ont sapé les bases ; mais la catastrophe approche, moment terrible d'*expiation* pour des siècles d'outrages, d'injustices et de férocité ! La lumière s'est faite : elle a tout d'un coup éclairé les ténèbres des instructions secrètes, des cours prévotales, des commissions extraordinaires, des hideuses chambres de torture, etc. ; on recule d'horreur en voyant les malheureuses victimes englouties tout vivantes dans ces prisons qui ne laissent rien à envier aux cachots de l'Inquisition. Le Tiers porte alors une main vigoureuse sur tous les abus : la vénalité des offices, l'hérédité des charges sont abolies, les justices seigneuriales sont supprimées (Août 1789) et les Parlements eux-mêmes par un simple décret de l'assemblée Constituante (Sept. 1790); ils tombent sans protestation cette fois, sous le mépris public. C'est alors qu'arrive le grand cataclysme dans lequel s'abîment tout à la fois royauté, clergé, noblesse d'épée et de robe, puis le niveau révolutionnaire passe également sur toutes ces têtes.

La coupe des iniquités a débordé, Jacques *Bonhomme* s'est soulevé, il est vainqueur; mais hélas! l'esclave qui brise ses fers se venge tout d'abord, puis lassitude, dégoût ou faiblesse, il retombe bientôt sous le joug, et un joug plus dur encore. Quel est donc le nouveau despote qui règne et gouverne alors? C'est un être endossant toute la responsabilité, mais invisible et insaisissable; un mannequin revêtu d'oripeaux éclatans, qui éblouit les yeux du plus grand nombre et conserve les intérêts d'une infime minorité. Il n'a que des droits, ne lui parlez pas de ses devoirs: *Connais pas*, vous répondrait-il. Il absorbe toute la sève du pays et ne rend rien; il faut des légions d'employés pour nourrir cette vie si précieuse, des millions de soldats pour la défendre. C'est l'épouvantail dont on menace les générations, et si jamais vous vouliez opérer quelque changement dans son habit ou sa culotte, vous entendriez des concerts unanimes de plaintes et de gémissements: "*la Société est perdue!* Vite, appelons au secours les millions d'êtres qui vivent à l'abri de son nom, à l'ombre de sa grandeur, et s'engraissent des dépouilles opimes qu'on lui apporte; vite soldats, vite gendarmes! canons et fusils, poudre et plomb!!" Et substituts de requérir, et juges d'instruction d'instruire, et gendarmes d'empoigner, et bourreaux d'opérer! Que si même un trou se laisse voir dans un bas, ou une tache sur l'habit, cela n'y fait rien, l'on n'y doit rien changer, plutôt mourir que de porter une main téméraire sur l'oint du Seigneur. Ce mannequin s'appèle *Societé*; mais si c'est un être fictif, ses *Représentants* existent bien réellement; ils ont recu de Dieu même le don de l'infaillibilité, et chacun doit s'incliner devant leurs arrêts. L'on dit *tout haut* : c'est la Justice; et *tout bas* : c'est la Vindicte publique.

CHAPITRE XV.

RÉSUMÉ.

Esprit de corps. Nous venons de parcourir l'histoire du Parlement; nous avons vu quel esprit y a toujours dominé, l'a toujours dirigé; il nous est dès lors facile de répondre à la question : *qu'est-ce que l'esprit de corps?* C'est la façon particulière de penser, d'agir, commune aux personnes exerçant des fonctions ou professions semblables et réunies par l'intérêt commun. L'objet, c'est la conservation des privilèges acquis, l'acquisition de nouveaux droits, c'est en un mot un traité d'alliance offensive et défensive entre tous ces intérêts. Il n'est rien de chatouilleux et pointilleux, d'irritable et irascible; il n'est rien de terrible et menaçant, de détestable et impitoyable; il n'est rien de mesquin et misérable, de comique et burlesque, comme l'Esprit de corps. Prenez les hommes les plus tranquilles, les plus modestes et les plus vertueux, les moins ambitieux, associez-les, donnez-leur le même intérêt, et bientôt vous en verrez sortir un esprit chicanier, fier et intraitable, lâche et rampant dans le danger, mais insolent et cruel après la victoire. Un corps ne reconnaîtra jamais les torts d'un seul de ses membres, il en prend au contraire de suite la défense, *même avant* de savoir ce dont il s'agit. Nous le répétons, *la place fait l'homme;* nous ne sommes plus nous mêmes, mais un membre du *sacré corps*, avec plus ou moins d'influence sur ses délibérations : qui, dispose de 2 voix, qui de 4, qui de la totalité, lui-même excepté, qu'un cotillon souvent conduit par le bout du nez ; alors on dit que l'influence vient du dehors. Entre les différents membres du sacré corps, vous verrez toujours régner la plus grande politesse, un échange continuel de poignées de main ; l'inférieur donne les témoignages du plus profond respect au supérieur, qui lui répond par un signe familier ; voilà pour les apparences. Mais en réalité, ce n'est qu'envie et jalousie, moquerie et dérision ! Cet esprit de corps ne prend pas d'un seul coup d'aussi grands développements : les commencements de chaque institution, établissement, compagnie, société, de tels noms que vous vouliez appeler ce corps, répondent en général au but du fondateur ; mais peu à peu, la pensée première se dénature, se transforme, l'on y voit poindre l'esprit de résistance pour défendre ses privilèges, l'ambition pour en acquérir de nouveaux ; l'esprit de corps est né ; il va tout gâter. Ainsi firent les Parlements : corps essentiellement judiciaire, il rendit de grands services aux rois contre leurs grands feudataires ; il en reçut de grands privilèges, mais son ambition était plus grande encore. Nous l'avons vu à maintes reprises chercher à se rendre pouvoir indépendant, législatif, éxécutif même. Nous avons vu avec quelle patience il a recommencé sous les régences de Marie de Médicis, d'Anne d'Autriche, du duc d'Orléans et sous Louis XVI, l'œuvre détruite par l'épée de Henri IV, la volonté de Richelieu, l'habileté de Mazarin, la fermeté de Maupeou. Mais le but de l'œuvre se transmet de génération en génération, et s'enveloppant du voile de l'hypocrisie il est poursuivi avec une patiente mais persévérante opiniâtreté. Nous ferons remarquer en outre que de tous les chanceliers, ceux là qui ont présenté un noble caractère, donné l'exemple des vertus et proposé des réformes, eurent toujours à lutter contre le Parlement : ainsi *Lhôpital*, *Marillac*, *Maupeou*, *Malesherbes*, etc.; les mauvais chanceliers au contraire l'eurent toujours pour complice : *Duprat*, *Poyet*, de *Birague*, *P. Seguier*, *Letellier*, etc. Leur esprit de corps, c'était haine contre les financiers, jalousie de la noblesse d'épée, méfiance du clergé, mépris pour le peuple, et pardessus tout cela, soif des honneurs et des confiscations, désir effréné de domination absolue; leur honneur, ce n'était qu'orgueil et vanité. Que l'on se moque des faiblesses, des ridicules du financier, c'est justice; mais qu'on n'oublie jamais la *servilité*, *l'acharnement* et la *cruauté du Juge criminel;* qu'à côté des noms de Laubardemont et Laffémas, on inscrive ceux des *Belliart* et des *Marchangy*, en regard des commissions extraordinaires et des chambres ardentes, les *cours Prévôtales* et les procès de *Tendance*, et alors on sera bien forcé d'en conclure que le *Juge*, tout comme le financier ou le courtisan, *a toujours conservé, comme il conservera toujours, les vices inhérents à sa profession.*

Systèmes de pénalité. Après avoir examiné rapidement la législation criminelle des principaux peuples de l'Antiquité, de la France au Moyen-âge et dans les temps modernes (revoir les résumés, p. 20, 26, 36, 46, 55, 78 et 92), nous devons les comparer entr'elles; nous verrons alors quels sont les *principes* adoptés par leurs différents Législateurs. 1° L'un, ne reconnaissant pas de seconde vie, *punit* sur cette terre au nom de Dieu; non seulement il *châtie* les coupables, mais il veut *prévenir* les crimes par la *crainte des supplices;* ceux-ci seront dès lors publics, mis à exécution devant le peuple et par le peuple lui-même. 2° Un autre laisse aux Dieux le soin de punir dans une autre vie; sur cette terre il *exige réparation pour le dommage causé*, si non il *retire les droits* de membre de la Société, ou même il *exile* de la Société. 3° Un troisième retranche le criminel de la Société jusqu'à ce qu'il ait *expié* : [a] à l'égard de l'*offensé* par des réparations convenables; [b] à *l'égard de la Société* par des aumônes et autres bonnes œuvres; [c] *à l'égard de Dieu* par des prières et des mortifications; mais cette *expiation* est toute *volontaire*, et *le repentir procure le pardon.* 4° Le dernier enfin *punit sur cette terre* et il sait cependant que *Dieu punira dans une autre vie;* son prétexte, car il n'en manque pas, c'est : ou l'*amélioration* des coupables, et il les rend *pires* qu'avant le crime; ou le moyen de *prévenir les crimes* par la crainte des châtiments, et ceux-ci sont *des peines secrètes et cachées;* en réalité, il *punit* pour *torturer*, pour *se venger*, comme l'*Antiquité* traitait ses *serfs*, le *Moyen-âge* ses *esclaves!* — Quelle *proportion* a été établie par ces divers systèmes entre les crimes et leur répression? Le premier système, celui de Moïse, vous répondra : je *punis d'autant plus sévèrement* que le penchant qui entraîne l'homme est plus violent, plus difficile à extirper. Le second, et c'est celui des républiques d'Athènes et de Rome au temps de leur splendeur, des Germains dans leurs forêts : la *réparation pécuniaire sera d'autant plus grande* que le crime a causé plus de dommage. Le troisième, et c'est celui du Christ : l'*absolution sera d'autant plus difficile à obtenir* que le crime a offensé davantage la Majesté de Dieu, la Conscience des hommes. Le quatrième enfin vous dira : la *punition* doit être d'autant *plus terrible* et *plus longue*, que le crime a jeté de perturbation dans le calme et le repos dont je veux jouir; c'est la Vengeance. Tel est le système de l'empire Romain, adopté, revu, corrigé et augmenté par le *Moyen-âge* et les *Temps modernes.*

Je ne puis nier, me direz-vous, que le Moyen-âge

n'ait réservé des tortures affreuses, épouvantables aux malheureux, qui n'étaient même que *soupçonnés d'un crime* ou *accusés d'un crime imaginaire;* mais de notables changements ont été faits dans notre législation: d'abord nous n'avons plus, ni conseil du roi, ni Parlements, ni présidiaux, ni baillis. — Vous croyez? Et la cour de cassation, les cours royales, les tribunaux de première instance, les juges de paix? Et les parquets n'ont-ils pas conservé leurs substituts et Procureurs du Roi, Avocats et Procureurs Généraux? *Ce sont toujours les gens du Roi.* — Oui; mais la procédure criminelle est bien changée. — Changée? de nom, c'est possible, mais améliorée, j'en doute. Ecoutez: avant la révolution, la minorité du Peuple (noblesse et clergé) jouissait de beaucoup de privilèges, celui entr'autres que chacun de ses membres fut considéré comme innocent et traité comme tel, tant qu'il n'était pas condamné. La majorité, le tiers-état, si vous voulez, ne jouissait pas de ce privilège; néanmoins un de ses membres ne pouvait être arrêté que pour un crime, et seulement après information préalable; les vagabonds seuls et les domestiques, sorte de parias de la Société, pouvaient être arrêtés de suite, sans information et pour une affaire de petit-criminel. Maintenant, il n'y a plus de *privilégiés : noblesse*, *tiers*, *vagabonds*, tous sont égaux devant la loi, on les traite tous également, comment? — Comme autrefois les privilégiés. — Erreur, grave erreur, mais bien comme autrefois les *vagabonds* : un délit, un simple délit a-t-il été commis? sans information préalable, le lieutenant-criminel lance de suite un *décret d'ajournement personnel*, pardon, je me trompe, les noms sont changés, le juge d'instruction lance un *mandat d'amener;* le *mandat d'assigner pour être ouï*, réservé autrefois aux prêtres et aux nobles, ou au peuple pour un délit, les vagabonds exceptés, s'appèle bien *mandat de comparution*, mais il n'est guère en usage : n'était-ce pas en effet naïf de prévenir les gens qu'on instrumente contre eux ? c'était l'enfance de l'art, le corps du délit pouvait s'échapper ; maintenant on commence par s'en emparer. Puis les deux décrets précédents se transformaient en *décret de prise de corps*, maintenant *mandat d'arrêt*. — Et les lettres de cachet ? — Autrefois, le roi seul pouvait en délivrer et cela coûtait 25 louis le cachet : aujourd'hui nous possédons plus de *quatre cents magistrats* qui n'ont qu'à signer un chiffon de papier appelé *mandat de dépôt*, et vous êtes aussitôt *déposé provisoirement* en prison ; *cela ne coûte rien* : une simple lettre de dénonciation, une accusation fausse dictée par la haine ou la soif de vengeance suffisent. — Soit ; mais nous avons conservé une conquête précieuse de la révolution, le Jury. — Conquête, dites-vous ? c'est restitution qu'il faut dire, et encore restitution partielle : le jury n'est institué que pour les crimes. — Eh bien ! n'est-ce pas déjà beaucoup ? — L'on donne aux accusés *d'autant plus de garanties que leur crime est plus grand* : le prévenu d'un délit a tout autant de garanties qu'un *esclave* du Moyen-âge, comme s'il ne jouait pas aussi bien sa liberté, son honneur, sa fortune que le grand criminel ! — Il n'y a plus d'inquisition. — Et les poursuites *d'office ?* — Il n'y a plus de vindex, ni même d'accusateur public. — Et le procureur du roi, ne descend-il pas en droite ligne du Vindex par le promoteur ? Ne requiert-il pas tous les jours au nom de la *Vindicte publique ?* — Il n'y a plus de question, plus de tortures au moins. — Toutes ont été abolies, toutes, deux seules exceptées, et ce ne sont les moins bonnes : le *secret*, puis le *système cellulaire* (p. 117). — Mais enfin, il n'y a plus d'épices, et la justice ne se vend plus. — Non, elle ne se vend plus, j'en conviens, elle se *récompense* seulement. — Vous êtes un pessimiste, vous outrepassez. — Soit ; je sais parfaitement que je dois prouver ce que j'avance, mais si je le prouve, que direz-vous ? — Que notre système est le plus barbare, le plus féroce, le plus hypocrite, le plus .... — Assez, assez : je prends acte de votre aveu ; nous nous retrouverons à la Conclusion.

DEUXIÈME PARTIE.

LA JUSTICE DES HOMMES.

Comédie-Drame en 5 actes et en prose.

Nous nous sommes efforcés dans la première partie de présenter une peinture exacte et fidèle de la magistrature Parlementaire; à cet effet, nous avons rapporté les histoires des *Templiers* (p. 94), du connétable de *Bourbon* (p. 103), de Mme du *Cental* (p. 104), de la femme de *Concini*, de *Laubardemont* (p. 135), de *Fouquet* (p. 145), de *Calas* et *Lally* (p. 155); puis nous avons donné des extraits des discours de *Lhôpital* (p. 109, note), des œuvres de *Brantôme* et *Rabelais* (p. 130), une analyse du Lutrin de *Boileau* (p. 142), du Tartuffe de *Molière* (p. 143), des mémoires de *Beaumarchais* (p. 154); nous avons terminé en présentant les portraits par le Duc de *Saint Simon* de quatre Premiers-présidents du Parlement (p. 142 et 146). Nous devons maintenant présenter le tableau des caractères de la Magistrature contemporaine : à cet effet nous avons choisi une histoire assez récente, essentiellement vraie ; nous avons personnellement connu la plus grande partie des personnages qui y figurent; nous avons toujours été et sommes encore l'ami dévoué de la victime. Nous avons adopté la forme dramatique, pensant qu'elle se prête davantage à la peinture des caractères et mœurs que nous voulons faire connaître au Public.

Nous devons faire observer que tous les noms des personnages et des lieux ont été changés, et qu'Arras n'a jamais été le siège d'une cour Royale, pas plus qu'Hesdin celui d'un Tribunal. L'action s'est passée sous le règne de Louis-Philippe; nous avons cependant voulu attendre que tous les fonctionnaires qui y jouèrent un rôle fussent admis à la retraite, et c'est ce qui vient d'avoir lieu.

PERSONNAGES DU DRAME.

Tivier, Procureur général à Arras, connu sous le nom de M. de *Neuville* à Paris.
Lemignon, Président de chambre à la Cour d'Arras.
De Bigora, 1er Avocat général d°
Meignant, Procureur du roi à Hesdin.
Rutter *(Charles)*, Directeur d'une Cie d'assurances à Paris.
Durand, industriel.
Chalin, commerçant à Paris.
Giraud, paysan-cultivateur.
Mortout.
Lebret, employé des prisons à Paris.
Beauvisage, professeur de danse à Paris.
Amédée et deux autres jeunes gens.
Ctesse **de Villa-Hermosa**, connue également sous le nom de *Maria l'Espagnole*.
Ve **Rutter**, mère de Rutter.
Ve **Libeau**, sa cousine-germaine et tante de Rutter.
Léontine, sa fille.
Pomponette, **Rigolette**, **Turlurette**, modistes.
Valet de chambre de Tivier.
Femme de chambre de la Ctesse de Villa-Hermosa.

La Scène se passe en 1847 à Paris, Arras et Bruxelles.

ACTE PREMIER.

Premier tableau.

Un salon élégant à Paris, chez Mme Ve Libeau.

Scène I.

LÉONTINE.

(Au lever du rideau elle est occupée à broder; un instant après, elle cesse de travailler et regarde la pendule.)

3 heures 25 minutes, et il n'est pas encore ici ... et moi qui croyais, d'après ce qu'il me disait hier, en me quittant, qu'il oserait enfin aujourd'hui me confier son grand secret (haussant un peu les épaules et souriant), comme si je n'avais pas deviné ... car il m'aime, je l'ai bien vu, j'en suis même bien sûre. Il est toujours si timide, si craintif près de moi ... mais on m'a dit que c'est bon signe, que c'est la preuve d'un amour sincère ... Je sais bien cependant que vous allez souvent au bal, M. mon cousin, oui ... (menaçant du doigt), mais attendez : quand nous serons mariés, je saurai bien mettre bon ordre à tout cela ... Je veux que vous n'aimiez que moi seule, et surtout que personne ne vous aime (écoutant). Ah! le voilà ... je l'entends ... (reprenant son ouvrage et paraissant très appliquée). Vite ... travaillons.

Scène II.

LÉONTINE, RUTTER.

Rut. (croyant la surprendre, s'approche tout doucement). Bonjour, ma cousine.

Léont. (se retourne et pousse un léger cri, comme si elle ne l'avait pas entendu venir). Ah! c'est vous, mon cousin, comme vous m'avez fait peur; c'est mal de m'effrayer ainsi.

Rut. Comme vous êtes appliquée; excusez-moi de venir si tard ...

Léont. Quelle heure est-il donc? (regardant la pendule) comment? 3 heures et demie, et moi qui croyais qu'il n'était pas encore 3 heures . . . Maman sera enchantée de vous voir. (se levant) Je vais lui dire que vous êtes là . . .

Rut. Pardonnez-moi si je vous retiens . . . mais c'est une occasion si précieuse pour moi et si rare, de vous rencontrer seule, que je serais bien heureux d'en profiter pour causer . . .

Léont. Volontiers, mon cousin.

Rut. Il y a déjà quelques années que j'ai le plaisir, le bonheur de vous connaître, et je dois vous avouer que les sentiments d'amitié que depuis ce temps-là j'ai ressentis pour vous se sont changés . . . transformés . . .

Léont. (vite) en sentiments de haine? Comment, mais c'est mal cela, c'est très mal à vous.

Rut. Au contraire, je vous aime davantage, mais d'une autre manière, et je me proposais de vous en faire l'aveu, de vous dire que je vous aime sincèrement, de toute mon âme, et que je serais bien heureux si vous vouliez accepter mes hommages . . .

Léont. (baissant la tête et rougissant). Certainement, mon cousin, je ne m'y oppose pas . . . comme toujours . . .

Rut. (lui prenant la main). Et me permettez-vous d'espérer que je serai assez heureux pour que vous répondiez à l'amour que je ressens pour vous?

Léont. (riant). Ah! Vous avez de l'amour pour moi? J'aime mieux cela que de la haine . . . Je craignais de vous avoir déplu . . .

Rut. L'amour, c'est un sentiment . . .

Léont. Ah! Permettez, mon cousin, j'entends maman qui m'appèle, je reviens de suite (elle sort en courant).

Scène III.

RUTTER.

Elle ne m'a pas répondu, espérons que le proverbe dit vrai: qui ne dit mot, consent. D'ailleurs je n'ai pas entendu qu'on l'appelât, c'était un prétexte. Elle est vraiment charmante, Léontine, et puis si bonne . . . . Allons, je vais maintenant parler ouvertement avec sa mère.

Scène IV.

RUTTER, Mad. Ve LIBEAU.

Ve Lib. Bonjour, Charles.

Rut. Ma tante, je vous présente mes respects; ma mère m'a chargé de m'informer de votre santé.

V^e L i b. *Très bien, merci. Qu'avez-vous donc dit à Léontine*, elle est venue toute rouge, toute tremblante, en me disant que vous désiriez me parler.

R u t. (embarrassé). Non pas . . . c'est à dire . . . excusez-moi . . . Je vais vous parler franchement.

V^e L i b. Asseyez-vous donc, Charles, voyons, qu'y a-t-il? (Ils s'asseient).

R u t. Je vais droit au but, ma tante : depuis longtemps déjà j'aime ma cousine, j'ai été à même de voir sa grâce, sa beauté, de connaître la bonté de son cœur et je viens vous demander sa main.

V^e L i b. Mais votre mère, ma cousine Sophie ne m'en a rien dit encore.

R u t. C'est vrai ; je sais qu'il eut été plus convenable que ma mère vous adressât cette demande, mais nous sommes de la même famille, puis je voulais demander tout d'abord à ma cou.... à Melle Léontine, si elle agréerait mes hommages.

V^e L i b. Oui, et vous voyez ce que vous en avez obtenu ...

R u t. Aurais-je été assez malheureux pour lui déplaire?

V^e L i b. Ce n'est pas ce que je veux dire ; elle vous a toujours bien aimé, bien estimé, ainsi que je le fais, et je vais répondre à votre franchise : vous êtes un bon fils, vous aimez beaucoup votre mère, vous serez aussi, je n'en doute pas, un excellent mari, et je ne pense pas pouvoir confier à de meilleures mains l'avenir de ma chère Léontine.

R u t. (lui embrassant la main). Merci, ma chère tante, merci ; vous me rendez le plus heureux des hommes, et croyez que je saurai me rendre digne de votre confiance.

V^e L i b. La demande que vous venez de me faire, nous honore beaucoup, ma fille et moi, car je sais que vous avez fait quoique bien jeune, une grande fortune. Il m'est impossible, mon cher Charles, de lui donner une dot bien élevée ; je n'ai que Léontine, c'est vrai, mais je dois conserver de quoi vivre et vous savez que les propriétés rapportent bien peu . . .

R u t. Pardon, ma tante, mais je ne vous demande rien autre chose que la main de Léontine . . . Il y a longtemps déjà que j'aimais ma cousine, quoiquelle fût encore bien jeune; mais vous étiez riche, et moi, j'étais pauvre. Néanmoins je n'ai pas perdu courage, j'ai redoublé d'efforts, depuis 3 ans surtout, et si j'ai réussi, au-delà de mes espérances même, c'est que j'avais journellement devant les yeux un but qu'à toutes forces je voulais atteindre. Vous voyez donc bien que si j'ai gagné cette fortune en quelques années, j'en suis redevable à son souvenir et qu'en bonne justice je lui en dois la moitié.

Ve Lib. Vous êtes fier, Charles, je le sais . . .

Rut. C'est vrai, je suis fier de ne devoir qu'à mon travail le bonheur de pouvoir parer, embellir celle qui doit être ma compagne; je ne demande rien autre chose.

Ve Lib. Votre refus d'accepter une dot est un désintéressement fort rare, dans ce siècle surtout, mais je ne l'entends pas ainsi, car j'ai de la fierté tout comme vous; mais nous causerons de tout cela avec ma chère Sophie, votre maman.

Rut. Je suis dans l'intention de donner ma démission de directeur de la Cie d'assurances que je dirige.

Ve Lib. Mais vous ne resterez pas oisif à votre âge?

Rut. Oh non! il me serait impossible de rester inoccupé: j'ai réfléchi à ce que je ferais et je viens vous soumettre mes projets : je désirerais m'occuper d'armements maritimes; j'ai déjà fait quelques voyages au Havre à cet effet et causé avec des capitaines, des constructeurs. J'emploierais ainsi une partie de ma fortune; quant au reste je le ferais valoir dans d'autres entreprises, ou bien j'achèterais une propriété. Nous resterions à Paris, mais comme mes occupations m'appelleraient souvent au Havre, nous y aurions une maison de campagne sur les hauteurs d'Ingouville, où vous viendriez avec nous passer l'été. Que pensez-vous de mon projet?

Ve Lib. Il me paraît très bien conçu et pour ma part je le ratifie; je vais appeler Léontine, et comme elle est (souriant) intéressée dans l'affaire, plus que moi encore . . . Ah! la voilà.

Scène V.

RUTTER, V^E LIBEAU, LÉONTINE.

Rut. Ah, venez, ma chère cousine, votre maman m'a rendu bien heureux, et si vous daignez ratifier sa promesse . . .

Ve Lib. Eh bien! Léontine, es-tu remise de ton embarras?

Léont. Quel embarras donc, maman? Je t'assure . . .

Ve Lib. Allons, allons, Léontine, tu rougis encore. Les jeunes filles savent toujours de quoi il s'agit, elles le devinent, ou mieux encore, elles font comme moi aussi j'ai fait... elles écoutent aux portes . . .

Léont. Je t'assure, maman, que je n'ai rien entendu . . .

Ve Lib. Ce qui ne veut pas dire que tu n'as pas écouté;

au contraire. Allons, en voilà assez, parlons sérieusement : ton cousin que voici, m'a demandé ta main ; qu'elle réponse dois-je lui faire ?

Léont. (dans un grand embarras et baissant la tête). C'est un grand honneur que me fait mon cousin, mais . . . mais . . .

Ve Lib. Voyons, n'aimes-tu pas ton cousin ?

Léont. (vite). Oh si ! (se reprenant). C'est à dire de bonne amitié, comme un frère.

Rut. C'est déjà beaucoup, ma cousine ; mais ne pourriez-vous y ajouter un autre sentiment, qui me serait plus précieux encore ?

Léont. Dame ! Si maman le veut, je tâcherai . . .

Rut. Puis-je prendre votre réponse pour un consentement?

Léont. (cachant sa tête dans le sein de sa mère). Cela regarde maman . . . (La maman l'interroge du regard, elles se regardent un instant, Léontine fait un léger hochement de tête et se cache ensuite davantage.)

Ve Lib. Vous verrez, la petite rusée, que vous ne pourrez jamais lui faire dire ce qu'elle pense. Eh bien ! ma chère Léontine, puisque je dois parler pour toi, (prenant les mains de Rutter et de Léontine) aimez-vous, mes enfants.

Scène VI.

RUTTER, Ve LIBEAU, LÉONTINE, Ve RUTTER.

(Mme Libeau a vu entrer Mme Rutter et va à elle ; elles se parlent sur l'arrière-plan, tandis que les deux amoureux les mains l'une dans l'autre restent sur le devant de la scène.)

Rut. Merci, ma chère Léontine, merci, je vous aimerai toujours, je vous le jure . . . Et vous . . . répondez-moi un mot, un seul mot . . . je vous en prie . . .

Léont. Oui, mon cousin.

Rut. Bientôt je ne serai plus votre cousin, Léontine, un titre plus doux . . .

Léont. Oui, Charles.

(Elle baisse la tête en rougissant, il lui baise la main et la lui serre. Ve Libeau et Ve Rutter viennent sur le devant de la scène.)

Ve Lib. C'est bien cela, mes enfants.

Ve Rut. Bonjour Léontine, bonjour mon enfant.

Ve Lib. Quand il n'y a pas de témoins, ou du moins qu'on ne les voit point, cela va tout seul . . . et puis il n'y a que le premier pas qui coûte.

Ve Rut. (à Léontine). Tu es mon autre enfant maintenant, et je suis bien heureuse que vous vous aimiez ainsi; mes vœux sont comblés, je puis maintenant quitter le monde sans regrets, Charles n'a plus besoin de moi.

Léont. Au contraire, vous devez rester pour nous voir heureux.

Rut. Que penses-tu donc là, ma chère maman? Tu as maintenant deux enfants à aimer et qui t'aimeront bien, n'est-ce pas, Léontine?

Léont. Oh certainement.

Ve Lib. Et moi donc? Est-ce que je serai oubliée?

Rut. Oh non! il y aura seulement deux mamans comme il y a deux enfants.

Ve Rut. Et à quand la noce?

Ve Lib. Les fiançailles d'abord. Allons, Charles, embrasse donc ta fiancée. (*Charles embrasse Léontine sur le front.*)

Ve Lib. Allons, Sophie, venez dans ma chambre, nous avons à causer affaires (*souriant*); M. votre fils fait le désintéressé, mais nous nous entendrons facilement.

(Ve Libeau et Ve Rutter sortent.)

Scène VII.

LÉONTINE, RUTTER.

Léont. Vous n'irez plus, n'est-ce pas, Charles, passer vos soirées chez votre maître de danse, où l'on dit qu'il y a de si jolies femmes?

Rut. Non, ma chère Léontine, je les passerai maintenant près de vous. Permettez-moi cependant d'y aller encore ce soir, j'ai promis à l'un de mes amis, mais je vous le jure, c'est la dernière fois.

Léont. Si vous m'en croyiez, Charles, vous n'iriez plus du tout (*se détournant*). Vous ne m'aimez pas.

Rut. Je ne vous aime pas, Léontine? (*la regardant et lui pressant les mains.*) J'ai promis, puis je dois faire mes adieux à tout le monde, mais je vous le jure, Léontine, je n'y remettrai jamais les pieds.

Léont. Et j'y compte bien.

Rut. Veuillez m'excuser, ma chère Léontine, si je vous quitte si vite aujourd'hui, mais on m'attend dans mes bureaux. (*Ils échangent une poignée de main.*) Au revoir, ma chère Léontine.

Léont. A bientôt, Charles. (*Elle sort.*)

Scène VIII.

RUTTER seul.

(Il va prendre son chapeau et revient sur le devant de la scène.) Enfin, je suis heureux maintenant, bien heureux. Je suis au comble du bonheur, j'ai atteint le but que je me proposais : j'ai acquis une fortune honorable et Léontine m'aime, elle est à moi. Après l'amertume des luttes, le bonheur ; après la tempête, le repos. Je suis enfin entré au port : je vais m'y reposer des fatigues de la vie et jouir en paix du fruit de mon travail. (Il sort.)

Second tableau.

(Un salon de maître de danse à Paris, un lustre au milieu, quelques chaises sur les 2 côtés.)

Scène IX.

MARIA *assise*, BEAUVISAGE, AMÉDÉE, TURLURETTE, POMPONETTE, RIGOLETTE, et 2 ou 3 autres jeunes gens.

Pomp. (fesant des entrechats un peu risqués). Un quadrille, M. Beauvisage, un quadrille.

Beauv. Non, Madame, je ne veux pas que l'on danse de quadrille dans mon établissement.

Pomp. Et pourquoi donc ?

Beauv. Parceque sous prétexte de quadrille, on danse certains pas qui ne sont pas convenables.

(Pomponette continuant à faire des pas de cancan.)

Rig. On a bien raison, il y a ici des personnes qui nous compromettent toujours en dansant le cancan.

Pomp. Qui ? Moi ? Danser le cancan ? Ce sont des cancaniers et cancanières qui le disent. Plus souvent; j'aime bien mieux valser comme certaines dames qui adorent la valse, parce qu'elles se pâment dans les bras de leur cavalier (elle imite ce mouvement, Rigolette hausse les épaules).

Amédée. Le quadrille bien dansé est une fort jolie danse, mais une valse avec une semblable valseuse a bien aussi ses charmes (il valse quelques tours avec Rigolette avec affectation).

Beauv. Allons, Mesdames, une Polka (il fait signe, la musique joue une polka très entraînante, les jeunes gens invitent les dames).

Scène X.

LES MÊMES, M. de NEUVILLE.

De Neuv. (entrant et saluant, à part). C'est bien elle, mes *renseignements étaient exacts ! elle vient à cette école de danse* pour rechercher un jeune homme qu'elle aime. Elle paraît triste et pensive, il ne doit pas être ici. Invitons-la.

De Neuv. (à Maria). Voudriez-vous me faire le plaisir de danser cette polka avec moi?

Maria. *Merci, Monsieur; je me sens un peu indisposée...* (à part) Il ne viendra donc pas.

(On commence à danser; Beauvisage se promène au milieu de ses élèves, fait de temps en temps une observation à un couple; 2 couples viennent sur le devant de la scène et dansent très *doucement pendant la conversation suivante.)*

Pomp. On voit bien que M. Charles n'est pas là, cette chipie n'a pas encore dansé; elle a ses vapeurs. As-tu fini !

Un danseur. Taisez-vous donc, Pomponette, ne vous mêlez pas des affaires de cœur.

Rig. *avec un autre danseur.* Vous parlez sans doute de Mme Maria?

Pomp. Oui, et de son amoureux qui n'est pas là.

(Rutter paraît dans le fond de la salle; les deux couples s'arrêtent pour mieux causer et observer.)

Un danseur. Quand on parle du loup...

Pomp. On en voit la queue.

Turl. Ne dites donc pas de bêtises en société, ce n'est pas bon ton de parler de ces choses-là.

Améd. Turlurette, ma chère amie, vous êtes fort jolie, *mais on ne saurait tout avoir; c'était un proverbe.*

Turl. Qu'est-ce qu'un proverbe?

Améd. Je vous expliquerai cela plus tard.

Turl. C'est ça, avec du champagne; votre explication passera mieux.

Pomp. Je parie qu'elle va danser maintenant.

(Les 2 couples recommencent à danser.)

Scène XI.

LES MÊMES, RUTTER.

Maria. (à Rutter qui a traversé les groupes). Vous venez bien tard aujourd'hui, M. Charles.

Rut. C'est vrai, Madame, je ne pensais même pas pouvoir venir.

Maria. Vous ne dansez pas?

Rut. Pardon, Madame, si vous voulez me faire l'honneur...

Maria. Volontiers. (Elle se lève légère et danse avec lui. Les couples de danseurs viennent sur le devant du théâtre, et Rutter va dans le fond.)

De Neuv. (à part). Voilà sans doute l'amant de cœur, le jeune homme qu'elle vient relancer jusqu'ici. Qu'elle est belle, et comme il est heureux! Comme elle s'appuie sur son bras, avec quelle grâce et nonchalance elle s'abandonne à lui. Comme elle lui parle avec chaleur, il y répond à peine.

Pomp. (sur l'avant-scène, dansant). L'aime-t-elle, celle-là! Voyez donc, mon cher; on dit que c'est une grande dame (elle s'arrête). Avez-vous vu? Elle l'a embrassé, c'est trop fort. Ah oui! c'en est bien une grande dame.

De Neuv. (à part). Elle l'a, je crois, embrassé. (Les danseurs se sont arrêtés, la musique cesse.)

Rut. (reconduisant Maria, très froidement, mais poliment). Vous offrirai-je quelque rafraîchissement, Madame?

Maria. Volontiers.

(On apporte quelques petites tables, de Neuville s'assied à l'une d'elles, Rutter et Maria à une seconde, les autres danseurs se groupent et s'asseient.)

Rut. (à Beauvisage). Une glace et un orgeat, s'il vous plaît.

Beauv. De suite. (Il sort pour commander. — Amédée vient avec un plateau d'oranges et en offre aux dames qui acceptent. On chuchotte pendant ce temps.)

Pomp. Ah! Dites donc, savez-vous une histoire?

Tous. Non, voyons, voyons, racontez.

Pomp. Il y avait une fois...

Turl. Un roi et une reine, connu.

Rig. Que tu es bête! reste donc tranquille et ne dis rien, c'est ce que tu as de mieux à faire.

Turl. Pourquoi donc me dis-tu toujours cela? M. Amédée n'est pas de cet avis; n'est-ce pas, Amédée, vous me payez toujours du Champagne pour me faire causer.

Améd. Le fait est que vous êtes alors adorable! Oh! le Champagne cause admirablement.

Turl. Vois-tu bien que M. Amédée me rend justice, lui.

Rig. Laisse-moi donc tranquille, ce n'est pas à ton esprit, c'est à celui du Champagne.

Pomp. En voilà assez. Il y avait donc une fois un ministre qui avait une femme et un commis; la femme avait des passions brûlantes que le mari ne calmait sans doute pas assez, et le commis qui était fort beau, était en même temps innocent comme . . . comme . . .

Rig. Comme Job.

Pomp. Comme l'enfant qui vient de naître. Or, un jour, non je me trompe, c'était un matin, qu'elle était encore au lit, elle le fit venir dans sa chambre.

Turl. Ah oui! je comprends, pour enfiler des perles . . . (On rit).

Rig. Si tu la coupes toujours, elle va se perdre dans le labyrinthe.

Turl. Amédée, qu'est-ce donc qu'un Laborinthe?

Rig. (à demi-voix). Il y a assez longtemps que vous vous y perdez.

Améd. Je vous expliquerai encore cela plus tard.

Turl. Vous avez beaucoup de choses à m'expliquer.

Améd. Je vous en expliquerai encore bien d'autres; vous savez, à la seconde de Champagne.

Turl. (frappant dans ses mains et sautant de joie). Ah oui, oui, vive le Champagne! à la seconde, je sais, c'est fameux (elle chantonne).

Rig. Quoi donc?

Turl. Je ne te l'expliquerai pas à toi.

Rig. Eh bien! M. Amédée me l'expliquera, lui; n'est-ce pas?

Turl. Amédée, je vous le défends, sinon je griffe.

Améd. Oh! je sais que vous avez de charmantes griffes comme une vraie chatte, avec de jolies petites canines qui savent parfaitement mordre.

Turl. M. Amédée, je ne suis pas un caniche.

Rig. Pas même pour la fidélité.

Turl. Ne la croyez pas, Amédée, je vous jure . . .

Améd. C'est bien.

Pomp. Voulez-vous connaître mon histoire, oui ou non?

Tous. Oui, oui.

Pomp. Alors laissez-moi raconter. Où en étais-je donc? Ah oui! Elle le fit donc venir dans sa chambre et lui laissa entrevoir un trésor de beautés fermes et . . .; bref, elle l'attira à elle, en baissant les yeux et le prenant par la main. L'autre, l'innocent veut s'en aller, elle le retient, le prend par son manteau; il résiste, elle l'attire de nouveau et tout près, mais lui, il laisse son manteau et se sauve.

Turl. Ah! c'est vieux, je connais ça, moi.

Pomp. C'est vieux, c'est possible, mais ça se réchauffe tous les jours; n'est-ce pas, Mesdames?

Tous. Oui, oui.

Turl. (commence à réciter un fragment de l'histoire sacrée, comme une écolière récite sa leçon). Joseph l'un des douze fils de Jacob était avec son frère Benjamin l'objet de la prédilection de leur père . . .

Pomp. Quelle mémoire elle a! Qui est-ce qui l'aurait cru?

Rig. On voit bien que c'est M. le curé qui a fait son éducation.

Turl. Ce n'est pas vrai, c'est M. le vicaire (on rit).

Pomp. C'est une histoire d'à propos, n'est-ce pas, Mesdames? Il y a toujours des Putiphar, mais je n'aurais pas cru qu'elles pussent trouver des Joseph.

Rig. Surtout quand elles sont belles. Un beau nom . . ., Putiphar . . . Et Joseph donc . . . (elle éclate de rire, les autres l'imitent). (Maria qui pendant ce temps a contenu sa colère tout en laissant échapper des signes d'impatience, se lève, va sur le devant du théâtre, en appelant : M. Charles). —

(Rutter se lève et la suit).

Maria. Vous conviendrez, Monsieur, que j'ai supporté ce soir bien patiemment les avanies de ces petites péronelles; votre conduite est indigne . . .

Rut. Comment, Madame?

Maria. Certainement, Monsieur, l'imprudence de ma conduite depuis quelque temps vous en disait assez. Vous deviez me comprendre . . . aussi c'est votre faute.

Rut. Pardon, Madame, je n'aurais jamais osé croire . . .

Maria. Vous aviez tort, Monsieur, il fallait croire. Mais en voilà assez, et (souriant) j'espère que demain vous viendrez me faire vos excuses.

Rut. Il m'est impossible de me rendre à votre invitation; des raisons . . .

Maria. Eh bien, soit! Mais après-demain, je resterai exprès pour vous; vous seul ici connaissez mon nom . . . et . . . c'est assez vous en dire.

Rut. J'avais l'honneur de vous dire, Madame, que des raisons puissantes, décisives, m'empêchaient de profiter de votre invitation.

Maria (piquée et accentuant ses mots). Et peut-on les connaître ces . . . raisons décisives?

Rut. Eh bien! Madame, je me marie!

Maria. (lentement). Ah! vous . . . vous . . . mariez!

Rut. Je dois bientôt épouser une de mes parentes, une jeune fille charmante, que je connais depuis longtemps et que j'aime.

Maria (comme à part soi). Ah! Monsieur se marie!

Rut. Il m'est donc impossible, vous le comprenez, de me rendre à votre invitation; la loyauté me le défend des deux côtés. Sans ce motif, je serais fier de votre confiance; mais il ne vous sera pas difficile parmi cette foule d'adorateurs qui vous accompagnent partout, de faire un choix (s'inclinant) plus digne de vous . . .

Maria. Ah! ajoutez encore la raillerie à vos dédains . . .

Rut. Non Madame, je regrette sincèrement de . . .

Maria. Des excuses maintenant! Vous êtes un insolent. (Elle fait un geste de dédain pour l'éloigner.)

Rut. (fait une profonde salutation et s'en va. — Maria va dans le vestiaire.)

Scène XII.

LES MÊMES, excepté RUTTER ET MARIA.

Pomp. Tiens, Joseph s'en va, nous allons bientôt perdre aussi Putiphar sans doute?

Turl. Où est donc Joseph? Je ne le connais pas.

Rig. Que tu es niaise! Joseph, c'est M. Charles, Putiphar c'est Mad. Maria.

Turl. Ah! je comprends, je comprends . . .

Rig. C'est bien heureux, ma foi; en tous cas, ce n'est pas sans peine.

Pomp. Je ne puis souffrir ce M. Charles, ou Joseph, comme vous voudrez, il me déplait souverainement.

Rig. Ses orgeats ou ses oranges sont plus heureux que lui alors, car ils te plaisent toujours.

Pomp. Le fait est qu'il est très poli, ce Monsieur, et qu'il fait fort bien les choses, mais il vous a un air . . .

Turl. Il a un air fort bien, M. Charles; il parle fort poliment, il a beaucoup d'egards, et j'aime beaucoup les égards, moi. Il parle toujours comme à des personnes ... comme il faut.

Améd. (en même temps). Honnêtes, voulez-vous dire.

Turl. Eh bien! merci, l'on en aura encore pour vous des bontés!

Rig. Il est certain que M. Charles n'est pas aussi malhonnête que vous.

Pomp. Prends garde, Rigolette, si Putiphar t'entendait, elle t'arracherait les yeux ... ou bien elle te proposerait un duel.

Rig. Laisse donc, il y a brouille entr'eux.

Pomp. A-t-elle ragé, hein! quand j'ai raconté l'histoire.

Rig. Tais-toi donc, la voilà.

Scène XIII.

LES MÊMES, MARIA.

De Neuv. (va à sa rencontre et l'amène sur le devant du théâtre; à voix basse) : Madame la Comtesse de Villa-Hermosa.

Maria. Vous me connaissez, Monsieur? Silence, je vous en prie.

De Neuv. Je vous le promets sur mon honneur, Madame. J'ai eu le bonheur de vous voir plusieurs fois chez M. le duc ...

Maria. En effet, Monsieur, je vous remets ... Vous avez entendu, n'est-ce pas? Quelle honte! Oh! je me vengerai, je me vengerai, je le jure!!

De Neuv. Je vous vengerai, Madame, je vous le promets. Permettez-moi de vous accompagner jusqu'à votre hôtel.

Maria. Impossible, Monsieur, M. le duc m'y attend, il me croit au théâtre. Je n'ai rien à vous dissimuler : j'aimais ce jeune homme, c'est vrai, mais autant je l'aimais, autant je le déteste, je le hais maintenant. (D'une voix sourde) Eh bien! à celui qui me vengera de cet homme, mais une de ces vengeances, qui lui prouve que c'est du sang espagnol qui coule dans mes veines, à celui-là, eh bién! je n'aurai rien à refuser.

De Neuv. J'attache un trop haut prix, Madame, à la faveur que vous me témoignez pour ne pas tenter, même l'impossible; comptez sur moi : son nom et son adresse seulement.

Maria. Rutter, Chaussée d'Antin, 30. Dieu vous entende et vous vienne en aide!

De Neuv. Permettez que je vous accompagne jusqu'en bas.

Maria. Non, merci, laissez-moi seule. Bonne chance et au revoir. (Elle sort.)

Scène XIV.

LES MÊMES, excepté MARIA.

(Les danseurs et danseuses se sont pendant ce temps levés, et sont rangés par couples, prêts à danser.)

Pomp. Ah! maintenant que nous n'avons plus de grande dame qui fait la Putiphar, ni de nigaud comme Joseph, nous pouvons nous en donner. M. Beauvisage, allons, soyez gentil, un quadrille, un tout petit quadrille. (Elle quitte son danseur, va à Beauvisage, le prend par les bras, lui fait les yeux.)

Beauv. Non Madame, impossible, c'est une scottisch.

(De Neuville s'en va. On joue en effet une scottisch, Pomponette retourne en sautant à son cavalier, tout le monde danse et fait un tour, pendant que le rideau tombe lentement.)

ACTE DEUXIÈME.

Premier tableau.

Cabinet de Tivier. — Moitié cabinet d'affaires, moitié salon, un grand bureau au milieu, 2 fauteuils, 2 tapis à terre.

Scène I.

TIVIER.

(En robe de chambre, assis à son bureau et feuilletant un dossier.) — Décidément j'ai de la chance et tout me réussit à merveille; cette comtesse de Villa-Hermosa est adorable, j'en suis vraiment amoureux. Une vertu si sévère, disait-on, et si fidèle à son vieux duc (haussant les épaules). Heureusement que nous savons ce que cachent ces apparences : je la fais suivre, et j'apprends qu'elle va dans un bal relancer un petit jeune homme qu'elle aime. J'y vais, je suis témoin de sa honte, de l'affront qu'on lui fait, son secret m'appartient, elle est à moi si je la venge, et (frappant sur le dossier) sa vengeance, je la tiens ici. — Je fais prendre à la Préfecture des renseignements sur ce Rutter : Directeur d'assurances; ce serait bien le diable qu'on ne lui trouvât pas quelque chose à éplucher à ce petit monsieur ; et j'apprends que justement un des parquets de ma circonscription a demandé des renseignements sur lui à cause *de deux de ses agents contre lesquels se sont élevées quelques* plaintes. Je m'empresse de revenir, je me fais remettre le dossier, je l'examine et je fais arrêter mon homme ; (tirant sa montre) il doit être coffré en ce moment. Ce n'est pas plus malin que *cela. Je crois que ma belle comtesse sera satisfaite*, quand je lui annoncerai cette nouvelle, et que . . . Oui, mais elle est Espagnole, et elle n'aime pas la vengeance à demi, il la lui faut entière. Eh bien ! nous la lui donnerons complète. Et d'ailleurs nous ferons *ainsi d'une pierre deux coups ; il y a 7 ans bientôt* que j'ai la simple croix de chevalier de la légion d'honneur, cette affaire me vaudra la rosette.

C'est là une bagatelle : si seulement cette nouvelle conspiration des Républicains pouvait éclater ; s'ils pouvaient se révolter et crier bien haut : vive la République ! puis tuer quelques nigauds, ce serait là (se frottant les mains) une affaire magnifique. Ces imbécilles de Jurés commencent à ne plus nous croire sur parole, il leur faut des preuves, des témoins (haussant les épaules) pour rassurer leur conscience. Où est-il le bon temps des Belliart, des Marchangy, où l'on fesait tant de procès de Tendance (soupirant). Eh bien ! l'on vous en donnera, des preuves, des témoins, je tiens les fils de tout par mes espions ; cet imbécille de Préfet n'en a pas la plus petite connaissance, et si la conspiration éclate ! . . . Je fais main-basse sur tous les conjurés, j'ai leurs noms ; je porte la parole, je corresponds avec le cabinet de sa Majesté, et . . . l'on dit que le ministère n'est pas bien solide, que le Garde des sceaux surtout se fait bien vieux . . . Et ma foi ! la simarre m'irait tout comme à un autre (se levant et se drapant dans sa robe de chambre). Son Excellence Tivier, cela sonne bien, mais son Excellence Monsieur le baron Tivier, cela sonnerait beancoup mieux encore (il se rassied). Nous verrons.

Scène II.

TIVIER, DOMESTIQUE.

Dom. (entrant). Il y a là un paysan qui veut à toute force parler à Monsieur : faut-il le faire entrer ?

Tiv. Non, non, dites-lui d'aller au parquet, il y trouvera mon substitut, M. de Bigora.

Dom. C'est ce que je lui ai déjà dit, mais rien n'y fait.

Tiv. Renvoyez le; je n'ai pas le temps, je suis occupé, très occupé.

Scène III.

TIVIER, GIRAUD.

(Pendant ce temps, le paysan est entré tout doucement derrière le domestique, en roulant son chapeau dans ses mains; celui-ci se retourne et se trouve nez à nez avec lui; il veut le faire sortir, Giraud résiste et s'avance; il parle en paysan.)

Tiv. (en colère). Allons, bon, pas un moment de repos.

Gir. Pardon, excuse, mon bon m'sieu, mais j'avion fait 20 lieues à pied à c'te fin de parler à s'n Exc'lence, Monseigneu le Procureu général, pour lui demander justice, c'est à lui seu que j'devon parler. C'est y vous qu'étion vot'Exc'lence.

Tiv. (à part). C'est de bon augure. (Il se radoucit.) Je ne suis pas une Excellence, je suis tout simplement le Procureur général. Voyons, qu'est-ce qu'il y a, asseyez-vous, mais soyez bref, car je suis pressé. (Il fait signe au domestique de sortir).

Gir. Merci, m'n bon Mon ... vot'Exc'lence, j'voulion dire.

(Giraud pose dans un coin à terre son chapeau que jusqu'à ce moment il a toujours roulé dans ses mains, se baisse et s'assied brusquement dans le fauteuil; ce fauteuil est très élastique et profond, il s'y enfonce, les jambes en l'air, en roulant des yeux effarés; puis il se relève tout d'un coup effrayé, pendant que Tivier sourit.)

Gir. Pardon, excuse, j'avion p't'être abimé ...

Tiv. Non, non, asseyez-vous, plus doucement.

(Giraud se rassied, doucement, très lentement, mais s'apercevant que ses pieds sont sur un tapis, il s'empresse de les ôter et en met un de chaque côté du tapis pour ne pas le salir. — Il parait tout embarrassé.)

Tiv. Eh bien! j'attends, voyons, qu'est-ce que c'est?

Gir. (tousse, se lève de nouveau; il récite en français d'une voix nasillarde d'écolier :

Monseigneur, c'est au chef seul de la Justice que je désire exposer mes justes griefs, c'est à son Excellence dont la bonté et la justice sont connues de tous, c'est à ... (reprenant brusquement haleine) c'est à ses pieds que je me jette (il veut se jeter à genoux, Tivier le retient du geste.)

Tiv. Assez, assez, mon ami, asseyez-vous donc.

Gir. (se rassied en poussant un soupir de satisfaction) Monseigneu . . .

Tiv. Vous avez parfaitement appris votre compliment; c'est le maître d'école qui vous l'a composé.

Gir. (stupéfait). C'étion ma fine vrai! Qui donc avion pu dire ça à vot'Exc'lence, j'étion seu avec li.

Tiv. Par la police on doit tout savoir.

Gir. Ah! c'étion la police!!!

Tiv. Voyons, je vous fais grâce du reste, expliquez-moi votre affaire.

Gir. Eh ben v'là : voyez-vous, Monseigneu, que l'pare Mirau prétendon aujourd'aujourd'hui que ça li apparlenion . . .

Tiv. Quoi, cela? Et qu'est-ce que le père Mirau?

Gir. Le pare Mirau, parguienne, c'étion l'pare Mirau, quoi? C'étion un voisin, un ben mauvais voisin, allez, qui n'-cherchion qu'à faire avoir de la peine au pauv'monde. Pour lors, il y avon au bout de mon champ des reinettes un p'tit endret, ousqu'il y a des ajoncs. et li n'en avion pas, ça le fesion enrager et le grand Thomas.

Tiv. Qu'est-ce que le grand Thomas?

Gir. Parguienne, c'étion son gendre, quoi! Pour lors, on m'dit un jour comme ça, que l'pare Mirau m'avion coupé des ajoncs. Bon! que j'm'dis, j'allon faire attention : j'remarquon ben, sans ren dire. Le lendemain, c'étion sûr, on m'en avion coupé. J'allon à li et disons comme ça : Pare Mirau, c'n'est pas ben c'que vous avez fait là. Quoi donc, qu'i m'fait comme ça. Vous m'avez coupé des ajoncs, que j'l'disons; c'est pas vrai, qu'il m'dit. Alors j'l'dis comme ça, qu'on m'l'avion dit. C'est pas vrai, qu'i m'dit, j'en avion pas besoin qu'il fait, gros . . . sauf vot' respect, gros . . . non, je n'oserion jamais.

Tiv. Venons donc à la fin, je ne comprends jusqu'à présent rien à tout ce que vous me dites.

Domest. (entrant). M. Meignant est là qui désire parler à Monsieur.

Tiv. Faites entrer.

Scène IV.

TIVIER, GIRAUD, MEIGNANT.

Meig. M. le Procureur général, j'ai bien l'honneur de vous présenter mes respects.

Tiv. Ah! bonjour, M. Meignant, je suis bien aise de vous voir.

Meig. Excusez-moi de vous déranger, j'ignorais que vous eussiez du monde.

Tiv. Ce n'est rien. Asseyez-vous.

Meig. (en s'asseyant regarde Giraud, qui à son entrée a détourné le visage). Mais, je no me trompe pas... oui, c'est le père Giraud des Sables . . .

Gir. Oui, mon bon M'sieu, c'étion ben moi. (Fesant l'étonné) Ah, M'sieu le Procureu du roi (se lovant pour faire une profonde révérence).

Tiv. (à Meignant). Vous connaissez ce brave homme?

Meig. Mais oui, M. le Procureur général (souriant) et son histoire aussi, quoiqu'il ait bien maigri . . .

Gir. N'est-ce pas, mon bon M'sieu, que j'avon ben maigri; c'est c'gueux de pare Mirau, sauf vot' respect.

Tiv. Vous êtes alors plus heureux que moi; ce brave homme est là depuis près d'uno heuro, et je ne sais encore ce qu'il veut; veuillez me diro son affaire.

Meig. C'est bien simple : le père Giraud avait au bout d'un champ . . .

Gir. Des reinettes.

Meig. Non, des ajoncs.

Gir. Fesion excuse, mon bon M'sieu, c'est au bout do mon champ des reinettes qu'y avon des ajoncs . . .

Meig. Soit; il accuse un de ses voisins de lui en couper.

Gir. Oh oui! le pare Mirau, j'en levion la main au ciel (il fait un geste solennel).

Meig. Laissez-moi donc : il accuse donc un de ses voisins de lui en voler; celui-ci nie, de là des disputes. Mais le voisin va consulter le marchand de biens qui lui avait vendu ce morceau do terre, on examine les plans, et il en résulte que ces ajoncs lui appartiennent : il l'assigne devant le juge de paix, on nomme trois experts, le maire, l'adjoint et le maître d'école; le rapport est défavorable au père Giraud, et le juge de paix le condamne à rendre les ajoncs qui sont au bout de son champ. Il est venu voir tous les avoués de notro ville l'un après l'autre, il voulait interjetter appel, personne n'a voulu se charger de son affaire, il est alors venu me voir, me tourmenter ainsi que mon substitut, il se plaint du juge de paix, du maire, de l'adjoint, de tout le monde.

Gir. Oh M'sieu! pas du mait'd'école, c'étion un ben brav'-homme!

Meig. Je le crois bien; c'est lui, d'après ce qu'on m'a dit, qui le pousse à toutes ces démarches.

Tiv. J'en sais quelque chose, j'ai eu un échantillon de son éloquence.

Gir. (pleurnichant). Mon bon M'sieu, c'étion une ben grande injustice, allez.

Tiv. Mais est-ce donc une grande perte?

Meig. Aucune : la terre ne vaut pas 20 francs et il a peut-être eu 16 à 18 francs de frais à payer.

Gir. Eh ben! Monseigneu, j'en mangerion encore 200 s'il'fallion, j'vendrion un morceau de tarre, j'vendrion ma maison, j'donnerion tout à seule fin d'en rappeler; non, mes bons M'sieux, j'pouvion pus vivre, j'pouvion pus aller aux reinettes, ça m'fend le cœur, quoi! Quand j'voyons qu'on m'a pris mes ajoncs, j'pouvion pus en voir nulle part, sans penser à c'gueux, sauf vot' respect, c'gueux de Mirau; j'pouvion pus l'rencontrer sans èt' malade, car il ricane toujours le . . . sans cœur. J'mangion pus, j'buvion pus, j'dormion pus, impossible. J'étion tellement changé, si maigri, qu'on n'me reconnaisson pus. Oh mes bons M'sieux, ayez pitié d'un pauvre pare d'famille qu'a 5 enfants et qu'est ben malheureux. J'veux rappeler, mes bons M'sieux; Monseigneu, (il se jette à ses pieds) ayez pitié de moi.

Tiv. (le relevant). Allons, mon brave, consolez-vous; je suis pressé, j'ai à causer avec M. Meignant; allez dans la pièce à côté, je vous rappellerai quand j'aurai fini, et nous verrons ce que nous pouvons faire pour vous, allez.

Gir. Oh merci, Monseigneu, merci, j'savion ben, moi, que vot'Exc'lence m'rendrion justice (il sort en s'essuyant les yeux).

Scène V.

TIVIER, MEIGNANT.

Tiv. Ce brave homme fait de la peine à voir; le plus simple est de lui faire remettre une quarantaine de francs, il n'y pensera plus.

Meig. Pardon, M. le procureur-général, mais vous ne connaissez pas ce brave homme : il est à son aise, et il refuserait tout l'argent que vous lui donneriez; ce qu'il veut, ce sont ses ajoncs.

Tiv. Nous pourrions alors acheter ces ajoncs de son adversaire et les lui rendre; le désespoir de ce brave homme m'a vraiment touché.

Meig. Impossible : l'autre paysan ne vendra jamais ses ajoncs, lui en offrirait-on mille francs ; il est bien avare cependant, mais rien ne pourrait l'y décider.

Tiv. Et comment donc cela finira-t-il ?

Meig. La fin n'est pas difficile à prévoir : il est déjà tellement changé le père Giraud, que j'avais de la peine à le reconnaître : je l'ai vu il y a un mois à peine, et il a vieilli d'au moins 2 ans, ses cheveux ont blanchi. Eh bien ! il mourra peu à peu de chagrin, d'ennui, de consomption, ou bien il prendra tout d'un coup une grande résolution et tuera le père Mirau, ou au moins brûlera sa maison.

Tiv. Ce sera une affaire pour vous alors ; je regrette de ne pouvoir rien faire pour lui. Mais venons en maintenant à nos affaires : (prenant un ton moitié solennel, moitié sévère) votre zèle se refroidit, le nombre des affaires criminelles baisse sensiblement tous les ans dans votre parquet. Quand j'avais l'honneur d'être chef du parquet que vous occupez, je ne fournissais pas moins de 5 à 6 crimes par session aux assises, et au tribunal correctionnel plus du double de celles que je vois figurer au rôle du votre tribunal ; et il ne s'en échappait pas beaucoup, je vous le jure, tous étaient condamnés, oh ! nous n'y allions pas de main morte.

Meig. (s'inclinant). C'est que sans doute les exemples sévères que vous avez faits ont porté leurs fruits ; il vaut mieux en effet prévenir que punir.

Tiv. Je viens de passer en revue les dossiers que je vous avais prié de m'envoyer ; voici une affaire qu'il ne faut pas négliger, il faut faire un exemple : affaire Aubry et Toussaint, deux agents d'assurances.

Meig. J'ai examiné moi-même cette affaire et j'ai acquis la conviction que l'accusation n'est nullement fondée : ces deux agents ont proposé des billets à escompter à un usurier, puis se sont adressés à un autre ; le premier furieux de perdre le bénéfice, va chez le juge de paix lui dire que ces gens lui ont proposé un taux d'escompte exorbitant, que ce sont des escrocs. Le juge de paix les envoie chercher par un gendarme ; c'était jour de marché, les paysans assurés par eux accourent chez le juge de paix, qui fort embarrassé me les envoie par la correspondance. Je fais prendre des renseignements à Paris, et pendant ce temps, comme de juste, je les fais écrouer.

Tiv. Et le directeur de la Cie vous prie de leur rendre la liberté.

Meig. L'affaire était si peu grave, et d'ailleurs les agents avaient fait 3 semaines de prison préventive, je fis déposer 150 fr. pour chacun d'eux, il y a environ deux mois, et l'affaire en est restée là.

Tiv. Vous avez eu tort. Ne voyez-vous donc pas que ces agents sont coupables, puisque de nombreux paysans sont venus se plaindre chez le juge de paix ? Si le directeur a cautionné pour eux, c'est qu'il craint leurs révélations, donc, il est leur complice; c'est clair, et c'est lui surtout qu'il faut poursuivre.

Meig. Je comprendrais des poursuites contre ces agents, mais contre le directeur?

Tiv. (l'interrompant). Vous ne comprenez pas; c'est cependant bien simple : (d'un ton solennel) la Justice nous impose des devoirs rigoureux à remplir, c'est à notre *conscience* à nous guider, et quand elle nous crie : *là est un coupable*, nous ne devons pas hésiter, nous devons marcher droit au but. (Ouvrant le dossier.) Dans ce dossier, sont des prospectus, des circulaires signées du directeur; j'ai souligné bien des passages : voyez quelle emphase dans ces imprimés, ces réticences; voyez ici quel sens obscur, difficile à saisir, quels avantages il promet. Il y a donc là matière à accusation, et assez de preuves pour établir la culpabilité. Pour moi, elle est évidente, *j'en ai la conviction*, et cela me suffit. Au surplus, et si quelque doute pouvait vous rester, voyez donc cet homme qui en 5 ans gagne plus de trois cent mille francs : *cette fortune est trop rapide pour être légitime*, **donc** *elle est suspecte*. Vous comprenez?

Meig. (s'inclinant). Parfaitement, M. le Procureur-général.

Tiv. Aussi l'ordre est-il donné d'arrêter cet homme et de saisir ses papiers.

Meig. Puisque vous le pensez ainsi dans votre sagesse, M. le Procureur-général, je vais poursuivre vigoureusement l'affaire (il se lève).

Tiv. Depuis combien de temps êtes-vous donc dans la magistrature, M. Meignant ?

Meig. Depuis 18 ans déjà.

Tiv. 18 ans de services, et pas encore la croix. Vous n'avez pas eu de chance .... Eh bien ! Voici une belle occasion qui se présente, et nous verrons à vous appeler ici, comme conseiller à la Cour, cela vous vaudra mieux encore.

Meig. Je vous remercie bien sincèrement, M. le Procureur général.

Tiv. Ah! à propos! et ce père Giraud n'est-il pas du canton où les 2 agents sont allés réaliser des assurances?

Meig. En effet, il est du même canton.

Tiv. *(sonne; le domestique vient)*. Faites entrer ce brave homme. (à Meignant) Je veux lui demander des renseignements à cet égard; veuillez vous rasseoir, M. Meignant.

Scène VI.

TIVIER, MEIGNANT, GIRAUD.

(Giraud entre en fesant de grandes salutations à Tivier et à Meignant, mais surtout au premier, roulant son chapeau et disant: Monseigneu, mes bons M'sieux, etc.)

Tiv. Vous avez certainement entendu parler des S[rs]. Aubry et Toussaint?

Gir. (Se grattant le front, puis se rappellant.) Oh oui ben, Monseigneu, j'les avion ben connus, à preuve même que j'avon mangé un morclau ensemble.

Tiv. Eh bien! que pensez-vous d'eux? Qu'ont-ils dit ou fait pour qu'on les arrête? Ce sont des escrocs, n'est-ce pas?

Gir. (embarrassé). Pour ça, j'savon pas, j'pouvon pas dire, mon bon M'sieu; c'étion d'bons enfants tout d'même, l'un surtout, l'p'tit avec des lunettes, oh ben gai! Ils m'ont ben expliqué leur affaire, oh mais là, très ben.

Tiv. Avez-vous bien compris ce qu'ils disaient?

Gir. Moi, mon bon M'sieu? Oh! ren du tout, ni l'grand Colas non pus, qui saviont c'pendant lire, lui. Mais ils avion dit comme ça qu'c'étion ben bon, que M. le Mare l'aviont fait, ainsi que l'adjoint et ben d'autres, dont ils n's avion montré les signes, puis ils n's avion donné des . . . (cherchant) des . . . portperdus.

Tiv. Des Prospectus, voulez-vous dire.

Gir. Oui c'étion ben comme ça: des poste . . . perdus.

Tiv. Vous savez lire?

Gir. Nenni, mon bon M'sieu. Colas, un p'tit, mais c'étion trop fin pour lui. Pour lors, Colas voyant tous ces signes, aurion ben voulu faire tout d'même, mais sa femme n'étion pas là; il voulion l'attendre, mais les autres l'avon tant pressé, qu'ils lui disions comme ça: qu'il étion l'maître, que ça ne regardion pas sa femme, ils l'avion si ben cajolé qu'il s'a décidé, et il avion fait son signe. Pour lors au bout d'queuque jours, on nous avion dit comme ça, que ces deux agents avion été arrêtés par les gendarmes, que c'étion des escroqueu, que l'affaire n'valion ren, et patati et patata. Pour lors, l'grand Colas étion ben penaud, et c'était sa femme, qui te l'avion arrangé, il faiion voir ça. Alle dision comme ça : j't'l'avion ben dit que ça n'val'ren, tu vois, que j'avion raison, et puis des gros mots. Enfin alle l'avion tant fait enrager, qu'il en avon été cherchér trois ou quat'autres qu'étion assuré comme lui, et ils ont parti á c'te fin de se plaindre au Juge de paix. Il leus avon dit, que ça ne val'ren, mais qu'il s'en chargion tout d'même. Mais voyez-vous, sauf vot'respect, le Juge de paix, c'étion pas un homme juste.

Tiv. Oui, je comprends, c'est lui qui vous a condamné, vous lui en voulez.

Gir. J'en pourrion dire ben long sur lui, si j'voulions ! Pourquoi qu'il avion accepté les poulets du pare Mirau et les pigeons que le grand Thomas l'avion donnés ? Ben sûr, Monseigneu.

Tiv. (brusque). Vous lui en avez peut-être bien porté aussi, vous qui vous plaignez.

Gir. (embarrassé). Faut dire la vérité, et le pare Giraud étion connu pour ça, le fait est que je l'en avion porté, mais pas tant comme les Mirau et Thomas ... et puis pas des pigeons ... (naïf) j'en avions pas ... (poussant un gros soupir). Oh ! si j'avions t'y su ?

Tiv. Vous lui en auriez porté davantage, oui c'est cela, je vous comprends. (En colère) Et vous ne rougissez-pas de ce que vous avouez là, et vous venez me demander justice, quand vous cherchez à égarer la Justice en représentant ces agents comme innocents, parceque le Juge de paix qui vous a condamné, les trouve coupables. Oh ! je vous connais bien, vous êtes tous les mêmes ; allez, il n'y a rien à faire à votre procès, plantez vos choux et vos navets, et ne vous occupez plus de procès. Allez donc, et laissez-nous tranquilles.

Gir. Monseigneu, vous m'chassez ... Oh ! sûr, j'en mourron ... et m'famme ? ... què qu'al va dire ? (Giraud tout confus, s'en va lentement sans plus rien dire, on voit qu'il s'essuie les yeux.)

Scène VII.

TIVIER, MEIGNANT.

Tiv. (en colère). Voyez-vous comme ils sont tous ces

imbéciles de paysans; ce sont toujours des moutons de Panurge: quand l'un a sauté le fossé, tous les autres en font autant; on devrait les tenir en tutèle encore. Mais ces agents qui en ont profité pour faire leurs affaires, il est temps d'en faire un exemple, et je compte sur vous pour cela. (S'adoucissant et se levant) Tenez, mon cher M. Meignant, une recommandation: apportez plus de sévérité dans la poursuite des crimes et délits.

Meig. Je crains toujours d'arrêter des innocents.

Tiv. (solennel). Notre devoir à nous membres du parquet, est de rechercher, de poursuivre les crimes, les délits, partout où nous pouvons en trouver et d'assurer ainsi le repos de la Société: pour cela des Soupçons, le plus petit indice doivent vous suffire; *plutôt arrêter dix innocents que de laisser échapper un coupable.* Car, remarquez bien ceci, ce n'est pas nous qui condamnons, ce sont les Tribunaux, et c'est leur affaire de distinguer l'innocent du coupable. Notre devoir à nous, c'est de poursuivre: *accusez, accusez toujours, nous nous lavons les mains du reste.*

Meig. Je vous remercie des bons conseils que vous voulez bien me donner, croyez bien que je saurai en profiter; comptez sur *tout mon zèle.* M. le procureur général, j'ai l'honneur de vous présenter mes respects.

Tiv. Au revoir, M. Meignant, tenez-moi au courant de cette affaire, je vous la recommande. (Meignant sort.)

Scène VIII.

TIVIER.

Décidément, cet homme est trop mou pour un chef de parquet, on ne peut compter sur lui, et je le changerai. Il a 18 ans de services, nous le ferons nommer conseiller, s'il obtient une bonne condamnation, sinon nous le ferons admettre . . . *à faire valoir ses droits à la retraite.* (Se levant) Je vais m'habiller, et dans 3 heures je suis à Paris aux pieds de la Comtesse.

Second tableau.

(Salon très élégant, la nuit vient peu à peu.)

Scène IX.

Comtesse de VILLA-HERMOSA.

Comme le temps est lourd . . . je ne sais ce que je ressens.

. . . un malaise indéfinissable . . . un frisson qui me court dans tout le corps. (Elle soulève un rideau) Il n'y a pourtant pas d'orage dans l'air ; (souriant amèrement) c'est qu'il est ici sans doute . . . Oh ! quand j'y pense encore à cette horrible soirée . . . Avoir été pendant une heure le jouet de ces filles, de ces jeunes gens . . . et si l'on m'avait reconnue . . . si ce Monsieur n'était pas discret. Oh ! honte. (Elle se cache la figure, puis elle se lève tout à coup et d'une voix à moitié comprimée, exprimant la colère et le désir de vengeance.)

Oh oui ! je me vengerai de ce misérable qui m'a fait la risée de ce monde là, qui m'a deshonorée peut-être à tout jamais . . . si Monsieur le duc . . . Oh oui, vengeance, vengeance ! (Elle se rassied et d'un ton plus doux). Et pourtant que m'a-t-il fait ce jeune homme? N'est-ce pas ma faute après tout et non pas la sienne? Je l'aurais tant aimé . . . s'il l'avait su du moins . . . pourquoi n'a-t-il pas su deviner? (portant la main à son cœur). Et pourtant je le sens là aux battements précipités de mon cœur, je l'aime, je l'aime toujours, (plus bas) davantage encore peut-être . . . (D'un ton mélancolique) Où est-il le temps où folle et insouciante, je courais de succès en succès? Et ce temps plus éloigné encore, où heureuse près de mon père avec mes oiseaux, mes fleurs et la musique, je passais des heures si agréables et si tranquilles? Je suis tombée . . . alors j'ai voulu m'étourdir, jeter un voile sur ces belles années de ma jeunesse; mais je n'ai ressenti que lassitude et dégout. On m'a fait ensuite riche, on m'a fait de nouveau comtesse, grande dame, que sais-je? et le vide s'est fait plus grand encore dans mon cœur (joignant les mains). Oh! pardonne-moi, mon père, toi qui es mort pour me venger d'un crime atroce commis sur ta pauvre enfant bien innocente . . . par un misérable . . . (elle se cache la tête entre les mains et laisse couler ses larmes; puis regardant autour d'elle). Oh ! j'ai peur (elle se lève et court sonner).

Rose. Madame a sonné?

Comt. Apporte-moi de la lumière (on éclaire la scène; Rose s'en va).

Chassons ces idées tristes: décidément l'obscurité ne me vaut rien et je ne puis rester ainsi : (D'un air enjoué) Voyons un peu, si nous recevrons ce soir quelque bonne nouvelle. On a sonné, c'est sans doute mon espion.

Rose. M. Mortou désire parler à Mad. la Comtesse.

Comt. Fais entrer.

Scène X.

Comtesse VILLA-HERMOSA, MORTOU.

(*Mortou* entre en ayant l'air de glisser sur le parquet sans faire de bruit; il regarde toujours de côté.)

Comt. Eh bien! mon cher Mortou, qu'avons-nous de nouveau ?

Mor. Rien encore, Mad. la comtesse.

Comt. (frappe du pied). Comment, rien! Pourquoi venez-vous alors? Vous m'avez promis de ne revenir . . .

Mor. Les renseignements que j'ai pris sur lui sont excellents, et l'on ne peut de but en blanc (fesant signe d'arrêter). Si Mad. la comtesse pouvait se plaindre de lui . . . (finement) par exemple s'il l'avait offensée . . .

Comt. Comment, offensée? Est-ce à moi de faire la besogne? C'est donc bien difficile de faire arrêter un homme, de le faire condamner? Est-ce qu'il n'y a plus de place dans vos prisons?

Mor. Oh que si! il n'en manque pas, et d'ailleurs, quand il n'y en a plus . . . ((souriant finement).

Comt. Oui, je devine, on en trouve encore.

Mor. Oh! mon Dieu oui, c'est bien simple : des pierres, des ouvriers, quelques Juges d'instruction de plus, et voilà . . .

Comt. Mais à quoi cela sert-il donc d'avoir tant de malheureux en prison?

Mor. (avec chaleur). A quoi cela sert, Mad. la comtesse, à quoi cela sert? (majesteusement) Mais, à les punir des crimes et des délits dont ils se sont rendus coupables à l'égard de la Société! A quoi cela sert? Mais citez-moi donc un peuple qui n'ait pas ses prisons, ses galères, ses travaux forcés? Les sauvages seuls . . .

Comt. Mais enfin ne pourrait-on pas vivre sans prison?

Mor. Sans prison? *Et les Juges, qu'en feriez-vous donc?* Comprenez-vous un peuple sans juge au criminel? Les peuples les plus anciens en ont toujours eu . . . les barbares aussi; mais ceux qui en ont le plus, ce sont les plus civilisés . . .

Comt. (raillant). C'est sans doute ce qui constitue le progrès.

Mor. (sérieusement). Certainement, Mad. la comtesse, certainement. Et quand elles ne serviraient qu'à satisfaire le caprice de nos belles dames, ces pauvres prisons dont on dit tant de mal . . .

Comt. Laissons cela et revenons à notre sujet : vous disiez donc . . .

Mor. Qu'il faut un motif *plausible, une plainte par exemple*, pour provoquer un réquisitoire du ministère public, une instruction du juge, un mandat d'amener . . .

Comt. Eh bien! Cherchez ce motif, inventez la plainte. Croyez-vous donc qu'il n'y ait pas d'innocents dans vos prisons?

Mor. Je ne dis pas cela.

Comt. Eh bien! cela en fera un de plus, voilà tout.

Mor. Et si je disais à Mad. la comtesse que c'est déjà fait?

Comt. (se retournant vivement). Comment fait? Que dites-vous là?

Mor. Je dis que c'est fait, voilà tout. (Il rit d'un air de satisfaction en tapotant sa tabatière et prend une prise de tabac.)

Comt. (tremblante). En êtes-vous bien sûr? Ne me trompez-vous pas?

Mor. Je me suis bien assuré qu'il était coffré ; il l'est bien, il peut réfléchir à son aise, le Gouvernement le lui permet.

Comt. Ah! que je vous suis reconnaissante, mon cher Mortou.

Mor. Mad. la comtesse est donc satisfaite de son très humble serviteur?

Comt. Oui, certainement, mon cher, vous m'avez rendu là un grand service.

Mor. Trop heureux d'avoir pu vous être utile . . . (Il lui baise galamment la main, qu'elle retire et essuie, pendant qu'elle tousse assez fort; Rose paraît.)

Rose. M. le Duc vient, Madame.

Comt. Vite, vite, mon cher Mortou, sauvez-vous, qu'il ne vous voie pas ici, il est si jaloux, de vous surtout . . . il vous tuerait.

Mor. (épouvanté et promenant partout des regards effarés). Où me cacher? par où me sauver?

Comt. Par ici, au revoir, mon cher. (Elle le pousse par les épaules, Rose le prend par la main et se sauve avec lui.)

Scène XI.

LA COMTESSE, seule.

(Se mettant à rire). Heureusement que j'avais pris mes

précautions, il était temps vraiment. Oh! je ris encore en pensant à la peur qu'il a eue : (Imitant la voix de Rose.) M. le duc vient, Madame . . . Oh! quelle drôle de mine il avait, j'en ris encore . . . (elle se rassied). Ah! mon petit Monsieur Charles, vous voilà coffré, j'en suis bien aise, cela calmera vos idées de mariage . . . et puis nous verrons.

Rose. M. de Neuville est là. Dois-je faire entrer?

Comt. (vivement). Oui, fais entrer.

Scène XII.

LA COMTESSE, DE NEUVILLE.

De Neuv. Je viens vous présenter mes hommages, Mad. la comtesse, et suis vraiment heureux de vous apporter de bonnes nouvelles . . .

Comt. Elles vous ont précédé, Monsieur. (Elle l'invite à s'asseoir.)

De Neuv. Comment, vous le savez? Il n'y a pas 2 heures...

Comt. Je ne dis pas non, mais je le savais.

De Neuv. (se frappant le front). Je parie que c'est ce Monsieur que j'ai rencontré dans l'antichambre . . . qui avait l'air si effrayé. C'est cela; c'est quelqu'espion qui vous tenait au courant de ce qui se passe : à ses manières discrètes, à son regard perçant par dessus ses lunettes, à sa cravate blanc sale, à son habit noir rapé, à son nez rouge barbouillé de tabac . . .

Comt. (souriant). Vous avez eu le temps de voir tout cela? Eh bien! il me semble que vous feriez un bon juge d'instruction.

De Neuv. Moi, Madame? Oh, mon Dieu non, la vocation me manquait; j'ai bien été quelque temps substitut en province, mais l'air pédant et grave, austère et hypocrite, apanage de l'emploi, ne me convenait pas; je donnai ma démission, et comme j'avais de la fortune, je me mis à voyager pour mon plaisir.

Comt. C'est une vie fort agréable! mais vous êtes souvent à Paris?

De Neuv. Oui, Mad. la comtesse; c'est là que j'eus le bonheur de vous voir, que je vous aimai, et que j'eus la témérité de vous suivre. Grâces à mes anciennes relations avec la magistrature, j'ai fait reprendre contre ce jeune homme une ancienne instruction oubliée dans les cartons et il a été arrêté aujourd'hui.

Comt. C'est donc à vous réellement que je suis redevable

de l'arrestation de ce jeune homme. Je vous crois, et franchechement j'aime mieux cela.

De Neuv. Oserai-je prendre cet aveu . . .

Comt. Oh oui! je comprends; vous venez réclamer la récompense promise.

De Neuv. Non, Madame, loin de moi cette pensée : depuis la première fois que j'ai eu le bonheur de vous voir, je vous aime; je n'ai plus eu qu'un désir, vous plaire; un but, être aimé. Je ne réclame rien, vous ne me devez rien, Madame. Mais si vous pouviez m'aimer un peu . . . Oh! je serais alors le plus heureux des hommes! (Il lui prend la main et la baise; elle laisse faire, puis la retire.)

Comt. J'aime à croire, Monsieur, à vos protestations d'amour, cela fait bien. Mais laissons ce Rutler; ne pourriez-vous me venger d'un crime qui a causé tous mes malheurs?

De Neuv. Un crime? (à part). Mais c'est mon affaire. (haut.) Parlez, Madame, je suis tout à vous.

Comt. Mon père, le comte de Villa-Hermosa qui appartient à la haute noblesse d'Espagne, se réfugia en France à la suite de nos guerres civiles; quoique ruiné il était reçu dans le grand monde. J'eus le malheur d'y rencontrer un jeune homme qui me poursuivit partout de ses assiduités, de ses déclarations d'amour; il me déplaisait souverainement, et comme je n'en fis nul mystère, il devint le plastron de toutes les plaisanteries. Mais il devait s'en venger d'une manière atroce : nous étions à la campagne dans un château, je me sentis un soir indisposée; à peine arrivée dans ma chambre, un sommeil de plomb s'empara de moi et je m'endormis aussitôt sans avoir même le temps de me deshabiller. La nuit je sentis un horrible cauchemar qui m'oppressait; je croyais encore rêver, mais non! un homme était près de moi, c'était lui!! Je voulais crier, il me ferma la bouche, il me parla de mon père, jura de lui demander ma main, se jeta à mes pieds, implora mon pardon. J'étais tout anéantie; que faire d'ailleurs, la nuit, dans une demeure étrangère? Je le laissai aller. Le lendemain il avait quitté le château, je ne le revis plus.

De Neuv. Mais vous saviez son nom?

Comt. Oh oui! je le sais; c'était un jeune substitut, d'un brillant avenir comme on dit, qui sait déployer la plus grande éloquence pour poursuivre les criminels et obtenir leur condamnation; ce sont de ces gens chargés de l'exécution des lois et qui ne craignent pas de les violer, *car ils se sentent inviolables eux-mêmes* . . .

De Neuv. Si vous eussiez fait connaître à M. votre père son crime, nul doute qu'en s'adressant au chef du parquet auquel était attaché ce substitut, on ne vous eût rendu justice : on l'eût mis dans l'alternative, *ou* de vous épouser, *ou* de donner sa démission.

Comt. Vous croyez? Eh bien! Ecoutez : (Elle lui prend la main et d'un ton plus bas.) Au bout de quelques mois je tombai malade; le médecin qu'accompagnait mon père, lui dit quelques mots tout bas, il avait remarqué mon état; j'avouai tout, excepté le nom de l'infâme. Non, je n'oublierai jamais de ma vie ce spectacle affreux, navrant : mon pauvre père passant du paroxysme de la colère aux prières les plus tendres, les plus passionnées, pour connaître ce nom; je refusais toujours, car je craignais que mon père ne se portât à quelque parti violent; alors il me dit que . . . sans doute . . . j'avais eu . . . plusieurs amants (se cachant la figure dans les mains), et qu'alors . . . je ne pouvais savoir . . .

De Neuv. Ah! Madame, c'est affreux. Je vous en prie, chassez ces idées si pénibles, qui . . .

Comt. Non; j'ai commencé, je veux achever : enfin, je dis son nom, mon père partit : il alla trouver le substitut, exigeant réparation, soit m'épousant soit en se battant avec lui; mais il répondit : que le duel était défendu par les lois, et qu'un mariage avec moi était impossible, qu'il briserait son avenir!! Et le mien, y avait-il pensé? Mon père ne pouvant obtenir aucun genre de satisfaction souffléta le substitut dans la rue; arrêté et transporté dans une maison de fous, il y resta enfermé pendant 7 ou 8 jours au secret avec une camisole de force. L'affaire avait fait beaucoup de bruit, le substitut inventa une histoire et annonça hautement que mon père était fou et qu'il ne voulait pas poursuivre; puis quand mon pauvre père, écrasé sous les tortures de la solitude, fut bien réellement atteint de folie, il le fit renvoyer chez lui. Le substitut s'acquit par là l'estime et les sympathies de toute la ville et fut quelque temps après nommé procureur du roi.

De Neuv. Mais c'est épouvantable, Madame la comtesse, et si je n'ajoutais toute confiance . . .

Comt. N'est-ce pas, que c'est à ne pas y croire; hélas! c'est cependant aussi vrai que les conséquences en ont été terribles pour moi. Mon père mourut bientôt; j'étais seule sur la terre, sans parents, sans appui, sans fortune, deshonorée, *repoussée* de tout le monde. Que faire? Je vendis les quelques bijoux qui me restaient, notre mobilier, tout; je quittai la ville où j'avais passé des heures si tranquilles et si horribles, et je vins où va tout le monde dans ce cas, à Paris . . . Je changeai de nom : *Maria* l'Espagnole eut du succès, et je vécus ainsi quelques annés, cherchant à m'étourdir, à oublier; impossible! Enfin je rencontrai un ancien ami de mon père, M. le duc, un noble cœur qui vint à moi et me tendit la main pour me retirer de l'abime où j'étais tombée. J'entendis sa voix, je lui contai mes malheurs; veuf et sans enfants, maître d'une immense fortune, il m'engagea à renoncer à la carrière que j'avais embrassée. Je n'y avais trouvé qu'intrigues et déceptions sous ses couronnes de fleurs, et malgré l'enivrement des succès je renonçai au théâtre. Je repris alors mon véritable nom et M. le duc me força d'accepter de lui une fortune suffisante pour m'aider à le porter.

De Neuv. Et cet homme ... ce misérable ne l'avez-vous jamais revu?

Comt. Oh que si! mais une fois seulement. Je n'ai jamais pu me venger de lui; que pouvais-je pauvre femme contre un magistrat? M. le duc lui-même n'y pouvait rien et m'a recommandé d'oublier... Oublier!! Il est maintenant premier Avocat-général dans une grande ville, il y vit estimé, honoré, et a fait un magnifique mariage. J'ai voulu l'entendre une fois. C'était en cour d'assises, le hasard m'avait bien servie : une pauvre fille s'était laissé séduire par son maître; celui-ci s'apercevant qu'elle est enceinte, lui donne des remèdes criminels pour cacher leur faute; la Justice est avertie, tous deux sont arrêtés et poursuivis. L'avocat-général malgré sa laideur et sa voix de crécelle, a su trouver des paroles vraiment éloquentes pour flétrir la conduite de cet homme, de ce *misérable* comme il l'appelait, qui avait abusé d'une jeune fille confiée à ses soins, et qui après l'avoir rendue mère, l'avait poussée à détruire le fruit de ses entrailles afin de cacher leur faute; il accumulait toutes les charges sur lui afin d'établir sa complicité et appelait sur sa tête toutes les sévérités de la loi; quant à la jeune fille, le crime était patent, avoué, il réclamait l'application pure et simple de la loi, c'est à dire la peine de mort. Mais les jurés étaient des gens de cœur, ils ont condamné cet homme et acquitté la jeune fille. C'était justice, mais lui . . . lui . . . ce misérable . . . il prononçait lui-même sa sentence . . . il avait abusé des saintes lois de l'hospitalité, mais il avait oublié, lui . .. ce Bigora.

De Neuv. Bigora, avez-vous dit? Mais je le connais parfaitement.

Comt. Eh bien! *me vengerez-vous de celui-là? Laissons* Rutter, mais lui . . . pour lui . . . tout . . . tout ce que j'ai . . .

De Neuv. *C'est impossible, Madame, il n'y faut pas songer . . .*

Comt. Il est donc inviolable, cet homme?

De Neuv. M. le Duc vous a donné le meilleur conseil, c'est d'oublier.

Comt. Oublier, oublier!! il le faut donc . . .

De Neuv. Croyez-moi, Madame, c'est le plus sage. Laissons là ces tristes souvenirs. M. le Duc s'est montré bien généreux et délicat à votre égard, mais il est trop âgé pour que vous puissiez l'aimer.

Comt. Je l'aime comme un père, et pour lui il n'est rien que je ne fasse. Il a toute confiance en moi et me laisse toute liberté; jusqu' à présent je n'en ai pas abusé, mais . . . mais je ne pouvais l'aimer . . . d'amour . . . et je n'avais encore aimé . . . quand ce jeune homme . . .

De Neuv. Il était vraiment heureux ce Rutter, et bien ingrat de ne pas apprécier son bonheur. Vous ne l'aimez plus maintenant?

Comt. *Si je l'aime? Dites que je le hais!* Il suffit de penser à cette scène de l'autre jour, à cet horrible surnom que *je crois voir errer* avec un *sourire moqueur* sur les lèvres de chaque personne que je rencontre. Si je le hais? Il est arrêté; tant mieux: il faut le faire condamner, et puis j'irai le voir, lui dire que je suis l'auteur de sa condamnation; je lui montrerai, comment une Espagnole se venge.

De Neuv. Oui, Mad. la comtesse, vous avez raison de vous venger ainsi; je ferai tout pour obtenir cette condamnation. Mais si je pouvais être assez heureux pour que vous reportiez sur moi une partie de l'amour qu'il paraît vous avoir inspiré . . . oh! Madame . . .

Comt. Peut-être! Excusez-moi; je dois aller aux Italiens ce soir, M. le Duc m'accompagne, et je n'ai juste que le temps de m'habiller.

De Neuv Je regrette vivement de vous avoir dérangé si long-temps! Et moi Madame?

Comt. (*gaiment*). Vous? *Je croyais vous l'avoir dit* : M. le Duc ne pourra me reconduire ce soir, je compte sur vous, mon chevalier.

De Neuv. Oh merci! Vous faites de moi le plus heureux des hommes! Je vous quitte, à bientôt (*il lui baise la main et s'en va*).

Scène XIII.

LA COMTESSE.

Oh! les hommes, les hommes! les voilà bien: deshonorée, repoussée par tous, je jurai de me venger d'eux, de répondre à leur amour par le dédain, par le mépris; aussi comme ils m'aimaient: ils se prosternaient à mes pieds, ils me suppliaient de les entendre . . . (geste de dédain). Je jouais avec l'amour alors, . . . et maintenant que j'aime, l'on se joue du mien. C'est *bien cela: aimez, l'on ne vous* aime pas; n'aimez-pas, on vous adore. Duper ou être dupe!!

(*Se relevant et agitée*). *Mais Dieu merci, j'ai encore assez* de volonté, d'empire sur moi, pour dissiper toutes ces folles illusions. Cet amour s'envolera comme les autres, si toutefois j'ai jamais aimé ... Oui, c'est bien cela; c'est l'ennui, le vide de ma nouvelle existence, qui ont fait naitre en moi ces sottes idées (riant d'un rire forcé). Oh! que c'est donc bète d'aimer! Moi? Maria l'Espagnole! aimer? (haussant les épaules) Allons donc!! (Elle s'en va en ricanant; le rideau tombe.)

ACTE TROISIÈME.

Une chambre de prison, 2 lits, 2 petites tables, 3 chaises en paille, une porte au milieu avec un petit guichet grillé, une fenêtre grillée sur le côté en haut; un gros livre ouvert sur la table de Rutter.

Scène I.

RUTTER, CHALIN, LEBRET *en dehors.*

(Rutter se promène de long en large; Chalin est assis, la tête dans ses mains; le petit guichet s'ouvre.)

Leb. (appèle): Chalin.

Chal. (lève la tête, se frotte les yeux.) On m'appèle?

Où suis-je donc, ô mon Dieu! Ah! c'est vrai, *en prison!!* (il se cache de nouveau la figure.)

Leb. Chalin! allons donc!

Chal. (se levant) Qu'est-ce? Que me veut-on encore?

Leb. A l'instruction.

Chal. (à Rutter) Qu'est-ce donc que l'instruction?

Rut. (brusquement). L'instruction, c'est l'interrogatoire qu'un juge d'instruction va vous faire subir. Vous êtes bien heureux, vous, l'on daigne vous interroger.

(La porte s'ouvre avec fracas, Chalin s'en va, elle se referme avec le même bruit.)

Scène II.

RUTTER.

Neuf jours que je suis en prison!! Que c'est long, mon Dieu! Personne à voir, que mon geolier et des malheureux comme moi; pas de nouvelles du dehors, ne pas savoir ce que fait ma mère, ce que deviennent mes affaires, ne pas seulement savoir pourquoi je suis ici! Et pour être interrogé, pour savoir enfin ce dont on m'accuse, je dois être emmené par les gendarmes et promené de brigade en brigade! C'était aujourd'hui qu'ils devaient me prendre, et si je n'avais fait le malade, je serais maintenant sur la grand'route, après avoir traversé à pied toutes les rues de Paris, au milieu de mendiants, de voleurs et de galériens! Puis faire soixante lieues ainsi entre deux gendarmes, dans la boue, les menottes aux poignets, traverser villes et villages, être un objet de mépris, de dérision, partout où un être humain se montrera; enfin crotté et tout mouillé, coucher sur sur la paille humide, pourrie des cachots. Oh! mon Dieu! que d'humiliations, que de souffrances! Si je n'avais mon innocence, ma conscience, qui me donnent du courage, si je ne sentais qu'au dehors ma mère travaille à ma délivrance, et qu'une autre . . . peut-être . . . pense à moi et me plaint . . , oh! oui mon Dieu, j'aurais le triste courage de mettre fin à cette horrible existence!! (soupir). La vie s'était présentée à moi trop riante et trop belle; j'ai eu trop de succès, j'ai ressenti un immense orgueil, je t'ai oublié, mon Dieu! mais si tu ne m'as pas encore assez puni, du moins épargne ma mère, ma pauvre mère!!

(Il s'assied un instant pensif, puis se relève en fureur.) On devient fou ici: tu as le droit de me juger, Société, (montrant le poing) tu t'arroges le droit de me punir, soit, mais tu n'as pas le droit de me torturer; car n'est-ce pas une torture digne des temps de l'Inquisition, que d'être enfermé loin de sa famille, loin de ses affaires, d'être tenu au secret, sans même être interrogé!! (amèrement) Et quand on m'aura transféré de brigade en brigade, que j'aurai mis un mois peut-être, pour faire à pied ce long voyage où je serai abreuvé de dégoûts et d'humiliations, quand enfin on daignera m'interroger et qu'on reconnaîtra qu'il n'y a pas lieu à suivre, quelles excuses me fera-t-on? Quelle indemnité pourra-t-on me donner? Quand on m'aura deshonoré, à moitié rendu fou? Rien, moins que rien!! trop heureux encore (ironie), n'est-ce pas, d'en être quitte à si bon marché! A moins qu'on ne préfère me condamner pour ne pas reconnaître qu'on s'est trompé . . . La Justice ne peut, ne doit jamais se tromper!! (Il tombe sur une chaise)

Ah! vous tous qui jouissez de votre liberté, vous êtes insensibles aux souffrances des malheureux qui gémissent dans les prisons; vous pensez que votre tour ne viendra jamais; je pensais ainsi, moi, et mon tour cependant est venu! Dieu vous garde de la Justice des hommes!! (Moment de silence, il se relève.) Liberté sainte, notre bien le plus précieux, mais le plus fragile, toi pour qui ont souffert et sont morts tant de philosophes, tant de martyrs, un Dieu lui-même, toi qu'on ne sait apprécier, qu'après t'avoir perdue, tu ne pèses donc rien dans la balance de cette Justice! (amèrement). Ah! c'est vrai, l'on t'a mis un bandeau sur les yeux pour ne pas voir, dans la main droite un glaive pour frapper, mais rien à la place du cœur: les hommes t'ont bien faite à leur image. Triste Justice des hommes, tu seras un jour à ton tour jugée par la justice souveraine, la Justice de Dieu, et là bien des arrêts que tu auras rendus seront cassés, bien des juges seront à leur tour condamnés! Ici bas, Dieu vous garde de la Justice des hommes!! (Il se laisse retomber sur la chaise.)

Scène III.

RUTTER, LEBRET.

(On entend un bruit de clés et verrous, Lebret entre apportant une soupe fumante et un morceau de pain noir.)

Leb. Eh bien, M. Rutter! toujours aussi triste; vous ne mangez donc pas?

Rut. Je pensais au service que vous m'avez rendu, en

m'empêchant de partir ce matin avec la gendarmerie; je vous en suis bien reconnaissant; mais demain peut-être . . .

Leb. Non, ne vous tourmentez pas tant : la correspondance ne part que deux fois par semaine; vous avez donc 3 jours devant vous. Espérez que Mad. votre mère aura pu obtenir votre liberté sous caution ou du moins la faveur de voyager en chemin de fer avec deux agents.

Rut. Triste faveur, dont je serai cependant bien heureux!

Leb. Ayez donc bon courage, bon espoir, on reconnaîtra votre innocence. Mais croyez-moi, mangez un peu.

Rut. C'est vrai, vous avez raison; je suis heureux de n'être pas sur la grand'route aujourd'hui; Dieu ne m'a pas totalement abandonné . . . je veux essayer de manger. (Il prend le pain.) Pardon, vous avez oublié un couteau . . .

Leb. *Je ne l'ai pas oublié, mais il nous est défendu d'en* laisser aux prisonniers.

Rut. Et pourquoi donc?

Leb. C'est qu'avec un couteau on peut se tuer . . .

Rut. (amèrement). Ah! je comprends, et la Justice tient à ses victimes. — Je suis vraiment heureux de pouvoir causer avec vous : c'est si bon de voir son semblable. et puis cela distrait : on oublie un moment.

Leb. Tenez, M. Rutter, vous m'interessez réellement : permettez-moi un conseil.

Rut. Avec le plus grand plaisir, je vous en remercie à l'avance.

Leb. Je vous vois toujours travailler dans vos livres de droit; croyez-moi, ne comptez pas trop là-dessus. Occupez-vous de vos amis, de protections; une bonne protection vaut mille fois mieux que tous vos livres de droit, que le meilleur droit du monde. En avez-vous?

Rut. Helas! non, je n'en ai pas.

Leb. Connaissez-vous au moins quelque prêtre influent?

Rut. Non!

Leb. Etes-vous membre de la société de St Vincent de Paul?

Rut. Qu'est-ce donc que cette société?

Leb. Comment! vous n'en avez jamais entendu parler? *Tâchez d'en faire partie, mais surtout prenez bien garde de* compter jamais un ennemi parmi ses membres. Vous me demandez ce que c'est? Une réunion de bigots, un quart au plus de bonne foi, les trois autres. . . . hypocrites . . . qui s'engagent à se prêter mutuellement secours et assistance, et sous le manteau de *la religion abritent leurs passions et leurs intérêts* matériels. Oh! si St Vincent de Paul revenait sur la terre, il ne reconnaîtrait plus cette chère société, elle fait des progrès tous les jours. Faites-vous au moins partie de quelque autre société religieuse?

Rut. *(branlant la tête)*. Non.

Leb. Non! C'est un grand malheur pour vous; car tous ces gens-là sont très influents, et vous paierez peut-être pour ceux qui leur sont recommandés et qu'ils feront acquitter. Mais vous connaissez peut-être quelqu'autre personne influente qui pourrait vous être utile?

Rut. Helas non! Notre famille a été dispersée par le souffle des révolutions, mes parents sont devenus pauvres et sont restés fiers, ils n'ont jamais rien demandé à leur famille, qui puissante et riche ne sait sans doute pas même que nous existons. *Ce n'est pas dans un moment semblable* que je m'adresserais à eux : ils me renieraient.

Leb. Essayez toujours; cela ne vous coûtera en tous cas qu'un refus.

Rut. Je ne pourrai jamais m'y décider; je préfère affronter *seul les périls de la situation.*

Leb. Si vous n'avez pas de protection, prenez au moins un bon avocat, bien connu, bien célèbre, qui n'ait pas peur des gros bonnets, et surtout (baissant la voix), que ce soit quelque député influent qui vote pour le gouvernement; cela vaudrait *presque la société de St Vincent de Paul.*

Rut. D'où êtes-vous donc si bien instruit?

Leb. L'habitude de voir tant de malheureux, petits et grands, innocents et coupables, nous donne de l'expérience. Oh! Monsieur, que d'innocents j'ai vu condamner, c'étaient surtout *des petits, des inconnus, des malheureux poursuivis* par la vengeance d'un haut personnage ou de quelque concurrent, par toutes sortes de passions! Mais aussi que de coupables n'ai-je pas vu s'échapper, grâce aux protections ou à l'argent; ces deux moyens sont également bons.

Rut. C'est *horrible* d'y penser, mais la Justice est vraiment souvent bien injuste! Neuf jours déjà que je suis enfermé ici!!

Leb. Eh mon Dieu! Vous comptez les jours, et que diriez-vous des malheureux qui restent 2 ou 3 ans en prison avant d'être jugés.

Rut. Trois ans en prison avant d'être jugé! C'est impossible, il ne peut y avoir de monstre capable de tenir un homme aussi longtemps emprisonné, sans le juger au moins.

Leb. Cela s'est vu assez souvent, cependant.

Rut. Et s'ils sont innocents?

Leb. Eh bien! s'ils sont innocents, on leur rend la liberté, voilà tout; j'en ai connu un qui a fait six ans de prévention; il a été ensuite jugé et condamné au maximum de la peine, 2 ans de prison; il a dû faire son temps encore, total 8, car ses 6 années de prévention ne comptent pas, c'est à dire qu'il y a passé 4 fois plus de temps qu'il ne devait.

Rut. Mais, c'est infâme, c'est atroce . . . et personne donc pour jeter à la face de ces bourreaux ce reproche sanglant . . .

Leb. Oh bien oui! Quand on n'est plus sous leurs griffes, voyez-vous, l'on est si contont, si joyeux de la liberté, qu'on ne veut pas la risquer en divulguant ces infamies; et d'ailleurs n'est-ce pas assez dans la Société d'avoir été arrêté, mis en prévention seulement, pour être deshonoré? L'on cherche alors à cacher autant que possible sa honte et son deshonneur.

Rut. Ce sont de tristes préjugés, mais ils règnent ainsi dans la Société. Qu'a donc fait ce Monsieur que vous avez appelé tout à l'heure?

Leb. C'est un brave homme, un marchand nommé Chalin que je connais parfaitement : il a commencé avec rien et s'est amassé une honnête fortune. Il a eu dernièrement le malheur d'épouser une jolie femme, sans dot, le malheur plus grand encore d'être jaloux. La femme a des intrigues, il est vrai qu'il est laid et vieux, mais enfin ce n'est pas une raison; il la suit hier au bal masqué où elle était allée malgré sa défense, et ce qu'une lettre anonyme lui avait appris; il croit la reconnaître, il la ramène chez lui; pendant qu'il se deshabille, on sonne, il va ouvrir : c'est le commissaire de police accompagné de sa véritable femme, qui vient constater l'adultère; il se récrie, on trouve dans son lit la femme deshabillée, il était dans la même position, le fragrant délit était constant, on l'arrête; mon homme passe le reste de la nuit au poste, on l'amène ici ce matin. Il aura probablement quelques mois de prison, mais Madame obtiendra séparation de corps, une pension très forte, et sera de plus débarrassée de Monsieur qui la gênait.

Rut. C'est affreux, mais est-ce possible?

Leb. Je connais parfaitement cette affaire, mieux que ce

pauvre homme qui n'y comprend rien et me jure ses grands Dieux qu'il n'est pas coupable; je le crois bien, le pauvre innocent! Je sais cela par une femme qui habite au dessus d'eux et qui a entendu tout la nuit après son départ des éclats de rire de femmes et d'hommes, mêlés au bruit des verres de champagne. Vous comprenez que je me garderai bien de lui en rien dire.

Rut. Vous avez raison, mais comment la Justice ne découvre-t-elle pas toutes ces ruses?

Leb. Ce n'est pas son affaire : qu'un crime ou un délit lui soit dénoncé, son devoir est de poursuivre sans s'inquiéter de savoir qui a dénoncé, dans quel but, ou si c'est bien vrai; c'est l'affaire de l'accusé de prouver qu'il n'est pas coupable. — Excusez-moi, Monsieur, mais je suis obligé de mettre ici un prévenu qui vient d'arriver . . . je le regrette, mais toutes les autres pistoles contiennent déjà 3 ou 4 personnes . . .

Rut. Faites, faites. Je vous remercie de toutes vos attentions. — (Lebret sort.)

Scène IV.

RUTTER.

Il a raison cet homme; c'est là un dilemme infernal: hypocrite ou escroc. Deshonoré, flétri aux yeux de l'opinion publique, ou condamné par ma conscience . . . S'envelopper du voile de la dévotion pour cacher ses passions et ses vices? . . . Non, jamais!! Et toi, conscience, me reproches-tu quelque chose? . . . Non, n'est-ce pas? Eh bien! j'aime encore mieux être condamné aux yeux du monde, que d'avoir à rougir devant moi-même . . . Si jamais je pouvais être condamné . . . il y a un dernier moyen . . . Et Dieu qui lit au fond des cœurs, qui sait tout, lui, il me pardonnera, j'en suis sûr, si je n'ai pas le courage de supporter l'existence.

Scène V.

RUTTER, LEBRET, DURAND.

Lebr. (à l'extérieur) Entrez, voici la pistole.

(Durand entre les yeux baissés, un livre sous le bras; il porte des lunettes; il regarde rapidement de tous les côtés. — Rutter et Durand se saluent froidement; Rutter s'assied à sa table, Durand dépose son livre sur l'autre table.)

Leb. Ce soir on vous apportera un lit, ces deux lits sont occupés déjà.

Dur. J'aurais bien désiré être seul, est-ce donc impossible ?

Leb. C'est de toute impossibilité.

Dur. La volonté de Dieu soit faite ! merci mon ami. (Lebret sort).

Scène VI.

RUTTER, DURAND.

Dur. (ouvre son livre et parait le feuilleter, il regarde Rutter et dit à part) : C'est un mouton (1), bien sûr; soyons sur nos gardes. (haut) Pardon, Monsieur, mais n'est-ce pas aujourd'hui le 15?

Rut. Je crois que oui, mais je n'en suis pas sûr . . . attendez . . . (il compte) Oui, Monsieur, c'est bien le 15 aujourd'hui.

Dur. Merci, Monsieur, c'est que j'ai été si ému, si troublé par cette arrestation imprévue . . . et j'étais justement sur le point de lire . . . Ah voici (Il fait le signe de lacroix et commence à marmotter tout bas).

(Rutter impatienté, ferme son livre, se lève et marche de long en largo).

Dur. (se prend à pleurer) Ah ! mon Dieu ! ! Qu'ai-je donc fait pour que votre main s'appesantisse sur moi ? (Il pleure davantage).

Rut. Voyons, Monsieur, prenez courage, espérez que votre innocence sera reconnue.

Dur. (continuant) Ma femme ! mes pauvres enfants ! Qu'allez-vous donc devenir ? Mon Dieu ! je me soumets à ta sainte volonté. J'ai apporté avec moi ce livre admirable, la consolation des affligés, et j'espère y puiser des consolations. (Se tournant vers Rutter) C'est sans doute aussi ce livre là que vous lisiez ?

Rut. Moi ? Mon Dieu non ! ce sont des livres de droit.

Dur. (à part.) C'est un mouton, bien sûr; attention. (haut) Vous ne savez pas alors, Monsieur, que de consolations il y a dans ce livre ; c'est ma lecture journalière. C'est là que je puise la force nécessaire pour soutenir les tourments de la vie. Pensez donc, Monsieur, une femme toujours malade depuis six

(1) On appèle *Mouton* l'agent de police que l'on met en prison pour surprendre ou provoquer les aveux et les confidences des gens arrêtés.

ans et à soigner, sept enfants à élever! il est difficile de suffire à tant de charges, si heureusement la sainte société ne venait de temps en temps à mon aide, car les affaires ne vont pas toujours: Ma profession (d'un ton nasillard) est "de guérir ou préserver de la rage, à l'aide d'objets bénis, qui conviennent à toutes les personnes de conscience et qui surtout sont d'une grande utilité pour un bon chrétien.„ Oui, Monsieur, telle est ma profession, et je puis le dire, grâces à la Foi, je fais de véritables miracles; j'ai les plus belles attestations de saints prêtres, de messieurs les curés, et néanmoins l'on me poursuit à cause de mes prospectus qui cependant n'énoncent que la stricte vérité. Mon but est très honorable, tout philanthropique. (Levant les yeux vers le ciel et croisant les mains) Oh! j'en prends à témoins les saints Pancrace & Barnabé, mes glorieux patrons, je ne suis guidé que par le désir d'être utile à mon prochain. Je n'ai jamais rien fait payer pour les nombreuses guérisons que, grâces au Ciel dont je ne suis que l'humble instrument, j'ai eu le bonheur de faire. (Tirant un prospectus) Voyez vous, Monsieur, mon prospectus a pour but (lisant) "de dire vertement leur fait aux hommes sans esprit qui ont perdu la Foi, et surtout de recommander aux messieurs et aux dames les marchandises dont il fait un petit commerce pour entretenir d'une manière honnête sa nombreuse famille.„ Eh bien, vous voyez, Monsieur, et l'on prétend que j'ai trompé du monde.

Rut. (à part et avec moquerie) Le pauvre homme!

Dur. Oh oui! Monsieur, je suis bien malheureux de voir mes sentiments si méconnus, de me voir accusé d'escroqueries, parce que j'ai rendu de nombreux services à l'humanité souffrante; mais ô mon Dieu! j'ai confiance en toi, en ta bonté, en ta justice, tu vois le fond de nos cœurs, je remets ma cause entre tes mains.

Rut. Et quel est le parquet qui vous poursuit?

Dur. M. le Procureur général d'Arras.

Rut. C'est comme moi.

Dur. (regardant fixement et à part). J'en suis sûr maintenant, c'en est un.

Rut. L'on m'a dit qu'il était très sévère, impitoyable.

Dur. (avec une componction plus grande encore.) Je vous l'ai dit, mon bon Monsieur: un bon chrétien met sa confiance en Dieu, et elle est bien placée; il saura faire luire son innocence. Faites comme moi; croyez-moi. Tenez, voulez-vous que je vous lise un passage de Job. (Il tire un autre livre de sa poche.) Ces livres ne me quittent jamais.

Rut. Merci bien.

Dur. Vous avez tort.

Scène VII.

RUTTER, DURAND, CHALIN.

(Chalin entre désespéré, Durand paraît absorbé par sa lecture et le regarde par dessous ses lunettes.)

Dur. (à part) Serait-ce celui-ci le mouton? Non, c'est un agneau.

Rut. Eh bien! M. Chalin?

Chal. Oh! Monsieur, ne m'en parlez pas, elle me croit coupable, je suis au désespoir. Elle m'a dit que j'étais un grand monstre, elle ne m'appèle plus son gros Loulou.

Rut. Vous l'avez donc vue?

Chal. Oui, Monsieur, elle était-là, Bobonne; elle pleurait, elle voulait absolument me sauter aux yeux, me griffer; elle ne voulait rien entendre, puis elle a eu des attaques de nerfs.... une si bonne femme .... que j'aime tant! moi, la tromper?... Pauvre Bobonne! oh! plutôt, plutôt ...

Rut. Les apparences sont malheureusement contre vous; le commissaire de police a trouvé une femme dans votre lit.

Dur. (à part) L'est-il mouton? L'est-il? Comme il lui tire les vers du nez!

Chal. Voilà, Monsieur, ce que je ne puis comprendre.

Rut. N'étiez-vous pas allé au bal?

Chal. C'est vrai, Monsieur, mais seulement pour y chercher ma femme. Pensez y donc, je l'y ai menée deux fois au bal, c'était bien assez . . . j'ai 45 ans et je n'y étais jamais allé.

Dur. (relevant ses lunettes sur le front). Vous aviez bien raison, Monsieur; le bal, c'est un lieu de perdition, et vous étiez bien coupable déjà d'y avoir mené une jeune femme.

Chal. C'est peut-être bien vrai ce que vous dites là, Monsieur. Hier je n'avais pas voulu qu'elle y allât avec une de ses amies, mais dans la soirée, je reçois une lettre anonyme qui me prévient qu'elle ira malgré tout et me dépeint son costume très exactement; je ne pouvais le croire, mais au milieu de la nuit je me réveille en sursaut, je vais à la chambre de ma femme, personne!! Oh! alors, vous comprenez ce que j'endure, moi, qui l'aime tant. Je vais au bal, Monsieur, je reconnais le costume qu'on m'avait dépeint; je la somme de me suivre, elle ne fait aucune difficulté; pendant tout le trajet, nous ne prononçons pas un seul mot, je voulais lui parler ferme . . . le lendemain. Nous nous deshabillons; on sonne, je vais ouvrir, qu'est-ce que je vois : le commissaire et ma femme, oui, Messieurs, *ma femme*. J'étais stupéfait, ahuri . . . Mais Bobonne, que je lui fais, tu étais là tout à l'heure, comment se fait-il? . . . Monstre, qu'elle me répond, votre conduite est abominable; jusque dans notre appartement!! Nous entrons, et qu'est-ce que je vois : ma femme était dans mon lit, c'est à dire ce n'était pas ma femme, c'était l'autre . . . celle que j'avais ramenée du bal. J'eus beau lui jurer mes grands Dieux que j'étais innocent, me jeter à ses genoux, elle ne voulut pas me croire. Le commissaire m'interrogea, je ne pouvais plus répondre : un trait de lumière cependant! je lui parlai de la lettre anonyme, je la cherche, mais plus rien, Monsieur, plus rien, disparue.

Dur. (à part). Pas mal, vieux, pas mal.

Chal. Ma femme au contraire en montre une, qui la prévient que je vais au bal pour y retrouver une ancienne maîtresse. Jugez, Monsieur, quelle infamie, moi, qui jamais . . . je peux bien le jurer, . . avant mon mariage . . . n'avais connu l'amour . . . je suis bien trop laid pour cela . . .

Dur. (à part). C'est trop fort, celle-là; (haussant les épaules) allons donc! (Haut.) C'est bien, cela, Monsieur; vous avez des mœurs, Dieu ne vous abandonnera pas, soyez en bien sûr.

Chal. Dieu vous entende, mon bon Monsieur!

Rut. Et la femme qui était dans votre lit, que disait-elle?

Chal. Rien, sinon que je l'avais invitée à me suivre, qu'elle m'avait suivi, que nous n'avions pas échangé d'autre parole, ce qui était la vérité. Pour lors, l'on m'arrête comme un voleur, l'on me conduit au poste à 3 heures du matin, et à 10 l'on m'amène ici, en me fesant traverser tout mon quartier avec 4 ou 5 ivrognes.

Rut. Vous pouviez prendre une voiture.

Chal. C'est vrai, Monsieur, mais je ne pensais qu'à Bobonne qui a pu me croire coupable . . . capable de . . . oh! . . . moi qui l'aime tant . . . c'est vrai qu'elle m'aime bien aussi . . . Pensez donc, Monsieur, je l'ai épousée qu'elle n'avait rien et je lui ai reconnu une dot de trente mille francs.

Rut. Ah! vous lui avez reconnu une dot?

Dur. (à part). *Je commence à comprendre.*

Chal. Oui, Monsieur, la moitié de mes économies. C'était juste : elle était jeune et j'étais vieux ; elle était jolie, et elle l'est encore, et moi, j'étais laid et je le suis toujours aussi ; elle était pauvre, mais si douce, si bonne, si bonne . . . aussi je l'ai appelée *bobonne*, par amitié . . . je l'aimais tant, je l'aime toujours, toujours . . . je l'aimerai toujours . . . aussi ce qui me désespère, c'est qu'elle puisse me *croire* coupable. Oh ! Monsieur, c'est encore pire pour moi que d'avoir dû traverser tout mon quartier ; ma boutique était fermée, et le petit du voisin m'a fait comme ça (il fait deux cornes sur son front avec les doigts).

Dur. (à part). Il l'est, mon Dieu ! comme il l'est bien.

Chal. Tout le monde me croit coupable. (Se tenant la tête et frappant du pied) Oh ! c'est atroce, cela, c'est atroce.

Rut. Voyons, Monsieur, consolez-vous, reprenez courage ; votre femme reviendra à de meilleurs sentiments, aussitôt sa colère passée, elle vous fera elle-même rendre la liberté.

Chal. Oh ! Monsieur, vous ne la connaissez pas ; elle m'a juré que jamais de sa vie, elle ne me pardonnerait. Et, voyez-vous, ce qu'elle dit, elle le tient, je la connais.

Rut. Sa colère passera peu à peu . . .

Dur. (avec componction). Quand vous êtes entré, je lisais un admirable passage de Job ; tenez, écoutez, cela vous donnera du courage.

Rut. Eh mon Dieu ! laissez-nous donc tranquilles avec votre Job.

Dur. Vous ne l'avez peut-être jamais lu ?

Rut. Ma foi non ! j'ai entendu parler de Job, de son fumier et de ses maladies, mais c'est tout ce que j'en sais.

Dur. Lisez, Monsieur, lisez, et vous serez consolé.

Chal. Bobonne, Bobonne, pardonne-moi.

Dur. (s'élance stupéfait sur le devant de la scène et s'écrie à part). Diable ! je l'ai échappé belle : en place de Job j'ai pris la Pucelle de Voltaire. Et si j'avais dû lire ? Comme j'étais pincé ! ! (Haussant les épaules) Après tout, c'est à peu près la même chose.

Scène VIII.

LES PRÉCÉDENTS, Ve RUTTER (en noir).

(La porte s'ouvre, Ve Rutter se jette dans les bras de son fils.)

V° Rut. Sauvé, il est sauvé ! } ensemble.
Rut. Ma mère ! }

V° Rut. Tu es libre maintenant, sauvé.

Rut. Comment, libre? Je n'ai pas encore été interrogé.

V° Rut. On a consenti à ta mise en liberté sous caution; tu es libre maintenant.

Rut. Merci, ma chère maman, je savais bien que tu ne m'oubliais pas, que tu travaillais à ma délivrance . . . Je comptais les heures . . . les minutes . . . va, c'est bien long.

V° Rut. Oh oui ! neuf jours sans te voir. Et cependant je ne me serais pas senti le courage de te voir à travers ces doubles grillages, ces hideux barreaux; mon cœur se serrait trop, j'étais malade, rien que d'y penser.

Rut. Que d'obligations ne t'ai-je pas?

V° Rut. Pas à moi toute seule; venez donc, Léontine. (La porte était restée entr'ouverte; Léontine paraît.)

Scène IX.

LES PRÉCÉDENTS, LÉONTINE (en noir également).

Rut. Vous ici, ma cousine!

Léont. Que je suis heureuse maintenant, mon pauvre Charles . . .

V° Rut. Elle m'a accompagnée partout pour obtenir ta mise en liberté. On nous refusait d'abord, il y avait les ordres les plus sévères contre toi, mais elle a tant prié, tant prié le Procureur du roi qu'il y a enfin consenti. Sans elle je n'eusse certainement pas réussi; tu sais, la jeunesse . . . il était donc juste qu'elle assistât à ta délivrance.

Léont. Oh! ma tante.

V° Rut. C'est la vérité, ma chère Léontine; n'as-tu pas intercédé pour lui?

Léont. Dame! je vous voyais si émue, que j'ai voulu vous aider un peu.

Rut. Que je suis honteux, ma chère Léontine, de vous recevoir ici, mais en même temps fier de voir que vous vous intéressez au pauvre prisonnier.

Léont. Vous ne l'êtes plus, mon cousin; vous êtes libre, vous serez reconnu innocent, puis . . . (embarrassée).

Rut. Puis . . .? Je comprends (à part et lui serrant la main). Merci, Léontine.

V° Rut. Ne perdons pas de temps; allons, Charles, dépêche-toi, prends tes affaires et allons-nous en ; l'air me manque ici.

Rut. C'est vrai, ma mère, l'on ne vit pas ici, ou plutôt en huit jours on croit avoir vécu deux ans au moins : la nuit, impossible de dormir. Oh ! *c'est bien long une nuit en prison, et j'en ai passé neuf ainsi !*

Ve Rut. Crois-tu donc que je ne le sache pas ?

Léont. Et moi aussi, allez mon cousin, je n'ai pas beaucoup dormi.

Rut. (Prenant une main de sa mère et l'autre de Léontine.) Oh ! merci, mille fois merci. (Pause.) *Savez-vous enfin de quoi l'on m'accuse ?*

Ve Rut. On accuse tes agents d'avoir exagéré les bénéfices donnés par la Cie, afin de réaliser un plus grand nombre d'assurances.

Rut. (haussant les épaules). Les agents, soit ; mais moi ?

Ve Rut. *On prétend que tu es leur complice.*

Rut. (en colère et haut). Ils *en ont menti !!* (Ve Rutter lui ferme la bouche avec sa main.)

Dur. (a part et désignant Rutter). Non, ce n'est pas un mouton, c'est un taureau ; où est-il donc le mouton ? (Désignant Chalin). Celui-là est un bélier pour les cornes. (Il se met à écrire.)

Ve Rut. Veux-tu *bien te taire ?* Oublies-tu donc où tu es ?

Rut. Mais enfin sur quoi fondent-ils ma prétendue complicité ?

Ve Rut. Ils prétendent trouver dans tes prospectus des phrases à double entente, des choses peu claires.

Rut. (haussant les épaules). Toujours les mêmes : *donnez-moi deux lignes de l'écriture d'un homme et je me charge de le faire pendre.* Ils ne m'accusent pas de détournements.

Ve Rut. Non, il n'en est pas question.

Rut. C'est encore bien heureux et surtout bien généreux de leur part ; il est vrai qu'il faudrait au moins une certaine apparence, et je les mets bien au défi de . . .

Ve Rut. Tais-toi donc. Si tu savais quelle peur horrible nous avions, quand nous sommes allées pour obtenir ta mise en liberté. L'on nous disait que c'était impossible, que tu devais être parti par la gendarmerie ; pense donc, à pied, entre deux gendarmes, faire 60 lieues.

Léont. Oh ! c'est affreux, et c'est alors que j'ai tant prié.

Vᵉ Rut. Et de retour ici, on nous dit également que tu es parti ce matin; juge de notre effroi, de notre terreur! Je prie de faire de nouvelles recherches, je montre l'autorisation que j'avais obtenue pour toi, et l'on s'aperçoit que tu étais malade et que tu n'es pas parti. Juge de notre bonheur! et de notre impatience aussi à te revoir. Voilà plus de trois heures que nous sommes dans les bureaux pour obtenir cette bienheureuse carte de sortie : on nous promène de bureau en bureau, de substitut en substitut, de chef de bureau en chef de division, que sais-je, moi? Dix signatures au moins pour vous faire sortir, et il n'en faut qu'une pour vous arrêter. Enfin n'y pensons plus, nous t'avons, c'est l'essentiel, tout le reste est oublié.

Scène X.

LES PRÉCÉDENTS, LEBRET.

Leb. Je vous félicite, M. Rutter, de votre heureuse délivrance.

Rut. (lui donnant une poignée de main). Merci, merci; ma mère maman, sans Monsieur que voilà, tu ne m'aurais pas trouvé ici, je serais sur la grand'route.

Vᵉ Rut. Oh! Monsieur, que je vous remercie, que d'obligations ne vous ai-je pas!! Venez nous voir, je vous en prie, vous nous ferez bien plaisir.

Léont. Oh oui! Monsieur, venez, venez.

Leb. Mon Dieu! Madame, je suis heureux du peu de bien que je puis faire.

Vᵉ Rut. (*baissant la voix pour n'être entendue que de son fils, Lebret et Léontine*). Dans un des bureaux où je fus obligée d'attendre, l'un des employés vint de lui-même me dire qu'il avait été chargé trois fois de prendre sur toi des renseignements par ordre du Procureur-général, que tous ses rapports t'avaient été favorables, mais qu'il ne comprenait rien à l'acharnement, il a dit acharnement, n'est-ce pas Léontine?

Léont. Oui, ma tante, je l'ai bien entendu.

Vᵉ Rut. A l'acharnement avec lequel il te poursuit : il écrivait qu'en cherchant bien dans ta conduite, dans ta vie passée, on *devait*, entends-tu, on *devait* trouver quelque chose; il nous a engagées à prendre toutes nos *précautions*, car nous avons à faire à forte partie.

Rut. Il n'y a rien à craindre, je n'ai rien à me reprocher; on ne peut donc rien, et quelque soit l'acharnement qu'y apporte le Procureur général, ce n'est pas lui qui juge ; il fait son métier en poursuivant ; ce sont les tribunaux qui jugent, et il faut des preuves pour condamner. Maintenant que je suis libre, je verrai enfin l'accusation face à face, et il ne me sera pas difficile d'établir ma complète innocence.

Leb. Oh! la jeunesse, la jeunesse! elle ne doute de rien!! Si vous aviez vu ce que j'ai vu, si vous saviez ce que je sais, moi, (baissant la voix) vous quitteriez la France immédiatement.

Rut. Moi, quitter la France, moi! Mais ce serait m'avouer coupable! Non jamais! jamais, je ne serai assez lâche pour fuir devant mes ennemis.

Leb. Eh bien! Moi, si j'avais attiré sur moi les regards de la Justice et qu'ensuite elle m'accusât d'avoir volé les tours de Notre-Dame, voyez-vous, eh bien! je commencerais par me sauver.

Rut. (lui serrant la main). Merci de vos conseils, mon ami ; mais maintenant je n'ai pas que mon honneur à sauvegarder ; je dois me rendre digne du plus noble dévouement, j'ai un noble prix à conquérir, n'est-ce pas, Léontine ?

Léont. Charles, quoiqu'il puisse arriver . . .

Rut. Oh merci, Léontine, merci ; mais maintenant que je sens l'air de la liberté, que je me sais aimé, je respire enfin, et mon courage m'est revenu : c'est un mauvais rêve que j'ai fait, n'est-ce pas ? Je me suis cru en prison, mais là où vous êtes, il n'en est plus pour moi.

Leb. Dieu vous soit en aide, M. Rutter, et puissiez-vous n'être pas obligé un jour de dire : le vieux Lebret avait raison (il sort).

Scène XI.

LES PRÉCÉDENTS, *excepté* LEBRET.

Rut. (à Durand et Chalin qui pendant ces deux scènes sont restés sur l'arrière-plan, Durand ayant écrit et cacheté une lettre, Châlin la tête appuyée dans ses mains). Allons, ayez bon courage, mes amis d'infortune ; il ne faut jamais désespérer, et l'heure de la délivrance sonnera aussi pour vous. (Il va à eux et leur donne une poignée de main.)

Dur. Merci, Monsieur, merci ; rendez-moi un service, je vous prie.

Rut. De grand cœur.

Dur. Voudriez-vous remettre vous-même cette lettre à son adresse.

Rut. Vous pouvez compter sur moi, je vous le promets. (Il lit.) A M. le Président de la société de St Vincent de Paul. Très bien.

Dur. Maintenant un bon conseil en place d'un service : munissez-vous de bonnes recommandations d'abord, puis d'un bon avocat.

Rut. Merci, merci, ce n'est pas nécessaire.

Dur. Au contraire, c'est très important, croyez-moi : de bonnes recommandations, c'est là l'essentiel.

Rut. Allons adieu, comptez sur moi.

(Les deux dames s'en vont, il les suit, emportant le paquet qu'il a fait de ses affaires pendant la conversation, mais il est arrêté par Chalin qui semble sortir d'un profond sommeil.)

Scène XII.

RUTTER, DURAND, CHALIN.

Chal. Oh vous êtes heureux, Monsieur, vous êtes libre; (baissant la voix) vous êtes aimé, vous! Et moi, je commence à douter.

Rut. Pourquoi douter de l'amour de votre femme? les apparences sont contre vous, et sa colère même prouve en sa faveur.

Chal. Merci, Monsieur, merci; j'ai besoin de vous croire. Eh bien, je vous en prie, rendez-moi un service.

Rut. Bien volontiers, comptez sur moi.

Chal. Elle m'a juré qu'elle ne me reverrait de sa vie; je vous en prie, allez la voir; qu'elle consente à venir, à m'entendre encore une fois, et, j'en suis sûr, je saurai la convaincre de mon innocence, ou bien... ou bien... *elle me pardonnera;* car je l'aime tant (il est ému et essuie une larme).

Rut. (lui serrant la main). Je vous promets de la voir, de lui tout expliquer, et je ferai mon possible pour vous réconcilier. Donnez-moi votre adresse.

Chal. (lui donnant une carte). Oh! merci, Monsieur, merci, je compte sur vous! Je suis heureux maintenant, c'est si bon, l'espérance.

(Rutter s'en va, le rideau tombe.)

ACTE QUATRIÈME.

(Cabinet de Tivier.)

Scène I.

TIVIER.

(Feuilletant un dossier.) C'est enfin aujourd'hui que l'arrêt doit être rendu et j'espère bien que cet imbécille de Rutter, si fier de son bon droit, comme il dit, viendra y assister; alors, séance tenante, crac . . . mon drôle est logé. (Il rit et se frotte les mains.)

Scène II.

TIVIER, DOMESTIQUE.

Dom. Madame Rutter désire parler à Monsieur.

Tiv. (à part). Que c'est ennuyant; je vais avoir sans doute des pleurs, des prières, c'est vraiment insupportable; tenons-nous ferme. Oui, mais c'est aussi la preuve que le fils est ici: eh bien, tant mieux. (Au Domestique) Faites entrer.

Scène III.

TIVIER, Ve RUTTER.

Tiv. (se lève pour la recevoir, très galant). Donnez-vous la peine de vous asseoir, Madame.

Ve Rut. Veuillez excuser, Monsieur le Procureur général, la démarche que je fais près de vous. Mon nom vous rappèle notre malheureuse affaire et vous explique à l'avance . . .

Tiv. J'ai l'honneur de parler à Madame Rutter? Ce nom ne m'est pas inconnu, . . . c'est vrai, (il cherche) mais franchement . . . je ne me rappèle pas . . .

Ve Rut. Mon fils a été arrêté, puis rendu à la liberté sous caution, enfin acquitté par le tribunal de cette ville; vous avez interjetté appel contre lui . . .

Tiv. Mon Dieu, Madame, nous avons tant d'affaires de ce genre qu'il m'est impossible de me rappeler; puis à vrai dire, cela ne me regarde pas, c'est l'affaire de mon premier Avocat général, M. de Bigora. Veuillez le voir, il sera mieux au courant que moi.

Ve Rut. Nous sommes de Paris, mon fils est, ou plutôt était directeur d'une Cie d'assurances, car il a donné sa démission; deux de ses agents . . .

Tiv. (*impatienté*). Ah oui! oui! très bien, je me rappele, c'est l'affaire Toussaint, Aubry et Rutter; je me rappèle parfaitement. Votre fils a été en effet acquitté par le tribunal correctionel, ses agents condamnés à cent francs d'amende chacun, mais M. le procureur du roi a interjetté appel; l'affaire a été appelée le 31 Décembre, votre fils ni les agents n'ayant comparu ont été condamnés *par défaut* à 5 ans de prison, trois mille francs d'amende chacun avec solidarité; ils ont formé opposition, l'affaire est revenue l'autre jour . . . oui, je me rappèle maintenant.

Ve Rut. J'ai eu l'honneur de voir M. le président, j'ai vu MM. les conseillers, je les ai implorés pour mon fils innocent; MM. les conseillers m'ont tous renvoyé à M. le président, disant que tout dépendait de lui; je suis allée le voir hier, et il m'a promis de se prononcer pour l'acquittement, mais il m'a engagé à vous voir, en ajoutant que tout dépend de vous. Je viens donc près de vous, M. le procureur général, pleine d'espérance, et je ne doute pas de trouver près de vous un semblable accueil.

Tiv. (*à part*). Quel imbecille de Président. (Haut, embarrassé.) Mais, Madame, c'est impossible, M. le president se trompe . . . ou vous l'aurez mal compris . . . je ne puis rien dans cette affaire . . . à peine si je la connais . . . vous avez vu, tout d'abord . . .

Ve Rut. C'est cependant vous même qui avez donné les ordres pour interjetter appel apres l'acquittement de mon fils; j'ai la parole de MM. les conseillers, si M. le président ne s'y oppose pas; j'ai la sienne si vous y consentez, vous le voyez, Monsieur, tout dépend de vous, (souriant) et j'y compte un peu.

Tiv. Je vous le répète, Madame, il y a erreur de votre part; je n'ai pas porté la parole dans cette affaire, c'est mon premier Avocat général, M. de Bigora, c'est sans doute de lui que vous aura parlé M. le président, vous aurez confondu; voyez-le, il demeure rue . . .

Ve Rut. Non Monsieur, je ne me suis pas trompée, c'est bien à M. le procureur général, à M. Tivier, qu'on m'a renvoyée. Voyons, Monsieur, en quoi mon fils est-il coupable? Peut-il être responsable de ce que font ses agents à cent et deux cents lieues de Paris, des gens qu'il n'a souvent jamais vus? A-t-il détourné des fonds?

Tiv. On ne l'accuse pas de detournements, Madame; on n'a rien trouvé de semblable, mais on l'accuse d'avoir autorisé ses agents à commettre des escroqueries, de les y avoir aidés même, en leur remettant des prospectus . . . ambigus . . .

Vᵉ Rut. Et cependant Monsieur, de tous les témoins que vous avez fait citer, aucun ne sait lire. Oh ! le nom qu'on a donné à cette affaire est bien juste.

Tiv. Et quel nom, s'il vous plait ?

Vᵉ Rut. On a dit que c'était un *délit imaginaire;* c'est sous ce nom qu'elle est connue ici.

Tiv. *Ah! un délit imaginaire! Et le nom de la personne,* ou des personnes qui l'appèlent ainsi?

Vᵉ Rut. Permettez-moi de ne pas vous les nommer.

Tiv. (s'inclinant) Soit, Madame ; mais je vous le répète, je ne puis rien pour vous, ni pour votre fils.

Vᵉ Rut. J'ai eu le bonheur de réussir partout, échouerai-je donc près de vous, Monsieur?

Tiv. (impatienté et d'un ton sec). Mon Dieu ! Madame, s'il faut vous parler franchement, eh bien ! je vous le dirai à regret, mais si l'affaire dépendait de moi, je ne pourrais vous promettre ce que ma conscience me reprocherait. D'ailleurs *il faut mettre un terme à des abus . . . déplorables . . . un exemple est nécessaire . . .*

Vᵉ Rut. Je vous comprends, Monsieur : parce que 2 ou 3 directeurs se sont rendus coupables de détournement de fonds, et qu'ils ont pu échapper au juste châtiment qui les attendait, vous voulez faire un exemple, c'est à dire que les innocents paieront pour les coupables.

Tiv. Non, Madame, ce serait souverainement injuste : (d'un ton solennel) la Justice, Madame, s'entoure de tous les renseignements propres à l'éclairer, avant de procéder à une *arrestation préventive qui lui répugne toujours.* Mais quand elle *s'est formé une conviction,* l'arrestation préventive est non seulement son droit, je dirai mieux, c'est son *devoir;* puis quand l'accusé comparait devant ses juges, ceux-ci condamnent ou absolvent ! Mais je vous le dis en toute sincérité, Madame, si les tribunaux acquittent des gens arrêtés préventivement, c'est que d'une part *ils aiment mieux absoudre dix coupables que de condamner un innocent,* et que de l'autre ils lui *tiennent compte du temps passé en prison,* ce qui ainsi évite souvent des condamnations. Nous-mêmes, (se rengorgeant) nous les organes de la Loi, chargés de la pénible mission de poursuivre et de requérir, nous sommes *les premiers à renoncer à l'accusation* ou au moins à *réclamer la pitié des juges*, en faveur de l'imprudence ou de l'ignorance, souvent même en présence du repentir.

V° Rut. Dieu vous entende, Monsieur!

Tiv. (solennel). *Notre ministère* est comme celui du prêtre, sacré, mais bien plus terrible et plus inexorable. Nous représentons la Société, et notre devoir est de poursuivre les criminels, de les punir, tandis que celui du prêtre est de pardonner et d'absoudre; mais nous comme lui, nous ne relevons que de notre conscience.

V° Rut. Et de Dieu aussi, Monsieur, ne l'oubliez pas! (Se levant) Il y a certes de mauvais prêtres, les uns qui se rendent coupables de crimes, d'autres qui mentent à leur conscience; croyez-vous donc, Monsieur, qu'il n'y ait pas de juge prévaricateur qui pour satisfaire ses passions ou atteindre aux honneurs, n'impose silence à la voix de sa conscience? Et que diriez-vous d'un tel homme?

Tiv. (haut) *Ce serait un misérable!* Mais Dieu merci! la Magistrature est à juste titre trop haut placée dans l'estime publique, pour qu'un seul de ses membres se rende jamais coupable d'une pareille infamie. Jusqu'à présent d'ailleurs, aucun magistrat n'a été condamné dans l'exercice de ses fonctions.

V° Rut. Vous en êtes sûr, Monsieur? C'est peut-être que les loups ne se mangent pas entr'eux. — Adieu, Monsieur, j'ai partout trouvé un bon accueil, et j'arrivais chez vous pleine d'espérance. Je m'en retourne le cœur brisé, car je le vois, je le sens là, tout dépend de vous, et vous êtes inexorable, implacable.

Tiv. (colère). Madame!!! (se levant aussi). Brisons là, je vous prie.

Scène IV.

TIVIER, V° RUTTER, DOMESTIQUE.

Dom. (*remettant une dépêche à Tivier*). Voici une dépêche télégraphique adressée à Monsieur.

Tiv. C'est bien. (Domestique sort.)

Scène V.

TIVIER, V° RUTTER.

Tiv. (après avoir ouvert et lu la dépêche, d'un ton de colère concentrée). C'est bien cela, Madame; pendant que vous *implorez* pour votre fils, il se sauve, il passe à l'étranger. Est-ce vrai cela ?

Vᵉ Rut. (*effrayée d'abord*, *puis se remettant peu à peu*) Oui, Monsieur, c'est la vérité ; il ne le *voulait pas*, *l'imprudent*, (amèrement) il comptait sur son droit, sur ses juges. *Mais je* l'ai tant prié, tant supplié de quitter la France . . . qu'enfin il a cédé . . .

Tiv. Et pendant ce temps vous venez solliciter pour lui ses juges ; il a la conscience bien peu rassurée . . . puisqu'il . . .

Vᵉ Rut. Vouliez-vous donc qu'il restât en France, pour le faire languir 5 ans en prison, *comme* on l'a *condamné par défaut* ou plutôt *par surprise ?* Vouliez-vous que je sois obligée de le voir à travers les grillages d'une horrible prison ? Plutôt le savoir expatrié à jamais que de le revoir ainsi ! (amèrement) Vous teniez donc bien à l'avoir en votre pouvoir ?

Tiv. Moi, Madame ?

Vᵉ Rut. Je me retire, Monsieur ; j'ai fait pour mon fils, j'ai fait pour un *homme* innocent, tout ce que mon devoir me commandait ; si je ne connais pas *maintenant* les causes *réelles* de cet acharnement, un jour peut-être *les* apprendrai-je, mais du moins dès aujourd'hui je connais le *bourreau*. (D'un ton solennel) Puisse Dieu vous juger un jour comme vous aurez fait juger mon fils, et ce sera justice ! (Elle sort)

Scène VI.

TIVIER.

(Se promenant à grands pas dans sa chambre.) Va vieille folle . . . Tu as beau dire et beau faire, ton fils y passera ; malgré sa résistance, malgré les rapports favorables de ces gens de la police, (haussant les épaules) qui ne comprennent pas à *demi-mot* . . . *impossible de laisser ces rapports dans le dossier.* — Mais je suis furieux contre cet imbécille de Président, il est *mou comme* . . . Aller dire que tout dépend de moi . . . n'avoir pas eu le courage de condamner séance tenante . . . et mon drôle qui maintenant a quitté la France.

Une belle affaire, quand nous l'aurons fait condamner, alors qu'il est loin. Mais patience, patience, le bras de la Justice peut atteindre partout. (Se rasseyant) Toute la faute en définitive vient de ce Meignant : avoir autorisé la liberté sous caution quand je lui avais tant recommandé cette affaire et promis une place de conseiller . . . maintenant nous l'admettrons à faire valoir ses droits à la retraite. Mais ce niais de Président, je vais lui écrire, et s'il se figure tenir sa place de Premier président, il se trompe. (*Il veut écrire*)

Scène VII.

TIVIER, LEMIGNON.

(Lemignon va à *Tivier, ils échangent une poignée de mains* et Lemignon s'assied.)

Tiv. Eh! arrivez-donc, mon cher, je vous écrivais un mot pour vous prier de venir. Je ne suis vraiment pas content de vous. Comment! vous allez dire à cette femme, la mère de Rutter, que tout dépend de moi, et elle vient me relancer jusqu'ici. Vous faites de belles choses, allez; vous lui promettez l'acquittement de son fils.

Lem. (très embarrassé, timide) Dame! mettez-vous à ma place ... elle va voir les conseillers, qui l'engagent vivement à me visiter à la campagne où j'étais; elle vient ... j'étais bien forcé de la recevoir ... de causer ... n'est-ce pas? Eh bien! Elle discute l'affaire, je suis acculé de tous côtés; je suis bien forcé de convenir ... au moins ... qu'il n'y a rien ... de bien grave ... Je cherchais à m'en débarrasser comme je pouvais; je vous croyais à Paris, mon cher, je vous la renvoie. — Vous comprenez ... c'était un moyen ...

Tiv. Un mauvais moyen. Mais enfin est-ce que vous lui avez réellement promis l'acquittement?

Lem. Promis? Non, pas tout à fait ... mais ... fait espérer ...

Tiv. Mais à moi vous savez ce que vous avez promis, et en retour vous aviez la place de Premier président, Vous aimez mieux me manquer de parole.

Lem. Non, non, mon cher, mais je suis vraiment dans le plus grand embarras; j'étais arrivé, je crois, mais avec bien de la peine, à obtenir des conseillers la condamnation que je vous avais promise; l'arrêt est rédigé dans le sens que vous m'avez indiqué, il n'y manque que la peine ...

Tiv. Et maintenant vous ressemblez à une girouette, parce qu'une vieille femme aura été vous rendre visite. Enfin ... n'en parlons plus. La Justice se perd tous les jours par trop de faiblesse, trop de condescendance; c'est comme ce Meignant, je ne puis le garder plus longtemps, il est trop mou.

Lem. Vraiment, Meignant le procureur du roi. (Se rapprochant) Mon cher Tivier, vous m'avez promis pour mon fils la première place vacante de procureur du roi, et j'y compte. *Vous savez qu'on peut se fier à lui . . .* Ceux qu'il a poursuivis il a su les faire condamner tous, *pas un n'a échappé*. C'est beau, cela, vous devez en convenir.

Tiv. C'est beau en effet; mais vous m'avez bien promis la condamnation de ce Rutter, et maintenant . . .

Lem. (se lève, fait un ou deux tours dans la chambre, Tivier le suit des yeux, *puis il revient et fesant un grand effort sur lui-même il donne la main à Tivier*). Eh bien, oui, puisque vous y tenez tant, je vous le promets encore . . . du moins je ferai tous mes efforts.

Tiv. Comment? Est-ce que vous n'êtes pas maître de votre chambre?

Lem. Mais non, *pas entièrement . . . et puis cette femme* leur a tourné la tête à tous.

Tiv. Allons donc; voyons donc un peu, calculons les chances.

Lem. (s'asseyant) Sur les onze membres de la Cour, il y a trois meneurs, Grimal, Lorenz et moi, Grimal est contre nous, il n'y a pas à en douter, mais à cause de ses idées un peu avancées, il ne dispose que d'une voix. *Je dispose absolument de quatre voix* qui votent du bonnet : l'un dort, l'autre fait des vers, le troisième est un peu sourd, le quatrième ne fait rien du tout que des petits canards pour ses enfants, ce qui avec la mienne fait cinq voix seulement; Lorenz dispose de deux voix plus la sienne, mais c'est son ami intime, le Président qui a dit tout haut que cette affaire est un *délit imaginaire*.

Tiv. Comment? Est-ce que vraiment on a osé dire cela, et c'est le président Lemaire?

Lem. Certainement, c'est le président Lemaire : (à part) Attrape, ce n'est sûrement pas Lemaire qui sera Premier président. (haut) Ils ont beaucoup causé ensemble au sortir de l'audience, et je sais que ce *Lorenz suit assez souvent les* avis de son ami. J'avais tout essayé pour l'entraîner, c'était difficile; je lui avais expliqué que vous teniez essentiellement à faire un exemple . . . sévère . . . J'avais même été plus loin : je lui avais dit qu'il y aurait bientôt peut-être une place de Président vacante . . . et que s'il vous était agréable, en cette circonstance . . .

Tiv. Qu'avez-vous fait là? Je destinais cette place à un autre. J'avais promis . . .

Lem. (souriant malignement). Je devine . . . à la jolie Madame de Saint-Estèphe. C'est bien le moins une semblable compensation pour son mari; ma foi, je l'avais totalement oublié, et j'ai cru bien faire . . . voyons . . . réfléchissez, tout dépend de lui.

Tiv. Et le dernier conseiller? Si nous l'avions pour nous, nous aurions ainsi la majorité, puisque vous disposez déjà de cinq voix.

Lem. Oh! Quant à celui-là, il n'y a pas à y compter; il votait d'abord toujours avec moi, mais un jour que j'étais pressé, j'eus la maladresse de ne pas lui demander son opinion et de le ranger d'office à la mienne; il devint furieux et depuis ce temps, il vote invariablement contre moi.

Tiv. Je vous avais cependant choisi parmi les conseillers tous les anciens juges d'instruction et procureurs du roi pour former une bonne chambre, mais voyez-vous, la Justice se perd, comme je vous le disais; on ne peut plus rien obtenir. Enfin (d'un ton de regret et avec un soupir), puisqu'il n'y a pas d'autre moyen, il faut en passer par là, mais il faut en convenir, voilà une affaire qui coûte cher. Ah! à propos; comment s'est donc passée l'audience? Vous m'aviez promis de faire le rapport, l'interrogatoire et les plaidoiries le premier jour, le lendemain les répliques et de rendre l'arrêt de suite, séance tenante; le mandat d'arrêt était tout prêt et notre homme était coffré, tandisque maintenant . . .

Lem. J'ai eu bien du mal, allez; ce diable de Rutter n'est pas commode : quand je l'ai interrogé, il m'a répondu avec une netteté et surtout un sang-froid étonnant, il ramenait en sa faveur peu à peu les membres de la Cour.

Tiv. Vous ne les aviez donc pas prévenus?

Lem. Pardon; je leur avais bien répété ce que vous m'aviez dit : que tous les livres qu'il apporterait étaient faits pour les besoins de la cause, que tous les industriels de Paris avaient de ces boîtes à double-fond, etc. Je lui posais 3 ou 4 questions à la fois pour l'embarrasser, et quand il avait répondu à une seulement, je lui en posais d'autres. Croyez-vous qu'il avait l'audace de m'interrompre et d'avoir réponse à tout. Quand j'y pense encore! J'ai dû lever la séance 3 ou 4 fois chaque jour pour ranimer le courage des membres de la Cour, et je dois vous l'avouer ici, s'il n'eut été question que de l'appel du jugement qui l'acquittait, je n'aurais pu empêcher qu'il ne fût confirmé d'emblée... heureusement que vous aviez eu la bonne idée de le faire condamner par défaut...

Tiv. (le flattant). Je n'en ai pas eu le premier l'idée, c'est bien vous, mon cher, qui me l'avez suggérée...

Lem. (se rengorgeant). Vous croyez? Au fait... oui ... c'est bien possible, mais enfin c'est à vous, qui avez si bien dirigé l'affaire qu'en revient tout l'honneur : assigné pour le 31 Décembre, jour où son avocat de Paris ne peut se déranger et où justement ce Rutter avait une affaire importante à Lyon, il demande la remise à huitaine et y compte. Il va donc à Lyon, et pendant qu'il y gagne son procès, crac, nous le condamnons ici par défaut à 5 ans de prison (se frottant les mains). Ah! *c'est un coup de maître!!*

Tiv. Oui, *mais c'est de bonne guerre.* Et dire que mon collègue de Lyon, le Procureur général ne trouve pas moyen de l'arrêter; on se doit cependant cela entre collègues, à charge de revanche, *sub oblatione reciproci*, comme disent les Allemands. Je le lui avais tant recommandé, et c'est si facile, pour réparer la sottise de ce Meignant qui le laisse échapper; aussi, voyez la belle affaire maintenant, Rutter a quitté la France.

Lem. Ah! (respirant longuement). Eh bien, tant mieux! j'en suis bien aise. Cela fera bien aux yeux de la Cour... et puis...

Tiv. Et puis cela soulage votre conscience, n'est-ce pas? Et l'avocat général, M. de Bigora, comment a-t-il plaidé?

Lem. Ne m'en parlez pas, il a cette fois horriblement mal plaidé; sa voix de crécelle nous agaçait, et puis il est si laid et si prétentieux, quelle figure de...

Tiv. De chafouin, voulez-vous dire?

Lem. Il prétendait toujours trouver dans les écrits de Rutter, dans son prospectus le *germe* du délit, comme si un germe était tout, et surtout quand des 31 témoins entendus, *pas un* ne sait lire (haussant les épaules); il n'avait donc pas le sens commun, et c'est fort heureux qu'on n'ait pas fait attention à son réquisitoire. Ah ça! Est-ce qu'il est vraiment noble, ce M. de Bigora?

Tiv. Noble? (haussant les épaules). Laissez-moi donc! Son grand père se nommait Martin, le père Jean Martin tout court; son château était une misérable chaumière, ses propriétés un petit verger tout planté de cerisiers d'une espèce particulière appelée Bigaro. Un de ses aïeux avait eu la bonne idée d'acheter un ancien cimetière et d'y planter des cerisiers qui produisirent des fruits vraiment magnifiques ; il vendait ses cerises aux châteaux des environs et les fesait porter par ses enfants ; mais comme dans le pays, il y avait beaucoup de Martin . . .

Lem. (finement). Comme partout d'ailleurs.

Tiv. On les appela Martin des Bigaro, si bien que dans l'acte de baptême du fils, ce surnom s'y retrouva par bonheur. Le petit-fils était très gentil à ce qu'il paraît, ou plutôt à ce qu'il ne paraît plus.

Lem. Comment ! c'est M. de Bigora.

Tiv. Certainement ; il annonçait d'assez heureuses dispositions qu'un brave curé cultiva, puis les Bigaro étant à leur aise, on lui fit faire ses études, et par la protection d'un château des environs il entra dans la Magistrature. Mais Monsieur trouva le nom de Martin trop commun, celui de Bigaro trop compromettant ou trop ridicule ; il eut la bonne idée de changer l'*a* en *o* et l'*o* en *a*, et voilà comment M. Martin dit Bigaro se nomme maintenant M. de Bigora. Ce n'est pas plus malin que cela, mais ça sonne mieux.

Lem. (qui a ri aux dernières paroles). Ah ! vraiment ! mais c'est charmant cela ! ! Et lui qui hier encore me parlait de ses ancêtres, de leur château situé dans un pays magnifique...

Tiv. (en plaisantant). Oui, sur les rives de la Garonne.

Lem. (sérieusement). Non, en Auvergne . . . Et moi qui le croyais ! A qui donc se fier, oh ! mon Dieu ! ! Je vais raconter cela à ma femme, qui le racontera à la Préféte, qui . . .

Tiv. Gardez-vous en bien, mon cher ; nous appartenons tous à un même Corps, et devons empêcher le ridicule de tomber sur l'un de ses membres ; nous sommes tous solidaires.

Lem. (ouvrant de grands yeux). Vous croyez ? C'est dommage, car c'est une bien jolie histoire.

Scène VIII.

TIVJER, LEMIGNON, DE BIGORA.

Le Domestique annonce : M. de Bigora.

Tiv. (se lève et va lui serrer la main ; le Président le salue, tout en cachant son envie de rire). Eh, bonjour, M. de Bigora ! nous parlions justement de vous. M. le président me racontait quelle éloquence vous avez déployée l'autre jour dans l'affaire Rutter. Je voulais d'abord porter moi-même la parole, des douleurs m'en ont empêché . . .

Lem. (à part). Je crois bien, il expie ses péchés de jeunesse.

Tiv. Mais Rutter n'a pas lieu d'être satisfait du change. Vous avez charmé la Cour, vous l'avez convaincue, du moins je l'espère, et je ne manquerai pas dans mon rapport à son Excellence, de faire valoir tous vos mérites et de lui indiquer la part importante que vous avez prise au succès de cette affaire. Le vrai mérite est modeste, M. de Bigora, et ne sait pas se faire valoir; vous n'avez pas même encore la croix, mais je me fais fort de l'attacher moi-même à votre boutonnière.

De Big. (avec emphase). Je vous remercie bien sincèrement, M. le procureur général, ainsi que M. le président, mais vous évaluez trop haut mon faible mérite. J'ai fait ce que j'ai pu, mais je crois vraiment lui avoir brisé les os à ce petit Monsieur; j'ai démontré clair comme le jour (il accentue, élève le pouce et l'indicateur, puis les abaisse successivement) que le *germe* des mensonges des agents se retrouvait dans les écrits du prévenu; j'ai montré son habileté, son génie, prouvé qu'il était d'autant plus dangereux qu'il était plus intelligent, et demandé qu'on fit un exemple sévère qui portât dans l'âme des *industriels* une terreur salutaire de la Justice. Je n'ai fait que mon devoir en *obéissant à la voix de ma conscience*, et je serais bien heureux que la Cour vînt par son arrêt confirmer mon opinion.

Lem. Je ne puis connaître encore l'opinion de la Cour, mais soyez certain, M. de Bigora, que votre réquisitoire lui a fait plaisir; elle vous a écouté dans un respectueux silence et vos paroles éloquentes ont fait sur elle une grande impression. C'est ce matin que doit être rendu l'arrêt, nous allons le prononcer de suite.

De Big. Dans ce cas, veuillez m'excuser, M. le procureur général, je n'ai pas de temps à perdre pour me rendre à l'audience; j'aurai l'honneur de vous revoir ensuite pour l'affaire Durand.

Tiv. (lui donne une poignée de main, se lève et le reconduit). Au revoir, M. de Bigora (de Bigora sort).

Scène IX.

TIVIER, LEMIGNON.

Tiv. Voyez un peu M. Martin-Bigaro; il n'est pas satisfait d'avoir déployé tant d'éloquence et de ne recevoir que la croix; c'est peut-être ma place qu'il voudrait avoir!

Lem. (haussant les épaules). Cela fait vraiment pitié ! C'est bien malheureux que je ne puisse pas raconter son histoire ... à ma femme seulement ?

Tiv. Non, impossible. Mais laissons-le tranquille et revenons à notre affaire. Ainsi donc, voilà qui est entendu, notre homme est condamné, mais nous n'avons pas encore parlé de la peine.

Lem. C'est vrai ; que pensez-vous de six mois ?

Tiv. Six mois ? A quoi pensez-vous donc ? S'être donné tant de mal pour si peu.

Lem. Eh bien ! mettons un an.

Tiv. Comment, un an ? Il resterait dans la prison départementale où les sympathies du public l'accompagneront, et il ne tarderait pas à recouvrer sa liberté. Non, non, il faut le mettre dans une prison centrale ; il est énergique et dangereux, le gaillard, il faut proportionner la dose ; autrement, en sortant de prison il serait capable de crier, de se plaindre ; mais je vous réponds qu'avec trois ans de prison il sera bien maté.

Lem. Oui, mais les avocats, les avoués, le greffier, l'huissier, tous ceux qui ont assisté aux débats et qui vont partout disant qu'il est acquitté, qu'il est impossible de condamner. Si seulement vous aviez pu trouver la preuve de quelque détournement qu'il aurait fait ...

Tiv. Impossible, mon cher ! j'ai encore reçu il y a 2 jours un troisième rapport, toujours favorable, malgré mes recommandations réitérées de chercher dans son passé, d'interroger ses ennemis, bien que je leur ai souligné, entendez-vous, souligné, *qu'on devait trouver quelque chose ;* il ne m'ont pas compris. C'est incroyable comme cette police est mal faite là bas ! Mais enfin, puisqu'il a quitté la France, qu'est-ce que cela peut faire un an ou deux de plus ?

Lem. C'est juste, vous avez raison, mais 3 ans, c'est trop, ils crieraient tous ; mettons en deux et n'en parlons plus. Peu vous importe aussi, puisqu'il est hors de votre pouvoir.

Tiv. Vous croyez ? (menaçant de la tête) C'est ce que nous verrons. Il m'a donné trop de mal, je tiens à sa conservation et je veux l'avoir près de moi : la Justice a le bras assez long pour aller jusqu'en Belgique, jusqu'en Amérique s'il faut, le chercher. — (Changeant de ton.) A propos, l'affaire Durand vient ensuite, je voulais aussi vous en parler ; cet homme m'a été bien chaudement recommandé. J'ai été obligé de promettre ; voyez donc, s'il n'y aurait pas moyen . . .

Lem. C'est sans doute Monseigneur? . . .

Tiv. Non; c'est le président de la société de St Vincent de Paul, un homme qui a la plus grande influence; j'ai promis.

Lem. C'est comme moi : Monseigneur est venu me voir dernièrement et me l'a si chaudement recommandé, que j'ai promis aussi de faire tout mon possible. C'est bien difficile, lui ai-je fait observer : cet homme a déjà fait trois fois faillite et a été chaque fois poursuivi pour banqueroute frauduleuse; il a les plus détestables antécédents, des notes déplorables; mais Monseigneur me l'a dépeint comme un très honnête homme, père de famille d'une conduite exemplaire, seulement malheureux en affaires. Ce qu'il y a de plus extraordinaire, vous connaissez Letier, ce conseiller attaché à ma chambre, un homme très intelligent d'ailleurs, il n'a jamais voté autrement que moi; eh bien! hier je le rencontre, il me parle de cette affaire et me dit positivement : qu'il avait toujours fait tout ce que j'avais voulu, mais qu'il espérait qu'à mon tour je lui serais agréable une fois et que je ferais acquitter ce Durand. Comme je lui en démontrais l'impossibilité, il m'a répondu en propres termes : si vous voulez que je continue à être de votre avis, cet homme sera acquitté, sinon je voterai toujours contre vous. Eh bien! qu'en dites-vous?

Tiv. Je dis que voilà un gaillard bien chaudement appuyé. Mais est-ce que ce Letier ne fait pas partie de la société de St Vincent de Paul?

Lem. Ah c'est juste; il en est le trésorier ici.

Tiv. Je comprends tout maintenant : le président de Paris lui-même me le fait recommander, chaudement, je vous assure; le trésorier, cela va dans l'ordre, l'évêque aussi s'en mêle . . .

Lem. Eh bien! Qu'en pensez-vous?

Tiv. J'en pense, j'en pense? Que ferions-nous de cet homme et à quoi bon nous susciter des ennemis . . . ? Acquittez-le.

Lem. C'est aussi ce que je pensais . . . On ne peut d'ailleurs pas toujours condamner : nous condamnons aujourd'hui, nous acquittons demain, . . . et puis . . . et puis . . . *cela fait compensation.*

Tiv. A la bonne heure, mon cher; voilà qui s'appèle parler; il n'y a que le premier pas qui coûte et il a dû être fait depuis longtemps. Vous allez être Premier president, nous devons toujours nous entendre et ne pas avoir de secrets l'un pour l'autre, n'est-ce pas? Pour bien diriger la Justice, il est essentiel que le Procureur général et le Premier président s'entendent . . . *comme aujourd'hui* . . . et alors cela va tout seul.

Lem. Ma foi, vous avez raison, mon cher Tivier. (Rapprochant sa chaise et d'un ton confidentiel, en se balançant.) Voyez-vous, j'étais tout à l'heure aussi niais qu'à 25 ans, de renoncer ainsi à cette place de Premier président, le but de mon ambition, et cela pour une personne que je ne connais ni d'Eve, ni d'Adam, et qui ne m'est nullement recommandée. J'étais alors juge sous l'Empire; quand les Bourbons sont venus je voulais donner ma démission, cela me coûtait de prêter un second serment; mais comme je n'avais pas de fortune, mes parents m'en empêchèrent. Napoléon revint, je prêtai le troisième serment avec une véritable joie; quand il succomba après les Cent jours, j'étais bien mal noté, et la famille de ma mère qui est de bonne noblesse, dut solliciter bien longtemps pour que je pusse conserver ma place à laquelle je tenais alors; et de quatre. Mais comme sous les Bourbons il fallait être noble et surtout bien noté pour parvenir, je végétai ainsi 9 ans et n'avais en perspective qu'une place de Vice-président ou de President dans quelque coin pour bâton de maréchal. Et cependant je travaillais avec ardeur et conscience surtout, on le savait : y avait-il quelque grosse affaire, bien compliquée, j'en étais toujours chargé. Le président était un jeune cadet de bonne famille qui n'ayant jamais rien fait, ne savait rien et s'en rapportait à moi; l'autre juge était un avocat qui avait fait son droit sous la République ou plutôt un cours de droit public en plein vent, du moins je l'en ai toujours soupçonné; mais n'ayant pas de fortune, et de clients pas davantage, il avait été très heureux d'obtenir cette place; aussi le vieil avocat craignant toujours qu'on ne se rappelât ses anciennes opinions républicaines, votait toujours avec le président, un royaliste enragé, et le président comme moi; vous le voyez, j'étais tout le tribunal. Dans une affaire très grave et très importante d'un marquis ancien émigré contre un ex-fonctionnaire de l'Empire, le président contre son habitude, se charge du délibéré; il ne pouvait cependant y avoir l'ombre d'un doute : le procès fait par le vieux marquis n'avait pas le sens commun; il aurait pu le gagner avant la révolution, mais avec le nouveau code c'était impossible.

Néanmoins le président lui donne raison ; je résiste, mais il tient bon, et *comme il avait pour lui le troisième juge*, le marquis gagne son procès. Un mois après, mon président était conseiller.

Tiv. *Cela ce comprend :* dans ce temps-là, tout était livré à l'intrigue et à la corruption ; avec un brevet de noblesse ou un *certificat* de fidélité à la bonne cause, comme ils disaient, on passait partout. Heureusement qu'il n'en est plus ainsi maintenant. Et le marquis a sans doute aussi gagné en appel ?

Lem. A plus forte raison et sans délibéré, vous le comprenez.

Tiv. Parbleu !

Lem. La place de président fut donnée au vice-président, je pensais obtenir celle-ci, j'y avais certes droit. Eh bien ! pas du tout. Ce vieux enragé de marquis avait su ce qui s'était passé, il était rancunier, je restai juge comme par devant.

Tiv. Vous n'avez sans doute pas fait une seconde brioche semblable.

Lem. Oh non ! la leçon était assez bonne pour ne pas l'oublier. Le nouveau président était un vieux brave homme, pas bien fort, et il n'y eut ainsi pas grand changement dans le *tribunal*. Je retrouvai *bientôt* l'occasion *que* j'avais si sottement perdue : dans le délibéré d'une affaire très importante, la *solution dépendait du point de vue d'où l'on examinait l'affaire.*

Tiv. (finement) Cela ce voit souvent.

Lem. (naïvement) Vous avez bien raison. J'étais sollicité par les deux parties, leurs parents, leurs amis ; le délibéré dura longtemps, j'eus le temps ainsi de choisir mon point de vue. Je fus nommé Président d'emblée.

Tiv. *Et voilà comment on devient Président.* La leçon vous avait profité, et vous n'aviez reculé que pour mieux sauter.

Lem. Alors arrivèrent les glorieuses journées de Juillet. Comme chef du tribunal, et quand le mouvement fut bien dessiné, le succès bien assuré, je rédigeai une adresse au Lieutenant-général du royaume ; elle arriva l'une des premières ; je prêtai bien entendu mon cinquième serment avec un enthousiasme extraordinaire, et quelque temps après je reçus la croix. Un an plus tard, j'étais conseiller, puis président de chambre ; (s'inclinant) je devins votre ami et . . .

Tiv. Et bientôt Premier président. Comme vous j'ai prêté serment sous l'Empire, et comme vous j'en suis à mon cinquième ; je poursuis avec acharnement les Républicains, Impérialistes,

Henriquinquistes, (bas et confidentiellement) mais vienne un autre gouvernement, je prêterai très volontiers un sixième serment. Mon dévouement leur est acquis à l'avance, s'ils acceptent mes services, que je devienne Procureur général de la République, ou Procureur général Impérial.

Lem. Voir même Accusateur public, n'est- ce-pas?

Tiv. Peu importe; le nom ne fait rien à la chose, mais ce titre est un peu crû, et n'est plus en usage en France. Voyez-vous, ce que nous servons, ce n'est pas le gouvernement.

Lem. Non, c'est la France que nous servons.

Tiv. Parbleu, puisque c'est elle qui paie.

Lem. Vous avez bien raison, et nous aussi un peu . . . Charité bien ordonnée commence par soi.

Tiv. C'est juste. (Ils rient tout doux et se frottent les mains.) Confidence pour confidence: j'ai été bien longtemps aussi dans une petite ville et je désespérais d'en jamais sortir. Heureusement qu'une jeune fille me trouva de son goût, je jouai l'amoureux; mais sa famille qui était noble, fort riche et très influente, s'opposait à notre mariage. Par bonheur une domestique du château accoucha secrètement d'un enfant dont le cadavre fut trouvé dans l'étang; le bruit public prétendait que le père de ma future n'y était pas étranger; certes (souriant d'un air équivoque), je ne le crois pas; mais c'était possible, et en tout cas c'eut été fort désagréable pour lui d'avoir des démêlés avec la Justice, l'affaire pouvait aller loin. Bref, il se départit de ses rigueurs, me donna sa fille, une fort belle dot, et comme ma femme aimait beaucoup le bal et détestait les petites villes, une place d'Avocat général par dessus le marché. J'étais lancé tout comme vous et je parvins plus tard au poste que j'occupe (avec un soupir), depuis bien longtemps déjà.

Lem. Maintenant je suis arrivé au but de mon ambition; je n'en aurai plus que pour mon fils, mais j'en aurai pour deux, et je le pousserai. Je puis compter sur vous, n'est-ce pas?

Tiv. Comptez sur moi, mon cher Lemignon. Quant à moi, je ne vous le cache point, je m'ennuie ici, si loin de Paris, le centre de la vie, des plaisirs et des honneurs. Je suis très riche par ma femme, j'ai fait de très grandes économies, je pourrais y mener grand train, faire honneur à la place qu'on me confierait, et . . . vienne une bonne affaire, j'espère bien y arriver. Pensez donc aussi, notre Cour royale depuis 5 ans est montée du Nº 22 qu'elle occupait sur la liste de répression des crimes et délits au N° 5, c'est énorme; je voudrais bien avoir le quatrième rang après les grandes villes, cela compte beaucoup.

Lem. Je vous comprends, vous voudriez une place de conseiller à la Cour de cassation à Paris.

Tiv. (haussant les épaules) Allons donc! à la Cour des *gan* . . . . . des invalides, pour ne pas me servir du terme impoli mais énergique que les *médisants* emploient. Je suis trop jeune, trop actif pour aller m'y enterrer.

Lem. (interrogeant) Vous voudriez changer votre siège contre celui de Paris?

Tiv. Peut-être!

Lem. (ouvrant de grands yeux) La simarre du Garde des sceaux?

Tiv. Eh mon Dieu! pourquoi pas? Ne suis-je pas du bois dont on les fait? Procureur général! Si seulement je pouvais avoir la chance des Belliart et des Marchangy, avoir quelque bonne conspiration républicaine ou légitimiste; je suis chaudement appuyé à Paris, on m'a secrètement communiqué mon dossier, j'ai de belles chances! (tout rêveur.)

Lem. Oh! je sais que vous êtes habile; votre chambre correctionnelle dont je suis président et que vous avez vous même composée, a fait merveilles, je puis le dire hautement; votre chambre du conseil casse toutes les ordonnances de non-lieu rendues par les tribunaux du ressort; la chambre civile au contraire confirme toujours.

Tiv. Oui, c'est ma chambre d'évêques, comme je l'appèle. (Tirant sa montre) Mais laissons tout cela, parlons de notre affaire : je compte donc sur vous, allez réunir vos conseillers, enlevez-moi cela. (Se levant et Lemignon aussi) Adieu, au revoir, 3 ans, n'est-ce pas, au moins 2, je ne suis pas content à moins. Je vais préparer un petit article que je ferai paraître dans les journaux judiciaires de Paris; ce sera foudroyant.

Lem. Au revoir, mon cher (il sort après un échange de poignées de main).

Scène X.

TIVIER.

Quelle girouette que ce Lemignon; mais au fond c'est un brave homme, il fait tout ce que je veux, et cela me fera un excellent Président, je serai seul maître. Comme il vous préside bien une chambre! (imitant) Quel air de dignité, de majesté quand il écoute ; quel air de sévérité et de dédain quand il interroge les accusés. Vraiment on croirait voir une de ces antiques figures de Président à mortier au Parlement ! (riant) Et dire que c'est le fils d'un maître de danse, qui en apprenant les entrechats à la fille d'un conseiller au Parlement, lui donna des leçons d'amour, et la révolution aidant, le citoyen Lemignon épousa la citoyenne La Richerie. On se ressent toujours de son origine, et quand il vous reçoit, il est toujours à la troisième position, comme monsieur son papa. Bon chien chasse de race. (Il va s'asseoir.)

Ce qui est désagréable, c'est cette pauvre Anaïs qui grille d'être appelée Madame la Présidente ; je le lui avais bien promis et je lui dois bien cela, c'est vrai, mais ce n'est pas ma faute, et elle attendra bien un peu. Depuis quelque temps d'ailleurs, elle fait la coquette avec le Préfet. C'est cela, je ferai le jaloux, j'aurai l'air de m'être vengé ; il y aura racoommodement, ce que j'aime beaucoup . . . et la première place de Président vacante sera pour elle . . . non, pour son mari. (Il se frotte les mains.)

Scène XI.

TIVIER, *Comtesse de* VILLA-HERMOSA.

Domestique annonçant : Madame la Comtesse Villa-Hermosa.

Tiv. *(étonné, ne sait ce qu'il doit faire ; néanmoins il se remet bientôt et va au devant d'elle)* Je suis vraiment heureux de votre visite, Madame la Comtesse.

Comt. (stupéfaite) *M. de Neuville !*

Tiv. Pardon, ici je suis le Procureur général.

Comt. Vous ne m'attendiez pas, n'est-ce pas, mon cher ?

Tiv. Je vous l'avouerai franchement, je n'aurais pas osé compter sur ce bonheur, c'est une bien aimable surprise. (Il l'invite à s'asseoir sur le divan ; ils s'y s'asseient tous deux.)

Comt. Ah ! vous êtes M. de Neuville à Paris et le Procureur général ici ; je comprends qu'il vous fût facile de servir ma vengeance. Eh bien, tant mieux !

Tiv. Qu'est-ce qui me procure le plaisir de vous voir ?

Comt. Plaisir, plaisir. Soit, si cela n'est pas, du moins vous êtes galant. C'est ce . . . Rutler, vous savez . . .

Tiv. Ah oui ! vous vous impatientez, je le conçois, mais patience, patience. Figurez-vous que jamais je n'ai rencontré résistance pareille, et que j'ai vu le moment où je n'en pourrais venir à bout, moi le Procureur général.

Com t. (radieuse) Vraiment!

Tiv. Oui, vraiment.

Com t. Il s'est donc bien défendu?

Tiv. Comme un diable.

Com t. N'est-ce pas qu'il est beau, qu'il est courageux? qu'on doit l'aimer?

Tiv. (stupéfait et se retournant vivement) Hein! Comment? Vous l'admirez maintenant? Est-ce que . . .

Com t. Tenez, mon cher, je veux être franche et sincère avec vous: ce Rutter, je l'ai bien aimé, n'est-ce pas, au point de me compromettre; ensuite je l'ai bien détesté, bien haï, aussi je m'en suis bien vengée. Quand j'appris son arrestation, je ressentis un souverain plaisir, en pensant à l'outrage qui m'avait été fait, et espérais que . . . je l'oublierais. Eh bien! Chaque nuit dans mes rêves, je l'ai vu dans une sombre prison, désolé, abattu, et toujours fier cependant; il ne daignait pas même m'adresser un mot de reproche et détournait seulement les yeux de moi avec un indicible mépris. Ce rêve venait chaque nuit m'assaillir, le souvenir me poursuivait partout dans la journée; impossible de n'y pas penser. Je savais jour par jour ce qui se passait chez lui : aussi quand j'appris sa mise en liberté, je me sentis soulagée et en éprouvai une plus grande joie encore qu'en apprenant son arrestation; puis je fus bien heureuse d'apprendre son acquittement, heureuse de son bonheur, heureuse de celui de sa mère : *j'étais fière de lui*. Il n'y avait plus à me le dissimuler : j'aimais, je l'aimais plus que jamais. Je voulus fuir : je quittai Paris, j'allai en Italie pour y passer l'hiver; je m'y ennuyai, je voulais oublier, mais son image me poursuivait partout, son souvenir occupait toutes mes pensées. Enfin, je n'y tins plus, et mon orgueil, oui, mon orgueil céda à l'amour. Je revins à Paris, hier, décidée à tout, mais j'appris qu'il venait de quitter la France, parce que vous avez interjeté appel du jugement qui l'acquittait. Je viens maintenant vous prier de suspendre les poursuites, de tout anéantir. (Se rapprochant de lui et d'une voix caressante) N'est-ce pas, je compte sur vous pour le faire acquitter.

Tiv. Impossible, Madame la Comtesse, la Justice est saisie, on ne peut suspendre son cours. On va d'ailleurs dans un instant prononcer son arrêt.

Comt. Son arrêt? Il est donc condamné?

Tiv. Mais certainement. Ne l'avez-vous pas désiré?

Comt. (se levant et en proie à une exaltation croissante). Oh non! cela ne sera pas, cela ne peut pas être. Je vous en prie, ne le perdez pas; je vous en supplie, sauvez-le.

Tiv. Avec la meilleure volonté du monde, c'est impossible, les conseillers délibèrent en ce moment.

Comt. Non, cette infamie n'aura pas lieu . . . Je saurai bien l'empêcher, moi . . . où sont-ils? J'y cours . . . je vais dire aux juges . . .

Tiv. Madame, je vous en prie à mon tour . . .

Comt. Non, je veux leur parler, je leur dirai tout . . . tout . . . car je l'aime . . .

Tiv. Oubliez-vous donc, Madame, à qui vous parlez?

Comt. A qui je parle? Non, non, à mon complice! oui, (élevant la voix) à mon complice!!

Tiv. (se lève, la force à se rasseoir, puis il s'assied et contraignant sa colère). Prenez garde à ce que vous direz, Madame; d'ailleurs personne ne vous croirait; on dirait que vous êtes folle.

Comt. Folle? Non pas encore . . . et rien, rien! ne pouvoir rien faire pour le sauver, moi qui l'ai perdu!!

Scène XII.

LES PRÉCÉDENTS, DE BIGORA.

De Big. (entrant d'un air rayonnant de joie sans voir la comtesse). Victoire, victoire, M. le Procureur général! L'arrêt vient d'être prononcé; nous avons deux ans de prison, quatre mille francs d'amende et les frais.

Comt (en entendant cette voix est devenue attentive, puis à part). Cette voix! . . . oh mon Dieu!!

Tiv. C'est bien (accentuant), M. de Bigora.

Comt. (se levant et se dressant en face de Bigora). Me reconnaissez-vous, Monsieur? (signe négatif de Bigora).

Tiv. (se frottant les mains et à part). Attrape, Mons de Bigora.

Comt. Non? Eh bien je vais aider à votre mémoire: 1810, mois d'Août, au château de Verrières.

De Big. (s'écriant). Villa-Hermosa!!

Comt. (ironiquement). C'est bien heureux que la mémoire

vous soit revenue. Vous ne demandez pas des nouvelles de votre enfant, Monsieur.

De Big. Mon enfant? (s'approchant et voulant lui prendre la main). Notre enfant?

Comt. Oui, Monsieur.

De Big. (avec sensibilité). Où est-il? que fait-il?

Comt. (d'un geste de mépris). Dieu m'en a débarrassée et je lui en sais gré (de Bigora tombe affaissé sur une chaise). (à part) Et pourtant je commençais à l'aimer, car c'était aussi mon enfant. (haut) Quel horrible supplice, si j'avais dû voir chaque jour le portrait du misérable qui m'a deshonorée, qui a tué mon père! Vous êtes un infâme!! (haussant les épaules) Cela fait pitié; ni cœur ni courage.

Scène XIII.

LES PRÉCÉDENTS, DOMESTIQUE.

Dom. (entrant). M. de Bigora, la Cour va rentrer à l'audience. (Il sort; de Bigora n'entend pas).

Tiv. Pardon, M. de Bigora, de vous déranger dans vos réflexions; mais l'affaire Durand va être appelée. N'insistez pas trop pour la condamnation : c'est un brave père de famille. (De Bigora se lève et se sauve.)

Tiv. (à part). Quel triste sire, le Bigaro! ça veut être Procureur général, mais ce n'est qu'une galette!!

Scène XIV.

TIVIER, LA COMTESSE s'asseient.

Comt. A nous deux maintenant, Monsieur... de Neuville. Mieux que personne, vous savez si Rutter est coupable.

Tiv. (calme) Il l'est, Madame, puisqu'il est condamné.

Comt. (sans paraître y faire attention) Ce que vous avez si bien su faire, vous seul pouvez le défaire; voyons, un peu de pitié...

Tiv. Impossible, Madame; son innocence serait-elle maintenant prouvée clair comme le jour, il n'est pas une puissance au monde, ni roi, ni chambre, vous entendez, qui puisse casser l'arrêt souverain qui vient d'être rendu.

Comt. Mais il y a la Cour de cassation...

Tiv. Pour la forme seulement; elle ne s'occupe nullement de la question de fait. Et je vous garantis qu'il n'y a pas le *moindre* vice de *forme*; (ironiquement) j'ai poursuivi moi-même l'affaire, et je connais mon code.

Comt. (se levant avec dédain) Condamné à 2 ans de prison, 4 mille Fr. d'amende! C'est une belle chose que la Justice!! *Elle vous accorde tout ce que vous lui demandez*, plus même que vous ne voulez, s'il s'agit de condamner. Vous devez être satisfait, M. de Neuville. (S'exaltant) Et vous croyez que cela se passera ainsi? que je ne parlerai pas? . . . Vous vous trompez, l'on connaîtra M. Tivier et M. de Neuville.

Tiv. (se lève furieux, crispant *les poings*, *serrant les dents*) Tais-toi, malheureuse, tais-toi . . . si tu dis un mot, un seul mot, je sonne, je te fais empoigner . . .

Comt. (ironiquement) En prison? tant mieux. On sera bien obligé de m'entendre.

Tiv. En prison, non pas, *mais dans un cabanon*, *comme* une *folle*.

Comt. Comme une folle! Je parlerai, j'ai tout mon bon sens, toute ma raison . . . On m'entendra, je donnerai des preuves . . .

Tiv. (réprimant sa *colère et ironique à son tour*) *Oui*, *nous connaissons ce genre de folie* . . . Il est assez commun, *mais on n'en guérit jamais* . . . Puis, ce n'est pas Madame la comtesse de Villa-Hermosa que se nommera la folle, ce sera Maria l'Espagnole, qui a disparu tout à coup et à laquelle personne ne pense plus.

Comt. Infamie! . . . mais la disparition de la comtesse Villa-Hermosa donnera lieu à des recherches . . . M. le duc . . .

Tiv. Elle disparaîtra, comme elle est apparue, comme Maria est apparue et a disparu. C'est une de ces comètes qui apparaissent de temps à autre sur la scène parisienne, *et M. le duc croira quo la comtesse* Villa-Hermosa, redevenue la Maria du Boulevard, a couru après son amant à l'étranger . . . Pendant ce temps . . .

Comt. Oh oui! je comprends votre plan : pendant ce temps, je deviendrai réellement folle, n'est-ce pas, folle de colère et de rage . . . comme *mon* père, comme mon pauvre père. (Elle se rassied et se cache la figure dans les mains.)

Tiv. (souriant) Vous m'avez parfaitement compris, Madame, et vous n'oublierez sans doute pas l'exemple que vous avez eu sous les yeux. Retenez *bien* ceci : si vous avez le malheur *de dire un mot*, *un seul mot*, soit ici, soit à Paris, soit même à l'étranger, à n'importe qui, à Rutter ou à tout autre, je le saurai (avec un grincement de dents et de rage), et je te le jure, je te fais arrêter partout où tu seras, fût-ce en Amérique, et coffrer dans un cabanon à Bicêtre. M'as-tu compris, Maria?

Com t. (relevant la tête, mais anéantie) Je comprends ... Monsieur; oui ... je saurai ... me taire. (Se levant, à part) Je parlerai, mais là où je me réfugierai, tu ne viendras pas me chercher. (haut) Adieu, Monsieur.

Tiv. (sec). Adieu. (Elle s'en va.)

Scène XV.

TIVIER.

(Il se lève et arpente la chambre à grands pas en montrant le poing.) Je te surveillerai toi et ton Rutter; je saurai bien vous empoigner tous deux, et quatre bons murs me feront justice de vous! Ah! tu es difficile à mater, mon gaillard, mais on en viendra à bout. Tu as pris la fuite, mais la Justice saura bien t'atteindre partout où tu iras. (Réfléchissant.) Oui, c'est bien cela : tu formeras sans doute un pourvoi en cassation contre l'arrêt qui te condamne : la Cour acceptera de toi une caution, tu rentres en France pour arranger tes affaires (frappant un coup de poing sur son bureau), et c'est là que je t'attends. Je te le jure, je te ferai arrêter, les prétextes ne manquent pas, et quand ton pourvoi sera rejeté, *car il le sera*, tu seras dedans et tu n'en sortiras plus. — Ou mieux encore, je te ruine, *ce n'est pour moi qu'un jeu;* on te met en faillite, et si tu ne viens pas te constituer prisonnier, tu deviens *Banqueroutier*, et tu es condamné aux galères. Il n'est plus alors une terre où tu sois à l'abri de ma vengeance, *il y a partout extradition.*

(Le rideau tombe.)

ACTE CINQUIÈME.

La scène représente une chambre d'hôtel à Bruxelles; d'un côté une table et une glace, de l'autre un secrétaire; chaises et fauteuil.

Scène I.

RUTTER.

(Il rentre et ôte son chapeau; il est pâle et défait; ses cheveux ont blanchi. Il se laisse tomber dans le fauteuil.)

Pas de lettre encore! Pas de nouvelles! et cependant c'était avant-hier que la Cour de cassation devait statuer sur mon pourvoi. Que d'angoisses! que de tourments!! La nuit, le sommeil me fuit, et j'arrose de mes larmes ma couche fiévreuse; quand enfin le matin je m'assoupis, des rêves affreux viennent me tourmenter : quel horrible cauchemar! Je me réveille en sursaut, j'espère avoir rêvé; non, c'est la triste, l'horrible réalité ... Je me rappèle ... (lentement). Condamné à deux ans de prison pour escroqueries!!... Il me semble qu'il est gravé sur mon front cet infâme arrêt, que chacun doit le lire. Oh! c'est à devenir fou!! Et toujours ce même supplice, le jour comme la nuit, éveillé comme endormi. Ma tête s'égare parfois, et j'espère devenir fou : ce serait si bon de perdre la mémoire, de pouvoir oublier!

Et cependant, il me reste encore une lueur d'espoir, mais bien faible : mon pourvoi en cassation a été accepté, ma caution admise. Je pouvais rentrer en France, l'on m'y engageait, le désordre de mes affaires m'en fesait un impérieux devoir. J'ai refusé obstinément : oh! cette fois j'avais peur, oui peur de cette Justice, de ce zèle outré et féroce, qui ne lâche qu'à regret sa proie, qui n'est satisfait que s'il la torture à son gré, s'il peut chaque jour récapituler le nombre de ses victimes et s'endormir au bruit de leurs sanglots. Je t'ai bien peu connue, implacable Justice, mais comme je te connais maintenant, trop tard hélas! Oh oui, Lebret, tu avais bien raison, toi, tu ne la connais que trop bien!!

Il y a trois mois, que j'étais heureux : j'étais riche, honoré, Léontine était à moi! Et maintenant, rien, plus rien, qu'un nom flétri, deshonoré!! Condamné comme ... (se cachant la figure dans ces mains, puis se levant en fureur). Misérables!!

Oser me condamner comme voleur, et être assez stupides pour reconnaître que je n'ai rien pris, rien détourné. Oh! quelle dérision! quelle infamie!! (Menaçant du poing). Oh! vous à qui l'on confie l'honneur des familles, vous chargés de punir les délits et les crimes, vous n'êtes qu'affamés de croix et d'honneurs; *et quand sciemment* vous condamnez des innocents, vous leur volez alors leur honneur, oh oui! c'est bien vous qui êtes des escrocs, des escrocs d'honneur!! (Il s'approche de la glace). Mes cheveux ont blanchi et je n'ai pas 25 ans. (Soupirant.) Allons, j'ai assez vécu. (On frappe.) Entrez.

Scène II.

RUTTER, DURAND.

Dur. (très bien habillé, badine à la main, très gai, ruban rouge à la boutonnière. Il s'avance vers Rutter et lui prend la main qu'il secoue, puis rapidement et d'un ton dégagé). Eh! c'est ce cher Rutter. Comment cela va-t-il? Vous êtes bien changé, mon cher, bien changé; c'est comme moi. Vous ne me reconnaissez pas? Vous savez : (se penchant, bas à l'oreille) Durand, votre compagnon de *pistole* à *Paris*. (Rutter tressaille.) Un heureux hasard m'a fait connaître votre adresse, j'ai appris par les journaux vos malheurs, mon cher, et j'y prends la part la plus vive.

Rut. Avez-vous été plus heureux que moi, M. Durand?

Dur. (un doigt sur la bouche). Chut! je ne m'appèle plus Durand, c'est trop commun, trop mal porté. Je m'appèle M. de Renneville; cela fait mieux pour voyager; ajoutez y un petit bout de ruban rouge, il n'y a plus de Français sans cela, et vous êtes ainsi un étranger de distinction. Vous me parliez de mon affaire *qui m'a procuré* l'honneur de votre connaissance : j'avais d'abord été condamné à 5 ans de prison, le maximum, rien que ça, par ces trois brigands de juges, que l'enfer confonde . . . (Rutter reste stupéfait de ce langage.) Impossible de leur faire entendre raison, de pouvoir se faire recommander près d'eux. Mais la Cour royale, c'est autre chose, parlez-moi de cela, enlevé d'assaut, acquitté d'emblée! Pensez donc, mon cher, parmi *les conseillers,* nous avions le *trésorier de la Société*, puis j'étais recommandé au Président par l'évêque, au Procureur général par notre Président, et chaudement, cela allait tout seul. Voilà des hommes qui connaissent la vie et ont de l'expérience : (reprenant son ton du 3ème acte) ils savent compâtir au triste sort d'une malheureuse femme malade et de sept enfants qui seraient obligés de mendier leur pain ou de tomber à la charge de la société de St Vincent de Paul, si le chef de la famille venait à subir une condamnation. (Reprenant son ton dégagé.) Parlez-moi de cela, c'est une fameuse invention que celle de *ces Sociétés de secours mutuels. Qu'en pensez-vous?*

Rut. Votre ton, votre langage, tout m'étonne en vous.

Dur. Ah oui! je suis un peu changé, n'est-ce pas? C'est le changement d'air qui a produit ce miracle; je m'en suis donné un peu de l'air (il rit), beaucoup même, comme vous. Cela vaut mieux que d'être sous clef.

Rut. Mais puisque vous avez été acquitté?

Dur. Ah oui! mais c'était la troisième fois déjà que je passais en correctionnelle, et vous connaissez le proverbe : tant va la cruche à l'eau, qu'à la fin elle se brise. J'ai eu peur de n'être plus aussi heureux une quatrième fois; c'est embêtant d'aller toujours en prison, et puis c'est sciant d'avoir sur les bras une femme et sept enfants. J'ai réuni les petites économies que j'avais su soustraire à la rapacité de mes créanciers, j'ai attendu une bonne occasion : un jour que la Société avait quelques valeurs assez importantes à toucher, car elle est bien riche cette chère Société, je fus chargé de les encaisser; j'en ai bien reçu le *montant, mais en revenant, je me trompai de chemin,* et au lieu de retourner au bureau, je me trouvai un beau jour à Bruxelles, et me voilà.

Rut. Mais vous allez être poursuivi, condamné; on obtiendra l'extradition . . .

Dur. Ta ta ta ta, impossible; je connais mon code mieux que vous : abus de confiance, simple abus de confiance, mon cher. *Je n'étais pas employé à gages*, je ne recevais que des gratifications, plus les tours de bâton. Ce n'est qu'un simple délit, donc pas d'extradition possible : je suis condamné par défaut, maximum, 2 ans; j'interjette appel, je fais défaut, on signifie l'arrêt; je forme opposition et ne comparais pas davantage, il y a arrêt définitif, et à partir de ce moment commence la prescription qui m'est acquise au bout de cinq ans. Pendant ces cinq ans, je voyage, je passe l'hiver en Italie, l'été dans les bains d'Allemagne; on y aime beaucoup les Français, surtout s'ils sont nobles et décorés, et qu'ils paient bien. Je ne joue pas, c'est trop bête, l'on est sûr à l'avance de perdre. Mais je danse; ah! Monsieur, je danse admirablement, tenez, voyez (il ait quelques pas de danse). A Paris je ne pouvais malheureusement pas me livrer à tous les charmes de ce plaisir, vous comprenez, une femme malade et sept enfants! Je danse donc, e fais la connaissance de quelque jolie fille de la nébuleuse Allemagne, je suis proscrit pour mes opinions politiques, ça fait bien, cela attendrit le cœur, on m'aime, j'aime beaucoup les femmes . . . si elles sont belles et riches surtout . . . j'ai tout ce qu'il faut pour cela, un beau nom, un équipage et un groom, l'on n'est pas trop mal, l'on a un certain chic, ou l'on prend un air rêveur, suivant l'occasion. Ou tenez, mieux encore : je fais la cour à quelque vieille douairière, comtesse ou marquise, peu importe, vieille mais riche plus elle est vieille et riche, et mieux cela vaut, vous comprenez (il rit) . . . J'accole à mon nom celui de mon épouse qui figure dans l'almanach de Gotha, puis peu à peu j'oublie mon nom, on m'oublie également, et quand dans 5 ans je rentre en France, ce n'est plus Durand, pas même M. de Renneville, mais bien (se rengorgeant) M. le comte ou M. le marquis . . . avec 50 mille livres de rentes; je n'épouse pas la vieille à moins. Voyez-vous, mon cher, j'étais né pour être noble; la nature, l'ingrate nature s'est trompée à mon égard, le hasard m'a été contraire, mais Dieu merci! nous savons le corriger . . . et de par mon habileté, je me ferai comte ou marquis. Je ne serai pas le premier noble de pacotille et je saurai me mettre à la hauteur de ma nouvelle fortune. Croyez-vous donc que je ne saurai pas faire au moins autant d'honneur à l'habit, que l'habit ne m'en fera . . . et combien y a-t-il de vrais nobles qui peuvent en dire autant? J'épouse donc.

Rut. Mais malheureux, vous êtes marié, père de sept enfants, vous seriez bigame . . .

Dur. Bigame! (Il rit aux éclats) Bigame!! (il recommence) Ah! la farce est bonne et bien jouée, ai-je ri, ai-je ri! Ça, ma femme, ça mes enfants? Je ne me suis jamais marié, pas si bête: (d'un ton important) c'eut été briser mon avenir! Ça, c'est la femme de mon frère, un bêta assez sot pour se marier en province, plus bête encore pour faire des enfants à sa femme. Je voulais entrer dans la société de St Vincent de Paul, mais pour cela j'avais besoin d'être marié, père de famille, cela pose toujours mieux. Qu'ai-je fait? Mon frère était mort, j'ai fait venir sa femme et ses enfants à Paris, je les ai fait passer pour miens, l'acte de mariage a servi . . . avec un léger grattage pour les prénoms; j'avais les profits sans les inconvénients. Tout est brûlé maintenant, plus de traces, je suis en règle avec la Justice sur ce point. Oh! je suis habile, allez.

Rut. Vous ne craignez pas la Justice des hommes, soit; mais celle de Dieu, vous osez la braver?

Dur. Celle de Dieu? Bah! je suis tout aussi bien en règle : je suis catholique et je connais mon catéchisme aussi bien que mon code. (D'un ton hypocrite) Je me suis confessé, Dieu a daigné m'envoyer la grâce efficace pour avoir la contrition en ce moment-là, j'ai reçu l'absolution et tout est dit. C'est lavé. Je n'ai donc plus rien à craindre, ni du Diable, ni de la Justice.

Rut. Misérable! Vous osez bien me raconter, à moi toutes ces infamies? Et vous ne craignez pas . . .

Dur. (tranquillement). Doucement, mon cher, doucement, ne nous fâchons pas; je n'ai rien à craindre de personne, puisque je suis en règle de tous les côtés, mais de vous moins que de tout autre, mon bel ami. Vous êtes condamné pour escroqueries, moi pour abus de confiance et par défaut seulement, l'un vaut l'autre; vous êtes ruiné, et moi, j'ai plus de trois cent mille francs; vous êtes désespéré, anéanti, et moi, je commence seulement à vivre (Rutter écoute tout stupidement). Mais, tenez, je vais vous parler franchement : vous avez un caractère franc, ouvert, vous m'avez plu, quoique d'abord je vous eusse pris pour un mouton en prison, et puis vos malheurs m'ont intéressé (Rutter lève les yeux au ciel). Eh bien! je m'ennuierais tout seul à voyager, j'ai besoin de causer, de m'épancher, nous voyagerons ensemble . . . à mes frais bien entendu . . . comme deux amis . . . Je vous offre mon amitié . . .

Rut. Assez, Monsieur, assez, je vous en prie. (S'échauffant) Je suis donc tombé bien bas, que vous prétendiez m'associer à vos infamies, que vous osiez m'insulter en face!! (Amèrement) C'est vrai, vous avez raison : je suis condamné comme vous, nous nous valons. Mais non! j'ai encore un espoir : la Cour de cassation peut admettre mon pourvoi.

Dur. Comptez là dessus et buvez de l'eau, mon cher. (Sérieux) Voyez-vous, la protection fait tout maintenant dans ce bas monde, et l'homme en avançant en civilisation ne devient ni meilleur, ni pire, il change seulement de vices : autrefois, la Justice était corrompue, elle se vendait au plus offrant et dernier enchérisseur! Aujourd'hui oseriez-vous proposer de l'argent à un magistrat, il repousserait vos offres avec mépris, il vous ferait même arrêter, nous en avons des exemples. Eh bien! ce magistrat qui aura repoussé votre or, faiblira devant la recommandation de quelque haut personnage et n'hésitera pas un instant devant la promesse d'un bout de ruban ou d'un avancement, pour changer du tout au tout son opinion première. La voix de sa conscience est bien vite devenue muette, et personne ne s'en étonnerait, tant c'est naturel, tant c'est ordinaire, légitime même! Vous voyez, mon cher, qu'à l'occasion je sais philosopher. Croyez-moi, faites comme moi, oubliez la France pour quelques années, venez avec moi, je vous ferai une remise sur la dot de ma femme et je réponds de votre guérison.

Rut. Non, merci; à aucun prix je ne vous suivrai.

Dur. Vous réfléchirez, mon cher, vous péserez mes propositions, et vous verrez que j'ai raison. Allons, au revoir.

Rut. Adieu.

Dur. (fausse sortie, revenant). Ah! à propos; vous avez connu aussi Chalin; il était avec nous en prison, quand j'eus l'honneur . . .

Rut. Oui.

Dur. Ah! en voilà un qui l'était!! Aussi comme il adorait sa femme, c'est dans l'ordre. J'ai toujours remarqué cela, tromper ou être c...; c'était, ou pour mieux dire, c'est ça une gaillarde, il lui en fallait : d'abord le commissaire ou son secrétaire, d'autres disent les deux, est-ce calomnie ou simplement médisance? Cela ne fait rien à l'affaire, un de plus ou de moins, ils lui ont servi dans cette charmante petite comédie que vous connaissez sans doute : escamotage de la femme et son remplacement par une amie, vous savez, de là flagrant délit, adultère.

Rut. Oui, oui . . . je sais. Je suis allé la voir comme je l'avais promis à ce pauvre Chalin, mais elle paraissait encore outrée et a juré de ne jamais le revoir. J'ai vu là une espèce de commis . . .

Dur. Alfred, l'amant de cœur, larges épaules, une mauvaise canaille qui sait s'en faire adorer . . . à coups de bâton (fesant le geste) pif, paf; il paraît que madame aime cela. M. Alfred est très jaloux, il se fait donner de l'argent qu'il va dépenser avec des filles, et quand il revient, . . . à moitié gris, il venge le mari, je vous en réponds. Elle ne l'en aime que davantage, comprenez-vous cela, et elle détestait son mari parcequ'il l'aimait trop. Quant à lui, le pauvre diable, il vient d'être condamné à huit mois de prison, après avoir fait 3 mois de prévention, qu'on ne lui décomptera pas, bien entendu; puis madame va obtenir séparation de corps et de bien, elle reprendra la dot qu'elle n'a pas apportée, mais que son imbécille de mari lui a reconnue, et pour cela fera vendre le magasin à son amant. Et quand mon homme aura fait son temps, il sera entièrement ruiné, il ne trouvera plus rien. Ah! pardon! je me trompe, il trouvera un joli petit poupon dont madame va accoucher, et elle pourra lui en procurer un tous les ans ... il en sera toujours le papa, (riant) c'est drôle, ça, hein! Mais c'est comme ça ... Vous ne me repondez pas ... il est bien aussi à plaindre que vous pour le moins. Allons, je vous laisse, vous réfléchirez à mes propositions; j'habite au n° 8 de l'hôtel, la chambre à côté, M. de Renneville; vous verrez, l'on s'habitue à tout. Allons, au revoir. (Il sort.)

Scène III.

RUTTER.

Cet homme avec son cynisme est d'une vérité effrayante : cette stupide Société s'agenouillera toujours devant le veau d'or. C'est vraiment à regretter d'être resté honnête et de n'avoir pas emporté les millions qui étaient à ma disposition. Eh bien, non! je ne le regrette pas : ma conscience est tranquille, elle n'a rien à me reprocher, et puis il y a un Dieu; il doit me faire rendre justice, lui, il ne laisserait pas condamner un innocent!! (La porte s'ouvre tout à coup.)

Scène IV.

RUTTER, Vᵉ RUTTER (habillée de noir, cheveux tout blancs).

Rut. Ma mère, toi ici! Eh bien?

Vᵉ Rut. (elle baisse la tête). Mon pauvre Charles! (Ils s'embrassent et pleurent.)

Rut. Comment? Mon pourvoi est rejeté?

Vᵉ Rut. Il l'est; j'ai eu beau voir le rapporteur, l'avocat général, rien n'y a fait, le président était contre toi cette fois encore.

Rut. C'est là une vengeance du président Cagne-Barry : j'ai eu le malheur d'avoir un procès contre son fermier qu'il soutenait, et le malheur plus grand encore de le gagner; c'est si doux la vengeance, surtout quand elle est si facile!!

Ve Rut. Tu ne m'en avais rien écrit.

Rut. Je ne voulais pas t'affliger à l'avance, et puis... ; je croyais qu'un juge devait laisser au seuil du Palais ses haines...

Ve Rut. Ils sont bien tous les mêmes. J'avais cependant bon espoir : j'avais eu des recommandations pour le rapporteur, il était pour nous ; j'en avais aussi pour l'avocat général, il ne nous était pas défavorable et m'avait promis de ne pas trop insister contre toi ; mais le jour de l'audience, il a été subitement changé, c'est le premier avocat général qui a siégé, tout exprès pour faire rejeter ton pourvoi. — Allons, courage, mon pauvre Charles, dis adieu à la France, oublie toutes ces injustices, tous ces juges ; cherche une autre patrie, tu es jeune, tu es actif, tu referas ta fortune, et je t'accompagnerai partout où tu voudras.

Rut. Mon pourvoi est rejeté ! Je suis définitivement condamné ; je suis un . . . (Il se cache la figure dans les mains.)

Ve Rut. Ne désespère donc pas ; tout le monde qui te connait a pris la plus grande part à ton malheur. Personne ne peut s'expliquer cet acharnement, un tel arrêt ; le rapporteur lui-même m'a engagé à former un recours en grâce près du roi ; il m'a promis que connaissant l'affaire il l'appuierait et il répond du succès.

Rut. Et qu'as-tu répondu ?

Ve Rut. Ce n'est pas une grâce que nous sollicitons, c'est justice que nous demandons ; je refuse et ne doute pas que mon fils ne soit de mon avis.

Rut. Merci, ma chère maman, tu n'as pas douté de moi (il l'embrasse). Demander grâce ? Mais ce serait s'avouer coupable, et dussé-je toute la vie être exilé de France, dussé-je être entièrement ruiné, être obligé de travailler comme manœuvre pour vivre, je préférerais tout à un acte qui à mes yeux serait une bassesse et cette fois mon deshonneur.

Ve Rut. Bien, Charles, bien !

Rut. Merci, ma mère, merci, d'être venue ici pour me consoler ; tu n'as pas plus reculé devant la fatigue d'un long voyage que devant la honte d'aller solliciter mes bourreaux.

Ve Rut. Pour toi, vois-tu, je donnerais mon sang, ma vie ; pour te rendre heureux je souffrirais tout. Mais hélas ! Je ne suis qu'une pauvre vieille femme à cheveux blancs, et ils n'ont pas de pouvoir près de ces gens-là. Ah ! si j'avais pu être accompagnée de notre pauvre Léontine, peut-être . . .

Rut. Léontine! (se cachant la figure). Et que dit-elle?

Ve Rut. Elle a bien pleuré, va; elle t'aimait sincèrement; il n'est rien qu'elle n'eut volontiers fait pour toi : elle voulait m'accompagner partout comme elle a fait une première fois, mais *sa mère s'y est opposée d'une manière absolue et elle était* bien désolée de ne pouvoir rien faire. Elle est venue avec moi à l'audience avant-hier, elle est tombée sans connaissance en entendant rejeter ton pourvoi, et moi, pauvre vieille femme, j'ai dû ranimer son courage.

Rut. *Quel trésor m'est enlevé; la perte de la fortune que* j'avais acquise au prix de tant de travail et de luttes n'est rien auprès d'elle, car jamais je n'associerai mon sort au sien, au sort d'une pure jeune fille celui d'un condamné.

Ve Rut. Sa mère m'a dit qu'elle n'y consentirait jamais; elle déplore ton malheur, mais elle retire sa parole; je me suis fâchée avec elle.

Rut. Elle a raison, ma mère; donnerais-tu ta fille en mariage à un . . .

Ve Rut. (lui mettant la main sur la bouche). Tais-toi; n'as-tu pas pour toi ta conscience?

Rut. (se levant terrible). Ma conscience! ma conscience? Mais voilà ce qui fait mon tourment, mon supplice, voilà ce qui depuis trois mois ne me laisse pas un instant de repos : si j'étais coupable, je baisserais la tête, et j'irais loin, bien loin cacher ma honte aux yeux de mes parents, de mes amis. Mais non : je suis innocent, ma conscience que j'ai interrogée cent fois, mille fois chaque jour et chaque nuit, me répond toujours : tu es innocent. Oh! alors, je sens bondir mon cœur et mon sang battre plus rapide; ma raison disparait, et ma tête en délire enfante les projets les plus terribles *d'une Vengeance* qui ne serait pourtant que Justice. Oh!! Si d'un coup de poignard je pouvais tuer tous ces misérables-là, eh bien oui! sans balancer, je l'aurais fait et ensuite crié à la Société : en ton nom, on m'a deshonoré, j'étais innocent, je ne puis vivre ainsi; délivre-moi de la vie maintenant que je suis coupable . . . oui! . . . je devenais assassin!! (Il retombe affaissé.)

Ve Rut. Patience, mon fils, patience : Dieu est juste, et sa Justice bien différente de celle des hommes, atteint tous les coupables, grands et petits; patience!

Rut. (amèrement) *Dieu t'entende, ma mère, si toutefois*

il y a un Dieu, car parfois je ne crois pas en lui et je me dis : non, il n'y a pas de Dieu !

Ve Rut. Tais-toi, tais-toi !

Rut. (plus haut) Non, il n'y a pas de Dieu ! Car il est, dit-on, toute Justice, et il permet de semblables infamies ; il est tout Puissant, et lui-même ne pourrait me rendre l'honneur qu'ils m'ont volé.

Ve Rut. Espère, enfant, espère ; tu ne sais pas ce que l'avenir te réserve ; c'est au moment où tout paraît désespéré, que dans sa grandeur, dans sa justice infinie, il atteint les coupables. Remercie-le de pouvoir jouir de la liberté, de n'être pas entre quatre murs.

Rut. L'on doit y devenir fou, et c'est peut-être à désirer ; au moins l'on oublie. Ah ! et quelle récompense a-t-on donné à ces gens qui ont su trouver et punir un aussi grand criminel que moi.

Ve Rut. Le Président est nommé Premier président de la Cour, le Procureur général officier de la légion d'honneur, et l'Avocat général chevalier.

Rut. Ces décorations sont le prix de mon honneur. Soyez en fiers de vos rubans rouges ! Et moi, . . . moi . . . leur victime, je suis flétri, deshonoré aux yeux de tous. Oh ! ma mère, il n'y a pas de Justice ici bas, y en a-t-il une là haut ? (Il se jette dans ses bras et pleure).

Ve Rut. Pleure, mon pauvre enfant, pleure, cela fait du bien, cela soulage.

Rut. Oh oui ! cela fait bien de pleurer dans le sein de sa mère. Pauvre mère ! que de mal je t'ai fait ! Moi qui t'aime tant, moi qui voulais te rendre si heureuse. Tes cheveux sont tout blancs maintenant, mais ne me le reproche pas, vois les miens, ils sont à moitié blancs. Pardonne-moi tous les tourments, tous les chagrins que je t'ai causés, et si tu m'en juges encore digne, donne-moi ta bénédiction. (Il s'agenouille.)

Ve Rut. (Etendant les mains sur sa tête) J'ai été une mère bien heureuse, et je suis malheureuse maintenant en te voyant dans le malheur, mais ce qui me console, c'est que le bonheur venait de toi, et le malheur . . . de ces misérables. Mon pauvre enfant, je te bénis. (Elle le relève et l'embrasse.)

Rut. Merci, ma mère, merci.

Ve Rut. Je suis venue pour te consoler, t'aider à supporter ton malheur ; tu as pleuré, je suis maintenant rassurée. Je t'ai apporté 2 ou 3 papiers qui ont besoin de ta signature. (*Elle tire de son sac de voyage quelques papiers qu'elle place sur la table.*) *Signe-les, je dois repartir sur le champ, la voiture m'attend en bas.*

Rut. (Tout en signant) Comment, ma chère Maman, me quitter si vite; ne pas rester un jour ou deux près de moi; puis tu es fatiguée . . . à ton âge, de si longs voyages . . . repose-toi un peu.

Ve Rut. Impossible, mon pauvre enfant; je le désirerais vivement, mais chaque jour de retard te cause des pertes considérables. Allons, reprends courage, le coup est dur, mais il ne faut jamais désespérer.

Rut. C'est vrai, tu as raison.

Ve Rut. Allons, bon courage et au revoir, je vais me dépêcher de tout finir, puis je viens te rejoindre et j'adoucirai les heures amères de l'exil. (Ils s'embrassent) Au revoir . . . reste là, au revoir et bon courage. (Elle s'en va.)

Scène V.

RUTTER.

Au revoir, as-tu dit? Non, c'est adieu, adieu à jamais! Pauvre mère! Quel coup affreux tu vas de nouveau ressentir, et personne cette fois pour te consoler! Oh si! Léontine t'aimera, à cause de moi, du moins je l'espère. C'est lâche ce que je vais faire, mais je n'ai plus de courage, et puis il vaut encore mieux être assassin de soi-même que des autres.

(En désespéré.) *Non, il n'y a pas de Dieu, il ne peut y en avoir : comme les animaux, comme les plantes, nous naissons sur cette terre par les lois de la nature, du hasard; un peu plus d'instinct que les animaux, c'est ce que l'on nomme intelligence; beaucoup plus de vices qu'eux, c'est ce que l'on nomme raison! Ici des malheureux qui vivent comme des bêtes, là des hommes qui nagent au sein de l'opulence; ici des criminels revêtus des honneurs, là des innocents flétris, deshonorés! L'intrigue réussit, la richesse est tout, la pauvreté seule est un vice! Est-ce là que j'irais chercher la preuve de l'existence de Dieu? Dieu, c'est le fruit de notre imagination! Non, il n'y a pas de Dieu!! Nous sommes sortis du néant, dans le néant nous devons rentrer; un peu plus tôt demande le malheureux, le plus tard possible répond l'heureux du siècle.* (D'un ton décidé) D'ailleurs, je vais bientôt m'en assurer par moi-même :

allons, c'est décidé, vite, il me reste encore une parcelle de de courage, profitons du moment.

(Rutter va au secrétaire, l'ouvre et sur la tablette qui s'abaisse il place un petit paquet blanc qu'il a pris d'un tiroir; il va ensuite à la table, remplit un verre d'eau, le place à côté du petit paquet; puis il prend un papier timbré et s'assied.)

Allons, j'avais tout préparé déjà dans un instant de désespoir, et cependant par moment j'espérais encore. Maintenant tout est fini. (Il ouvre le papier et lit).

"Ceci est mon testament:

Je donne et lègue à Madame Ve Rutter, ma mère, tout ce qui restera de ma fortune, pour elle en jouir en toute propriété; je la prie do donner un souvenir en mon nom à ma chère Léontine; je la remercie sincèrement du courage et de l'attachement qu'elle m'a montrés. Je demande pardon à ma mère de toutes les peines et chagrins que je lui ai causés, surtout dans ces derniers temps, alors que j'aurais tant voulu lui prouver combien je l'aimais, combien je l'aime. (Oh oui!) Quelle me pardonne ce dernier chagrin que je lui cause, mais je n'ai pas le courage de supporter l'existence; je suis à bout de forces. Que ma mère soit heureuse! C'est mon dernier vœu, comme mon dernier soupir sera pour elle. Je meurs sans le moindre regret, sans la moindre pensée de vengeance : la vie est une lutte, j'ai succombé, place au vainqueur! Le sommeil éternel m'attend; qu'il soit le bienvenu, j'ai besoin d'oublier.„

Je n'ai heureusement besoin que de dater et de signer. (Il signe). Voici les dernières lettres que trace ma plume.

(Il plie et va au secrétaire. On frappe, il s'empresse de mettre le verre d'eau et le petit paquet dans le secrétaire, le ferme, mais en laissant la clef et va ouvrir.

Scène VI.

RUTTER, *Comtesse* VILLA-HERMOSA.

(La comtesse entre habillée tout en noir et toute pâle; Rutter s'incline devant elle, celle-ci le fixe un instant.)

Comt. Vous ne me reconnaissez pas?

Rut. Non, Madame, veuillez m'excuser, mais . . . (Il cherche à se rappeler).

Comt. Cherchez bien dans vos souvenirs, M. Rutter.

Rut. Si vous savez mon nom, Madame, vous connaissez sans doute mes malheurs. (Elle fait signe que oui) Alors je dois vous avouer que j'ai (passant la main sur son front) presqu'entièrement perdu la mémoire des événements antérieurs à ...

Comt. La comtesse Villa-Hermosa.

Rut. (recule épouvanté) Ah oui! le bal!! le baiser!!! Je me rappèle maintenant! Vous ici, Madame? Oui, vous avez raison, vous venez jouir de mon malheur!

Comt. (lui tendant la main qu'il prend à regret.) Non, Rutter, non, vous méconnaissez mes sentiments; j'ai bien pris part à vos malheurs.

Rut. Je vous ai grièvement offensée, Madame, mais sans le vouloir; je vous ai franchement avoué ma position, mes projets de mariage ...

Comt. Et maintenant?

Rut. Et maintenant je suis un homme qui se dispose à cacher sa honte aux yeux de tous, dans les pays les plus lointains.

Comt. Je vous accompagne, Rutter.

Rut. Vous, Madame!! Oh merci (il lui presse la main). Vous avez un cœur généreux, noble, dévoué ... Oh merci!

Comt. Vous acceptez, n'est-ce pas?

Rut. Je refuse. Je pars seul, ma mère elle-même ne saura pas où je vais; le sais-je moi-même?

Comt. L'amour que j'ai ressenti pour vous était sincère; votre mariage ne peut se réaliser, laissez-moi vous suivre, Rutter, peu m'importe où vous alliez.

Rut. Impossible, Madame.

Comt. Charles, je vous en prie, je vous en conjure, (s'attachant à lui) emmenez-moi. Je n'avais jamais aimé, vous êtes mon premier, mon seul amour; je serai votre maîtresse, votre servante, votre esclave ... votre chien si vous voulez ...

Rut. (tristement) Merci, Madame, je ne puis plus aimer; je n'ai plus de désir, plus de passion, je le sens ici, (montrant son cœur) tout y est mort; je ne cherche qu'à oublier, et je vais dans le pays où l'on oublie ... j'y vais seul.

Comt. Je suis belle, dit-on, et puis je t'aime tant; veux-tu mon amour?

Rut. (branlant la tête) Non, Madame, je ne pourrais répondre à votre amour.

Comt. Je suis riche; veux-tu ma fortune?

Rut. (branlant la tête) Non, merci, j'ai assez pour ce qui me reste à faire.

Comt. Je suis puissante. Veux-tu la vengeance?

Rut. (ses yeux étincèlent) La vengeance! la vengeance!!

Comt. La vengeance pour ton amour, veux-tu?

Rut. Il est trop tard; les ressorts de la vie sont éteints en moi; je ne puis pas plus haïr qu'aimer; je n'ai plus d'énergie. (Rutter devient pensif et comme se parlant à soi-même.) Quand j'entrai dans le monde, sans fortune, sans appui, j'avais de l'ambition, mais j'avais aussi du courage, la lutte me plaisait. Maintenant je n'ai plus ni forces ni désirs, je ne ressens qu'un profond dégoût, un affaissement général. Deux chemins s'ouvrent devant moi: l'un à travers une plaine immense, déserte, sans fin, c'est la vie, mais avec le deshonneur et l'infamie; l'autre conduit à un précipice affreux, épouvantable, dont nul œil humain ne peut sonder la profondeur, c'est le vide, le néant. (La comtesse écoute attentivement) Eh bien! ce précipice avec ses vertiges, ses horreurs, son inconnu, je l'ai choisi; ce n'est qu'une minute à passer, minute terrible et solennelle; c'est un souffle inutile à rendre à la terre qui me l'a prêté! Je n'ai besoin de courage qu'une minute, et les misérables qui m'ont tué ne m'en ont pas laissé davantage.

Comt. (Après un assez long combat avec elle-même, elle relève la tête, et d'un ton décidé) Eh bien! moi aussi j'aurai du courage, une minute: c'est moi, moi seule qui pour me venger . . . (elle hésite).

Rut. (surpris et reprenant) C'est vous, qui pour vous venger . . .

Comt. Oui, c'est moi, infâme que je suis, qui vous ai fait poursuivre, (baissant la voix) condamner.

Rut. Vous, Madame, vous! Oh! ce n'est pas possible, c'est trop infâme!!

Comt. Oh! pardon, pardon! Oui, c'est moi qui pour me venger de votre dédain, des moqueries . . .

Rut. (la repousse avec colère, elle tombe à genoux.) C'est donc toi, infernale créature, qui m'as précipité dans l'abîme? C'est donc toi, la cause de cet acharnement qui me poursuivait sans cesse? C'est donc toi? (Il la saisit et la secoue rudement) Je tiens donc enfin ma vengeance! Et c'est une femme! (la repoussant) Une femme!! Mon Dieu, je vous en remercie, vous êtes juste, mais une femme!!! Tes complices, nomme-moi tes complices, parle (il la secoue de nouveau), mais parle donc, misérable . . . que je voie ton visage (il lui ôte les mains de la figure).

Comt. Pourquoi ne m'avoir pas tuée, Charles, je l'attendais de vous, je l'espérais.

Rut. (la secouant de nouveau) Parle, te dis-je, tes complices, tes complices?

Comt. Mes complices? La vengeance, n'est-ce pas? Eh bien! venge-toi sur moi : tu dois me haïr, tue-moi; tu veux te venger, torture-moi. Tiens, vois, je suis prête, ... je ne crierai pas ...

Rut. Belle vengeance; Je te torture, après? Je te tue, après? *N'en resterai-je pas moins deshonoré, et j'aurai un crime* à me reprocher. Et puis ... je ne te hais pas, je te méprise.

Comt. (se relevant d'un bond) *Tu ... me ... méprises?* ... Tu ne sais pas ce que c'est que d'aimer! Tu ne sais pas quel sang brûlant coule dans mes veines! Quel feu dans ma poitrine!! Tu ne sais pas que pour toi j'aurais donné ma fortune, mon honneur, ma vie, tout; oui, pour une heure, une minute à passer avec toi, car je serais morte d'amour dans tes bras ... Non, tu ne sais pas, tu ne sais rien!! Alors, tu ne peux comprendre quelle haine tu as excitée en moi, quels désirs de vengeance ... ils valaient mon amour!! — Et cependant *sous ces idées de vengeance, se cachait toujours le secret* espoir de t'avoir; je voulais t'avilir, te deshonorer, et je me disais : il sera à moi, bien à moi, tout à moi; à force d'amour je lui ferai tout oublier ... et dans mes rêves alors! ... Puis j'ai eu peur, je craignais que tu ne lises un jour dans mes yeux comme dans mon cœur, cet horrible secret; j'ai voulu te sauver, ... mais il était trop tard!! La Justice avait saisi sa proie, et (baissant la voix) elle ne la lâche jamais.

Rut. (amèrement) C'était bien combiné, Madame! Me *deshonorer pour m'élever jusqu'à vous.* Vous n'avez oublié qu'une chose, c'était de savoir si je survivrais à mon deshonneur. *Cinq minutes plus tard et vous ne trouviez plus qu'un cadavre!*

Comt. Un cadavre, oh mon Dieu! J'y avais bien pensé, aussi je suis venue aussitôt que possible après le rejet de votre pourvoi.

Rut. L'amour d'une mère a su devancer celui de Satan!

Comt. Votre mère était ici, Charles; pauvre femme, que je la plains! Je suis vraiment bien misérable, j'ai fait deux malheureux; comment réparer, oh mon Dieu! le mal que j'ai fait?

Rut. Le nom de vos complices, Madame, de ces misérables

qui ont prostitué la Justice; leur nom, vous dis-je, je saurai bien les démasquer.

Comt. (branlant la tête) Ils sont bien puissants; seul vous ne pouvez rien. Vous ne pouvez rentrer en France, ni les accuser publiquement; ils diraient que c'est une calomnie, et on les croirait, tant c'est infâme.

Rut. C'est vrai; mais vous, Madame, vous pouvez certifier la vérité. Je vous en prie, réparez le mal que vous avez fait, et je vous pardonne.

Comt. Il me pardonnerait, ô mon Dieu! Eh bien oui! Je raconterai à la face du monde, tout ce qui s'est passé, l'infâme trame que j'ai ourdie, le nom de celui qui a tout dirigé.

Rut. C'est Tivier, n'est-ce pas?

Comt. C'est Tivier; tout est écrit ici :

(Elle tire un papier et le donne à Rutter qui le lit; pendant ce temps, elle ôte de son doigt un anneau, tire le chaton, et sans qu'il s'en aperçoive, en avale le contenu. — Pendant que Rutter lit, il laisse échapper différentes exclamations : Infame! Misérable! et crispe les poings.)

Rut. C'est bien, Madame, tout est là; je vous crois, moi, mais qui vous croira? Vous accusez, Tivier niera; un chiffon de papier, et puis c'est tout.

Comt. (d'une voix grave). Ce chiffon de papier qui n'est rien maintenant, sera dans quelques minutes scellé du sceau de la vérité : les dernières paroles d'un mourant sont toujours vraies.

Rut. D'un mourant? Que dites-vous?

Comt. Quand on saura que je me suis punie moi-même de mon infamie, tout le monde croira à la sincérité de cette déclaration : l'Opinion publique punira mon complice à son tour. J'ai pris du poison pendant que vous lisiez. (Montrant sa bague, geste de Rutter.) Laissez-moi; je l'avais apporté ainsi que cette déclaration, au cas où comme vous le disiez, je n'eusse trouvé ici qu'un cadavre; la vengeance dont cet homme m'a menacée ne pourra m'atteindre là où je vais, et je voulais venger votre mémoire. Je vous ai bien aimé, Rutter, vous le savez, vous devez me croire maintenant, n'est-ce pas? Je vous ai fait bien du mal aussi, puissé-je l'avoir réparé! Mais prenez y garde, cet homme est si puissant, et puis c'est si infâme qu'on ne voudra pas y croire. Me pardonnez-vous, Rutter, maintenant? (S'approchant de lui tout doucement,) Me pardonneras-tu, Charles, dis-moi? (Elle s'assied.)

Rut. Si je te pardonne? Oh oui, pauvre femme! Tu as raison, *cet homme est puissant, nul ne me croirait, puis il est* trop tard : je n'ai plus de courage pour la lutte, mais j'en ai encore pour l'imiter.

(*Il court au secrétaire*; la Comtesse qui en était plus rapprochée, devine ses intentions et le devance; elle se place devant, le dos tourné au secrétaire, les mains en avant; Rutter veut l'en ôter de force; elle résiste et s'écrie :)

Comt. Charles, je t'en prie. (Plus haut.) Au secours, au secours! (Plus bas.) Charles, écoute-moi, (haut) au secours, au secours!

(Elle va succomber, elle se cramponne au secrétaire, on frappe à la porte; Rutter étonné, se retourne et y va. — La Comtesse pendant ce temps ouvre le secrétaire, prend le paquet et le verre d'eau, jette le tout à terre et piétine dessus, puis se laisse tomber dans le fauteuil.

Scène VII.

RUTTER, LA COMTESSE, V* RUTTER.

Rut. (à sa mère). Toi ici.

V* Rut. J'ai oublié les pouvoirs que tu as signés.

Comt. Votre mère, Charles! C'est bien, c'est Dieu qui l'envoie, l'expiation commence; faites-lui lire.

(Pendant que Mad. Rutter lit, la comtesse glisse doucement en bas du fauteuil et se trouve à genoux, quand la mère s'avance furieuse vers elle.)

V* Rut. C'est donc toi, infâme . . .

Comt. Pardon, pardon!

Rut. (retenant sa mère). Ma mère! Elle s'est fait justice, elle s'est empoisonnée!

Comt. Pardonnez-moi, Madame; votre fils m'a bien pardonné, lui qui a tant souffert!

V* Rut. Et tu voulais la sauver? Tu l'aimes donc cette femme? Plus que ta mère, n'est-ce pas?

Rut. Oh non! une terrible fatalité nous a poussés l'un vers l'autre pour notre malheur à tous deux; elle m'aimait, je ne l'ai su que le jour où j'obtenais la main de Léontine. Hélas! je ne pouvais plus l'aimer, elle s'est vengée bien cruellement, mais elle s'est punie elle-même, puis elle est arrivée au moment où j'allais . . .

V* Rut. Où tu allais?

Rut. (baissant la tête) Mettre fin à cette horrible existence.

Vᵉ Rut. Malheureux ! Tu ne m'aimes donc pas ? (Ils se jettent dans les bras l'un de l'autre. La porte s'ouvre, Durand paraît.)

Scène VIII.

RUTTER, COMTESSE, Vᵉ RUTTER, DURAND.

Dur. Qu'y a-t-il donc ?

Comt. (lui fait signe d'avancer et de prendre le papier). Lisez. (à la mère et montrant le verre brisé, la poudre blanche répandue à terre.) Voyez, Madame, je l'ai empêché de mourir ; je meurs seule, bientôt, je le sens ... ne me pardonnerez-vous donc pas ?

Vᵉ Rut. (s'avançant vers elle). Vous avez deshonoré mon fils, mais vous lui avez sauvé la vie ; vous allez mourir, je vous pardonne !

Comt. Merci, oh merci ! Votre main, Charles. (Rutter la lui donne et la relève sur le fauteuil.)

Dur. (remettant la papier sur la table et d'un ton chaleureux). Mais c'est infâme, cela ; ce Tivier est un misérable ! !

Comt. Oui, n'est-ce pas ? Eh bien ! c'est la vérité. (Elle ressent des crampes ; à Rutter et à sa mère.) Vous m'avez pardonné, merci, puisse Dieu me pardonner aussi ! (Passant ses mains sur son front.) Oh ! mon père, mon pauvre père, bientôt je te reverrai, comme toi malheureuse victime de ces gens-là. (Elle fait signe à Rutter d'approcher ; celui-ci se met à genoux devant elle et lui prend une de ses mains.)

Rut. Pauvre femme !

Comt. (D'une voix lente, basse et saccadée.) Charles, je vous ai bien aimé, trop, beaucoup trop, pour mon malheur, pour le vôtre ; je vous en demande pardon de nouveau. (Lui tendant sa bague.) Voici la bague qui a contenu mon châtiment, conservez-la pour l'amour de moi et pensez quelquefois à la malheureuse Villa-Hermosa.

Rut. Je vous le promets.

Comt. (montrant la déclaration.) Ici, je vous laisse une preuve de mon infamie, ... de celle de Tivier, (à la mère et à Durand) vous en êtes tous deux témoins ; là est la vérité, elle est scellée de mon sang ... En attendant ... que lui aussi à son tour ... comparaisse devant le souverain Tribunal ... où je serai dans quelques instants ... dévoilez nos infamies, (crampes) citez-le au tribunal de l'Opinion publique, (crampes plus fortes) bon courage . . . (montrant le ciel) de là haut, *je vous aiderai . . . Dieu exaucera mon dernier vœu :* qu'il répare le mal . . . que nous vous . . . avons fait. (Pressant la main de Charles.) Adieu ! . . . (*Elle tombe sans connaissance*; Charles se relève et lui donne un baiser sur le front, elle se réveille). Charles, merci . . . à toi . . . mon . . . dernier . . . soupir ! . . . adieu !! . . . Charles. (Elle meurt.)

Vᵉ Rut. (essuyant *ses larmes*). Eh bien ! Charles que t'avais-je dit ? Croiras-tu en Dieu maintenant ?

Rut. Oh ! pardonnez, mon Dieu ! à un insensé de douleur qui osait méconnaître votre Grandeur, votre Justice ! Soyez miséricordieux : pardonnez à cette pauvre femme, comme nous lui avons tous pardonné !! Oui, tu as raison : ton complice, ce *Tivier*, tous ces escrocs d'honneur au tribunal de l'Opinion publique ; j'y consacrerai ma fortune, ma liberté, ma vie tout entière, pour les démasquer et retrouver l'honneur qu'ils m'ont volé ! Oui, *au Tribunal de l'Opinion publique tous les escrocs d'honneur !!* (Le rideau tombe.)

Fin du Drame.

DÉDICACE.

A sa Future Excellence,

M. TIVIER, *Procureur général du Roi.*

Monseigneur

A tout Seigneur, tout honneur : permettez-moi donc de déposer à vos pieds avec mes respects très humbles et très sincères, l'hommage de ce Drame dont vous avez été le héros. Veuillez excuser l'inexpérience d'un débutant : il sait parfaitement qu'il aurait dû laisser à une plume plus expérimentée et plus habile, le soin de raconter l'un des épisodes les plus glorieux d'une carrière si bien remplie, à un pinceau plus hardi le soin de peindre des riches couleurs qui la décorent, cette noble figure qui respire la bonté, la modestie et la justice. C'est à faire un tableau ressemblant qu'il s'est surtout attaché, daignez donc lui pardonner en faveur de sa bonne volonté.

Vous êtes le plus haut représentant de la Justice dans quatre départements, vous êtes le chef suprême de 22 parquets; vous recevez les adulations, les flatteries (plus ou moins sincères, il est vrai, mais elles n'en flattent pas moins) de soixante Procureurs du roi et substituts, devant lesquels tout le monde tremble, de cinquante Présidents qui commandent à plus de deux cents Conseillers et Juges, dispensateurs *souverains* de la Justice dans votre juridiction, sans compter les juges de paix et leurs suppléants. Vous pouvez être fier et à juste titre : c'est vous *seul* qui distribuez grâces et faveurs, et tous se courbent avec respect devant votre *Grandeur*. Et cependant vous n'êtes pas satisfait, et les yeux fixés sur votre chef, dernier échelon qui vous rapproche du trône, vous attendez impatiemment qu'il trépasse, ou qu'une secousse politique le fasse rentrer dans l'obscurité, pour saisir d'une main convulsive ce magnifique héritage que vous convoitez si ardemment et depuis si longtemps. Courage, Monseigneur, courage et patience : vous y avez des droits reconnus, et votre mérite est tel, vos services rendus à la Société si grandioses, qu'elle ne peut être sauvée que par vous. Elle compte sur votre zèle, et bientôt sans doute vous pourrez revêtir la simarre : sera-ce celle qu'ont illustrée les Lhôpital, les Maupeou, les Malesherbes ? Ou ne serait-ce pas plutôt celle des Duprat, des Birague, des Letellier ? Nous n'avons pas besoin d'attendre l'avenir pour en juger, n'est-ce pas, Monseigneur ? Connaissant le passé, nous savons quelle voie vous suivrez.

J'ai prononcé tout à l'heure un mot qui a dû offenser votre modestie : j'ai parlé de votre mérite, de vos services; ils sont si grands, que je n'ose en aborder la description. — Permettez-moi de vous introduire dans un splendide hôtel; veuillez me suivre, nous pénétrons alors dans une chambre luxueusement disposée. Voyez ce lit entouré de rideaux de brocart, l'on doit y reposer à merveille; écoutons. N'entendez-vous pas ces mots entrecoupés, prononcés d'une voix haletante : "Non, non, ce n'est pas moi, va-t-en. Non ce n'est pas moi qui condamne, je suis innocent." Entendez-vous ces soupirs, puis d'autres mots prononcés si bas qu'on ne peut les comprendre ? Approchez-vous et tirez les rideaux, voyez cet homme : un cauchemar épouvantable l'étreint, un tremblement nerveux vient de s'emparer de lui, il grelotte et il sue. Cet horrible cauchemar contre lequel sa raison ne peut lutter, lui revient bien souvent dans ses nuits agitées, et il est toujours le même : c'est la figure d'un homme demi-nu, les cheveux coupés court, les yeux roulant dans leur orbite d'une manière effrayante, une ligne sanglante entoure son cou et marque la place où le fer du bourreau a passé... Cet homme fut accusé d'avoir tué sa femme ; pas un seul témoin du meurtre n'avait pu lui être opposé, mais des indices nombreux avaient été recueillis par une instruction minutieuse, habilement dirigée. Mis en présence du cadavre de sa femme, il avait pâli ; interrogé par le magistrat instructeur, il avait balbutié, il s'était même coupé dans ses réponses, le malheureux ! Sa conduite antérieure avait été légère, et on rappelait à sa charge deux faits où il s'était emporté contre sa femme au point de la battre ; de là au meurtre, il n'y avait qu'un pas. L'avocat général sut déployer tant d'éloquence, il avait groupé avec une si grande et si infernale habileté, les indices relevés à sa charge, en découvrant le *germe* du crime dans sa conduite à l'égard de sa femme, il s'était lui-même tellement montré convaincu de la culpabilité, et avait réclamé si instamment la punition méritée par ce misérable, qu'il eut la gloire d'obtenir du Jury subjugué par lui, une condamnation sans circonstances atténuantes ; un mois après, il recevait la croix. Quelques années plus tard, un brigand fut arrêté ; convaincu qu'il n'en pourrait réchapper, il raconta avec ostentation ses hauts faits, parmi lesquels figurait l'assassinat de cette femme : son mari était donc innocent, et cependant il avait été exécuté ! Comme il n'y a pas de remède contre la mort, on supprima de l'acte d'accusation l'assassinat pour lequel un innocent avait déjà payé de sa tête et l'on promit une commutation de peine au criminel, à la condition de ne pas se vanter de cette affaire devant le Jury, qui en effet admit des circonstances atténuantes en sa faveur. L'avocat général qui avait dirigé les deux accusations, n'avait éprouvé qu'un sentiment de surprise en apprenant qu'il avait fait condamner un innocent ; il n'avait rien à regretter puisque cette tête lui avait rapporté la croix, et d'ailleurs ce n'était pas lui qui avait condamné, *c'était le Jury !* Mais quand il tombe malade, que la fièvre s'empare de lui, alors cette horrible vision vient l'assiéger, se dresse devant lui, et muette mais terrible accusation, d'une main elle lui montre cette ligne sanglante qui entoure son cou, de l'autre elle lui indique le ciel où elle semble l'inviter à le suivre. Alors suffoqué, haletant et anéanti, il essaie de repousser l'horrible fantôme, mais il peut à peine parler, et se mouvoir lui est impossible. Enfin cependant, *la terrible vision* s'évanouit peu à peu avec *les ténèbres* de la nuit; il se réveille, tremblant de peur, grelottant et suant, oui suant, mais suant un nouveau réquisitoire. Car regardez-le : quand *ses regards se promenant autour de lui*, l'*ont bien* convaincu que ce n'était qu'un cauchemar, un songe, un rien, alors il se rappèle qu'il est Procureur général maintenant, et se *levant aussitôt il court à ses dossiers, en choisit plusieurs* au hasard, et d'une main convulsive, encore agitée par la fièvre, il dresse de nouveaux actes d'accusation : jamais il n'a eu les *idées plus nettes, les conclusions plus serrées, la logique plus* terrible ! Malheur aux infortunés dont le dossier s'est trouvé sous sa main, ils ont l'honneur d'être l'objet d'une attention *toute particulière, et l'on devine* facilement ce que valent cet honneur, cette attention ! Peu à peu la fièvre disparait, il retrouve son calme et son sang-froid. Ainsi donc, il a trouvé le *moyen de se guérir des* impressions de cet horrible cauchemar par des réquisitoires nouveaux, c'est bien là le remède homœopathique qu'Hahnemann lui aurait conseillé. — Eh bien! Monseigneur, cet homme l'avez-vous reconnu? Non, pas encore; attendez un peu, je vais tâcher de mieux vous le dépeindre encore.

La fièvre accompagnée de ce cauchemar lui revient assez souvent. C'est aussi la suite de ses péchés de jeunesse qu'il expie; ce n'est pas moi qui l'ai dit, c'est ce bon M. Lemignon. Mais remontons plus haut, je vais vous en retracer l'origine. Il n'était encore que substitut, mais il était recherché dans toutes les sociétés avec l'empressement le plus flatteur : doué d'une charmante figure, d'un extérieur fort agréable, il était d'une timidité extrême et d'une ambition démesurée. Amoureux de toutes les femmes qu'il voyait, et n'osant déclarer sa passion à aucune, froid en apparence et brûlant d'un feu couvé à l'intérieur, il se dédommageait amplement de sa contrainte avec les malheureuses qui peuplent les maisons non autorisées, mais tolérées par l'administration municipale. Une digne matrone lui adressait à domicile la nuit les beautés qu'il avait choisies et dont les charmes devaient lui rappeler ceux qu'il avait convoités dans la soirée d'un œil si indifférent en apparence; elle avait soin de mettre à sa disposition les primeurs de son jardin. Un jour, elle s'empresse d'accourir la digne matrone, pour lui offrir un morceau de roi : une pauvre jeune fille a perdu ses parents et se trouve sans ressources; la vieille lui offre sa protection qu'elle accepte et lui loue une chambre où elle travaille nuit et jour; c'est une vierge toute jeune, quinze ans à peine. Notre jeune substitut d'accourir et de lui prodiguer ses consolations; la résistance ne fut pas trop longue et il fut le plus heureux des hommes. Mais hélas! ce n'était rien moins qu'une vierge, et il ne tarda pas à en avoir les preuves les plus certaines et les plus cuisantes : c'était une horrible maladie, une de ces maladies qu'on ne peut nommer et encore moins décrire. Sa colère fut terrible, sa vengeance plus terrible encore : arrêtée, puis emprisonnée, tenue au secret le plus rigoureux, sans parents ni amis qui s'inquiétassent d'elle, malade d'ailleurs comme lui, elle ne fut nullement soignée et ne tarda pas à mourir au milieu des souffrances les plus atroces. La maison de la digne matrone fut fermée, elle-même emprisonnée et condamnée à quelques mois de prison pour les contraventions aux *lois et règlements* que n'avait pas encore atteints la prescription. — Vous ne reconnaissez pas encore cette figure, Monseigneur? Ce détail n'est sans doute pas assez caractéristique; c'est vrai, mais patience, cela viendra; encore une histoire.

Les infortunes de ce malheureux substitut furent bientôt connues, et lui-même devint la fable de toute la ville : non pas qu'on osât plaisanter devant lui, faire la moindre allusion au mal dont il souffrait; au contraire, on croyait à toutes les explications qu'il donnait, tant il avait su inspirer de crainte et de terreur. Mais aussi comme l'on s'en dédommageait en dessous, de la contrainte qu'on était obligé de s'imposer en sa présence : dans les études d'huissier, d'avoué et de notaire, ce n'étaient que quolibets et jeux de mots, qui donnèrent même naissance à une chanson très spirituelle et fort comique. Comme on riait également de ses infortunes dans les sociétés qu'il avait fréquentées, comme les dames se racontaient entr'elles et en dessous de l'éventail ses malheurs et ses douleurs, de quels mots piquants et tout en rougissant elles assaisonnaient leurs récits, mots tout aussi piquants pour le moins, s'il eut pu les entendre, que les souffrances qu'il endurait. Néanmoins il s'aperçut bientôt qu'il devenait un objet de ridicule, et à cette idée tout son sang bouillonnait davantage encore; aussi résolut-il d'en tirer une telle vengeance, qu'on n'oserait même plus parler de lui. Parmi ces dames, il y en avait une d'un certain âge, comme l'on dit poliment, fort bien conservée encore et qui avait honoré de ses faveurs le jeune substitut; mais l'ingrat ne fut pas longtemps fidèle, et l'amante délaissée saisissant avec empressement une occasion si favorable, se distingua entre toutes par ses sarcasmes et ses railleries. On sait que des femmes arrivées à un certain âge et souvent après avoir été pendant 25 ans une épouse tendre et dévouée, une honnête mère de famille, se sentent tout à coup piquées du démon de la chair; elles affectionnent alors d'une manière toute particulière les charmes de la jeunesse, que rehaussent encore à leurs yeux une timidité naturelle près des femmes et une charmante ingénuité; c'est là pour elles un morceau aussi délicat qu'une vierge pour un vieux barbon. Cette dame se trouvait dans ce cas; se voyant délaissée par le substitut, elle lui avait bientôt donné un remplaçant; c'était l'ami de collège d'un de ses enfants, jeune homme de 17 ans, aux larges épaules, et qui donnait les plus belles espérances. Notre substitut connaissait par expérience le lieu des rendez-vous, les signes de reconnaissance, les heures mystérieuses, et la malheureuse avait été assez imprudente pour n'y rien changer que l'heureux amant. La vengeance était dès lors bien facile : le mari fut prévenu, il put se convaincre par ses propres yeux; un commissaire de police constata le flagrant délit, les deux coupables furent arrêtés, emprisonnés et renvoyés devant le tribunal correctionnel. Je vous laisse à penser le scandale affreux que cet événement causa dans la ville, où les familles des deux prévenus occupaient le plus haut rang; aussi le jour de l'audience, l'affluence du monde fut-elle énorme. Malgré ses souffrances, notre substitut voulut absolument tenir l'audience et porter la parole : il atteignit à une éloquence vraiment sublime, quand il vint à présenter le tableau de cette mère de famille traînant dans la boue le nom de son mari, deshonorant à l'avance ses enfants et en fesant un objet de ridicule; il fut mordant, incisif, quand il dépeignit la jeunesse de l'un débauchée par la vieillesse de l'autre. Aussi avec quelle douce satisfaction entendit-il prononcer le jugement qui la condamnait à 2 ans de prison, son complice à six mois. Etait-ce de joie ou de douleurs trop longtemps combattues, le fait est qu'en descendant de son siége, il s'évanouit et l'on fut obligé de le transporter chez lui. Le chef du parquet lui offrit un congé de 3 mois pour se rétablir et lui promit une place de Procureur du roi à sa rentrée.

Eh bien! Monseigneur, ce dernier fait est-il assez caractéristique et reconnaissez-vous enfin l'auteur de cette noble et délicate vengeance? Ce fut son premier chevron à celui-là, qui plus tard sut si habilement gagner une place d'Avocat général et la main d'une belle et riche héritière, en arrêtant juste à temps les soupçons de la Justice sur un infanticide; à celui-là qui obtint la croix au prix de la tête d'un innocent; à celui-là qui obtint la rosette au prix du deshonneur de Rutter!! Car vour l'avez enfin reconnu, Monseigneur, vous avez dû mettre depuis longtemps un nom à ce masque froid et hypocrite qui sait si bien cacher les vices et les passions dont son cœur déborde, et ce nom, c'est celui de *Tivier!!*

Pardon, Monseigneur, j'ai oublié de vous rappeler comment vous devintes Procureur général; peut-être rachoterez vous par un exemple de noble courage, la bassesse, la lacheté que jusqu'à présent vous avez toujours déployées. Ecoutez : c'était en 184.; tout était calme, pas un nuage dans l'air, c'était désespérant. Votre chef, le Procureur général, était âgé, infirme, mais il tenait à sa place et il ne voulait absolument pas la quitter; elle devait donc le quitter, n'est-ce pas? Comme c'était à sa recommandation que vous deviez votre place de premier Avocat-général, il se reposait entièrement sur vous de la direction des affaires de sa circonscription. Avait-il raison, Monseigneur? j'en doute fort, et vous, vous n'en doutez nullement, j'espère. Un homme se présente un jour au parquet à l'effet de faire une déclaration importante au Procureur général; celui-ci était absent, et par un heureux hasard vous étiez présent; vous le recevez. Cet homme était l'un des chefs d'une société secrète organisée par les républicains; ceux-ci voulaient absolument se révolter, et les armes à la main proclamer la République; c'était folie, mais cela se voit, et notre homme qui ne voulait pas se trouver compromis, n'avait imaginé rien de mieux que de venir dénoncer la prochaine levée de boucliers. Enfin, vous en teniez une conspiration, et une *vraie* conspiration; que vous fûtes heureux! Les journaux politiques de Paris vont parler de vous, de votre éloquence, et votre nom deviendra célèbre comme celui des Belliart, des Mangin et des Marchangy. Vous vous fîtes tout raconter, promettre le silence, et à vous deux, vous conspirâtes contre les conspirateurs; vous n'aviez qu'à dire un mot, et le mouvement éclatait. Vous saisîtes le moment où votre chef était à la campagne, le signal fut donné, et comme de bien entendu, tous les conjurés aussitôt arrêtés. Vous déployâtes dans cette occasion, je dois le reconnaître, l'habileté la plus grande, de la décision et une entente parfaite du commandement; on eut vraiment dit que vous connaissiez à l'avance tous les plans des conspirateurs, tant vous aviez tout *bien disposé*, *dirigé*, *éxécuté*, car *vous fûtes le chef* de la répression. Le résultat le plus clair, le plus net de l'affaire, fut que votre traître arrêté comme les autres fut déclaré innocent par le Jury, ses complices condamnés à différentes peines, mais le Procureur général qui s'était absenté sans congé, fut admis à faire valoir ses droits à la retraite, et vous, Monseigneur, vous appelé à lui succéder. C'est ce qu'on appèle, faire d'une pierre deux coups, et c'est là de l'habileté!!

Voilà pour compléter votre passé au moment où notre drame a commencé; parlons maintenant de plus tard : Tout à coup éclate la révolution de 1848 : ce fut un coup de foudre dans un ciel serein. *A votre tour, vous reçûtes votre congé.* M. de Bigora se flattait d'avoir votre place, mais hélas! le pauvre homme, il partagea votre sort seulement! Cela tenait à ce maudit *de*, et se fut-il nommé *Martin* tout court, il eut peut-être été nommé d'emblée. Vous étiez jubilant de joie en apprenant son désappointement, vous daignâtes même le consoler. Comme c'est triste, n'est-ce pas, Monseigneur, d'être réduit à n'être plus rien, quand tout a tremblé devant vous; comme c'est insupportable, d'entendre d'autres poursuivre et requérir, qui n'étaient que de pauvres substituts ou de malheureux avocats, sur lesquels vous ne daigniez pas même jeter les yeux, et vous de n'être plus rien!! Oh! cela ne pouvait durer *ainsi* : *il n'est* rien qu'on ne fasse, n'est-ce pas, pour retrouver cette bienheureuse place et jouir de la douce satisfaction de faire condamner et périr à petit feu ses semblables, sous le prétexte de sauver la Société. Quels moyens avez-vous employés, j'avoue n'avoir pu m'en rendre compte, mais un beau jour vous fûtes nommé Procureur général . . . de la République, le nom ne fait rien à la chose. Oh! Monseigneur, vous l'exemple de toutes les vertus, de la fidélité à vos engagements, permettez-moi de compter combien de serments votre digne conscience a prêtés : deux au premier Empire, deux aux Bourbons, un à la famille *d'Orléans*, deux *à la République et à la Présidence*, un *enfin* au nouvel Empire, *total huit* : peu de carrières sont aussi bien remplies, et il n'y a rien à ajouter à l'éloquence de ce chiffre!!

Daignez lire ce livre, Monseigneur, et vous reconnaîtrez que ce n'est nullement une œuvre d'imagination : c'est la vérité toute nue et sans fard que j'ai cherché à reproduire, tel qu'un miroir reproduit l'objet que vous y voyez ; si l'image vous apparaît horrible et grimaçante au premier coup d'œil, c'est l'effet de l'habitude de vous voir à travers un prisme, de prêter une oreille trop complaisante au concert de flatteries qui de toutes parts vous sont décernées, sans compter celles que vous ne dédaignez pas de vous attribuer. Vous nierez la vérité de tous ces hauts faits, je le sais à l'avance, et vous le devez à vous-même, à la place que vous occupez ; vous nierez tout haut, soit, mais vous serez bien obligé de convenir tout bas de l'exactitude des faits ; puis à votre dénégation intéressée, nous opposerons le cri de la conscience de cent honnêtes gens qui répondront de l'innocence de Rutter ; celles-là valent bien la conscience d'un Procureur général qui a déjà prêté huit serments à autant de gouvernements différents et sait trouver pour chacun d'eux les paroles les plus louangeuses ; c'est si élastique une telle conscience ! Mais si ce livre est une œuvre de vérité, il deviendra aussi, je l'espère, une œuvre de réparation : la Justice, comme toute institution humaine, peut se tromper ; que faute de preuves, elle acquitte un coupable, l'Opinion publique ne le condamne pas moins ; pourquoi donc un malheureux injustement condamné par la Justice, *Erreur* ou *Vengeance*, ne pourrait-il pas en appeler au tribunal de l'Opinion publique ? C'est une puissance que vous ne connaissez pas encore, Monseigneur, dont jusqu'à présent vous n'avez daigné tenir aucun compte et qui cependant a plus de bon sens et de force que le plus puissant génie. Son tour viendra, et en regard du malheureux que vous savez si bien faire condamner comme *escroc*, tout en reconnaissant qu'il n'a rien volé, elle saura stygmatiser du titre *d'escrocs d'honneur*, ceux-là qui sciemment ont volé l'honneur d'un innocent et ont été ses bourreaux. C'est devant ce Tribunal que j'ose vous citer, Monseigneur, en attendant l'appel dernier du Suprême Tribunal, devant lequel comparaîtront un jour, peuples et rois, juges et condamnés, victimes et bourreaux !

J'ai l'honneur d'être avec le plus profond respect,

de votre future Excellence

le très humble et dévoué serviteur,

T. de Séchelles.

AVANT ET APRÈS LE DRAME

Revenons maintenant aux personnages de notre Drame.

Nous savons comment **Tivier** devint successivement Procureur du Roi (p. 264), Avocat général (p. 233), Procureur général (p. 266) ; comment il obtint la croix de chevalier de la Légion d'honneur (p. 261), puis la rosette (p. 250) ; nous l'avons vu successivement Procureur général du Roi, de la République, de l'Empire, et savons qu'il n'a pas prêté moins de *huit* serments politiques (p. 266). Nous l'avons laissé tout entier à ses rêves d'ambition, la *simarre*. Mais hélas ! il fut déçu dans ses espérances : il vient d'être à son tour admis à faire valoir ses droits à la retraite. Il n'était sans doute pas assez intrigant !

Lemignon nommé Premier président après la condamnation de Rutter, puis officier de la Légion d'honneur, suspendu en 1848, se vit bientôt rétabli dans sa chère place. Il eut le bonheur de marier avantageusement son fils devenu Procureur du roi avec une jeune veuve qui lui apporta une immense fortune, et son ami Tivier dut lui offrir une place d'Avocat général pour cadeau de noces. Bientôt Lemignon devient grand-papa, et il sollicite lui-même sa mise à la retraite pour vivre auprès de ses enfants et bercer ceux qu'ils lui donneront. Cet homme, on peut le dire, avait la bosse de l'amour paternel. Ces caractères faibles, indécis, instrument précieux entre les mains d'un homme habile et résolu, arrivent très souvent au sommet, non pas à cause de leur capacité, mais à cause des services qu'ils doivent rendre : souple et médiocre, et l'on est sûr d'arriver à tout.

De Bigora, nous l'avons vu, reçut la croix de la Légion d'honneur ; en 1848 il se vit obligé de suivre l'exemple de son chef, l'honorable Tivier, et de donner sa démission, quand il espérait le remplacer. Quand celui-ci revint sur l'eau, il daigna lui tendre une main protectrice et lui rendit sa place près de lui. M. de Bigora eut longtemps encore à se plaindre que son mérite ne fût ni reconnu ni récompensé : laisser si longtemps premier Avocat général et avec un simple ruban, un homme qui compte parmi ses aïeux de nombreux Présidents à mortier, de nobles barons, un homme qui sait si bien *éreinter les prévenus*, leur *casser les os*, n'est-ce pas une criante injustice ? Aussi à chaque nomination nouvelle dans la Magistrature que lui apporte son journal, il le froisse de colère et garde le lit deux jours, car il est très nerveux M. de Bigora, maigre et laid comme un singe, et il maigrit encore de quelques onces. Enfin, son chef de file est admis à faire valoir ses droits à la retraite : il s'empresse de lui adresser à son tour son compliment de condoléance, et *in petto* se croit sûr cette fois de lui succéder. Mais celui-ci a usé de sa dernière influence pour le faire nommer chef de parquet près le tribunal de première instance d'une ville importante ; ce fut là son bâton de maréchal.

Meignant aussitôt après la condamnation de Rutter fut admis à faire valoir ses droits à la retraite ; mais comme il n'était dans la Magistrature que depuis 18 ans, ces droits se réduisaient à zéro. Admirez la politesse pleine d'atticisme de cette formule ! Quoique sans fortune, il n'éleva aucune plainte et se fit inscrire au tableau de l'ordre des avocats ; bientôt il se créa une position honorable et indépendante, grâce à son mérite, et surtout grâce aux conseils pleins de sagesse qu'il donnait. Sa nature droite et consciencieuse se trouvait sur son véritable terrain.

Non n'avons jamais su bien exactement ce qu'était M. **Morton**; mais nous ne nous hasarderons pas à faire part au Public de nos conjectures, dans la crainte de ne pas nous tromper. Nous préférons laisser chacun libre d'en penser ce qu'il voudra, mais nous ne souhaitons à personne de faire avec lui *plus ample connaissance !*

Durand était le fils d'un pauvre *rebouteux* de la Vendée. Le rebouteux est une espèce de sorcier, qui guérit les vaches et bestiaux des paysans, les désensorcèle quand on leur a jeté de mauvais sorts, traite les paysans également et les guérit à l'occasion, tout comme un autre ; ils sont en général d'une habileté extraordinaire pour remettre les jambes et les bras cassés, ce que dans l'ancien français on appelait *rebouter*, d'où leur nom. Le père Durand avait joui d'une honnête aisance ; mais des médecins vinrent peu à peu s'établir dans le pays, puis les esprits forts commencèrent à le tourner en ridicule ; il voyait tous les jours diminuer sa clientèle, et il ne lui resta bientôt plus que les pauvres diables, pour lesquels M. le médecin ne daignait pas se déranger. Il se mit avec ses deux fils à prendre des vipères, mais c'était un assez triste métier et il voulut s'occuper de leur avenir : il plaça chez un épicier son aîné, qui en épousa bientôt la fille, puis mourut en la laissant veuve avec sept enfants ; ce sont eux que notre Durand fit venir à Paris. Celui-ci était alors un *petit gars très futé*, qui reçut quelques leçons de français et de latin du curé, à qui son père avait remis très adroitement une jambe. D'un caractère doucereux et hypocrite, notre jeune Durand sut bientôt gagner les bonnes grâces du curé et de sa gouvernante : l'un lui donnait les meilleures leçons de morale, qu'il écoutait très pieusement en apparence ; l'autre les bons morceaux qui restaient de la desserte de la table, ce dont il profitait davantage. Son père qui voulait en faire un prêtre, le mit au séminaire ; mais notre gaillard élevé au milieu des forêts de la Vendée, au sein de la liberté, ne pouvait s'habituer à vivre ainsi en prison. Un jour que dans une de leurs promenades, l'un de ses camarades fut mordu par un chien enragé, il voulut pour le guérir, employer les remèdes de son père, mais on se moqua du fils du pauvre rebouteux, du *petit sorcier* comme on l'appelait, et l'on confia le malade aux soins de deux médecins ; le pauvre jeune homme *expira au milieu des souffrances les plus atroces.* La médecine est encore impuissante à guérir cette terrible maladie, la rage ; il existe au contraire des rebouteux qui se transmettent de génération en génération des secrets contre la rage, et le père Durand était l'un des plus habiles en ce genre. Son fils fut frappé de l'ignorance des médecins pour une maladie si facile à guérir selon lui et il résolut d'exploiter son secret, *mais sur une grande échelle. Il s'échappe du séminaire et* revient au pays ; le bon curé le gronda mais paternellement, et voulait le dissuader du projet qu'il avait conçu ; mais Durand, âgé de 16 ans, grand et fort, d'un caractère souple en apparence, mais au fond très décidé, était résolu à courir le monde et à tenter fortune : il se fit délivrer par le curé et plusieurs de ses collègues des attestations prouvant que son père avait guéri de la rage telle et telle personne, puis après avoir fait légaliser leurs signatures par les maires, celles-ci par le sous-préfet, il s'élance dans le monde, muni de ces précieux papiers. Les commencements furent pénibles : il s'était adressé tout d'abord aux habitants des villes, on lui rit au nez ; mais il était doué d'une persévérance à toute épreuve, et avec le reste de l'argent que son père lui avait donné, il s'acheta une balle de menus objets et se mit à parcourir les campagnes : il s'adressait tout d'abord au curé du village, qui lui fesait toujours un bon accueil, grâce aux attestations dont il était muni, et bien souvent la cuisine lui était ouverte. Par bonheur pour lui, le hasard le conduisit dans le Perche, où les chiens enragés pullulent, et il *guérit effectivement un assez grand nombre de malades*; il recevait d'eux de l'argent, vendait très avantageusement ses marchandises, puis il avait toujours soin de se faire remettre de nouvelles attestations bien et dûment légalisées. Tout allait bien en été, mais l'hiver était pour lui une morte saison, et il ne fesait pas ses frais; il lui vint alors à l'idée de vendre des préservatifs contre la rage : c'était une petite croix enveloppée dans un scapulaire et environnée d'attributs de toutes sortes qu'il fit faire exprès et qu'il prétendait bénite par le pape; on devait dire matin et soir un *ave*, et l'on était certain de n'être jamais mordu. Il en vendit un grand nombre et commença à faire de notables économies. Il s'acheta alors une voiture et un cheval, remplit la voiture de marchandises, et ses affaires allèrent toujours en prospérant davantage. Il était de mieux en mieux accueilli des curés qui commencèrent à le recevoir à leur table et il les édifiait tous par sa conduite pieuse et réservée : il portait un cilice, se soumettait à des jeûnes austères et se confessait très souvent. Les gens atteints de la rage étaient obligés d'avaler une omelette et de réciter beaucoup de prières chaque jour, de courir toute la journée pendant trois semaines, et à chaque village qu'ils rencontraient d'y faire dire une messe; l'on comprend que la guérison dût être certaine. Si cependant le malade venait à mourir, c'est qu'il n'avait pas scrupuleusement observé toutes les prescriptions, et en effet il n'était pas difficile de trouver quelque village où le malade était passé sans faire dire la messe de rigueur; il avait compté sur l'avarice du paysan, et il ne s'était pas trompé. Ce n'était donc pas sa faute, s'il mourait, de même que si celui qui lui avait acheté quelque préservatif contre la rage venait à être mordu, c'est qu'il n'avait pas régulièrement matin et soir récité son *ave*, et le pauvre diable était bien forcé de convenir "*qu'il avion ben pu l'oublier.*" Sa fortune augmentait tous les jours, mais l'ambition marchait à plus grands pas encore. Il se sentait créé pour une sphère plus élevée, et il avait mal au cœur chaque fois qu'il se voyait obligé de payer les lettres de change tirées sur lui pour le paiement des marchandises dont il approvisionnait sa voiture et la maison de commerce qu'il avait confiée à sa belle-sœur. Il prit le parti de bien cacher ses économies et de faire faillite : il se plaignit de la dureté des temps, du peu qu'il gagnait avec ses malades, des crédits qu'il fesait, etc.; il lui fut très facile d'obtenir un concordat. Cette manière de payer ses dettes lui avait extrêmement plu et il renouvela deux fois la même opération, qu'il trouvait très avantageuse; mais deux fois il fut arrêté; les nombreux curés dont il était devenu l'ami se firent un devoir de venir à son secours et il se voyait bientôt rendu à la liberté. Néanmoins c'était désagréable, et il pensa alors à opérer sur un autre théâtre. Muni de lettres de recommandations, il s'adressa à la société de St Vincent de Paul et obtint à Paris un petit emploi, pendant que sa belle-sœur y fondait un commerce d'épiceries; il la fesait passer pour sa femme, ses neveux pour ses enfants, ainsi que nous l'avons vu. Mais ses affaires n'allaient pas bien et il se dégouta bientôt du commerce; il voulut alors liquider suivant son habitude; mais la Justice, lasse de tous ces manéges et ayant d'ailleurs reçu des plaintes de la province contre lui, le fit arrêter une troisième fois et l'envoya au Procureur général qui poursuivait également Rutter; ils se rencontrèrent en prison, et Durand nous a lui-même raconté au cinquième acte ce qui lui arriva.

Durand devenu alors M. de Renneville à l'aide d'un faux passe-port et ne pouvant décider Rutter à l'accompagner se rendit à V. en Allemagne : il profita d'une occasion favorable et acheta dans le grand duché de A. un bien très considérable moyennant 250 mille francs; il paya comptant et se procura bientôt des lettres de bourgeoisie. Alors il mena un très grand train : il se fit présenter à la Cour et fut bientôt de toutes les parties de chasse. Il découvrit un jour un poëte français qui était venu tenter la fortune du Jeu : mais cette Déesse n'aime en général pas les enfants des Muses, par pure jalousie sans doute, et le pauvre diable mourait littéralement de faim. Durand vint à son secours, le prit chez lui, s'empara d'un cahier de poësies qu'il avait composées et qui n'avaient pas encore vu le jour, les copia sur un livre magnifique et le dédia à son Altesse, le grand Duc de A.; celui-ci lui décerna le titre de Hofrath (conseiller de cour). Durand avait un titre, il pouvait dès lors se marier. (1) M. de Renneville, riche, noble, décoré,

(1) La chose du monde la plus importante pour se marier en Allemagne, c'est un *titre;* la fortune même ne vient qu'après, car la femme porte ce titre féminisé; ainsi la femme d'un médecin ou avocat, s'appèle *Frau Doctorin,* celle d'un barbier de même; la femme d'un pasteur, *Frau Pfarrerin*, celle d'un

possesseur d'un bien très important, menant grand train, jeune encore, très bien de sa personne, et par dessus tout cela Hofrath, n'eut plus qu'à choisir : il épousa jeune, riche et belle. Il se prétendit né pendant les guerres de l'invasion de 1814, dans un village de Champagne brûlé par les Cosaques, et produisit titres à l'appui, papiers et témoins prouvant qu'il avait toujours porté le nom de Renneville. C'était plus que suffisant pour le prêtre qui marie et qui avait reçu de lui un magnifique cadeau pour son église. Il vit donc très heureux et surtout très considéré.

Rutter après la mort de la comtesse Villa-Hermosa quitta Bruxelles et se rendit à Londres; nous donnerons les motifs ou plutôt les prétextes de sa condamnation dans la 3ème Partie, Chap. 10. Alors commença une lutte acharnée entre lui et tous les appétits éveillés par son malheur : il était à la tête de grandes entreprises financières, et tous ceux avec lesquels il était en rapports s'empressèrent de profiter de son infortune; ils lui suscitèrent des procès de toutes parts, et quoiqu'il fût facile de voir que la mauvaise foi la plus insigne pouvait seule élever de semblables prétentions, ils les gagnèrent presque tous : il suffisait de montrer au tribunal la condamnation de Rutter pour qu'il perdît de suite son procès; nous ne voulons entrer dans aucun de ces détails navrants. Ainsi volé de toutes parts et souvent légalement, Rutter qui n'a rien volé, est cependant condamné comme voleur. Voilà bien la Justice des hommes. Cette condamnation avait fait du bruit au Palais à Paris; nul ne voulait croire aux motifs de l'arrêt de la Cour d'Arras : "une condamnation correctionnelle ne peut être appliquée à une responsabilité civile, disait-on; il doit y avoir quelque détournement que la Cour n'a pu prouver, et c'est un *biais* qu'elle a pris." L'arrêt reconnait en propres termes cependant, *qu'il n'y a pas eu de détournement*. Mais comme pour les personnes qui s'occupent des luttes judiciaires, une condamnation à quelques années de prison est une bagatelle, et que d'ailleurs on est habitué à voir des choses *plus étonnantes encore*, on oublia bientôt Rutter. Néanmoins quelques personnes honorables et influentes sachant que sa présence en France était indispensable pour empêcher

noble, *gnædige Frau*. Plus les titres sont longs, plus ils sont estimés; ainsi la femme de notre Durand nobilisé, devait s'appeler *gnædige Frau Hofræthin von*, rien que cela !

sa ruine, l'engagèrent à former une demande en grâce pour rentrer en France, promettant de l'appuyer; le gouvernement de Louis Philippe venait d'être renversé et rien ne paraissait plus facile. Mais Ruttor sans balancer un instant refusa : "Ne me parlez ni de grâce ni de réhabilitation, dit-il. Signer une demande en grâce? Mais ce serait reconnaître l'arrêt qui m'a deshonoré, et jamais ma main ne signera mon infamie. Une demande en réhabilitation? Mais avec les lois actuelles, on ne réhabilite qu'un criminel, et il n'y a ici qu'une victime et des bourreaux; jamais. J'ai dit à la France un adieu éternel, tant qu'on ne m'aura pas rendu *l'honneur*." A-t-il tort? A-t-il raison? L'avenir seul peut résoudre cette question. — Quant à Mad. *Rutler*, le cœur d'une mère pourra seul comprendre et ses douleurs et ses angoisses, en assistant au deshonneur et à la ruine de son fils; nous n'essaierons donc pas de les dépeindre.

Le père **Giraud**, ce paysan qui ne pouvait plus vivre sans ses ajoncs, profita lui aussi de la révolution de 1848, mais pour se venger. Un coup de fusil tiré d'un bois situé tout près de ce champ, y tua le *pare Mirau* qui s'y trouvait. La Justice avait trop à faire dans ce temps-là pour s'occuper de rechercher l'auteur de ce crime, d'autant plus que personne ne s'en plaignit, au contraire. Son gendre, qui soupçonnait et avec raison, d'où le coup partait, en parlait avec Giraud un jour qu'ils s'étaient rencontrés dans un cabaret; celui-ci lui dit : "Que veux-tu, mon ga's? lui ou moi, devient-y passer; j'n'pésions déjà pus que 110 livres, et aujourd'aujourd'hui j'en sons revenus à nos 170; au surplus, t'en étion pas faché, hein?" Un serrement de main et un clignement d'œil significatif leur prouvèrent qu'ils se comprenaient parfaitement : *in vino veritas*. Néanmoins, l'intelligence de Giraud, trop surexcitée par tous ces événements dans une vie jusqu'alors si calme et si paisible, s'affaiblit, des songes affreux vinrent ensuite l'assaillir et peu à peu il s'affaissa sur lui-même; au bout de 3 ans il était mort.

Chalin après 3 mois de prison préventive fut condamné à 9 mois de prison; à sa sortie, il allait bientôt être père, mais en attendant il était entièrement ruiné. Sa femme rouée de coups par son Alfred et ruinée à son tour par les maîtresses de ce monsieur, s'en vit alors abandonner; elle trouva facilement des *consolateurs* et se fit entretenir. Chalin s'est vu obligé de se faire courtier et de faire la place à Paris; mais son intelligence s'est affaiblie dans sa prison, son énergie est éteinte; aussi a-t-il besoin de recourir aux petits verres de *consolation* pour se donner du courage, surtout pour oublier; il s'est interdit de jamais retourner dans le quartier Vivienne et a élu domicile dans un cabaret de la rue des Vinaigriers, où il passe les trois quarts de sa vie. Il ne s'en relevera pas, et par des chemins différents sa femme et lui arriveront au même point, l'hopital, si toutefois et heureusement pour eux, ils réunissent les conditions nécessaires pour y entrer.

Léontine, la cousine et fiancée de Rutter, pleura beaucoup, mais sa mère lui procura des distractions en la menant à Dieppe. Peu à peu elle oublia, et l'hiver suivant elle épousa un receveur particulier des finances. Sa mère quitta Paris et l'accompagna en province, où ils vivent très heureux et considérés.

L'on n'exigera pas de nous sans doute, que nous racontions l'histoire de Mmes *Rigolette, Turlurette* et *Pomponette;* ces noms de guerre présagent des exploits au dessus de nos forces.

Nous ne devons cependant pas oublier les deux agents *Aubry* et *Toussaint*, cause innocente de la condamnation de Rutter : Aubry de désespoir se pendit en prison avec sa cravate; Toussaint, jouit quelque temps de sa liberté, huit mois environ; Tivier avait honte . . . de lui-même! Mais un matin qu'il avait *sué sa fièvre*, il lança l'ordre d'arrestation contre lui; il fut arrêté et transféré dans une prison à 60 lieues de Paris; au bout de quelque temps il était fou. Chacun de ces infortunés avait femme et enfants, et c'étaient avant cette histoire d'heureuses familles. Que sont devenues les femmes? L'une est balayeuse de rue, l'autre plus jeune est pire encore! Et leurs enfants? Privés de leurs pères et de leurs mères, n'ayant appris aucun métier, ne sachant rien et voulant cependant manger, ils ne reculent devant aucun moyen pour se procurer un morceau de pain. Ils deviendront *nécessairement* un jour des voleurs et des assassins. Mais à qui la faute? Que la conscience de chacun réponde!

RÉFLEXIONS.

Maintenant que nous connaissons l'histoire de tous les personnages du Drame, *la Justice des Hommes*, on voudra bien nous permettre d'y joindre quelques réflexions :

Les deux histoires de Rutter et Durand appèlent d'elles-mêmes un de ces rapprochements que l'on est si souvent amené à faire dans le monde. L'un s'adresse à la crédulité publique, mais il sait se faire étayer par un corps puissant qu'il intéresse indirectement à son œuvre ; il sera soutenu à l'heure du danger qu'il attire par son audace et son immoralité ; hypocrite et ambitieux, il ne recule devant aucun moyen pour arriver, aussi le pauvre rebouteux Durand deviendra M. de Renneville conseiller de cour et fera souche d'une famille puissante et honorée ; ses enfants seront fiers de leur noblesse et orgueilleux de leur origine qui se perd dans la *nuit des temps*. L'autre, plein d'intelligence et d'ardeur, d'orgueil et de confiance, veut arriver seul à la fortune ; grâce à sa persévérance, il y parvient ; mais sans appui et appelant sur sa tête l'envie, la jalousie, la haine de ses concurrents, il sera le point de mire de toutes leurs attaques ; heureux jusque là, il croit être arrivé au port, tout lui sourit : sa mère heureuse de son bonheur, sa fiancée belle de son amour, sa fortune acquise par son travail seul, un avenir plein de félicités s'ouvre devant lui, il se sent heureux, oh ! bien heureux alors ! Mais patience : avant de proclamer un homme heureux, l'on doit attendre sa mort. Une rencontre fortuite dans un bal devient le signal de tout un monde d'infortunes pour Rutter : arrestation, condamnation, perte de sa fiancée, de son honneur, de sa fortune ! Et maintenant, de ces deux hommes, l'un est riche, honoré, respecté, et c'est un misérable ! L'autre est pauvre, deshonoré, méprisé, et c'est un honnête homme ! ! Et combien n'y en a-t-il pas de ces Durand que chacun peut montrer du doigt, que l'on méprise, mais tout bas, et que publiquement on entoure d'hommages et de respects ? Triste Société humaine, toujours agenouillée devant le veau d'or, adorant le soleil levant, tu ne méprises que la pauvreté, la Fortune est ton Dieu !

Quelles réflexions avons-nous encore à faire en présence des *confessions* de Tivier et Lemignon, qui se déboutonnent au quatrième acte ? Que dire de la différence de langage tenu par Tivier à Mad. Rutter d'une part, et de l'autre à Meignant et

Lemignon ? L'un s'appèle langage *officiel*, ou m . . ., et l'autre . . .? C'est tout comme M. le Premier-président de *Lamoignon* (p. 144). Que dire des compliments et protestations d'amitié de Tivier à Lemignon et à Bigora, et des moqueries dont ensuite ils sont l'objet de sa part? L'honneur du corps doit toujours rester intact : chacun prodigue aux autres des témoignages de politesse et de respect en *public*, mais quelles railleries ne se permet-il pas dans *l'intimité?* Que dire de Meignant admis à faire valoir ses droits à la retraite, parcequ'il a autorisé la mise en liberté provisoire de Rutter sous caution ? Quelle belle indépendance ! Et cependant, nous devons rendre aux hommes composant la Magistrature en France la justice qu'ils méritent : pris un à un, presque tous sont à la hauteur de leur mission; très instruits pour la plupart, ils vivent modestement, livrés à l'étude, et bornent leur ambition à obtenir une place de conseiller et une modique retraite après trente années de services consacrés à l'État. Que si l'on osait leur offrir de l'argent pour acheter leur conscience, ne s'agirait-il même que d'acquitter un coupable, *tous* le repousseraient avec mépris, nous en sommes certains à l'avance. Nous pouvons donc être fiers des membres de notre Magistrature pris un à un, mais considérés dans leur ensemble, relativement à leurs usages, à leurs habitudes, à leurs maximes, il n'y en a peut-être nulle part de plus détestable, et ce sont ces abus-là que nous attaquons. Quelle est en effet la personne même la plus prévenue en faveur de la Magistrature, qui oserait me soutenir qu'il ne s'y soit pas trouvé un Tivier? l'homme implacable dans ses haines, voulant arriver à tout prix, par tous les moyens possibles, et employant son pouvoir et son crédit à satisfaire ses passions; un Lemignon? l'homme d'un caractère faible, pâle molle recevant toujours la dernière empreinte qu'on veut lui donner, au demeurant excellent père de famille; un de Bigora? homme plus que médiocre, infatué de son mérite et ne voyant dans ses réquisitoires qu'un moyen de déployer son éloquence. Ces portraits sont-ils ou non ressemblants ? Laissez en *Juge* le Public : son bon sens saura bien rendre justice, et de son côté la Magistrature renie ainsi hautement les Tivier, les Lemignon, et tous leurs pareils.

Quand notre Société actuelle s'est emparée du *monopole* de juger, elle a pris par cela même l'engagement de défendre et d'assurer la propriété de chacun, son honneur et sa vie contre d'injustes attaques. Quand elle retire à chacun le *droit naturel* de venger ses offenses particulières, elle s'engage ainsi à les réprimer pour l'avenir et à faire réparer le dommage. Que si elle ne *veut* ou ne *peut rendre justice*, la *vengeance privée reprend alors tous ses droits.* Et cependant avec nos lois actuelles, *jamais*, ni *Rutler*, ni le *fils du fou*, ni *celui du pendu*, ne pourra obtenir des *tribunaux justice* ni *réparation!* Que dirait-on alors si l'un d'eux réduit à la misère, poussé au désespoir, brûlait la cervelle à Tivier? Ne serait-ce pas stricte justice? Et cependant la *Justice sociale* considérerait cet homicide comme un crime. On voit donc que les Tribunaux actuels ne suffisent pas pour juger, et qu'un Tribunal supérieur devient nécessaire, celui que Rutler invoquait, *l'Opinion publique*. Nous espérons qu'il ne fera pas défaut à ces infortunés, et que le jour viendra où nous pourrons rendre à chacun son véritable nom, en arrachant les masques sous lesquels nous avons dû cacher tous nos personnages. Puisse-t-il luire bientôt, afin que la réparation ne soit pas trop tardive!

TROISIÈME PARTIE.

DES ABUS ET DES RÉFORMES DE LA JUSTICE CRIMINELLE.

CHAPITRE I.

ACCUSATION.

Si vous êtes jamais allé au Palais de justice à Paris, vous avez certainement tout d'abord visité la salle *des pas perdus*, salle immense et sonore parcourue en tous sens de 11 heures à 2 heures par un peuple d'ombres noires portant sous le bras d'immenses dossiers, traversée par une multitude de clercs affairés, de plaideurs craintifs et timides, puis vers le soir sombre, silencieuse et comme s'enveloppant dans un profond recueillement, que ne troublent plus ni les plaintes et sanglots des condamnés, ni les conversations échangées à demi-voix et qui se traduisaient en un bourdonnement monotone. Si vous n'êtes pas un des familiers du Palais, vous n'avez certainement pas remarqué dans un angle très obscur une petite ouverture en forme de rectangle très long et très étroit pratiquée dans une porte; approchez-vous en bien près, car tout est sombre ici, et alors vous y pourrez lire : *Boîte de M. le Procureur du roi* (1). Certes, on ne peut rien de plus

(1) Nous rappelons de nouveau que ceci a été écrit en 1847. L'inscription a deux fois changé depuis et a porté d'abord le titre de : Procureur de la république, puis celui de : Procureur impérial; néanmoins nous conserverons le titre de Procureur du roi. La boîte elle-même n'existe plus en cet endroit; elle a été transférée dans les bâtiments neufs du Palais de justice.

simple, de plus modeste, mais bien heureux celui-là qui n'en comprendra pas toute la portée! Qui donc cependant ne connaît l'antique lion de Venise avec sa gueule toujours béante, dans laquelle venaient s'engloutir toutes les dénonciations que le terrible tribunal des Dix devait ensuite examiner. Ce n'était qu'en tremblant qu'on pensait à cet horrible lion : pendant le jour nul n'osait le regarder en face, le soir seulement des personnes déguisées ou masquées osaient d'un pas furtif s'en approcher, pour jeter dans l'effroyable gueule un écrit roulé, que l'envie, la haine, la soif de vengeance n'avaient que trop souvent dicté. Eh bien! cette petite et modeste ouverture est pour Paris la gueule du lion de Venise!! C'est là que chaque jour de tous les coins de Paris s'acheminent les gens qui ont quelque plainte à déposer; c'est là que viennent s'amasser les calomnies, les intérêts froissés, les haines, les vengeances, en un mot le produit de toutes les passions humaines. Ces dénonciations sont exactement recueillies et transmises à MM. les substituts de service, qui les lisent avec le plus grand soin. Après un examen attentif, si elles paraissent sérieuses et fondées, elles sont de suite transmises à l'un de MM. les juges d'instruction avec un réquisitoire; si elles sont de peu d'importance, elles sont renvoyées à un autre bureau : l'expérience en effet a prouvé qu'une grande partie de ces plaintes ne sont souvent dictées que par un esprit de vengeance ou de haine, et un substitut est spécialement chargé du soin de faire venir les deux parties, le plaignant et l'inculpé, de les entendre, de tâcher de les arranger, et de donner son avis, sauf à poursuivre également s'il y a des motifs sérieux. A Paris l'on a trop d'affaires et l'on cherche autant que possible à les arranger : à l'aide de menaces de poursuites ou de prison, l'on en vient aisément à bout, le moyen manque rarement son effet. C'est agir avec sagesse, et plus de la moitié des plaintes se terminent ainsi par un arrangement.

En province nous avons le bonheur de posséder 361 boites semblables, surmontées de la même inscription; les plaintes y abondent également, car bien des gens qui redoutent d'entreprendre un procès à cause des honoraires d'avocat et d'avoué qu'ils auront à supporter même s'ils gagnent, et des frais à payer en outre s'ils succombent, ont recours à ce moyen rapide et économique: si M. le Procureur du roi se charge de leur affaire, ils regardent leur procès comme gagné et ils n'ont pas toujours tort. Mais la marche que suit ici une plainte est bien différente : c'est M. le substitut qui est chargé des affaires criminelles, de leur examen, sauf à rendre compte à son chef M. le Procureur du roi, des affaires très importantes; ceci dépend du degré de confiance que le chef place en son subordonné. Celui-ci n'a qu'un but devant les yeux : *parvenir;* il ne connait q'un moyen : *déployer le plus grand zèle;* il ne recherche qu'une chose : *une cause brillante qui le fasse remarquer.* Raide et compassé plutôt par convenance que par caractère, sévré des plaisirs de la jeunesse souvent avant le temps, obligé de dompter ses passions ou au moins de les cacher, inoccupé souvent toute la journée, il attend toujours *l'occasion favorable* et croit à chaque instant la saisir. Une bonne plainte, sérieuse, importante, un délit bien scandaleux, mais c'est une bonne fortune, le moyen tant attendu de se distinguer, d'obtenir de l'avancement, la croix enfin. Aussi nous laissons à penser si dénonciateurs et plaignants sont bien accueillis : vite un réquisitoire à transmettre à M. le Juge d'instruction ! Mais il ne faut pas par une trop grande précipitation compromettre le succès de l'affaire et donner l'éveil à l'inculpé; pensez-y donc, si cette bonne fortune allait lui échapper : vite, insistons près du Juge sur ce point, et que tout d'abord un bon mandat d'amener mette en sûreté l'inculpé, *corpus delicti*. Une fois que nous tiendrons notre homme, car il nous appartient déjà, qu'il ne pourra plus nous échapper, alors nous pourrons en toute sécurité nous occuper sérieusement de l'affaire, examiner, approfondir à loisir le fond, car le temps ne nous manquera pas. Malheureusement il n'arrive que trop souvent que cette affaire, si grave aux yeux du plaignant ou que l'esprit de vengeance a présentée sous des couleurs si noires et si odieuses, se réduit à bien peu de chose, si même ce n'est pas quelquefois la mauvaise foi qui a pris les devants et crié au voleur pour détourner l'attention ou prévenir la juste plainte de la partie lésée ; c'est ce qui se rencontre assez souvent et s'appèle : *donner le change*. Oh alors quel désappointement! Quels reproches ne recevra-t-on pas de son chef et du Juge d'instruction qui a lancé le mandat d'amener sur son insistance? Il faut à tout prix éviter cet écueil, déployer plus de fermeté encore : on continuera les poursuites, et si le pauvre diable n'est pas bien appuyé ou que son adversaire le soit trop, si son avocat n'est pas de qualité supérieure, ou si enfin le substitut a l'oreille du tribunal, il sera condamné et le substitut sauvé ; que disons-nous, sauvé? En place des reproches de son chef, il recevra ses félicitations, celles du Juge d'instruction, et à l'occasion celles du Président pour avoir su faire d'une mauvaise affaire une bonne ; il sera plus satisfait encore de lui-même, et viennent quelques autres affaires semblables, il se voit déjà Procureur du roi, Avocat général, décoré, etc. . . . .

Et non seulement M. le Substitut a le droit de vous faire arrêter par un mandat qu'il obtient de la complaisance de M. le

Juge d'instruction, mais lui-même a ce droit, M. le juge de paix a ce droit, mais M. le commissaire de Police, mais M. le gendarme, mais M. l'agent de police l'ont également. — En cas de flagrant délit seulement, me dira-t-on. — Toute autorité administrative a ce droit, préfet ou sous-préfet, maire ou adjoint, directeur de contributions, douanier, etc., que sais-je ? — Non; ils doivent appeler un agent de la force publique, et celui-ci n'a encore ce droit qu'en cas de *flagrant délit.* — Laissez-moi donc tranquille avec votre *flagrant délit*, comme si un crime ou délit n'était pas toujours *flagrant* pour M. M. le Juge d'instruction, substitut, commissaire, gendarme, agent de police, etc., quand quelqu'un vient se plaindre ! Qui donc ferait arrêter, si le crime ne lui paraissait pas *flagrant?* Car qu'est-ce donc enfin que le *flagrant délit?* — C'est un délit qui se commet actuellement ou qui vient de se commettre. — Très bien, c'est ce que dit le bon sens, mais l'art. 41 du code d'instruction criminelle y ajoute quelque petite chose : seront aussi réputés *flagrant délit : clameur publique, temps voisin du délit, armes, papiers, présomption*, etc. Mais à quoi bon tant d'explications pour légitimer *le droit d'arrestation : en fait*, il est donné à tout membre de l'Etat, depuis le plus élevé jusqu'au plus infime, sauf à faire régulariser ensuite l'arrestation par M. le Juge d'instruction, et rien de si facile.

Tout le monde a le droit de *porter plainte* à un parquet; mais dès que M. le substitut s'est emparé de l'affaire, vous n'avez plus le droit de retirer votre plainte. Prenons un exemple : vous avez confié à quelqu'un de l'argent avec une destination particulière; cette personne abuse de la confiance que vous lui avez témoignée et dépense l'argent à son profit. Vous allez porter plainte; une instruction est ouverte; arrêté, jeté en prison, épouvanté des conséquences qu'aura pour lui l'action qu'il a commise, votre homme vous supplie d'arrêter les poursuites, il promet de vous rembourser. Vous avez cédé à un premier mouvement d'emportement, lorsque vous avez déposé cette plainte, maintenant vous réfléchissez aux conséquences terribles qu'elle aura pour lui, pour sa femme, pour ses enfants; ils ne peuvent vous rembourser la totalité maintenant, mais la famille s'engage solidairement au remboursement, d'ici deux ans par exemple. Vous êtes satisfait de ravoir votre argent, tout en devant patienter aussi longtemps, plus satisfait encore de pouvoir arracher au déshonneur un malheureux qu'un moment d'égarement, le besoin, l'espoir de vous rembourser, ont poussé à sa perte... Vous allez tout joyeux au parquet retirer votre plainte, vous êtes payé : "Bien, vous répondra M. le substitut, mais la Justice est saisie, il y a délit, elle doit poursuivre et obtenir satisfaction. — Comment, un délit? mais il n'y en a plus, puisque je suis payé. — Ceci ne nous regarde pas ; un délit a été commis, la Justice doit avoir son cours. — Mais, M. le substitut, vous écrierez-vous, si vous ne voulez pas arrêter les poursuites, je ne serai pas remboursé par la famille, c'est la condition *sine quâ non*, et alors je perds tout. — Cela ne nous regarde pas, reprend d'un air plus imposant encore le Représentant de la Justice, nous n'avons pas à nous inquiéter de vos affaires personnelles ; *la Vindicte publique exige satisfaction*, nous sommes *à regret* forcés de poursuivre." — Vous vous voyez alors obligé de vous en aller et de lui tirer encore une révérence, à laquelle il répond par une légère inclination de tête ; vous pestez *in petto* contre la Justice et ses représentants qui vous font perdre votre argent et deshonorent un homme, tout cela pour la *Vindicte publique*. En quoi donc est-elle lésée, la Vindicte publique? vous demandez-vous. Moi seul j'ai été un instant, mais *je ne le suis plus*, si l'on rend la liberté à cet homme; tout cela ne dépend plus ni de lui, ni de moi, mais de la Justice. Eh bien! s'il y a eu un délit, et qu'un exemple soit si nécessaire, punissez cet homme, soit, mais alors remboursez-moi. Plein de ce raisonnement si juste, vous retournez au parquet et tenez ce petit discours : "M. le substitut, l'on avait abusé de ma confiance, je suis venu me plaindre à vous, le coupable a de suite été arrêté. L'on veut bien me rembourser, il n'y a plus personne de lésé, donc il n'y a plus de délit. La Justice veut cependant continuer les poursuites, soit, mais pour avoir mes droits, elle doit me les acheter, alors qu'elle me rembourse." Comme on ne daigne pas vous répondre, vous prenez ce silence pour un acquiescement et continuez : "Veuillez m'indiquer où est la caisse de la Justice." On tire une petite sonnette, un garçon de bureau se présente, on lui dit en vous désignant du doigt : "Vous ne laisserez plus entrer Monsieur." Vous comprenez et vous en allez tout penaud. Néanmoins, vous êtes têtu, et le premier moment de honte passé, dans la rue vous repensez à l'affaire : c'est égal, on dira tout ce qu'on voudra : cet homme voulait me rembourser; il n'y a donc plus de délit; la Justice s'y oppose, je perds mon argent; je sais bien quel est le volé, mais je ne sais plus trop où est le voleur, mon homme ou . . . *Morale* : Vous avez toujours le droit de vous plaindre, mais nullement celui d'arrêter les poursuites; pardon, je me trompe : vous pouvez jouir de ce droit, dans un seul cas, c'est celui où vous avez le bonheur de prouver que Madame votre épouse a osé faire partager à un autre les droits légitimes que la Loi et l'Eglise vous ont donnés, mais encore à la condition de la reprendre chez vous.

Fidèle à son origine (p. 88) le Ministère public a conservé les trois modes de procédure criminelle du Pape-légiste Innocent III : *accusation*, *dénonciation*, *inquisition*, sous les noms de *plainte*, *dénonciation*, *poursuites d'office*; le *suspect* s'appèle *inculpé*; celui renvoyé devant le tribunal correctionnel, *prévenu*; devant la Cour d'assises, *accusé*; le Ministère public prend le nom *d'Accusation*. On a bien conservé au public le droit *d'accuser* et de *saisir directement* les tribunaux correctionnels, mais ce mode est fort peu en usage, et pour cause: la *dénonciation* ne coûte rien et n'entraîne aucune responsabilité: une lettre de dénonciation renfermant les imputations les plus infâmes et les plus fausses ne sera jamais remise à la personne qu'elle accusait, ce serait tarir la source des délations. C'est bien le cas de dire avec Basile de *Beaumarchais* : "calomniez, calomniez, il en reste toujours quelque chose; *si la plaie guérit*, *il en reste au moins la cicatrice.*"

De 1826 à 1830 la moyenne des *prévenus* jugés à la requête du Ministère public est de 48,000 par an; de 1850 à 1858 elle s'élève à 150.000. Le nombre des *plaintes* et *dénonciations* ne s'élève pas à moins de 280,000 en moyenne, et celui des *arrestations* est d'environ 150,000. (Note de l'Editeur.)

CHAPITRE II.

INSTRUCTION.

Mais laissons M. le substitut tout entier à ses rêves brillants d'avenir et entrons dans le cabinet de M. le Juge d'instruction. Le juge chargé de la confession des prévenus et accusés, est en général un homme d'un âge mûr, d'une grande expérience, d'une activité un peu tracassière; quant au cabinet, supposez le strict nécessaire pour écrire et s'asseoir, une triste et sombre nudité qui vous saisit au cœur quand vous entrez. M. le juge a soin de se placer contre le jour; aussi, du premier coup d'œil, mais quel coup d'œil! il vous a dévisagé; il voit de suite à quelle catégorie de coupables vous appartenez, car d'avance vous êtes marqué du sceau des coupables; il sait alors quelle marche il doit suivre pour obtenir ce qu'il *appèle la vérité* : tantôt vous regardant d'un œil de compassion, il vous interroge d'un air patelin et doucereux, vous parle avec une bonté toute paternelle du crime ou du délit qui vous est reproché et attire sur votre tête les rigueurs de la Justice; il vous fait causer, pose des questions et prépare les réponses; vous lui soumettez vos raisons, il les écoute d'un air attentif et plein d'indulgence, il daigne même quelquefois les approuver d'un signe de tête et vous encourage ainsi à aller jusqu'au bout dans la voie des confidences; il vous y pousse adroitement, vous amène peu à peu à ses fins, vous fait couper, relève adroitement vos imprudences, puis tout à coup changeant de ton, il dit à son greffier : *écrivez*; c'est là ce qu'on appèle *tirer les vers du nez.* Ou bien encore, grossissant sa voix et vous apostrophant d'un air menaçant qui vous fait trembler, il vous arrache presque de force tous vos secrets, et alors sans changer de ton, il dit à son greffier : *écrivez.* Voilà deux chemins différents comme l'on voit, pour arriver à la découverte de la vérité, mais le résultat est le même. Alors, il dicte, il dicte; il dicte les questions, il dicte les réponses en même temps; il y a bien quelques réponses qui ne sont pas précisément ce que vous avez dit; mais vous n'oseriez pas interrompre, ni surtout reprendre un Monsieur qui s'est montré si bon et si plein d'égards, ou qui d'un regard vous a foudroyé. Vous laissez faire, on vous relit le texte, on vous présente le papier à signer et parapher, ce que vous faites, *et voilà*. Si au contraire, vous osez faire une observation pendant la dictée, une réponse sèche, un froncement de sourcils, un geste impérieux vous rappèlent à l'humilité et au respect que vous devez à la Justice. Si vous protestez, on vous impose silence et l'on passe outre. Si vous vous refusez à signer, on le constate, mais cela ne fait rien à la chose : ce n'en n'est pas moins la seconde pièce de votre dossier et foi entière y sera ajoutée à l'audience. Si cependant vous insistez par trop, que les menaces du juge ne vous effraient pas, il changera peut-être la phrase. Il a le droit, ou du moins il le prend, de vous apostropher, de vous traiter comme il l'entend, de voleur, de canaille, de misérable; n'essayez pas d'en exiger acte de son greffier, celui-ci n'écrit *que ce que lui dicte son chef*, il n'est qu'un témoin impassible et silencieux de tout ce qui se passe; on dirait qu'il ne voit rien, n'entend rien, ne comprend rien. — Mais le prévenu peut sans doute se faire assister d'un ami, de son avocat? — Nullement. — Nous avons cependant lu dans l'histoire du Parlement, que la Constituante avait aboli les procédures secrètes, on les a donc rétablies? — Oui et non; non, parceque votre avocat peut prendre communication de l'instruction, donc elle n'est pas secrète; oui, parceque vous êtes seul avec votre juge, et que celui-ci n'est responsable de rien et à l'égard de personne.

Il y a bien une foule d'autres moyens, plus ou moins ingénieux, plus ou moins avouables, ils sont laissés à la sagacité et à la conscience de M. le Juge d'instruction qui prend toujours pour règle de conduite : *la fin justifie les moyens ;* c'est là en effet que s'est conservée la fameuse formule tant reprochée aux Jésuites, formule que cependant les Parlements ont toujours employée : l'on ne trouve rien à y redire, tout leur est permis, tout ce que leur *Conscience* ne leur défend pas, et Dieu sait ce qu'elle leur propose pour arriver à la découverte de la vérité. On dit que les tortures sont abolies, que c'était une chose infâme de recourir aux supplices pour forcer à confesser le crime, que quelquefois on n'avait pas commis; oui, la torture *matérielle*, celle qui vous broyait les os, qui vous arrachait la vie par morceaux, elle n'existe plus; mais la torture *morale*, celle qui vous plonge tout vivant dans un cachot, celle qui vous arrache à vos affaires, qui vous sépare de vos parents, de vos affections, celle qui vous tient enfermé, nuit et jour, des semaines, des mois entiers, seul, tout seul, le *secret* enfin, n'est-ce donc pas une torture, lente, il est vrai, tout aussi horrible et en tout cas aussi sûre que les chevalets et les brodequins du Parlement et de l'Inquisition? Et croyez-vous que ce soit tout? Non, détrompez-vous : pendant que vous êtes au secret, on interroge vos parents, vos amis, mais tout d'abord vos domestiques et vos ennemis, et cela se conçoit : le témoignage de vos parents et amis ne peut être d'aucune efficacité pour vous, celui au contraire de vos ennemis, c'est la vérité, car ils sont de l'avis du Juge d'instruction, et tout ce qui abonde dans son sens parle d'or. On vous fait venir ensuite pour vous interroger, et M. le Juge d'instruction s'exprime ainsi : vous ne voulez pas avouer la vérité, il est inutile de nier plus longtemps, tel de vos parents, tel de vos amis a reconnu telle ou telle chose, vous ne pouvez plus en disconvenir. Vous avez beau vous récrier, dire que c'est impossible, on vous lira la déposition qui vous charge, en disant qu'elle est de l'ami sur lequel vous comptiez; vous en êtes tout abasourdi, vous criez à l'infamie, le moment est favorable, on vous presse de nouveau, vous ne répondez que par des protestations contre le traître, on prend ceci pour un aveu et l'on dicte en conséquence : il s'est agi de changer le nom des témoins seulement. Que si l'on n'a pas recueilli de témoignages, on ne sera pas embarrassé pour si peu, et au lieu de vous lire un témoignage, on se contentera de vous dire: un tel a reconnu que vous avez dit ou fait cela. S'il y a deux accusés, c'est encore beaucoup plus simple; on les tient tous deux au secret, et à chacun d'eux à part on dira : votre complice a avoué, il est inutile de nier plus longtemps; voilà l'ABC du métier. D'autres fois, on promettra un adoucissement de peine, on fera luire un rayon illusoire d'espérance; tout en un mot, *tout est bon*, pour arriver à la découverte de la vérité.

Un homme est-il arrêté sous prévention de crime ou délit, il doit être interrogé dans les vingt-quatre heures, telle est la loi; mais comme très souvent vous êtes arrêté avant qu'on ait pu réunir contre vous les preuves nécessaires, on se borne à un simple interrogatoire comprenant vos noms, prénoms, déclaration sur le fait reproché, puis on vous ramène en prison où vous demeurez au secret, jusqu'à ce qu'on ait pu réunir toutes les pièces et les témoignages nécessaires. Ce secret peut durer plus ou moins longtemps, il est laissé à la *discrétion absolue* de M. le Juge d'instruction; mais l'on comprend combien il est nécessaire, indispensable, autrement vous pourriez vous entendre avec vos parents et amis, contrebalancer l'influence du juge, paralyser ses efforts, etc. Si l'on est obligé d'envoyer des commissions rogatoires à d'autres collègues pour interroger des témoins qui demeurent au loin, si vous avez quelque complice et qu'il ait pris la fuite, alors vous voyez les semaines, les mois se passer, sans avoir été mis en présence de la véritable accusation. Si cependant cette poursuite *dure trop longtemps*, que le juge se fatigue de faire de vaines recherches ou de voir toujours votre dossier, il fait alors son rapport qu'il remet à M. le Procureur du roi. Celui-ci donne ses conclusions et le tout est remis à la chambre du conseil placée près de chaque Tribunal. Composée de 3 juges au moins, y compris M. le Juge d'instruction, elle écoute d'un air distrait, ennuyé, et ordonnance ce que réclament ces deux magistrats, car elle n'a pas à juger, elle vous renvoie seulement devant le tribunal qui doit connaître du délit ou du crime. Que si l'une d'elles, prise d'une velléité d'opposition, refuse d'ordonnancer suivant les désirs de M. le Procureur du roi, il peut dans les 24 heures y former opposition; mais il est bien rare qu'il soit forcé d'y recourir, à peine une fois sur 700. L'affaire dans ce cas est renvoyée à la Cour d'appel (chambre des mises en accusation), et le résultat est facile à prévoir: enlevé d'emblée! Le prévenu ou accusé n'a nullement le droit de former opposition à l'ordonnance de la chambre.

Afin qu'on puisse se former une idée nette et précise de la position d'un prévenu ou d'un accusé, fesons remarquer ceci : sous le prétexte qu'ils ne jugent pas, trois pouvoirs judiciaires l'ont déjà condamné : le Procureur du roi, le Juge d'instruction, la chambre du conseil. Il est dès lors évident que, quand il comparaîtra devant ses juges, il ne sera plus réputé innocent, les apparences au contraire seront déjà contre lui; il aura donc à prouver qu'il n'est pas coupable, qu'il est innocent. C'est ce que nous avons vu dans le droit Canon (p. 77) : le soupçon véhément établit une présomption de culpabilité. Voilà comme on le voit, tous les rôles renversés. — Pour nous résumer et bien faire comprendre l'idée que le Juge d'instruction se fait de sa mission, nous citerons un mot naïf de l'un d'eux, qui résume la conduite de tous ou au moins du plus grand nombre : "*quand je doute*, disait-il, je conclus à la culpabilité, et je m'en trouve toujours bien."

Nous avons vu que M. le Juge d'instruction a tout d'abord eu soin de s'assurer du corps du délit, en le plaçant sous serrures et verroux, par un bon *mandat d'amener* qu'il remet à deux gendarmes ou agents de police, si l'accusé demeure dans son arrondissement. Ceux-ci afin d'être plus certains de le trouver, viennent lui rendre une visite très matinale; ils expriment le désir de lui parler à lui-même, lui font part de leur commission et exhibant leur mandat l'invitent à les suivre. Nous n'essaierons pas de dépeindre la désolation, le désespoir de la famille; le malheureux est abasourdi du coup qui le frappe, il suit machinalement les agents de la force publique. La nouvelle s'en est aussitôt répandue dans la maison, dans le voisinage, dans le quartier, et il est suivi des regards de pitié ou de joie mal déguisée de ses voisins, amis et ennemis, qui se sont tout exprès levés. Les agents le conduisent à la prison pour *l'écrouer* (inscrire les noms, prénoms, qualité du prisonnier sur le registre du geolier qui en devient dès lors responsable). Si l'accusé demeure hors de l'arrondissement, M. le Juge d'instruction transmet *sub oblatione reciproci* (à charge de revanche) le mandat à son collègue dans la circonscription duquel il demeure, et l'arrestation s'exécute par les mêmes procédés. Si l'accusé est absent, les agents de la force publique prient très poliment les personnes de la maison de ne pas sortir, dans la crainte qu'on ne lui donne l'éveil et ils attendent très patiemment son retour, c'est ce qu'on appèle *tendre une souricière* : il rentre, on lui saute au collet, et *voilà*. Que si on le dit parti pour un long voyage, ce dont ils ont bien soin de s'assurer dans le voisinage sans trop déguiser l'objet de leur mission; ils rapportent le mandat au Juge d'instruction avec tous les renseignements qu'ils ont pu *se procurer*; *celui-ci envoie* des ordres d'arrestation par lettre ou par télégraphe partout où l'on suppose que l'accusé peut se *trouver*. Alors malheur à tous ceux qui portent son nom, ou qui voyageant sans passeport ont quelques traits de ressemblance avec l'accusé. Chaque gendarme, agent de police est porteur de son signalement : *taille* 1m 70 ; *cheveux* chatains ; *sourcils* idem ; *yeux* bleus ; *front* moyen ; *bouche* moyenne ; *nez* moyen ; *menton* rond ; *visage* ovale ; *teint* clair ; *signes particuliers* o. Vite la gendarmerie en campagne, sur les routes, à l'arrivée des diligences, à chaque station de chemin de fer, dans tous les hôtels et auberges, etc., et *la chasse commence*. Les yeux d'un gendarme par malheur se portent sur vous, trait pour trait vous répondez au signalement, car vous êtes chatain, votre visage est ovale, votre front, bouche, nez, tout est *moyen;* il est vrai quo vous avez de la barbe, mais l'accusé l'a laissée pousser pour dérouter les poursuites, on connait tous ces tours, et le gendarmo ne s'y laisse pas prendre. Il vous demande vos papiers : *vous n'en avez pas*, *vous voyagez pour votre* agrément, vous quittez Paris pour aller passer vos vacances *chez un ami*; *vous avez beau crier* votre nom, vous débattre, rien n'y fait, il vous somme au *nom de la loi* de le suivre, et afin d'éviter tout scandale, vous allez bon gré mal gré chez le sous-officier de gendarmerie. Là vous répétez votre thème, mais on vous toise : 1m 70, on vous examine de plus près, vous ressemblez de plus en plus *trait pour trait* au signalement, de papiers vous n'en avez pas, *enlevé*. On vous conduit à la prison, où l'on commence par vous enlever tout ce que vous avez : montre, portefeuille, argent, couteau, etc. Vous demandez à écrire à Paris pour faire reconnaitre votre identité, l'on y consent, et vous vous consolez en pensant que l'erreur sera bien vite reconnue ; vous n'avez qu'à attendre la réponse. Mais vous avez compté *sans votre hôte* : il a reçu le mandat d'amener, on lui recommande de la diligence, il veut faire preuve de zèle, puis la *correspondance* part justement le lendemain matin, on vous arrache de votre lit, on vous *livre aux gendarmes*, et . . . *en route !* Vous voyagez à raison de 5 à 6 lieues par jour, à pied, *les menottes aux mains*, entre deux gendarmes à cheval, par toutes sortes de temps, pluie, neige, vent ; la consigne de ces Messieurs *ordonne*, ils doivent obéir. Vous traversez villes et villages, vous êtes l'objet de la curiosité généralo, du mépris public, puis le *soir on vous conduit dans la prison du dépôt*; là vous *trouvez un mauvais lit* avec des draps sales et puants pour vous reposer des fatigues de la journée, une soupe à l'eau et un morceau de pain pour réparer vos forces; puis le lendemain ou le surlendemain, d'autres gendarmes viennent vous chercher, le voyage recommence, et vous êtes ainsi conduit de brigade en brigade. Arrivé enfin à destination, M. le Juge d'instruction reconnait l'erreur, mais au lieu de vous faire quelques excuses, il s'emporte et vous traite d'imbécille : vous êtes la cause que son homme s'échappe, *la Société ne sera pas vengée*. Si vous osez vous plaindre des mauvais traitements, il vous répondra que c'est votre faute : pourquoi voyagez-vous sans passeport? *Ou encore* : pourquoi ressemblez-vous à un criminel? Que si vous avez un passeport, et que vous ayez le malheur de porter un de ces noms propres qui sont assez communs en France, comme Martin, Mathieu, Legras, etc., vous êtes responsable de tous les faits et gestes de tous vos homonymes. Un mandat d'amener est lancé contre M. *Mathieu*, un gendarme vous rencontre et vous demande vos papiers; vous exhibez votre passeport : très bien, c'est cela même, suivez-moi, vous répond-on. Vous vous récriez, on vous demande si vous vous nommez bien Mathieu : oui, répondez-vous. *Très bien*. L'on vous écroue à *la prison sous* votre véritable nom, mais pour votre homonyme : *il est très dangereux de porter de semblables noms*. Nous avons connu un homme très honorable qui avait le malheur de porter un nom assez commun en France, appelons-le *Martin* en souvenir de MM. de Laubardemont et de Bigora; arrêté à Poitiers sur mandat d'amener lancé par M. le Juge d'instruction de Nancy contre un autre Martin, il fut enlevé, conduit de brigade en brigade à pied avec les menottes en hiver par un temps épouvantable de pluie, de neige et de boue. Le voyage dura 38 jours; en vain ses parents, ses amis s'étaient empressés de réclamer pour lui à Poitiers, à Nancy, impossible de rien changer : une fois en route, c'est fini, vous devez arriver à votre destination, *telle est la consigne*. Nous avons vu Rutier arrêté à Paris, miraculeusement sauvé par sa mère et sa fiancée, au moment où il allait s'embarquer pour un semblable voyage. Eh bien! examinez les statistiques, et vous verrez qu'il se fait chaque année en moyenne 60 mille arrestations de gens qui après un semblable voyage plus ou moins pénible et deshonorant, ou au moins après une détention préventive plus ou moins longue, *sont déclarés innocents!!* Et croyez-vous que M. M. les Juges d'instructions regrettent les mesures qu'ils ont prises à l'égard des innocents? Est ce que cela les regarde? Est-ce même qu'ils s'en inquiètent? Leur affaire est d'arrêter, d'instruire, d'interroger, puis de faire leur rapport; ils n'ont pas à juger, et ils s'occupent fort peu de savoir si vous êtes coupable ou innocent : ils ne connaissent, eux, que des accusés ou des inculpés, et n'ont de comptes à rendre qu'à leur conscience. — Et quand on a daigné reconnaître l'erreur dont vous avez été la victime, vous devez encore remercier bien poliment pour la liberté qu'on vous rend; que si au contraire, vous osiez parler d'indemnité, on vous répondrait comme le loup de la Fontaine à la cigogne;

> Quoi! ma mie, n'êtes-vous pas satisfaite
> D'avoir de mon gosier retiré votre cou?
> Allez, vous n'êtes qu'une ingrate.
> Ne tombez jamais sous ma patte.

La moyenne annuelle des instructions commencées pour crimes ou délits est d'environ 75,000, et le Juge d'instruction rend 20 mille ordonnances de non-lieu. — La moyenne des arrestations est de 150 mille par an; celle des transférements d'une prison dans une autre de 75 mille. — La moyenne des condamnés à plus d'un an de prison et à des peines plus fortes, est de 15,000; celle des condamnés à moins d'un an est de 75,000, total 90,000. Dans ces chiffres sont compris des individus condamnés par contumace, d'autres qui ont pu s'échapper, d'autres enfin qui condamnés à quelques jours de prison seulement ont obtenu remise de leur peine, et cependant le chiffre des arrestations est de 150,000! On peut donc dire que *60 mille innocents au moins*, très probablement de 70 à 75 mille, *ont été arrêtés préventivement!!* (Note de l'Editeur.)

CHAPITRE III.

TRIBUNAL CORRECTIONNEL.

La chambre du Conseil a renvoyé l'inculpé devant le Tribunal Correctionnel; le jour de l'audience est arrivé, le prévenu comparait devant ses juges. Après un interrogatoire sommaire fait par le Président et l'audition des témoins, s'il y en a, la parole est donnée à M. le substitut du Procureur du roi, à moins toutefois que la cause n'ait paru assez importante au chef du parquet pour retenir l'affaire. Alors se lève l'Accusateur public: il commence par un petit exorde de généralités, afin d'obtenir toute l'attention du tribunal; puis par insinuations successives, il attaque le prévenu dans son honneur, dans sa vie passée; c'est ce qu'on appèle, *démolir* ou encore *éreinter* : il donnera à entendre qu'il ne mérite pas la considération dont il jouit; qu'il a su habilement cacher quelque péché mignon, et qui donc, bon Dieu! n'en a pas, M.M. du Ministère public! on ne le poursuit pas pour ce fait, mais enfin on a le droit de le révéler, afin de bien faire connaître le prévenu; on rappèle les actes de sa conduite passée, les actions les moins importantes en apparence, et c'est alors que se lève déja pour lui le jour du Jugement dernier. Il est stupéfait, le malheureux, de voir quelle portée on donne aux actions les plus insignifiantes, il a oublié tel ou tel fait, on le lui rappèle, on sait mieux que lui-même ce qu'il a dit ou fait tel jour; il se voit obligé de rougir à chaque instant devant ses parents, ses amis, ses ennemis, qui encombrent l'audience, devant ses juges, devant le public. Pour obtenir tous ces renseignement, on s'est adressé à la direction de la Police, qui en a chargé le Commissaire du quartier, qui son secrétaire, qui ses agents, lesquels ont interrogé les domestiques du voisinage, les ivrognes et rôdeurs de cabaret; là sur quelque table sale, on écrit son rapport sur un papier crasseux, que le chef fera recopier avec soin sur un papier grand-format et avec l'entête qui lui donnera de la valeur. On s'est adressé au chef de la gendarmerie, qui a chargé ses hommes d'aller aux renseignements. On s'est adressé à la mairie, qui à ses employés, ceux-ci à leurs femmes, lesquelles à toutes les commères de la ville. Il ne sera rien oublié, soyez en certain, au contraire, tout reviendra doublé, triplé, quintuplé, sans compter ce qui est de pure invention, habile et dangereuse mixtion de médisance et de calomnie. Mais tous ces rapports établis sur papier administratif, font partie du dossier de l'accusation, ils font foi, autorité, ils passeront sous les yeux du Tribunal, qui pourra les lire, les commenter à loisir. Que si l'on a pu relever contre vous une condamnation, si petite soit-elle, ou seulement un commencement de poursuites, vous êtes démoli d'un seul mot : vous êtes parfaitement *connu de la Justice*, vous êtes un homme *taré*, vous êtes dès lors *capable de tout.* Mais patience, ce n'est rien encore ; le terrain est seulement préparé, il est alors temps de semer. On est arrivé ainsi peu à peu et par insinuations successives au délit ; les moindres actions à l'époque de sa perpétration sont analysées, les paroles les plus insignifiantes expliquées, toute se rapporte, tout *doit* se rapporter au fait incriminé. On exhibe des preuves plus ou moins sérieuses, mais si prises une à une, elles n'ont pas de valeur, réunies et soudées avec une grande habileté, avec un art infernal, elles font une vive impression, aussi bien sur des imaginations faibles et mobiles, que sur des esprits habitués *par état* à voir des coupables partout et à juger tous les jours. N'oublions pas que le doigt accusateur du substitut vous menace sans cesse, n'oublions pas qu'il ramène à chaque instant sur vous les regards de l'auditoire et du tribunal ; ajoutons à cela qu'il jouit de toute liberté de parole, que cette liberté tourne souvent en licence, et qu'avant même votre condamnation, il vous décore déjà des titres de voleur et d'escroc. Que si vous essayiez de vous défendre et de donner issue à la colère qui déborde, que si vous vouliez protester contre ces gestes provocateurs, tout serait inutile, un sévère rappel à l'ordre du Président vous défend toute interruption. Quand vous vous êtes ainsi senti pendant 3 ou 4 heures démolir pièce à pièce, par tout un arsenal de ruses et d'insinuations, d'inductions et de déductions, de réticences et d'escobarderies, auxquelles les fils de Loyola n'auraient rien à envier, vous ne vous sentez plus le courage de prononcer une parole pour votre défense : un profond abattement, un dégout insurmontable des hommes ont remplacé les sentiments de colère et de légitime indignation qui s'étaient tout d'abord emparés de vous. C'est alors que l'Accusateur public vous dit avec le sourire ironique d'une joie cruelle, d'une vengeance à moitié satisfaite déja : "défends-toi maintenant; *prouve-moi que je n'ai pas dit vrai;*" puis il s'assied content de lui-même et tout rayonnant, car il peut lire déjà sur les visages assombris et sévères des juges, que ses coups ont porté et qu'il peut compter sur une victime de plus.

On doit admirer le sangfroid d'un avocat qui prenant à cœur la défense de son client et fesant de son affaire la sienne propre, a pu rester calme et impassible trois heures durant, foudroyé par l'éloquence du Ministère public; il lui est défendu d'interrompre, alors que d'un mot quelquefois il pourrait réduire à néant l'échafaudage élevé par l'accusation, et qu'au contraire il voit se peindre sur la physionomie des Juges une impression défavorable à son client. Mais tout à coup la scène change : *l'avocat a la parole.* Persuadé de votre innocence, il veut faire passer sa conviction dans l'âme de vos juges; hardi à la riposte, il doit tout à la fois vous défendre et attaquer l'un après l'autre les arguments de l'Accusation : double tâche bien périlleuse, devoirs nobles et sacrés, qui trouvent leur plus douce récompense dans le succès lui-même.

Le Ministère public a le droit de répliquer, et il n'a garde d'y manquer, s'il n'est pas bien certain de votre condamnation : sa parole froide et envenimée, son geste qui vous menace, ses expressions qui vous deshonorent, tout refroidit les cœurs que la conviction et la noble ardeur de votre défenseur avaient su ranimer en votre faveur : tout ce que l'avocat a dit, toutes les pièces qu'il a apportées, tous les témoignages qu'il a fait entendre, tout a été fait pour les *besoins de la cause;* quant à lui-même, il a son dossier, ses notes, et là est la vérité; avec quel dédain il repousse les explications qu'on a données de votre conduite, de vos actions; on n'a pas prouvé qu'il n'a pas dit la vérité, on n'a pas détruit ses preuves, et elles prouvent, clair comme le jour ce qu'il avance. Votre défenseur a la parole pour répliquer; mais le Tribunal fatigué de cette lutte a déjà sa résolution arrêtée, votre sort se décide, il délibère.

Enfin le jugement est rendu : que si vous êtes déclaré *innocent* par le Tribunal, vous pensez sans doute qu'on va vous rendre de suite à la liberté. Erreur, profonde erreur! Vous n'avez pour vous que le jugement du tribunal de 1ère instance appelé correctionnel, lequel n'a aucune force éxécutive, et ne l'oubliez pas : trois fois la Magistrature vous a trouvé coupable; le Tribunal a bien dit: vous êtes innocent, mais le Ministère public vous trouve coupable, et il a le droit de ne pas lâcher sa proie. On vous remmène donc en prison; Néanmoins votre famille tourmente tellement le Procureur du roi, votre avocat plaide si chaleureusement *à nouveau* votre cause, votre femme et vos enfants sont si dignes de pitié et supplient tellement (au point de se jeter à ses genoux), qu'il ne peut résister plus long-temps et se voit *comme forcé* de signer votre mise en liberté; vous êtes alors rendu *provisoirement* à la liberté.

Que si au contraire le Ministère public a remporté la victoire, il se hâte de reprendre sa proie qu'un semblant dérisoire de liberté a mise en présence de ses juges. Moment terrible d'angoisses pour tous : le condamné se voit de nouveau arracher des bras de sa famille, ramener à sa prison que le matin il a quittée si joyeux, si plein d'espérance; sa famille se le voit enlever une seconde fois, sans espoir maintenant. L'avocat reste là, désespéré de sa défaite, et cependant il doit soutenir le courage de ces malheureux, il est leur seul appui, leur seule consolation; il ne manquera pas à sa tâche. Mais aussi quel jour de bonheur pour lui quand il a réussi à sauver l'honneur d'un homme que poursuivait l'inexorable Vindicte publique! Quelle douce récompense, quand entouré de la famille à laquelle il a rendu un mari, un père, il ne voit que pleurs de joie et embrassements, n'entend que paroles d'amour et d'espérances : toute cette félicité est son ouvrage. Il a la certitude d'avoir sauvé un innocent; et serait-ce même un coupable? Tant mieux encore : il a rendu un citoyen à sa patrie, un homme à la Société, et les tortures qui lui ont été infligées d'avance ont été suffisantes déjà pour l'expiation et pour le retenir dans la voie du bien.

Décidément, ce rôle d'avocat soutenant le malheur, protégeant l'innocence, est mille fois plus beau que celui de l'accusateur, mais aussi sa tâche n'est-elle pas mille fois plus difficile? Accuser est facile, mais défendre est bien difficile; *démolir* est aisé, c'est un jeu pour les enfants, *mais reconstruire?* Bien peu de gens en sont capables. Aussi voyez quelle différence entr'eux : l'un, le conseil, l'ami de ses clients, il sait s'en faire aimer, il est honoré, respecté par tous; l'autre, l'effroi de tous, il est craint et redouté, on n'en approche qu'en tremblant et quand on y est forcé. L'un, le refuge et l'espoir des malheureux, il écoute leurs réclamations, il se forme une conviction, il est *libre* d'accepter leur défense ou non, de faire comme il l'entend; l'autre au contraire, reçoit un dossier tout préparé, et avant même de l'avoir ouvert, il sait qu'il *doit requérir condamnation.* L'un réclame l'acquittement ou sollicite l'indulgence; l'autre ne réclame, n'exige que supplices et deshonneur!

Le nombre des *prévenus* jugés annuellement par les Tribunaux correctionnels est en moyenne de 230 mille : 154 mille à la requête du Ministère public, 66 mille des administrations publiques, 10 mille des parties civiles. Sur ce nombre, 11 mille sont condamnés à un an et plus de prison, 76 mille à moins d'un an, et 123 mille à une amende ; 20 mille sont acquittés : un sur onze. (*Note de l'Éditeur.*)

CHAPITRE IV.

APPEL.

Le Tribunal Correctionnel vous a condamné : vous pouvez interjetter appel, et à cet effet vous avez dix jours; le Ministère public qui requiert toujours plus qu'on ne lui accordera, peut également en appeler *à minimâ*, c'est à dire comme d'une trop petite punition; mais il a deux mois, et cette épée de Damoclès reste ainsi suspendue sur votre tête pendant 60 jours! Vous voilà donc bien embarrassé : peut-être sur les conseils d'un avocat sage et expérimenté, et si la peine n'est pas trop forte, préféreriez-vous vous en tenir là et vous y soumettre, mais vous craignez que le Procureur du roi ne voyant dans sa victoire qu'une défaite, n'interjette appel lui aussi, votre délai expiré, et dans ce cas vous ne pourriez qu'espérer de voir le jugement confirmé, quand vous auriez à craindre une peine plus élevée. Que faire donc? Vous interjettez appel : le jugement est anéanti, et toute recommence à nouveau. Il en serait de même en cas d'appel par le Ministère public, si vous avez été acquitté par le Tribunal ou condamné à une peine trop minime à son avis.

Vous voici donc devant la Cour, chambre des appels de police correctionnelle. Le *dossier* qu'avait amassé, réuni contre vous le parquet, est transmis à M. le Procureur général, qui le communique à M. le Président, lequel après en avoir pris connaissance le passe à l'un de M.M. les Conseillers qui en devra faire un rapport; enfin il est remis à l'un de M.M. les Avocats généraux. Quand votre affaire sera appelée à l'audience, le Président et le Conseiller-rapporteur ont eu tout le temps nécessaire d'approfondir le dossier-accusateur, d'en parler à leurs collègues, et voilà comment longtemps à l'avance une opinion se trouve déjà formée ; elle vous est entièrement défavorable et cela se conçoit parfaitement. Pourquoi n'autorise-t-on pas le prévenu à communiquer également son dossier, à opposer au poison le contre-poison? Et comment voulez-vous que le conseiller-rapporteur puisse être impartial, quand il n'aura vu que les preuves de l'accusation? Il lui est donc impossible d'être impartial, il ne saurait l'être, il ne le sera donc pas; mais passons. — Le Président vous interroge d'une manière plus brève, d'une voix plus sévère encore que le Président du Tribunal; puis le Conseiller fait le rapport de l'affaire en première instance; il commente les motifs de la poursuite, analyse succinctement les pièces du dossier du parquet, examine les considérants du jugement, en un mot fait l'historique de l'affaire jusqu'à ce jour, mais il ne conclut pas. La parole est alors donnée à la partie qui a interjeté appel. Votre avocat vous fait tout blanc. L'Avocat général, *fidèle à sa consigne*, vous fait tout noir ; cela dure plus ou moins longtemps, avec ou sans réplique, et vous êtes là entre les deux feux qui se croisent. On vous demande si vous n'avez rien à ajouter à votre défense, les débats sont clos, la Cour délibère, puis elle rend son arrêt, arrêt souverain, en dernier ressort.

Nous devons examiner maintenant la composition du Tribunal, de la Cour, leurs rapports entr'eux et avec les parquets, puis nous chercherons à nous rendre compte de leur esprit et surtout de leurs tendances. Le Tribunal se compose de trois membres, jeunes en général, peu habitués encore aux luttes judiciaires. La Cour se compose de 8 à 10 conseillers d'un âge déjà mûr, choisis parmi les Présidents de tribunal correctionnel, les juges d'instruction, les chefs de parquet, les avocats généraux, etc. ; ce sont en général des gens qui après avoir mené une vie très active ont besoin de repos ; ils ont plus d'intelligence, si vous voulez, mais surtout plus d'habitude des drames judiciaires : leur cœur est par conséquent plus endurci, leur conscience sera plus souple, plus facile, plus élastique. Croyez-vous que ces dix conseillers prêteront aux débats la même attention que les trois juges de 1ère instance ? Non pas : ils sont fatigués, ennuyés de ces drames qui se déroulent devant eux depuis si longtemps, et habitués qu'ils sont à leur issue, surtout s'ils ont été juges d'instruction ou procureurs du roi, ils se contenteront de prêter quelqu'attention à l'interrogatoire et au rapport qui leur sera présenté, en sorte que dans leur esprit vous êtes déjà infailliblement condamné. Aussi quand viendront les plaidoiries, l'un écrira ses lettres tout en feignant de prendre des notes, un autre fera des vers, un troisième dormira, d'autres bailleront, etc. (1) Le Président *forcé* d'interroger, de suivre les débats pour les diriger, aura ainsi la plus grande influence sur ses collègues, et ceux-là qui opinent du bonnet se rangeront à son avis. *Or*, le Procureur général exerce sur le Président et par suite sur les conseillers une pression très forte, qui ne peut être que funeste aux prévenus : le parquet qui poursuit, qui requiert condamnation, n'a qu'un but, cela se comprend, faire condamner ; à cet égard il usera de toute l'influence qu'il a sur la Cour, surtout s'il s'agit de quelqu'affaire importante, difficile, qui le mette en relief, et cette influence est des plus grandes. Qui donc en effet prend des notes sur les magistrats, les surveille ? M. le Procureur général. Qui donc les transmet au ministre ? M. le Procureur général. Qui donc est chargé du tableau d'avancement ? M. le Procureur général, toujours *lui*. Il est en correspondance directe avec le chef suprême de la Justice, il reçoit de lui directement ses ordres, et en réalité, il est le chef de la Justice dans sa circonscription. *L'on nous dira que* le Premier président correspond également avec le ministère et envoie aussi des notes. Ceci est très vrai, mais en général ce 1er president est quelque magistrat très âgé, qui s'est distingué par ses services en politique ou par son mérite ; il s'occupe bien plus des chambres de la Cour, de la sienne surtout qu'il préside avec plaisir, que des Magistrats de sa circonscription, qu'il ne connait que fort peu, du tableau d'avancement et de correspondance avec le ministère ; puis il est âgé, il ne cherche qu'à jouir en paix de l'honneur et de la con-

(1) C'est ce qu'expliquait un jour M. de Harley, Président du Parlement : „si Messieurs qui causent, fesaient comme Messieurs qui dorment, Messieurs qui écoutent pourraient entendre.„

sidération qui l'environnent, tandis que le Procureur général, jeune encore, très actif, n'est nullement arrivé au but de son ambition; voyez Tivier. C'est donc *lui*, le véritable dispensateur des places et des récompenses : il est en rapports suivis avec les Présidents de la Cour, et il ne manque pas de leur communiquer son opinion sur telle affaire; avec tous les parquets de sa circonscription, et là il n'a qu'à commander. Croyez-vous donc que son opinion ne soit pas d'un grand poids sur un Président de chambre qui brûle du désir de devenir Premier président? Et n'avez-vous pas vu que le Président a beaucoup d'influence sur les conseillers, qui le savent en rapports avec le Procureur général, surtout sur ceux-là qui désirent à leur tour devenir Présidents? Vous voyez bien d'où tout dépend, ou à peu près. Certes le Procureur général a bien moins d'influence sur le Tribunal, dont les membres sont très éloignés de lui et dont il ne voit que très rarement le Président. Vous objecterez peut-être que la Magistrature française est incorruptible, que d'ailleurs elle a pour privilège l'inamovibilité qui la protège contre les rancunes du parquet et assure son indépendance; soit, mais vous conviendrez également qu'un juge à 15 cents francs ne veut pas rester juge toute sa vie : il veut devenir Président de tribunal, un Président Conseiller, un Conseiller Président de chambre, et tous veulent être décorés. Or, de qui, si ce n'est du Procureur général peuvent-ils espérer avancement, décoration? Aussi chacun s'empresse-t-il de lui être agréable, de s'en faire distinguer; les consciences deviennent souples, élastiques, comme nous l'avons dit, et vous savez qui paie pour cela : la *fortune*, la *liberté*, l'*honneur des citoyens*.

Ainsi donc pour nous résumer, nous avons dit et nous le maintenons : *le Procureur général est l'âme de la Justice dans sa circonscription*; son influence y est des plus grandes sur la Cour, sur les Présidents; par cette même influence et par les dispositions des conseillers, la Cour est plus disposée à condamner que le Tribunal, et son arrêt est plus sévère.

Il y a encore des gens naïfs qui se figurent, quand ils ont été condamnés en 1ère Instance, que la Cour sera moins sévère que le Tribunal, qu'elle les acquittera ou au moins diminuera leur peine : ils interjettent appel et sont tout abasourdis quand fesant plaider pour leur acquittement, il voient augmenter la peine. Il y a des Cours, des Chambres surtout, qui se distinguent entre toutes par leur sévérité : aussi un avocat prudent se contente-t-il alors de plaider les circonstances atténuantes, de montrer l'humilité, le repentir de son client, et il sollicite de l'indulgence des conseillers un adoucissement de peine. Alors la Cour en voyant cette soumission, sent monter à son cœur un sentiment de miséricorde et elle daigne alléger quelque peu la peine; d'ailleurs on ne saurait toujours condamner, comme le disait si ingenument M. Lemignon, cela repose et fait bien de se montrer quelquefois généreux.

Mais enfin vous êtes définitivement acquitté, vous êtes heureux. Mais croyez-vous que l'arrêt qui vous acquitte, vous rende l'honneur? L'honneur, voyez-vous, c'est la femme de César, qui ne doit pas même être soupçonnée, c'est une glace que ternit le moindre souffle impur, et la moindre accusation y reste gravée d'une manière ineffaçable. On dira toujours : *cet homme a passé en police correctionnelle.* Croyez-vous en outre que toutes ces calomnies, médisances seulement, si vous voulez, débitées pendant 3 ou 4 heures par le Ministère public devant un auditoire où se sont donné rendez-vous vos parents et amis, vos ennemis et connaissances, seront oubliées? Ou que votre avocat ait pu les réfuter? Ou que votre acquittement les détruise? Allons donc! La calomnie n'a pas besoin de preuves, on y croit toujours et avec tant de plaisir; elle ira toujours en grossissant et d'autant plus vite, que la parole qui l'a énoncée, a parlé d'un ton plus grave et dans un moment plus solennel. Essayez donc de prouver ensuite, quand vous êtes rendu à la liberté, que vous n'avez pas commis telle ou telle action, dit telle ou telle chose, ou telle ou telle intention? Est-ce que l'on peut prouver que telle chose n'existe pas? En votre pré-

20

sence on daignera croire à vos explications, par derrière on en rira. A quels moyens donc recourir pour recouvrer votre honneur? Un duel avec le Magistrat qui vous a calomnié? Le duel est défendu par les lois, un Magistrat ne saurait les violer, et d'ailleurs il n'a fait qu'obéir à la voix de sa conscience, aux devoirs de sa charge, devoirs pénibles mais impérieux. Des poursuites en calomnie contre lui? Aucune pièce officielle ne constate que dans son réquisitoire il vous a imputé tel ou tel fait, puis il faudrait l'autorisation du Conseil d'état et sa réponse à votre requête ne manquerait pas d'être ainsi conçue : "vu ceci, vu cela, entendu le, etc., oui le, etc. art. 1er : *la requête du sieur x est rejetée.*„ Il n'y a rien à faire de ce côté, ne tentez surtout rien, car on a là une revanche à prendre et l'on serait heureux de pouvoir saisir le moindre prétexte plausible pour recommencer de nouvelles poursuites. Assigner en diffamation les pauvres diables qui n'ont fait que répéter tout bas ce que la Justice a dit tout haut? Vous ne trouverez pas de témoins pour le certifier, et en trouveriez-vous? La Justice saura excuser l'imprudence des gens qui n'ont fait que répéter les paroles du Ministère public. Provoquer ceux qui vous regardent d'un air narquois si vous passez, ou vous adressent des mots à double sens? Ce serait là une tâche impossible et qui d'ailleurs ne ferait qu'agrandir la tache de la calomnie; elle est comme celle de la goutte d'huile qui va toujours s'étendant, s'élargissant. Que faire donc? Eh bien! nous allons vous le dire : quand une fois vous avez eu maille à partir avec Dame Justice et que vous avez été assez protégé par vos Saints patrons pour vous échapper de ses griffes, ne faites pas attention aux quelques lambeaux que vous y avez laissés, et si vos affaires vous le permettent, si vous n'êtes pas cloué au sol que vous habitez, croyez-nous, réalisez votre fortune, emmenez femme et enfants, *dites adieu à votre pays*, *allez demander asile à un sol plus hospitalier* et créez-vous là une nouvelle patrie : *ubi benè, ibi patria.* Que si vous êtes ouvrier, prenez vos instruments et votre famille, partez pour les colonies : là on a besoin de bras, et sans s'informer d'où vous venez, on vous donnera du travail. Et vous serez au moins sûr de jouir de l'indépendance et de la liberté, à l'abri de préjugés invincibles qui vous deshonorent à jamais.

Quant aux *accusés* qui ne comparaissent pas, ils sont condamnés *par défaut*, et en général *au maximum de la peine;*

c'est *logique*, puisque l'accusé est toujours considéré comme coupable. Ainsi, vous êtes en voyage, ou bien vous n'avez pas de domicile connu, on vous assigne à la mairie ou au parquet; bien entendu vous ne comparaissez pas, le tribunal correctionnel vous condamne *par défaut*; on vous signifie le jugement comme on a fait pour l'assignation, et *dix jours après*, le jugement *devient définitif*; on a bien dix jours pour *interjeter appel*, mais comme vous n'avez aucune connaissance de la procédure, le délai se passe, et vous êtes *condamné irrévocablement*. Que si la police maintenant vous rencontre quelque part, elle vous conduit en prison pour y passer tout le temps auquel vous avez été condamné. — Voyez un peu quel parti la vengeance peut tirer de cette procédure : on vous assigne en police correctionnelle, un petit clerc d'huissier vous porte l'assignation et la remet tout ouverte à votre concierge; on propose soit à l'un soit à l'autre quelqu'argent pour ne pas vous remettre la pièce; c'est ce que dans la pratique on appèle *souffler*, et c'est la *preuve matérielle* qu'on a souvent eu recours à cette ruse; on *souffle* également la signification du jugement par défaut, et au bout d'une quinzaine, quand les délais d'appel et de cassation sont passés, la condamnation est *définitive*, *irrévocable*. A quoi tient cependant l'honneur d'un homme! Et sa liberté!!

Le nombre des appels qui de 1850 à 1855 était en moyenne de 50% des jugements de Tribunal correctionnel, est descendu à 40% en 1858, aussitôt que les appels ont été portés à la *Cour*. — Les arrêts confirmatifs sont en moyenne de 65 sur 100. Des arrêts *infirmatifs*, 39 sur 100 améliorent le sort des condamnés, *61 sur 100 l'aggravent!* (Note de l'Editeur.)

CHAPITRE V.

JURY.

Nous avons vu dans la 1re partie les tribus du midi se courber de bonne heure sous le joug de la Théocratie qui juge au nom de Dieu, puis se débarrassant de leurs tyrans se constituer en *peuples libres* : alors chacun est jugé par ses pairs. Mais quand les empereurs Romains s'arrogent peu à peu tous les droits du Peuple, ils n'ont garde d'oublier le droit de juger : ils se constituent en *Justice suprême*. Les tribus du nord au contraire ont toujours conservé leur indépendance et leurs libertés, et quand elles envahiront l'empire Romain, elles y transfèrent leurs lois et tribunaux pendant près de huit siècles. Mais peu à peu et grâce au *droit canon*, le *droit royal* s'y reconstitue à l'instar du *droit impérial romain* ; le droit *germain* est complétement anéanti (p. 100). Nous devons maintenant jeter un coup d'œil sur deux Nations nouvelles et dont la dissemblance éclate en tout : nous voulons parler des Anglais et des Français. La première, formée de Bretons, d'Angles et de Saxons, puis des Normands vainqueurs tranformés en hauts Barons, calme et opiniâtre, sait réfléchir et vouloir ; elle a su contre la tyrannie des rois, du clergé et de la noblesse, conserver ses antiques libertés écloses dans les forêts de la Germanie : *liberté personnelle*, *jugement par ses pairs*. L'autre formée des Gaulois, Romains et Francs, rit toujours au milieu des périls, sait danser et chanter dans la misère ; pour elle les apparences sont tout, et toujours elle lâche *la proie pour l'ombre ;* elle parlera bien haut et souvent de *liberté*, elle répandra avec joie son sang pour ce mot qui fait battre son cœur, elle chasse ses tyrans, mais elle reçoit avec bonheur les nouvelles chaînes dont on la pare. De ces deux races, l'une est essentiellement pratique, l'autre théorique. Ces nobles droits que l'Angleterre sut toujours conserver, la France au contraire les a sacrifiés à son indifférence, et pendant plus de trois siècles, les baillis, les sénéchaux des rois et des princes, les Parlements ont fait bon marché de la vie, de la liberté, de l'honneur de leurs sujets : partout on ne voit que potences, gibets, tortures, prisons, lettres de cachet, etc., l'arbitraire partout et toujours, mais de Justice nulle part !

Enfin une grande Révolution vient tout changer, tout renouveler, elle rétablit la précieuse institution du Jury : on choisit douze hommes, probes, libres, éclairés ; ce sont les représentants de la Société, ce sont vos pairs, ce sont vos Juges. Ils vous écouteront dans le calme de leur conscience, ils vous jugeront d'après les lois de l'éternelle morale ; nul ne saurait récuser un tel Tribunal, chacun l'appèlera de tous ses vœux, car c'est la *Conscience publique*. Malheureusement on a conservé les *Gens du roi* sous le titre *d'Accusateur public*, et c'est une lutte sourde entre l'accusation et la défense, entre le despotisme et la liberté. Celle-ci doit peu à peu succomber : on rétablit d'abord l'ancienne distinction du grand et du petit criminel, sous les noms de *crimes* et de *délits* : aux crimes ou grand criminel, le *Jury ;* aux délits ou petit criminel, le *Tribunal correctionnel.* Un Tribunal composé de juges, un Jury composé d'hommes *indépendants sont deux institutions essentiellement différentes*, que nous devons maintenant examiner attentivement. Commençons par le tribunal : les membres du parquet, chargés de *poursuivre*, les juges et conseillers chargés de *juger*, sont nommés par l'État, payés par l'État, ils attendent leur avancement de l'État; donc l'État est tout à la fois partie poursuivante et partie jugeante, ou *juge et partie.* Est-ce donc juste? Donner à l'État le droit de *poursuivre* et celui de *juger*, n'est-ce pas contre les règles du sens commun? Tandis que le Jury présente toutes les garanties désirables d'indépendance et de justice, le Tribunal et la Cour surtout, par les raisons exposées dans le chapitre précédent sont loin de les offrir au même degré. Et cependant à qui sont réservés les Jurys? Aux crimes, tandis que les délits sont du ressort des Tribunaux correctionnels. Ainsi donc, ceux qui sont accusés d'un délit ont bien moins de garanties que ceux-là au contraire qui se sont rendus coupables de grands crimes : à ceux-ci le Jury, un avocat nommé d'office; à ceux-là des juges, gens du métier, et un avocat, s'ils ont les moyens de le payer. Et cependant, est-ce que notre honneur et notre liberté ne sont pas également en jeu quand nous sommes soumis au Tribunal correctionnel qu'au Jury? Pourquoi n'aurions-nous pas, nous petits coupables, autant de garanties d'impartialité qu'un grand coupable? *Nous n'en demandons pas plus que lui, mais nous en exigeons autant*, et ce n'est que justice. — Le châtiment n'est pas aussi terrible pour un délit. — Soit; mais notre honneur n'en est-il pas moins perdu par une condamnation pour abus de confiance (délit) que pour un viol (crime), plus peut-être même; il est vrai que l'honneur des autres est pour eux si peu de chose Pourquoi donc 2 poids et 2 mesures dans la Justice? Elle doit être *une;* choisissez celle que vous voudrez, mais pour Dieu! ayez au moins le courage de dire hautement ce que vous pensez tout bas. Vous ne le voulez pas, ou ne l'osez pas? Eh bien! nous allons parler pour vous.

La Conscience publique représentée par le Jury et tout en reconnaissant qu'il y a crime, sait faire souvent la part des passions et excuser une faute, résultat de la misère, de l'ivresse, de la colère, etc.; elle sait que les longues heures de la prison préventive, que les remords incessants de la conscience, que l'ignominie d'une comparution en public, que la crainte du châtiment, sont déjà une punition bien souvent suffisante. Cette Conscience publique ne composera surtout jamais avec elle-même : elle ne condamnera que si elle est parfaitement certaine de la culpabilité et n'ira pas frapper un innocent sous le prétexte de faire un exemple ou de faire peur aux vrais coupables. Elle rend à la Société et à la liberté bien des malheureux, victimes d'un moment d'égarement, que les juges auraient condamnés et voués à l'infamie, au deshonneur. Aussi voyez les organes du Ministère public, quand ils se voient arracher la proie dont ils s'étaient emparés déjà : ils tempêtent après les jurés qui se sont laissé attendrir et ont acquitté, ou qui en admettant des circonstances atténuantes ont enlevé une tête à l'échafaud : furieux de leur défaite et tremblant pour leur avancement, ils récriminent à l'envi contre le Jury qui acquitte, tandis que des juges se seraient montrés impitoyables et auraient condamné. Aussi que feront-il une autre fois? Ils préféreront rapetisser le crime, le réduire aux proportions d'un délit : ils le *correctionaliseront*, comme ils disent. Alors le criminel arraché ainsi à ses juges naturels et légaux qui l'auraient acquitté, se verra condamner par les Tribunaux d'*exception* chargés de le juger!

Il est triste et malheureux que la Politique ait pénétré dans le sanctuaire de la Justice, où elle use d'une si grande influence pour la formation des listes du Jury ; car tel qu'il est institué et composé, il est loin de présenter toutes les garanties d'indépendance et de liberté qu'on doit en attendre. Mais ne voulant en aucune façon aborder le terrain de la politique, nous nous contenterons de répéter ici, que le Jury ne doit être composé que d'hommes probes, éclairés, indépendants, et qui soient entièrement désintéressés dans chaque affaire. Admettons donc qu'il réunisse toutes ces conditions. — Le Jury est rassemblé : il n'aura à se prononcer que sur la culpabilité ou la non culpabilité de l'accusé. Un tribunal est là, appelé Cour et composé de 3 juges, qui est chargé d'appliquer la loi conformément au verdict du Jury; l'accusation est à son poste, le défenseur à la barre, l'accusé comparaît. Expliquons-nous catégoriquement : nous admettons la bonne foi, la sincérité de tout le monde, juges et membres du parquet; nous nous défions seulement de leur habitude du métier, qui leur fait voir des coupables partout; il est évident que tout acte d'accusation démontre jusqu'à la dernière évidence la culpabilité de l'accusé, et que son innocence ne peut ressortir que de témoignages ou de preuves qui n'ont pas été exactement ou entièrement rapportés; toute personne qui lira un tel acte, trouvera toujours l'accusé coupable. Supposons une affaire qui doive durer 4 à 5 jours et dont l'importance a éveillé l'attention publique : le greffier donne lecture tout d'abord de l'acte d'accusation; les journaux le donnent en entier dans leurs colonnes le lendemain matin, après en avoir déjà donné une courte analyse précédemment, au point de vue de l'accusation bien entendu. L'opinion publique à cette lecture doit concevoir de l'accusé une opinion très défavorable, et les jurés en se retrouvant dans le monde ressentiront le contre-coup de cette impression; leur disposition déjà mauvaise ne pourra qu'en augmenter. Le Président de la Cour procède à l'interrogatoire de l'accusé : les demandes sont faites dans la supposition de sa culpabilité, cela se comprend; on compare ses réponses actuelles avec celles faites par lui dans l'instruction, le Ministère public le surveille attentivement. Puis on fait entrer l'un après l'autre les témoins à *charge* qu'on avait enfermés à part : on leur fait jurer de dire la *vérité, toute la vérité;* Président et Ministère public les interrogent, les pressent de questions, les intimident, cherchent à leur arracher ce qui est la vérité, à leur point de vue bien entendu. Le défenseur et l'accusé ne peuvent les interroger que par l'intermédiaire du Président; de même s'il y a des experts, médecins, chimistes, etc. Supposons deux jours d'audience pour les témoins à charge et les experts. Chaque journal rapporte fidèlement la physionomie des débats, mais ils durent depuis 3 jours déjà, et l'on n'a encore entendu prononcer que des paroles d'accusation, on n'a entendu que des paroles de blâme, l'on n'a vu que les charges, l'accusé est coupable, il est condamné par l'Opinion publique d'abord, bientôt il doit l'être par les jurés. Enfin viennent les témoins à décharge; on y donne peu d'attention : ce sont des témoignages de bonne conduite, de probité, ce sont des parents, des amis, on les récuse, comme si des ennemis viendraient ici parler en votre faveur, car quels autres témoins faire venir, comment faire établir qu'on n'a pas commis tel ou tel fait? A moins qu'on ne prouve un *alibi*, c. à d. qu'on était dans un lieu autre que celui du crime, quand le crime a dû être commis. Que de difficultés!

L'accusation prend ensuite la parole : l'affaire étant importante, M. le Procureur général occupe le siège du ministère public; il est officier de la légion d'honneur, il est éloquent, incisif, il sait quelle influence lui donnent sa croix et sa position sur l'esprit des jurés, il saura en profiter; il est assisté du premier Avocat général, décoré lui aussi, chargé de seconder son chef et de louer publiquement son éloquence et ses talents. Un long jour durent les deux réquisitoires, l'accusé est plus que condamné dans l'esprit de tous, inutile de se préoccuper davantage de l'affaire, chacun la connaît suffisamment dans tous ses détails, la condamnation est certaine, le public ne discute plus que la *peine*. Enfin le 5ème jour seulement et pour la *première fois*, une voix peut se faire entendre en faveur de l'accusé, et cette voix doit lutter contre les impressions qui depuis quatre jours ont eu le temps de se former dans l'opinion de la Cour, du Jury, du Public, du monde, opinion qui condamne l'accusé ; cette voix doit anéantir l'échafaudage de preuves amoncelées contre son client, elle doit prouver qu'il est innocent ! ! Quelle tâche difficile et ingrate ! Heureux encore l'accusé qui a pu se procurer un avocat qui puisse résister à l'éloquence réunie des deux Procureur et Avocat généraux ; autrement on lui en a donné un d'office, un jeune homme souvent plein de cœur et de bon vouloir, mais inexpérimenté, incapable de lutter contre des maîtres de la parole. Les plaidoiries sont semblables à celles que nous avons décrites au chap. 3 et il y a également des répliques ; mais passons. — Nous avons vu qu'après les répliques, le tribunal délibère ; mais ici le Jury n'est pas libre de se recueillir et de se livrer aux impressions de sa conscience : le défenseur de l'accusé, s'il a dû se taire pendant quatre jours, a eu la parole le dernier, et ses paroles pleines de cœur et de conviction pourraient influencer des esprits justes, craintifs et inhabitués aux drames judiciaires, tandis qu'il n'y aurait rien de semblable à craindre des membres du Tribunal. Le Président de la Cour est chargé de faire le résumé de l'affaire : il doit rappeler au Jury les principales charges sur lesquelles se base l'accusation, de même que les principaux moyens de la défense, et rester *impartial*. Quelle charge incombe donc au Président ! Celui-là qui a interrogé l'accusé, les témoins, celui-là qui a dirigé les débats, celui-là qui par tous les moyens en son pouvoir s'est efforcé de faire jaillir la lumière des ténèbres et des réticences qui l'enveloppent, celui-là qui jouissant à cet effet du pouvoir discrétionnaire le plus absolu, peut faire citer qui bon lui semble, arrêter à l'audience tout témoin qui paraît ne pas dire la vérité, celui-là doit tout d'un coup tout oublier et devenir absolument impartial; mais avec la meilleure volonté du monde de remplir ses devoirs, n'est-ce pas souverainement impossible? Ne lui échappera-t-il pas quelque phrase, quelque mot qui fera connaître son opinion? Et cette opinion par les motifs précédemment expliqués, ne sera en général pas favorable à l'accusé. Croyez-vous que cette opinion n'aura pas la plus grande influence sur les membres composant le Jury? Et par cela même qu'il doit être impartial, on saisira avidement toutes les nuances qui pourront déceler son opinion, et plus d'un juré, dont l'esprit flottait indécis entre les attaques de l'accusation et les raisons de la défense, adoptera l'avis d'un magistrat jouissant d'une grande considération et remplissant d'éminentes fonctions. Ainsi, tous les avantages que la loi semblait accorder à l'accusé en donnant la parole à son défenseur le dernier, sont annihilés, que disons-nous, sont renversés au profit de l'accusation! D'ailleurs lisez dans tous les journaux les comptes-rendus des Cours d'assises : quand ils arrivent à parler du résumé du Président, ils vantent en général sa clarté, son éloquence, mais toujours, toujours son impartialité : est-ce parce qu'on pourrait supposer le contraire? Peut-il y avoir un mérite d'accomplir seulement son devoir, si ce devoir n'était aussi difficile? Dispensez donc le Président d'une tâche aussi périlleuse, aussi délicate; laissez à l'Accusation le soin d'attaquer; les membres du parquet sont assez éloquens, ils ont assez d'influence sur le Jury pour défendre les intérêts de la Vindicte publique; laissez à l'avocat le soin de défendre son client, donnez-lui toute liberté, accordez-lui toute facilité pour remplir la tâche immense et si difficile qu'il a assumée. Laissez ensuite répliquer, mais rendez la partie égale en laissant au défenseur la parole le dernier, et si ce n'est pas comme un droit, que ce soit au moins à titre de commisération pour le malheur, pour la faiblesse, pour le repentir. Que les jurés se retirent alors dans leur chambre des délibérations, et puissent les paroles de cœur et de pitié du défenseur trouver un peu d'écho dans leurs poitrines!

Nous voici enfin arrivés au moment où le Jury va prononcer son verdict : renfermé dans le sanctuaire intime de la Justice, où l'honneur, la liberté, la vie d'un homme sont en jeu, chaque juré doit au scrutin secret répondre aux questions soumises par le Président de la Cour; le dépouillement des votes a lieu. Combien faut-il de voix pour la condamnation? Plusieurs opinions vont se trouver en présence, et c'est ici surtout qu'éclate la différence des deux peuples dont nous avons déjà parlé. Les Anglais exigent l'unanimité, ils veulent que tous les jurés n'aient qu'une opinion, ils les enferment, ils les tiennent séparés du monde, jusqu'à ce qu'ils soient entièrement d'accord sur la culpabilité ou la non-culpabilité; quelquefois après un jour entier de débats secrets, on a vu qu'il était impossible de ramener les esprits à une même opinion, l'on a dû annuler toute la procédure et recommencer le procès devant un nouveau Jury; certes, il y a là un inconvénient grave. En France, c'est plus tôt fait : la simple majorité, 7 voix sur 12, suffit pour deshonorer un homme, le priver à jamais de sa liberté; que disons-nous? 7 voix sur 12 suffisent pour faire monter un homme sur l'échafaud! Si le système anglais présente des inconvénients, certes le système français en présente de plus grands, de plus terribles, de plus *irréparables* surtout!!

Après le verdict du Jury, le Procureur général prend de nouveau la parole pour requérir la peine; le défenseur n'a plus que le droit de prétendre, que le fait reconnu pour constant par le Jury ne tombe pas sous l'application de la loi pénale et à implorer l'indulgence de la Cour en faveur de son client. La Cour délibère et rend son arrêt qui acquitte, ou condamne *définitivement* l'accusé : 1° à une amende, à l'emprisonnement, ou à mort ; 2° aux frais du procès ; 3° à une amende au profit de l'Etat ; 4° à des dommages-intérêts à l'égard de la partie lésée, si elle s'est portée *partie civile*. Peu à peu cependant les mœurs se sont adoucies et l'on a dû tenir compte des réclamations de l'Opinion publique : pour lui donner un semblant de satisfaction, on a inventé les *circonstances atténuantes*. Quand un Jury en a reconnu en faveur d'un condamné, la Cour doit abaisser d'un ou deux degrés la peine comminée par le code pénal. Nous laissons à penser quel concert de récriminations contre les circonstances atténuantes de la part des parquets : aussi du train dont on y va et avant 20 ans, il n'y aura plus de traces de Jury, si l'on ne met bon ordre à cette conspiration sourde mais incessante. C'est une lutte à mort entre le Parquet et le Jury !

Quand de 1826 à 1830 le Parquet poursuivait 48000 prévenus devant le Tribunal correctionnel, 7 mille à 7500 accusés étaient jugés par le Jury. Contre une moyenne annuelle de 150 mille prévenus, il n'y a plus que 7600 accusés en 1854, 6500 en 1855, 6100 en 1856, 5800 en 1857 et 5400 en 1858. Pourquoi ? En moyenne le Jury acquitte le quart des accusés (243 sur 1000), le Tribunal correctionnel 1 sur 11. ! (Note de l'Editeur.)

CHAPITRE VI.

CASSATION.

Au dessus des Cours souveraines et comme suprême régulatrice de la jurisprudence a été instituée la Cour de Cassation : c'est à elle que s'adressent en désespoir de cause les malheureux condamnés par le Jury ou la Cour d'appel, de même que M.M. les Procureurs généraux à qui l'un de ces deux tribunaux a joué le mauvais tour d'acquitter un accusé, sur lequel le haut Magistrat avait daigné fonder quelqu'espérance. Le pourvoi doit être formé dans les trois jours qui suivent l'arrêt de condamnation et une amende de 150 fr. déposée. Mais la *Cour suprême*, comme on l'appèle encore, n'est nullement chargée de réviser votre procès, de décider si vous êtes coupable ou non; ce serait là le *fond* même du procès, ce qu'on appèle *la question de fait*. Elle examine seulement si les formes ont été violées, si la loi n'a pas été bien appliquée, c'est ce qu'on appèle la *question de droit*. Or, nous n'avons jamais pu comprendre, que, pour s'assurer si *la loi* a été bien appliquée, on ne soit obligé de connaître et d'apprécier le *fait*. Il est vrai qu'on a sous les yeux le dossier que M. le Procureur général s'empresse d'envoyer, et n'est-ce pas suffisant pour bien connaître le fond de l'affaire? Quand une de ces Cours d'appel, dites *souveraines*, veut se débarrasser de quelqu'être dangereux ou importun qui trouble l'existence de la Société, rien de plus facile que de commenter les faits qui lui sont reprochés, de telle manière, qu'ils tombent en effet sous l'application de tel ou tel article de la loi pénale. Autrefois l'on avait à sa disposition les accusations d'hérésie, celles de magie et sorcellerie, aujourdhui l'on en a d'autres et nous lui consacrerons un chapitre particulier (chap. 10.). . . . .

Supposons un pourvoi formé par un condamné : comme devant la Cour d'appel, un Conseiller-rapporteur fait l'analyse de l'arrêt et conclut en disant qu'il n'a trouvé aucune fausse application de la loi, aucune forme violée. Là dessus plaidoiries de l'avocat qui trouve

5 ou 6 motifs, tous valables à son avis; réquisitoire de l'Avocat général qui prouve qu'aucun de ces motifs n'est valable : chacun d'eux a sa tâche tracée d'avance, l'un dit qu'on doit casser, l'autre prétend le contraire. Délibération de la Cour et arrêt qui rejette le pourvoi. — Que si le pourvoi est formé par l'un de M.M. les Procureurs généraux, les rôles alors sont changés du tout au tout : le pourvoi est examiné avec la plus grande attention; on commence bien entendu par la question de droit, mais cette fois pour bien examiner, il est nécessaire d'empiéter quelque peu sur la question de fait, on consultera surtout attentivement le fameux dossier. La lumière commence à se faire, le fait aide au droit, et c'est bien le diable si dans l'un des deux points, fait et droit, M. l'Avocat général cette fois aidant à la cassation, l'on ne trouve pas quelqu'anicroche, quelque cas de nullité : le droit est si élastique, et d'ailleurs tout dépend du *point de vue* où l'on se place, comme le dit ce bon M. Lemignon.

Supposons cependant que votre pourvoi ait été admis : l'arrêt qui vous condamnait est cassé, vous êtes renvoyé devant une autre Cour ou un nouveau Jury. Croyez-vous donc que vous ayez quelque chance nouvelle? Oui, peut-être celle d'être condamné à une peine plus sévère encore. Pensez-vous donc que le nouvel Avocat général ne saura pas faire ressortir aux yeux de la Cour et des jurés ceci, à savoir : que la Cour suprême n'a examiné que la question de droit et qu'un simple vice de forme a produit la cassation; mais que la question de fait n'a pas été abordée, et qu'ainsi le crime ou délit se retrouve le même qu'avant la cassation; que la Cour ou le Jury ayant reconnu une première fois l'accusé coupable, il doit l'être déclaré une seconde, car la Justice ne saurait se tromper et donner le spectacle de semblables erreurs. Et Jury et Cour de condamner. Seulement l'Avocat général ajoutera, soyez en certain d'avance, que la peine n'a pas été proportionnée au crime ou au délit, et il sollicitera de la justice de la Cour une aggravation de peine, et la Cour de ratifier. — Que si au contraire, on admet le pourvoi formé par M. le Procureur général contre l'arrêt qui vous déclare innocent, oh! alors tout change : l'Avocat général aura bien soin de s'armer de cet arrêt de la Cour suprême et il s'écriera devant vos nouveaux juges : "voyez, la Cour ou le Jury avait déclaré innocent cet homme qui est là devant vous, la Cour suprême a cassé son arrêt et *implicitement* reconnu sa culpabilité; inclinez-vous devant sa décision, vous n'avez plus qu'à condamner!" Et aussitôt dit, aussitôt fait.

Ainsi donc, il est facile de voir que les Gens du roi ont plus d'avantages que les malheureux accusés : en France, quand ils comparaissent devant leurs juges, trois autorités judiciaires ont déjà proclamé leur culpabilité, aussi tout accusé est-il réputé coupable, sauf à lui à prouver son innocence; de là tant de condamnations. En Angleterre, c'est bien différent : tout accusé est réputé innocent, traité comme tel, jusqu'au moment où l'Avocat de la couronne parvient à prouver sa culpabilité et à ranger à son opinion l'unanimité du Jury; alors, mais seulement alors, l'accusé est traité en coupable et condamné.

C'est à partir du rejet de votre pourvoi seulement que la durée de la peine commence à compter: ainsi, vous avez été préventivement arrêté; l'instruction a duré 5 mois, puis l'appel deux mois, votre pourvoi autant, total 9 mois, et vous êtes condamné à 2 ans de prison par exemple; vous pensez sans doute n'avoir plus que 15 mois à faire. Erreur, grave erreur! La *Vindicte publique* ne se contente pas de si peu: vous avez été condamné à être *son esclave* pendant 2 ans, vous ferez vos 2 ans. Nous ne vous insulterons pas au point de vous demander si c'est juste ; nous savons que vous nous répondriez : c'est . . ., et cependant c'est ainsi que cela se pratique. Nous citerons même un exemple plus frappant encore : dans une grosse affaire l'instruction dura *sept ans*, parceque les principaux coupables étaient en fuite, mais quand on comprit l'impossibilité de les atteindre, on se résolut enfin à la faire juger; ceux arrêtés *depuis 7 ans* furent condamnés à 2 ans de prison. N'allez pas croire qu'on les rendît à la liberté; la Vindicte publique n'est pas si généreuse. *Ils* firent leurs 2 ans, total 9 ans de prison, quand le Tribunal ne les avait condamnés qu'a 2 ; que pourrait-on ajouter à l'éloquence de ces chiffres ?

Examinons maintenant la composition de la Cour de cassation : suprême régulatrice du Droit en France, elle ne peut examiner que les question de droit et décide seulement si la loi a été *bien* ou *mal appliquée;* c'est donc la *théorie du droit* qu'elle fonde, la *jurisprudence qu'elle établit.* Quels sont les éléments qui composent la Magistrature de cette Cour, qui ne doit s'occuper *que du droit* et *nullement du fait?* Nous y voyons figurer des noms qui ayant brillé dans les luttes politiques ou vieilli dans la carrière judiciaire, s'y sont fait distinguer de l'Etat par les services qu'ils lui ont rendus ; nous y voyons bien çà et là quelques auteurs de livres estimés, c'est une bien infime exception, mais pas un seul Professeur de droit. Comment? Vous voulez que la Cour de cassation ne s'occupe pas des questions de fait, qu'elle n'examine que la question de droit dans les arrêts qui lui sont soumis, et vous allez chercher, non les commentateurs du droit, mais les plus vieux praticiens! Comment? Vous voulez qu'en revêtant leur manteau de pourpre, ils abdiquent le vieil homme, et tout d'un coup de praticiens se fassent théoriciens? Allons donc! Cela n'est pas possible, cela n'est pas, cela ne sera jamais. Habitués à juger *en fait* 25 ou 30 ans de leur vie, le fait l'emportera toujours sur le droit, et au lieu d'avoir un Tribunal ne vivant que dans les régions sereines de la Doctrine, vous n'aurez jamais ainsi que des Magistrats doués d'une grande *habileté judiciaire;* vous vous rappelez de quel nom l'appelait Tivier, tout en remplaçant encore par un mot poli l'expression énergique, qui en français désigne tout à la fois un homme vieux et imbécille. Et c'est là en effet que brille *l'habileté* qui sait revêtir de formes *si spécieuses* et *si changeantes* la malheureuse Vérité, qu'elle ne peut plus ensuite se reconnaître elle-même, cette habileté qui a des *systèmes* pour tous les *besoins* et surtout des *adorations* pour toutes les *causes.*

Qu'on nous permette en terminant de citer ici un extrait du panégyrique d'un homme qui présida pendant 20 ans la chambre criminelle de la Cour de cassation, de ce *même homme* qui fit rejeter le pourvoi de Rutter, parceque celui-ci avait eu le malheur de gagner un procès contre son fermier qu'il avait soutenu contre lui : "il fut l'homme de la Loi, de la Société, avant d'être celui de l'Humanité." C'est court, mais énergique! et sublime!! C'est *le pavé de l'ours jeté sur la tête de son ami!*

Les pourvois en cassation sont presque toujours formés par les condamnés; leur nombre était d'environ 1240 de 1851 à 1855, de 1090 en 1856 et 1857, de 965 en 1858. Pourquoi cette diminution? La Cour n'accueillait que 79 pourvois sur 1000 en 1856, 65 en 1857, et 47 sur 965 en 1858! Les statistiques oublient d'indiquer le nombre des pourvois du Ministère public qui auraient été rejetés. (Note de l'Editeur.)

CHAPITRE VII.

PRISONS.

Jusqu'à présent la Société a toujours eu peur de jeter un regard sur ces horribles lieux où gémissent tant de malheureux, coupables souvent d'un mouvement de colère, d'un instant d'égarement; ce sont cependant des victimes qu'on sacrifie à sa sécurité, elle leur doit au moins un regard de commisération et de pitié. Un crime a-t-il été commis? C'est en ton nom, Société, que la loi inexorable poursuit, c'est en ton nom que les Tribunaux condamnent, en ton nom que le bourreau éxécute : Condamner un homme à passer toute sa vie dans un cachot, ne pas même lui laisser l'espérance d'en sortir un jour, n'est-ce pas une torture incessante, de chaque minute, à moins que le malheureux n'ait le bonheur de devenir fou, et alors la victime échappe au supplice! Passer minute par minute, toute une journée dans un cachot; minute par minute, toute une nuit sur un grabat; passer ainsi toutes les journées, toutes les nuits, que Dieu a comptées pour notre existence, rien qu'à cette pensée l'on frémit d'épouvante et d'horreur! Ce n'est rien autre chose que la *vengeance* (p. 11.), ce qu'on appéle *punition!!* Mais quels sont les misérables, qui osént ainsi torturer leurs semblables? Des Chinois, des Sauvages sans doute? — Non, ce sont des Chrétiens, qui prétendent avoir reçu de la bouche de Dieu lui-même la véritable religion et suivre ses maximes! Non, Dieu n'est ni jaloux, ni colère, ni implacable, comme Moïse a représenté *Jehovah* à son peuple; il ne connait ni la haine ni le besoin de vengeance; ouvrez l'Evangile et vous en serez convaincu : La punition des coupables consiste dans la *privation des joies réservées par Dieu à ses élus.* — Mais sur quel droit se fonde-t-on alors pour justifier ces *tortures?* — *Le droit de légitime défense*, nous dira l'un. — *L'intérêt général*, nous répondra un autre. — Peu nous importe si nous avons ou non *le droit de punir*, s'écrie un troisième ; nous le prenons : *la punition est légitime, parce-qu'elle est nécessaire.* — Oui, vous avez raison, de droit il n'y en a pas : quand on punit, c'est la *Force brutale* qui commande et éxécute ; c'est la Société qui se venge, c'est le règne de la *Vindicte publique.*

Après des essais de tout genre et que nous avons développés dans la 1ère Partie de cet ouvrage, la Société s'en est tenue à un seul mode de punition, l'*emprisonnement*, devant lequel sont égaux tous les *Esclaves* de la Vindicte publique. Avant d'examiner la prison en elle-même, voyons tout d'abord s'il est *juste* de n'avoir qu'un seul mode de punition : un homme habitué à mener une vie très active à la campagne où il respire l'air à pleins poumons, souffrira bien plus en prison qu'un ouvrier des villes habitué à travailler toute la journée dans une chambre et à vivre dans un atmosphère où il s'est étiolé ; les tortures sont pour le premier bien plus terribles, et presque tous succomberont à la peine. Des personnes habituées à vivre au sein du luxe et de l'opulence souffrent bien plus dans une prison Centrale où elles sont obligées do travailler dans les ateliers en commun, qu'un malheureux habitué à gagner son pain à la sueur de son front. *L'égalité des peines* punit ainsi *inégalement*, rien donc de plus injuste.

Et cependant un peu de courage, Société ; allons examiner ensemble ces établissements si prévoyants, qui doivent mettre les criminels dans l'impossibilité de te nuire davantage. — Vois-tu là bas sur la hauteur ce château gigantesque et sombre, aux tourelles élancées ; l'air est pur ici, approchons. Vois ces murs massifs, ces sentinelles qui veillent au dehors et en défendent l'approche ; mais entrons. Vois maintenant ces antiques salles où pénètrent à peine la lumière et l'air à travers leurs fenêtres étroites; autrefois, ces salles immenses retentissaient du bruit des armes, des cris de joie et des airs de fête; aujourd'hui, tout y est sombre, muet comme la tombe, et cependant des *centaines d'êtres humains*, *vivent là*, *travaillent et y meurent*. Cette salle, c'était autrefois la salle d'honneur, aujourd'hui c'est un atelier de cordonniers; ils sont là 150 qui travaillent depuis le matin jusqu'au soir, en silence, sous la surveillance de quelques argousins, pour payer leur nourriture, leur *logement*, *leur entretien*, *et il leur reste encore quelques* centimes de bénéfices qu'on leur conserve pour le jour de leur sortie. — Ce silence serre le cœur, on étouffe ici; vite, sortons. — Déjà! viens voir la salle d'armes; entends-tu le bruit qui s'en échappe, ici ce sera sans doute moins triste : regarde ces hommes demi-nus, *haletants*, *courbés sur de longues tables*, les entrevois-tu au moins à travers ce nuage de poussière, la figure ruisselante de sueur sur laquelle s'attachent tous ces flocons qui voltigent dans l'air? Ce sont les cardeurs de laine; ils sont peut-être plus heureux que les premiers : ils ont une *haute paie*, *quelques centimes* de plus par jour; mais on dit qu'ils ne vivent pas longtemps à ce métier. — Sortons vite, l'on étouffe de poussière ici. — Allons donc! on s'habitue à tout, crois-moi. Encore une minute de patience, je voulais te montrer un écrivain; chez lui la pensée a osé travailler, elle a voulu devancer *le temps*, *il a osé l'attaquer*, *le provoquer*, vite en prison. Comme il ne savait pas de métier, on lui a donné le plus facile et *le moins long;* pendant 5 ans il aura le temps de penser et surtout de réfléchir, mais il ne reverra certainement pas la lumière de la liberté. Tes yeux sont quelque peu habitués à la poussière, *tu peux distinguer maintenant* : vois ses mains blanches et délicates, ses traits fiers et distingués, son front noble et intelligent, à côté de ces figures sinistres, hideuses, où le vice a marqué son empreinte ineffaçable, gibier de prison qui a fait son éducation dans les ateliers en commun, cette *infâme pépinière de criminels. Ils ne savaient* aucun métier, comme l'écrivain, on leur a appris à carder de la laine, c'est facile comme nous disions, puis . . . — Assez, assez, sortons. — Déjà! Allons, soit. Tu n'as eu jusqu'à présent que des spectacles de pitié et d'horreur sous les yeux, je veux te *montrer des heureux*, *car il y en a ici. Tiens*, *vois cet homme* qui court d'un pas agile; suivons-le : à son vêtement d'uniforme, tu l'as reconnu, c'est un condamné; ce n'est plus un être humain, c'est un *esclave*, une *chose*, que dis-je? c'est un *numéro*; son front rayonne, il est plein d'espérance et de joie; entends-tu tous ces grincements de serrures et verrous, ces bruits de clés qui s'entrechoquent, cet écho lugubre des portes massives qui s'ouvrent et se referment en roulant sur leurs gonds. — Comme il est gai; il est sans doute rendu à la liberté? — Non, il a encore 3 ans à faire. Enfin nous sommes arrivés: regarde ce grillage serré, peux-tu voir à travers? — Non; j'entrevois une forme qui parait s'agiter, mais je ne peux distinguer, car il y a un double grillage. — Oui, et une distance de deux pieds les sépare encore; mais reste un instant tranquille, colle ton œil à ce grillage, l'autre personne en fera autant, et ainsi il vous sera possible de vous deviner. — J'entrevois une femme portant un enfant dans ses bras, puis deux autres ombres plus petites qui s'agitent. — C'est la femme de ce malheureux, ce sont ses trois enfants; le dernier est né que son pére était déjà en prison. Sa femme était malade, au lit, enceinte, prés d'accoucher, et pas d'argent, pas de pain, plus de crédit, plus rien à vendre, rien, plus rien. Pas d'ouvrage, c'était en hiver; le malheureux ne pouvait vivre avec la pensée de voir périr sa femme de misère sous ses yeux, il a volé, le *misérable!* Mais il ne savait pas encore son métier, il n'avait jamais été en prison; il est arrêté sur le fait, emprisonné, condamné à 3 ans; mais on eut au moins pitié de sa femme: des âmes charitables la vinrent soigner, et il fut heureux d'apprendre qu'au prix de son honneur sa femme était sauvée. Qu'est-ce que l'honneur pour celui qui n'a de pain ni pour lui, ni pour sa femme, ni pour ses enfants? — Il est vraiment digne de pitié, ce malheureux. — C'est bien de ta part, car je croyais que tu aurais dit: pourquoi donc faire des enfants quand on ne peut les nourrir? Oui, cet homme est digne de pitié, et sa femme l'aime tendrement. Elle ne pouvait plus vivre dans son village, elle y était devenue un objet de mépris, on les montrait au doigt, la femme et les enfants du condamné. — Préjugés! — Préjugés, soit, mais de semblables préjugés gouvernent le monde! Elle a vendu tout ce qu'elle possédait, bien peu de chose, va, ce que les créanciers n'ont pas le droit de saisir, et elle vint ici à pied, conduisant 2 enfants par la main, portant dans ses bras le nouveau-né qui n'a pas encore reçu une caresse de son pére, de son pére qui pour lui s'est rendu criminel. La malheureuse habite avec ses enfants une chambre, ou plutôt un *trou*; *elle y couche sur la terre nue et froide*, avec un peu de paille qu'on lui a donné par pitié. Son mari est encore moins à plaindre : il a son logement, nourriture, habillement, oui, mais sa liberté? Il a obtenu la faveur de lui faire passer ses bénéfices, et afin que sa femme et ses enfants puissent avoir leur comptant d'un pain *noir et moisi*, il a sollicité une autre faveur, celle d'être cardeur de laine. A peine peut-il apercevoir les êtres qui lui sont chers, qui sont pour lui tout son monde, mais il sait qu'ils sont là, il les sent, et cet instant de bonheur, il passe huit jours à l'attendre; il a une heure à causer, une heure, *Dieu! que c'est court, et comme les minutes passent* vite. Que diras-tu, Société, en voyant un tel spectacle, une si profonde misère, un semblable martyre, dont tu es la cause première? — Je sais que ces prisons ne sont pas parfaites, elles demandent des réformes, des améliorations, nous nous en occupons. — *Des réformes! des améliorations!* Je vais te les montrer tes améliorations, viens.

Vois-tu ce massif de bâtiments à l'aspect neuf et sévère, entouré de hautes murailles blanches qui n'en laissent apercevoir que le faîte; remarque bien ces mille petites fenêtres, ce sont autant de *cellules, bien propres et toutes neuves*. Entrons : vois *ces* cours pavées de dalles bien blanches, ces corridors, tout est beau, spacieux, propre à s'y mirer. L'on doit être bien heureux ici : d'ailleurs pas de bruit, rien, rien que le silence de la tombe, et cependant plus de douze cents personnes vivent ici; que dis-je? *vivent! Mais entrons dans cette cellule* : ne lui trouves-tu pas quelque ressemblance avec les loges grillées, où l'on enferme les animaux sauvages et dangereux pour amuser un peuple d'enfants? Ici l'on prend autant de précautions contre son semblable; personne ne se parle, personne n'ose échanger une parole; quatre *murailles blanches et nues*, une chaise, une table et un lit, voilà le domicile; une promenade de 30 minutes par jour dans un préau, avec défense rigoureuse de se parler, voilà pour la récréation; ni livres, ni papier, ni plume, ni encre, rien à faire, rien, rien qu'à penser. Tiens, regarde : vois *cet* homme *assis sur sa chaise et se balançant*; *écoute* : il chante à voix *basse*, *car il est* défendu de rompre le silence de mort qui doit régner partout ici; c'est un chant d'amour, il est heureux, n'est-ce pas? Mais il s'est rappelé : vois-le se lever tout à coup furieux, il se promène à grands pas dans sa chambre, une chambre de 6 pieds carrés éclairée par en haut et recevant à peine de l'air. Il montre son poing crispé; quel regard farouche! Il veut parler, mais sa langue ne trouve plus de mots, rien que des sons rauques, on dirait d'une bête fauve, n'est-ce pas? Cet homme est accusé de tentative de viol, il attend son tour pour être jugé, il gémit là depuis 6 mois, et l'on ose dire en ton nom qu'il est présumé innocent jusqu'à ce qu'il soit condamné! Que sera-ce donc quand il sera déclaré coupable? Voyons maintenant la cellule voisine, car toutes sont *pleines, et beaucoup d'accusés même attendent leur tour* pour y entrer; les représentants de la Vindicte publique sont actifs, va, ce sont de bons pourvoyeurs de prison, et l'on est occupé d'en bâtir de nouvelles encore. Regarde donc le voisin: il est étendu là sur son lit : dort-il? rêve-t-il? Je ne sais, il l'ignore lui-même; mange-t-il? boit-il? C'est probable, puisqu'il vit; mais il n'y fait plus attention. Pense-t-il? Dieu l'en préserve, il ne désire qu'une chose : *oublier*. Depuis 9 mois, il est au secret, depuis 9 mois il n'a vu ni femme, ni enfant, ni personne, parlé avec aucun être vivant que le Juge d'instruction. — Et pourquoi donc au secret si longtemps? — *Pourquoi?* Mais c'est sa *faute aussi, pourquoi donc ne veut-il* pas dire la vérité? Il nie toujours, et le Juge d'instruction veut voir qui se lassera plus tôt de sa patience ou de l'entêtement du criminel. — Mais on n'a donc pas pu le convaincre, on n'a donc pas de preuves? — Hélas non! Depuis 9 mois l'on cherche et l'on ne trouve rien, l'accusé ne veut pas avouer, et cependant *l'on doit trouver en cherchant bien.* — Quel crime a-t-il donc commis? — Chut! De ces crimes il n'est pas prudent de parler, c'est malsain. Veux-tu voir la cellule voisine? — Assez, assez, c'est horrible un tel spectacle; je n'aurais jamais cru qu'on traitât des êtres humains comme les bêtes *sauvages des déserts.* — *Assez, dis-tu, et tu n'as encore rien* vu. Que dirais-tu, si je te montrais les cachots humides et malsains, où l'on enferme dans les ténèbres sous terre, avec un peu de pain et d'eau; la pierre froide et un peu de paille pour lit, les malheureux qui ont commis quelqu'infraction au code draconien de la maison? Que dirais-tu, si tu voyais ces hommes à leur entrée dans ces fosses, si tu les revoyais à leur sortie de ces tombes anticipées? On ne résiste pas longtemps à ces tortures, pires encore que les chevalets et les pinces des bourreaux de l'Inquisition. Ils torturaient le corps, eux; ici l'on torture l'âme, l'esprit, l'intelligence; nul ne peut résister à ces supplices moraux, la raison de tous en reste affectée un temps plus ou moins long, même après leur acquittement. Des condamnés, l'un devient fou bien avant l'expiration de sa peine, un autre a la fièvre cérébrale; *celui-ci est hébété, celui-là est* devenu tout à fait idiot; à part ces cas de folie, *l'état sanitaire est excellent*, les bulletins le prouvent. — Non loin de l'emplacement où s'élevait autrefois l'antique Bastille, qui renfermait les victimes des *intrigues politiques* et que le Peuple détruisit un jour dans sa colère, on voit aujourd'hui une de ces institutions-modèles : au Moyen-âge elle se fut appelée *géhenne* (p. 115 et suiv.), aujourd'hui *Mazas* est son nom : c'est là que l'on confisque la fortune, la famille, la liberté, c'est là que l'on torture *les esclaves de la Vindicte publique!* Esclavage mille fois pire que l'esclavage des Anciens!! C'est l'*enfer humain* à la porte duquel on doit placer l'inscription de Dante : *Déposez toute espérance vous tous qui entrez ici.*

Eh bien! Société, penses-tu donc encore avoir amélioré? La moralité des prisonniers dans ces cellules y gagne, mais c'est aux dépens de leur intelligence, de leur raison, et au prix d'une torture perpétuelle. *En voulant améliorer*, tu as rendu leur position pire qu'auparavant, et ce n'est pas la première fois que tu te trompes : autrefois pour punir, on pendait beaucoup, on coupait un poing ou une oreille, on fouettait, mais on emprisonnait peu; on n'avait pas le temps de bâtir des prisons, l'on ramait sur les galères de sa Majesté *Très-Chrétienne*, ces moyens étaient plus expéditifs. Notre civilisation qui se prétend en progrès incessants, a trouvé dégradant pour l'Humanité de fouetter un homme, et décoré de barbares les peines de fouet et *de bâton qui figurent dans les codes* d'autres nations; elle avait parfaitement raison. Mais alors se sont élevées de toutes parts ces prisons où votre liberté est confisquée plusieurs années; au lieu de dégrader le corps, c'est l'intelligence maintenant qu'on dégrade, qu'on avilit, que l'on tue. Quelquefois on meurt des suites de la bastonnade, mais combien de malheureux prisonniers n'appèlent-ils pas la mort comme un bienfait, combien n'y en a-t-il pas qui se *suicident!* Et cependant tes grands philanthropes, Société, apportent le soin le plus scrupuleux à ne laisser entre les mains des détenus rien qui puisse les aider à se débarrasser de cette existence qu'ils maudissent mille fois par jour. Laissez à leur disposition du poison, et vous verrez alors combien d'entr'eux préféreront la mort à cette lente agonie : *le système sera alors définitivement jugé.*

Te parlerai-je aussi de ces vices immondes, punis dit-on à Sodome par le feu du Ciel, et qui ont repris naissance dans vos chambres en commun, de ces funestes habitudes qui dans vos cellules solitaires énervent le corps et abrutissent l'intelligence?. Te montrerai-je le chef de famille arraché des bras de sa femme, de ses enfants? Ceux-ci privés de soutien, que vont-ils devenir? La mère ne peut travailler, et cependant ses enfants ont faim, ils demandent du pain. Que fera-t-elle? Dis; tu hésites : elle est jeune et jolie, elle vendra son corps pour nourrir sa chair; c'est juste, n'est-ce pas? Et ces liens indissolubles que l'Etat a consacrés, que l'Eglise a bénis, sont brisés par l'Etat lui-même. Et quand après une instruction de quelques semaines seulement, le malheureux revient à son foyer, en place de sa femme il ne trouve plus qu'une prostituée, ses enfants sont devenus des vagabonds, ils n'a plus ni honneur, ni famille, rien, plus rien! Et l'on a reconnu son innocence cependant!!

Suivons maintenant, Société, les condamnés, quand à l'expiration de leur peine, ils rentrent dans ton sein: ils ont expié suffisamment, tu dois leur rendre leurs droits, leur position, la considération dont ils jouissaient. Allons donc! Quand tu les jettes hors de leurs cachot, avec un brevet de condamné qu'ils doivent montrer partout où ils vont (1), tu leur diras : "travaille, sinon je te renferme de nouveau. — Mais je ne puis de suite

(1) La Loi place sous la surveillance de la haute police *pour toute leur vie* les condamnés aux travaux forcés, à la détention et à la réclusion; certaines villes sont défendues au condamné-libéré. Une feuille de route règle étape par étape son itinéraire jusqu'à son lieu de résidence et l'accompagne partout où il voyage; il est obligé de la faire viser par les maires, afin d'étaler partout sa honte et son deshonneur. Toute désobéissance à l'une de ces prescriptions est punie d'un emprisonnement *qui ne peut excéder 5 ans!* (code pénal, art. 44 et 45). *Le Christ recommande le pardon des injures ; mais la Société qui se prétend Chrétienne, se venge et ne pardonne jamais!!*

trouver do l'ouvrage. — Cherche de l'ouvrage, d'ailleurs tu as de l'argent. — Mais je n'en ai plus et j'ai faim, et à toutes les portes où j'ai frappé, on m'a repoussé, on m'a chassé avec mépris. — Travaille, te dis-je, sinon . . .„ — C'est infâme cela, je n'ai jamais agi ni pensé ainsi. — C'est possible, mais on le pense, on le dit mille fois par jour pour toi. Préjugés, diras-tu encore! Oui ce sont de tristes mais terribles préjugés que ceux-là, qui forcent un malheureux condamné *ou* à mourir de faim *ou* à voler, quand il voulait redevenir honnête, quand même quelquefois il n'avait jamais cessé de l'être. Malheureux parias, on vous met au ban des nations, on vous force à vous révolter, à vivre en haine déclarée contre la Société, à lui déclarer une guerre perpétuelle. Comprends-tu maintenant, que si ces malheureux cherchent en vain à cacher leur opprobre et leur honte, il arrive cependant des moments où toutes ces colères concentrées, où toutes ces haines cachées fermentent et bouillonnent, puis s'épanchent, et qu'il arrive enfin le jour de la vengeance si longtemps, si ardemment désiré. T'étonneras-tu encore de voir le déchaînement des passions, d'entendre les cris sauvages de haine et de fureur s'exhaler de milliers de poitrines, pendant que coulent des flots de sang? Ce sont là de terribles, de sanglantes expiations, qui de temps en temps viennent épouvanter le monde. Commences-tu à voir clair? Quant à moi, je ne les excuse pas ces *vengeances populaires*, mais je les comprends, et si quelque chose m'étonne, c'est que ces explosions ne soient pas plus fréquentes.

Voyons, la main sur la conscience, là où un cœur d'homme palpite, un cœur qui ne soit pas entièrement insensible aux douleurs de ses semblables, un cœur qui ne soit pas encore endurci par le spectacle de ces tortures, est-ce là *réprimer les crimes?* Et même, *est-ce là punir?* Non, c'est *torturer!* Non, c'est *se venger!* De là ton nom, *Vindicte publique!!* Non, tu n'améliores pas le condamné : ou tu le rends fou, ou tu le rends pire qu'auparavant, jamais meilleur, c'est impossible. — Je n'ai jamais eu l'intention de me venger, je n'ai jamais donné à personne le droit de torturer en mon nom; ce que je veux, c'est punir . . . — Comment! Punir? Ne crois-tu donc pas à une autre vie? Et alors pourquoi ne pas laisser à Dieu seul le droit de punir? Pourquoi devancer sa Justice? — Je ne parle de punir que pour inspirer une terreur salutaire des lois et ainsi prévenir d'autres crimes. Ce que je veux surtout, c'est *améliorer les coupables.* — Mais alors nous sommes entièrement d'accord sur les principes, nous ne différons que sur leur application : avant de punir, tu aurais dû t'assurer si tu as bien rempli tous tes devoirs à l'égard de chaque membre de la Société; car si tu as des droits et la force pour les maintenir, tu as aussi des *devoirs*, et le premier d'entre tous, c'est que chacun soit assuré contre les tortures de la faim et du froid. Que si un homme a recours à la force pour se procurer ce strict nécessaire, je le plains, *mais je ne saurais le condamner* . . . Mets-toi un instant à sa place, réfléchis, et tu ne te vengeras plus, quand un malheureux viendra réclamer sa place au foyer commun. Quelque soit le système appliqué à l'emprisonnement, la prison est une *torture* atroce, elle doit donc être supprimée. Daigne lire avec quelqu'attention les Chapitres XI et suivants. J'ai cherché à concilier le Droit avec les principes d'Humanité; si tu n'as réellement en vue que de prévenir les crimes et d'améliorer les coupables, je crois que les premiers ne seront pas plus fréquents, et que les condamnés deviendront meilleurs. En tout cas, examine mon projet, pèse mes raisons et tu y trouveras peut-être quelques idées justes et raisonnables; prends-les alors et applique les; il est plus que temps, car le flot monte, *monte sans cesse*, et bientôt on te dirait à toi aussi : *il est trop tard!!*

Le nombre moyen des personnes emprisonnées est pour chaque jour : de 25,000 dans les 400 prisons de Paris et des Départements; 23,000 dans les 23 maisons centrales; 10,000 dans les établissements d'éducation correctionnelle pour enfants; si l'on ajoute 10,000 forçats dans les bagnes, on ne trouve pas moins de 60 mille individus qui *chaque jour* grouillent dans les cages de tortures. — *Le nombre des récidivistes* jugés en 1851 était de 28,500; il s'élève à 43,300 en 1858, en 7 années près de 15 mille, environ 50%!! Aussi s'empresse-t-on de signaler le remède nécessaire à un mal aussi épouvantable : "Il y a lieu de faire une *large part* dans cette augmentation à *l'indulgence* que montrent trop souvent les Tribunaux dans *l'application de la peine*. Ces graves inconvénients semblent d'ailleurs être reconnus par les Magistrats, puisque *depuis 2 ou 3 ans les peines de très courte durée sont prononcées dans une moins forte proportion*." (Moniteur du 10 8bre 1859.)

(Note de l'Editeur.)

CHAPITRE VIII. (1)

PEINE DE MORT.

Voyez ce ciel gris et blafard, c'est le jour qui commence à poindre, mais un jour triste et sombre encore, un ciel couvert de nuages qui vous attriste, un brouillard froid et humide qui vous transperce. De tous les quartiers de la ville s'acheminent des bandes d'ou-

(1) Nous avons cru devoir supprimer le chapitre relatif aux *Bagnes*; la peinture en était trop horrible. Nous avons également supprimé deux autres chapitres intitulés : *Substituts* et *Juges*. (Note de l'Editeur.)

vriers, de femmes et d'enfants, vers un même point : c'est une place à l'aspect désert et lugubre pendant le jour, où la nuit l'on ne passe qu'en tremblant, et malgré la foule avide de spectacle dont elle regorge, son aspect est peut-être plus sombre, plus sinistre encore. Quelques coups de marteau qui ont retenti dans la nuit, ont trouvé de l'écho jusqu'au cœur de la ville et ont produit ces rassemblements. Voyez ces maisons garnies de spectateurs, ces fenêtres, ces lucarnes, ces toits, ces arbres, tout en est plein, et partout la joie, le triomphe, le plaisir d'un spectacle d'avance déjà savouré. — Mais tout à coup la foule si bruyante a fait silence; un frémissement court alors dans tous les membres des spectateurs, chacun retient son haleine, chacun regarde de tous ses yeux, attentif, inquiet. Quelques ombres sont apparues, qui ont refoulé la multitude et se sont dirigées vers le milieu de la place; quelques minutes d'une attente pleine d'anxiété . . . enfin un coup sourd se fait entendre . . . Un frémissement électrique agite la foule, des cris d'horreur, de détresse et de terreur y répondent : *la Société est vengée;* une tête est tombée sous le glaive de la Loi. Silencieuse et oppressée, la foule s'écoule peu à peu; elle est venue à un spectacle, elle vient d'assister à un supplice, mais l'exemple ne lui profitera pas.

Approchons-nous à notre tour; au milieu de la place voici la sinistre machine : c'est la *guillotine;* sur la plate-forme un homme à l'aspect repoussant; c'est sans doute le bourreau. Oh non! il a des gens pour faire la besogne, c'est un de ses aides. Approchons nous davantage; il a fini son travail, interrogeons-le : "De quel droit as-tu tranché la tête à cet homme? — De quel droit? C'était là mon devoir, c'est là mon travail, un dur travail, allez, et il fallait que j'eusse une femme et six enfants pour me décider à manger de ce pain-là. Quant au droit, cela ne me regarde pas, mon maître me paye pour cela, interrogez-le.„ Vient le *bourreau*, ou plutôt M. *l'Exécuteur des hautes œuvres*, ou encore M. le *Conseiller de la justice exécutive*, ou mieux enfin *M. de Paris*, *M. de Lyon*, *M. de Colmar*, etc.; le titre de bourreau, c'était bon autrefois, mais nos mœurs se sont adoucies ou plutôt hypocrisées, nous avons changé les noms tout en conservant les choses. Nous adressons donc la même question à ce *Fonctionnaire public* : "De quel droit? Le droit, je le tiens des fonctions de ma *charge;* cet homme était condamné à mort, M. le Procureur général me l'a livré, je lui en ai donné un reçu, j'ai fait éxécuter. D'ailleurs, je ne suis pas la tête qui raisonne, moi; je ne suis que le bras qui obéit, cela ne me regarde pas; interrogez M. le Procureur général.„

Suivons donc la foule, dirigeons-nous vers le Palais de justice. Là tout est tranquille, désert encore, et ce n'est qu'après son déjeuner que M. le Procureur général daignera y venir; maintenant il dort encore du sommeil le plus paisible sans doute. Et cependant nous tenons à savoir d'où vient ce droit, de pouvoir impunément, devant 20 mille témoins, en présence de fonctionnaires de l'Etat, ravir à un homme l'existence qui nous vient de Dieu. Nous retournons au Palais l'après-midi, M. le Procureur général est invisible, nous insistons, l'on nous renvoie à l'un de M.M. les substituts. Que pourrait-il nous répondre, M. le substitut? il éxécute les ordres de son chef. Que si celui-ci daignait nous recevoir et ne pas nous prendre pour un fou, il nous répondrait : "De quel droit? Cela ne me regarde pas, ce n'est pas moi qui condamne; au nom de la Société, j'ai requis l'application de la loi, le Jury a prononcé, la Cour a condamné; du reste, je m'en lave les mains.„ Interrogeons les jurés? ils nous diront, qu'ils n'ont fait que reconnaître la culpabilité de l'accusé, qu'il leur est même défendu de penser quelle peine peut être appliquée; Président et Conseillers? ils nous diront, qu'ils n'ont pas condamné, mais seulement appliqué la Loi au verdict du Jury; les députés? qu'ils ont seulement voté les lois. Ainsi donc, tous se rejettent cette terrible responsabilité, tous s'en lavent les mains, depuis le bourreau et son aide, jusqu'au Procureur général et aux Législateurs. Et cependant qui vous dit que cet homme était coupable? A-t-il avoué son crime? — Non. — Mais au moins il n'y avait pas le plus léger doute sur sa culpabilité? Les jurés étaient unanimes? — Non; mais la majorité l'a reconnu coupable. — La majorité! Comment? Des voix s'élèvent en faveur de cet homme, une seule si vous voulez, mais cette voix vient vous dire : je crois cet homme innocent, et vous oserez passer outre! Comment? mais la majorité ne peut-elle se tromper? L'unanimité elle-même? Et il s'agit de la vie d'un innocent peut-être, de l'honneur de toute une famille, et vous n'hésitez pas! Condamné à mort!!

Ce droit de tuer son semblable est indispensable à l'existence, à la sécurité de la Société; c'est le cas de légitime défense, me direz-vous. — Grands mots, belles phrases. Mais enfin, soit : vous croyez nécessaire à votre sureté de sacrifier la tête de cet homme; mais l'honneur de sauver la Société reviendra au plus haut fonctionnaire, au représentant de la Vindicte publique, à celui-là qui a réclamé cette tête avec son éloquence si entraînante, si convaincue. Eh bien! vous la lui avez donnée cette tête à M. le Procureur général, il doit être satisfait; c'est vrai, il est fier de son triomphe; mais qu'il le soit davantage encore, qu'il éxécute lui-même ce qu'il a tant et si vivement réclamé. — Allons donc, s'écriera le haut fonctionnaire en haussant les épaules, vous êtes fou! Moi, faire l'office de bourreau!! — Vous ne seriez pas le premier : Moïse exigeait que l'accusateur jetât la première pierre à l'homme condamné à être lapidé. Et quand plus tard nos ancêtres donnèrent aux juges le pouvoir de disposer de la vie de leurs semblables, ils les contraignirent tout d'abord à faire l'office de bourreau, plus tard ils durent assister à l'exécution Nos pères étaient logiques, et s'ils abandonnaient à un homme ce droit exorbitant de condamner à mort, ils exigeaient en même temps du juge une conviction bien profonde de la culpabilité; mais nos mœurs se sont adoucies, on a séparé du mal le remède, et cette facilité est dégénérée en abus. Que si vous tenez tant à la peine de mort, exigez au moins du Jury l'unanimité, et que la Cour, le Jury, le Parquet, tels qu'ils ont assisté à la condamnation, soient présents à l'expiation; c'est d'eux directement que le Bourreau recevra la tête du criminel et ce sera en leur présence que Justice sera faite.

Le bourreau cependant vous l'a dit tout à l'heure : je ne suis que le bras qui exécute, j'obéis à la tête qui raisonne, et cette tête c'est celle de M. le Procureur général. D'où vient donc que l'instrument soit voué à la haine et au mépris public, quand la pensée qui dirige, est estimée, honorée? D'où vient donc que le bourreau soit un objet d'horreur pour tous, qu'il se voie réduit à se cacher, quand M. le Procureur général est l'objet de l'envie de tous, que partout il brille au premier rang et par sa puissance et par le respect qu'il inspire? D'où vient cette différence? Préjugés encore, direz-vous! Oui, ce sont des préjugés : de ces fonctionnaires si utiles, si indispensables à la Vindicte publique, l'un n'est pas à sa véritable place; mais lequel? Le bourreau inspire de l'horreur, *et lui-même le comprend*, *car il se cache;* le Procureur général se prétend le représentant de la Société, et là est l'erreur; il n'en est que le *haut-policier*. Que si vous voulez le voir à sa véritable place, vous devez le mettre entre le gendarme qui empoigne et le bourreau qui exécute! *Trinité sinistre mais inséparable*, qui représente la Vindicte Publique!!

CHAPITRE IX.

ERREURS JUDICIAIRES.

Personne n'osera nier qu'il n'y ait eu de tout temps des erreurs judiciaires : *errare est humanum*, et certes il y en aura toujours. Ce que nous devons nous efforcer de réaliser, c'est d'en commettre le *moins possible*, et *surtout* de ne pas les rendre *irréparables*. Une erreur semblable, c'est un *crime* que commet la Société à l'égard d'un de ses membres. Aussi a-t-on bien soin de mettre à la Justice un bandeau sur les yeux pour l'empêcher de *voir*, et alors de la meilleure foi du monde, elle se figure qu'il n'y a pas d'*erreurs judiciaires*, d'où l'axiôme : *la Justice ne peut se tromper*. Rappelons nous cependant les histoires de *Calas* et *Lally* (p. 155), et qu'il nous soit permis d'y ajouter quelques autres plus récentes.

Lesurques, riche d'environ 15 mille livres de rentes, était venu de Douai s'établir à Paris en 1796 avec sa famille. Le 27 avril le courrier de la malle de Lyon à Paris et le postillon sont assassinés dans la forêt de Sénart, et les 75 mille francs qui s'y trouvaient sont volés. L'assassinat avait été très probablement commis par 4 individus à cheval qui étaient venus dans les environs et un cinquième qui avait retenu sa place à Lyon dans la malle à côté du courrier. Or, ces 4 premiers individus avaient diné à Montgeron, soupé à Lieursaint, et joué au billard dans un café; en outre, l'un des chevaux s'était déferré, et les chainons des éperons d'un autre cavalier s'étaient brisés; le cheval fut referré, les chainons rattachés avec du fil par la servante de l'auberge. Ainsi de nombreux témoins avaient vu les 4 individus, leur avaient parlé et assez longtemps pour être certains de les reconnaître d'une manière précise. M. Daubenton chargé de cette affaire, lance des mandats d'amener contre les 2 individus qui ont ramené les 4 chevaux chez le loueur. L'un deux, Couriol s'est caché à Château-Thierry; la police s'y transporte, l'arrête lui, le propriétaire de la maison Bruer et un nommé Guesno qui s'y trouvait par hasard; ces deux derniers ramenés à Paris établissent leur *alibi* et sont relachés. Guesno retourne au Palais chercher des papiers qu'on lui avait saisis, il rencontre son ami Lesurques, lui raconte son malheur et l'emmène avec lui; dans le cabinet de M. Daubenton se trouvent les témoins de Montgeron et Lieursaint qui prétendent reconnaître en Lesurques un des quatre cavaliers; on l'arrête et avec lui Guesno et Bruer de nouveau. Devant le Jury ces deux derniers établissent encore une fois leur innocence. Lesurques avait fait citer 15 témoins, tous gens honorables qui attestent et certifient l'avoir vu à Paris à différentes heures le jour de l'assassinat. L'un deux, un orfèvre va plus loin: il certifie avoir fait un échange ce même jour 9 floréal avec un confrère, il a ensuite diné avec Lesurques, et il offre de produire son livre de vente. Le Président l'envoie chercher, et quelle n'est pas l'indignation qui saisit l'auditoire, le Jury, quand on s'aperçoit que le 9 a été gratté et remplacé par un 8. Le faux témoin est arrêté; il avoue qu'il a fait cette surcharge en faveur d'un ami, de l'innocence duquel il est aussi certain que de la sienne propre. Mais rien n'y fait: l'Accusateur public a beau jeu contre Lesurques et il est condamné à mort avec Couriol. Celui-ci reconnait de suite sa culpabilité, mais il proteste publiquement de l'innocence de Lesurques, et sa maîtresse confirme sa déclaration; rentré dans sa prison, Couriol adresse à ses juges une lettre dans laquelle il relate tous les détails de l'affaire, donne les noms des coupables et assure n'avoir jamais vu Lesurques. Tout prouvait donc l'innocence de Lesurques, les déclarations de ses 15 témoins, sa position de fortune, ses antécédents, les déclarations de Couriol et de sa maîtresse; aussi tout le monde en était-il convaincu. On s'adresse au Directoire, qui demande un sursis au conseil *des Cinq cents;* le message se terminait par ces mots: "Lesurques doit-il périr parcequ'il ressemble à un coupable." Qui le croirait? Une heure de discussion suffit pour que le conseil des Cinq cents passe à l'ordre du jour, tandis qu'il a employé huit jours à discuter quelle culotte et gilet porteront les citoyens membres du conseil! Lesurques subit sa peine avec le plus grand courage, en pardonnant à ses bourreaux. M. Daubenton le magistrat-instructeur consacra une partie de sa fortune à la recherche des assassins; ils furent arrêtés les uns après les autres, et chacun d'eux en reconnaissant sa culpabilité protesta de l'innocence de Lesurques. Enfin les témoins de Montgeron et Lieursaint reconnurent unanimement leur erreur, quand ils furent mis en présence de Dubosc, dont la ressemblance avec Lesurques avait causé la mort de ce dernier. Les biens de Lesurques avaient été confisqués, sa veuve et ses enfants réduits à la misère. Quand les assassins eurent tous été arrêtés et exécutés les uns après les autres, que l'innocence du malheureux Lesurques fut ainsi *matériellement* établie, ils s'empressèrent de demander *la révision du procès et la restitution des biens* dont le fisc s'était emparé. Avec une inébranlable persévérance, ils adressèrent leurs réclamations à tous les gouvernements qui se sont succédés en France : Directoire, Consulat, Empire, Restauration, Monarchie de Juillet, République, Présidence, etc., que savons nous encore, et qui le croirait? Aucun de ces Gouvernements ne daigna présenter un petit bout de loi qui réhabilite la mémoire d'un innocent injustement condamné, qui rende l'honneur et la fortune à une famille injustement ruinée et flétrie, le repos à la conscience des témoins, des jurés et des magistrats, rien ne fut fait; pardon, nous nous trompons, on nomma de nombreuses commissions, qui exprimèrent toutes leurs regrets et enterrèrent dans les cartons les trop justes réclamations d'une famille si malheureuse.

Lesnier, âgé de 24 ans était instituteur communal de Fieu (Gironde); il achète en 1847 d'un vieillard septuagénaire nommé Gay une pièce de terre et une petite maison, moyennant paiement d'une rente viagère; quatre mois après, la maison est incendiée et Gay trouvé mort sous les décombres. La Justice se transporte sur les lieux; le cadavre est examiné, et les hommes de l'art sont unanimes à reconnaître que Gay a été assassiné et qu'on a mis le feu à la maison pour faire disparaître les traces du crime. Quels sont les assassins? Car tout donnait à penser qu'ils devaient être au nombre de deux. Gay n'a pas d'ennemis, ce ne peut-être une vengeance personnelle, *donc* l'intérêt est le seul mobile. Qui donc avait intérêt à la mort de Gay? Qui, sinon Lesnier, qui devient ainsi propriétaire sans bourse délier; quant à son complice, c'est évidemment son père. On empoigne les deux accusés et on les tient *huit mois enfermés*. Enfin ils comparaissent devant la Cour d'assises: l'accusation, comme vous devez bien le penser, avait rassemblé avec le plus grand soin des milliers d'indices, de probabilités, de quasi-certitudes, de témoignages même; aussi tout prouvait clair comme le jour la culpabilité de ces deux misérables, qui ont dépouillé de tout son bien un vieillard inoffensif, avec la pensée atroce et préparée à l'avance de l'assassiner; bref, le Ministère public réclame ces deux têtes au nom de la Vindicte publique. Le Jury acquitte le père, et Lesnier fils ne fut condamné qu'aux travaux forcés à perpétuité, grâce aux circonstances atténuantes admises par le Jury. — Le malheureux père consacra sept années de sa vie en courses, sollicitations, démarches, pour établir l'innocence de son fils, mais en vain; ses ressources sont entièrement épuisées. Enfin par un hasard heureux, deux voleurs sont arrêtés à Libourne et la voix publique les désigne comme les assassins de Gay. Lesnier père y vole et prie tant le Parquet, qu'une nouvelle information est cette fois ordonnée; bientôt Lesnier père se rend à Brest et en se jetant dans les bras du galérien, il ne peut dire que ces mots: "Les coupables sont arrêtés, ils ont fait des aveux." Ecoutons le récit de Lesnier fils, récit admirable de simplicité et de grandeur d'âme. "Une fièvre chaude s'empare de moi et bientôt le délire; mes camarades m'ont rapporté les mots que je prononçais continuellement: ah! quel bonheur! . . . vous le voyez! . . . je ne suis pas coupable! . . . *mais j'ai trop souffert!!*" Puis il termine ainsi: "*Voilà tout!* chaque ligne m'a rappelé une douleur, chaque mot une angoisse, et pourtant, j'ai beau consulter mon cœur, je n'y trouve que de la reconnaissance pour mes juges et de la pitié pour mes bourreaux!!" Pas un sentiment d'amertume, pas de fiel, pas de désirs de vengeance! Ah! c'est que sept années de travaux forcés, deux mille cinq cents jours, deux mille cinq cents nuits passés dans les tortures de la douleur, du désespoir et de la rage, broient le cœur et brisent la force de caractère la plus grande. Le gouvernement français s'empressa de réparer autant que possible les tortures imméritées que la Société lui avait infligées et le nomma commissaire près d'une ligne de chemin de fer. Mais son corps était brisé, affaissé par l'agonie lente qu'il avait subie, et trois ans après, il mourait à l'âge de 35 ans.

Au moment de mettre sous presse, le Journal des Débats du 28 février 1860 nous tombe sous la main et rapporte l'histoire de 2 malheureux injustement condamnés et morts au bagne. Nous en donnons une analyse succincte : Un vol est commis de nuit à main armée en 1854 à Bannalec (Finistère) ; deux journaliers de la commune, **Louarn** et **Baffet** sont accusés d'en être les auteurs. *Il ne manquait en effet pas de preuves* : leur réputation était *suspecte*, *tous deux étaient dans la misère*, l'un d'eux même menacé d'une *saisie;* ils avaient été reconnus pour être *de la même taille*, *avoir même tournure*, *même âge*, *même barbe*, *mêmes vêtements et presque la même voix* ; or, le vol avait eu lieu de nuit et les voleurs avaient eu soin de se noircir la figure; mais le rapport du médecin avait dissipé jusqu'*aux plus légers doutes*. Ils furent condamnés aux travaux forcés. Bien que dans la force de l'âge, ils moururent tous deux au bagne, l'un en 1855 à Brest, l'autre en 1856 à Cayenne. — Quatre ans plus tard les véritables coupables sont arrêtés. La Cour interdit toute publication des débats, attendu qu'ils pourraient entraîner *des incidents fâcheux pour l'ordre public et les bonnes mœurs* : on comprend qu'il ne s'agit nullement de la réhabilitation de Louarn et Baffet, ils *étaient morts*. Mais les familles de ces malheureux croupissent dans la misère, leurs enfants sont les *fils du forçat* et la Société ne leur donnera aucune réparation ! Malheureuses victimes de la Vindicte publique ! !

Que d'exemples semblables ne pourrait-on citer? Et l'on ose dire cependant que les arrêts de la Justice ne doivent jamais être révisés; que supposer un instant qu'elle puisse commettre une erreur, ce serait affaiblir son action et saper sa base fondamentale : *res judicata pro veritate habetur*. Et ne serait-ce pas là au contraire son devoir le plus sacré, de *reconnaître* hautement *son erreur* et de *réparer* autant que possible le *crime* qu'elle a commis, quand elle acquiert la certitude qu'elle a condamné un innocent? Est-ce qu'un Gouvernement ne s'honorerait pas en reconnaissant tout haut, ce qui se dit si souvent tout bas, que la Justice commet un grand nombre d'erreurs? D'ailleurs les articles 443 à 445 du code d'instruction criminelle reconnaissent qu'une erreur est possible : si deux hommes sont condamnés par deux Cours différentes pour le même crime, que les deux arrêts ne peuvent se concilier et sont la preuve de l'innocence de l'un ou de l'autre, la Cour de cassation casse les deux arrêts et renvoie les deux condamnés devant une nouvelle Cour. Et l'art. 444 ne prévoit-il pas le cas où après une condamnation pour homicide, la victime se retrouve vivante? Et l'art. 445 n'ordonne-t-il pas que l'arrêt soit révisé, si les témoins à charge qui ont causé la condamnation, viennent eux-mêmes à être condamnés pour faux témoignages? Hors ces trois cas, auxquels on apporte de si grandes restrictions, la condamnation doit être maintenue, quand même l'innocence d'un condamné serait *évidente*, *palpable*, *démontrée*. Nous avons cité ces trois articles, combien d'autres cas ne peuvent-ils se présenter? Supposez dans le 1er article, que le véritable coupable quitte France et ne puisse être arrêté? Supposez-le arrêté et qu'il meure en prison ou se suicide, avant que l'arrêt qui le condamnera, ne soit prononcé? Supposez enfin, qu'un homme au moment de mourir se reconnaisse coupable du crime pour lequel un innocent a été condamné et qu'il vous en donne des preuves matérielles? Supposez pour le second article qu'il ne s'agisse pas d'un assassinat, mais d'un vol, et que l'objet volé se retrouve, qu'il ait été perdu ou égaré par son propriétaire; il ne s'agit que d'un délit, vous ne pourrez réclamer le bénéfice de cet article, c'est en effet si peu de chose un délit! Supposez dans l'art. 445 que les faux témoins meurent avant l'arrêt, ou qu'ils prennent la fuite, ou que le Jury les acquitte faute de preuves suffisantes! Mais faites mieux encore : supposez que dix ans se sont écoulés depuis la condamnation;

le véritable coupable peut se révéler, on ne peut plus rien contre lui, il y a prescription! L'innocent n'en reste pas moins condamné, flétri, deshonoré!! N'y a-t-il pas là bien des lacunes dans notre code, quand il y en a si peu pour la répression des crimes et délits? C'est un malheur, nous répondra-t-on, mais il y a le droit de grâce : quand il y aura certitude de l'innocence d'un condamné, la clémence du souverain lui fera grâce et le rendra à la liberté. — "Je ne veux pas de grâce, vous répondra le condamné; la grâce suppose le crime, c'est un pardon, je ne veux que justice. — On vous réhabilitera dans 5 ans, répondrez-vous. -- La réhabilitation, comme vous l'entendez, suppose toujours un crime; je n'en ai pas commis, vous le savez, je suis innocent; ce que je veux, *ce que j'exige, c'est justice.*" — Que répondrez-vous à cet homme? Qui a tort de lui ou de vous? Oh! nous le savons, vous avez des phrases de rhéteur, des raisons vides et creuses, des défaites subtiles, puis vous pousserez des cris de détresse, vous les gardiens de l'Arche sainte : si l'on touche à la Justice, tout est perdu! C'est un malheur, direz-vous enfin, mais nous n'y pouvons rien! — Comment! quand 12 jurés qui ont condamné un innocent, convaincus plus tard de leur erreur, repentants de leur sentence, viendront vous supplier de rendre la paix à leur conscience, l'honneur et la liberté à un malheureux injustement condamné, vous les repousserez et leur direz : "la condamnation est définitive, nous n'y pouvons rien, la loi s'y oppose." Ah! la loi s'y oppose; la loi qui doit être la justice, est donc ici l'injustice. La loi est impuissante? Eh bien! faites une nouvelle loi! Vous qui faites voter des milliers de lois en un tour de main, lois pour emprunts des villes, lois pour des échanges ridicules de terrain, lois pour des changements de communes, vous ne pouvez présenter un projet de loi qui vienne réparer vos erreurs, vos injustices, et proclamer l'innocence d'un malheureux injustement condamné? Oh! s'il s'agissait d'une lacune à la loi pénale, ce serait sans aucun doute bien différent, mais il n'y en a pas.

Oui, nous le répétons et l'on n'en saurait être trop convaincu : *il y a de nombreux condamnés qui sont innocents!* Il n'est guère d'avocats qui n'ait la conviction de l'innocence de quelqu'un de ses clients injustement condamné. "On est épouvanté des conséquences terribles que peut avoir un défaut de mémoire devant la Justice,„ a dit un illustre avocat, plus tard devenu Procureur général. Et nous nous permettrons d'ajouter, un défaut ou une erreur de mémoire, une fâcheuse ressemblance de nom, de physionomie, de langage ou d'habillement, une parole imprudente, une démarche inconsidérée, un geste, un signe, un rien, sans compter les erreurs que la légèreté, le zèle imprudent ou exagéré de quelque novice peut causer, et nous ne parlons ici que des erreurs involontaires. Réfléchissez au destin du malheureux Lesurques arrêté à cause de sa fatale ressemblance avec l'un des assassins, condamné et exécuté à cause d'un grattage fait sur un livre par un de ses amis qui voulait le sauver. Pensez aux malheurs de Bruer deux fois arrêté, parce qu'il a loué un appartement à l'un des assassins; pensez à ceux de Guesno, deux fois arrêté lui aussi, parce que ses affaires l'amenaient chez Bruer! Ces deux derniers ont été acquittés, c'est vrai, mais que d'angoisses, que d'heures cruelles passées en prison, que de nuits sans sommeil! Rappelez-vous le malheureux Lesnier dont l'innocence n'a pu être reconnue que par un véritable miracle! les deux assassins pouvaient en effet mourir ou quitter la France, ils pouvaient n'être jamais arrêtés; même arrêtés, on pouvait ne pas les soupçonner de ce crime, ou même si on les en soupçonnait, ils pouvaient nier; puis il fallait des preuves, et même y en eut-il eu, le Jury craignant de se tromper pouvait les acquitter; enfin, si dix années se passent aussi bien que 7 se sont passées, les véritables assassins peuvent se vanter de leur crime, il y a prescription; on aurait probablement alors gracié Lesnier, mais lui eut-on rendu l'honneur? Lesnier pouvait mourir ou devenir fou; son père pouvait mourir ou se décourager; que si son père eut été condamné avec lui, personne ne s'occupant d'eux, on n'eut certes jamais pensé à ouvrir une nouvelle instruction pour *un crime qui était déjà vengé.* Et que direz vous si le Jury cédant aux réclamations du Ministère public eut condamné à mort le père et le fils? Il est vrai qu'on n'eut jamais pensé à reconnaître leur innocence! Comme on le voit, Lesnier fils après sa condamnation, avait à peine *une chance bonne sur deux cents* de voir son innocence reconnue!! Il a été assez heureux pour obtenir cette chance unique, tant mieux pour lui; mais combien d'autres infortunés, dans la même position que lui, n'ont pas son bonheur ni sa chance de tirer l'unique bon numéro de l'urne qui en contient au moins deux cents, témoins ces deux malheureux Louarn et Baffet morts au bagne, *bien avant le temps!!* Si donc l'on peut citer quelques condamnés aussi heureux que Lesnier, combien n'y a-t-il pas d'innocents qui gémissent dans les fers et maudissent leur bourreaux. Il est vrai que M. Lemignon dirait à cela : „Bah! bien des coupables ont échappé à la juste punition de leurs crimes, *cela fait compensation* : tant mieux pour les coupables, tant pis pour les innocents!„ Et non seulement ceci se dit tout bas, mais encore cela se pratique. Ah! quels transports de colère et de rage, quels cris de désespoir, quand innocent on se sent enfermé tout vivant et pour sa vie entière dans un de ces *pande-*

monium où grouillent tous ensemble les héros du vice, du crime et de l'infamie. C'est en vain qu'on appèle le sommeil, il fuit votre paupière; c'est en vain qu'on invoque la mort ou la folie, votre conscience vous soutient! Tortures horribles, épouvantables, qui ne sauraient se comparer qu'à celles d'un homme enterré tout vivant ou d'un prétendu mort se réveillant dans les entrailles de la terre : un linceul emprisonne ses bras, un cercueil enveloppe son corps, six pieds de terre le séparent des vivants! L'accès de rage ne saurait être plus terrible, et il en est qui se dévorent tout vivant, mais au moins il ne dure pas aussi longtemps!! — Remerciez donc Dieu des jours de liberté qu'il vous a donnés jusqu'ici.

Jamais les Grecs ni les Romains, les Germains ni le bas-Empire lui-même, n'ont pensé à poser des bornes à la manifestation de la *Vérité*, dont les droits sont imprescriptibles : la monarchie des Bourbons elle-même, *plus qu'absolue*, n'a jamais réglementé ce droit : on s'adressait au roi en arguant *d'erreur*, et si la domande paraissait fondée, il accordait des lettres de révision; l'affaire était évoquée dans son conseil. C'est ainsi que furent révisés les procés des Jacques Cœur, Jeanne d'Arc, Nemours, Coligny, etc , ceux des Calas, Sirven, Lally, etc. Un seul gouvernement n'a jamais admis la révision des procés, c'est celui de la *Théocratie;* mais il est logique, car tous les jugements sont rendus par Dieu lui-même, et Dieu ne peut se tromper. Si vous voulez l'imiter, alors effacez du code ces trois malheureux articles, et proclamez *votre infaillibilité; peut-être y croira-t-on!*

CHAPITRE X.

VENGEANCES JUDICIAIRES.

Chaque corps, chaque profession, chaque métier a ses petites ruses, plus ou moins innocentes, plus ou moins permises ; ce sont des moyens qui aux yeux de ses membres paraissent tout naturels et parfaitement légitimes, mais que le public juge répréhensibles dès qu'il les connait ; c'est là ce qu'on appèle des *ficelles*. Elles ont toujours existé, même en politique, en religion, et elles existeront toujours : dans la Théocratie, nous connaissons son unique mais incomparable ficelle, c'est Dieu ; dans les Républiques, ce sont les attaques contre la liberté, que réprime à Athènes l'ostracisme, à Rome la roche tarpéienne ; dans les Empires, ce sont les crimes de lèse-majesté. Les *Corps judiciaires* seraient-ils donc les seuls à ne pas avoir de *ficelles?* Allons donc ! Il en faut bien pour commettre des *erreurs volontaires*, c. à d. accomplir des *vengeances judiciaires. Y a-t-il quelque chose de plus horrible et de plus infâme qu'une vengeance judiciaire?* Et cependant l'histoire en fourmille d'exemples : rappelons nous l'*épigraphe* de ce livre, les histoires des *Templiers* (p. 94), du connétable de *Bourbon* (p. 103), de Mme du *Cental* (p. 104), de la femme de *Concini* et de Urbain *Grandier* (p. 135), de Fargues (p. 142), de Fouquet (p. 145), et enfin le drame de *la Justice des hommes* (p. 167). Eh bien ! ce sont les *ficelles judiciaires*, à l'aide desquelles on a obtenu des résultats aussi monstrueux, que nous allons maintenant rechercher.

Au Moyen-âge les *ficelles* du Parlement, ce furent les crimes épouvantables d'hérésie, de sorcellerie, de magie, etc. Tous ceux *suspects* d'un de ces crimes sont aussitôt arrêtés et soumis aux tortures les plus atroces : les uns, vaincus par les tortures, *avouent* ;

d'autres endurant les supplices avec un courage extraordinaire, *nient;* mais alors ils doivent prouver leur innocence (p. 77). S'il est déjà bien difficile de prouver qu'on est innocent d'un crime, il nous paraît impossible de prouver qu'on n'a pas commis un crime *imaginaire*; or à nos yeux maintenant, la sorcellerie et la magie au moins sont deux crimes dont nous rions et qui n'ont jamais existé. Et cependant que de malheureux torturés, emprisonnés, pendus ou brûlés, sous prétexte de ces crimes, sans parler des biens des victimes confisqués au profit de leurs bourreaux! Nous disons *prétextes*, car leur crime était d'avoir des ennemis puissants ou habiles, qui voulaient se débarrasser d'une manière *honnête* et *légale* d'une personne qui leur déplaisait. Voilà bien d'abominables *ficelles* rougies que trop souvent du sang humain! Montesquieu qui avait été Président au Parlement de Bordeaux poussa le courage jusqu'à soulever un petit coin du voile qui cachait ces infamies, quand il recommandait « d'être *très circonspect* dans la poursuite de la magie et de l'hérésie, l'accusation de ces deux crimes pouvant être la source d'une infinité de tyrannies. » Ces ficelles avaient été, hélas! rendues visibles par ce faux frère; elles n'étaient plus guères possibles; et d'ailleurs la Révolution française vint bientôt après soulever entièrement le voile et découvrir toutes les torpitudes qu'il cachait. Mais comme des ficelles sont nécessaires, indispensables même, on songe bientôt à remplacer celles-ci par d'autres : ce sont les procès de tendance. On les pratique sans bruit dans *l'Empire du silence*; mais quand la parole commence à se réveiller, elle stygmatise ces infamies nouvelles et met au ban de l'Opinion publique ses plus habiles coryphées, les Mangin, les Belliart, les Marchangy. Aussitôt dévoilées, aussitôt impossibles, ces malheureuses ficelles, et néanmoins elles sont si utiles ! Avec la patience de l'araignée qui recommence à tisser sa toile aussitôt qu'elle est déchirée, on va songer à les remplacer par d'autres : c'est alors qu'on songe à l'art. 405 du code pénal, relatif à l'escroquerie. Lisez-le attentivement, vous ne pourrez alors vous empêcher d'admirer son élasticité. Eh bien ! cet article à la main, il n'est personne, si elle s'occupe d'affaires, quelles qu'elles soient, même accidentellement, que l'on ne puisse faire arrêter, et après avoir saisi ses papiers, que l'on ne puisse convaincre de ce délit et faire condamner.

Nous croyons devoir citer ici textuellement ce fameux article : Quiconque, soit en fesant usage de faux noms ou de fausses qualités, soit en employant des manœuvres frauduleuses pour persuader l'existence de fausses entreprises, d'un pouvoir ou d'un crédit imaginaire, ou pour faire naître l'espérance ou la crainte d'un succès, d'un accident ou de tout autre événement chimérique, se sera fait remettre ou délivrer des fonds, des meubles ou des obligations, dispositions, billets, promesses, quittances ou décharges, et aura par un de ces moyens escroqué ou tenté d'escroquer la totalité ou partie de la fortune d'autrui, sera puni d'un emprisonnement de 1 an au moins et de 5 ans au plus, et d'une amende de 50 fr. au moins et de 3 mille f. au plus. — Donnons en maintenant un exemple : un Négociant a des commis-voyageurs; ceux-ci veulent faire des affaires; cela se comprend, ils vous sollicitent; ils vantent leur marchandise; ils lui trouvent même des qualités qu'elle n'a pas et en cachent les défauts; leur maison est toujours la meilleure de toutes. Ces hommes sont-ils donc des escrocs? — *Non*, me répondrez-vous, s'ils fournissent la marchandise dont ils vous ont donné un échantillon; vous avez pu la voir, l'examiner, vous en rendre compte par vous-même. *Oui*, s'ils ne la fournissent pas : ils ont employé des manœuvres frauduleuses et vous ont trompé. — Cette distinction est parfaitement juste, vous avez raison, et nous sommes de votre avis. Mais le négociant qui a beaucoup de commis-voyageurs, occupé d'ailleurs de son commerce et de son industrie, peut-il être responsable de ses *agents?* — *Civilement, oui*, dans tous les cas. — Très bien; mais *correctionnellement?* — *Non*, à moins qu'on ne puisse prouver qu'il leur a ordonné d'agir ainsi, ou qu'il les a laissé faire, connaissant les moyens qu'ils employaient. — Nous sommes entièrement d'accord sur tous ces points; car on reconnait *généralement* qu'un crime ou délit ne peut exister que : 1° *s'il y a eu un dommage causé;* 2° *si l'on a eu l'intention de nuire.* Nous disons, *généralement*, parce que, si tel devrait être l'esprit de la loi pénale, tel n'en est pas toujours le sens, surtout quand il est commenté par l'Accusation. Néanmoins ces deux principes nous paraissent tellement clairs et irréfutables, ils répondent d'ailleurs si bien au simple bon sens, que nous les admettons sans plus ample discussion, bien persuadés à l'avance qu'en *public au moins* on n'osera pas les contester.

Prenons donc un autre exemple : supposez le directeur d'une Compagnie d'assurances établie à Paris ayant 40 inspecteurs qui voyagent en province et deux cents agents qui y sont établis; supposez que deux d'entr'eux aient été arrêtés, parce qu'ils auraient fait des promesses exagérées pour réaliser plus d'affaires; nous vous ferons cependant remarquer ici qu'il ne s'agit pas comme dans l'exemple précédent d'un simple échantillon, mais bien de toute la marchandise que vous avez sous les yeux, que vous pouvez vérifier, faire examiner par qui vous voulez. Alors comment voulez-vous que ces agents puissent commettre des escroqueries. — C'est bien différent, répondrez-vous; ces agents s'adressent en général à des gens qui ne savent pas lire, à qui par conséquent les prospectus, polices d'assurances sont inutiles, et ils ont beau jeu pour leur faire accroire tout ce qu'ils veulent; vous l'avez bien vu d'ailleurs, des 31 témoins qui ont comparu devant le Tribunal correctionnel, pas un ne sait lire. — Ils pouvaient au moins se faire lire toutes ces pièces ou consulter une personne intelligente. — Ils ne l'ont pas fait, répondez-vous d'un air triomphant; vous voyez donc bien que les agents ont *pu* les tromper, *qu'ils les ont escroqués.* — Alors si ces gens-là ont été trompés, ils ne veulent évidemment pas remplir leurs engagements? — Pardon, je dois reconnaître que pour la plupart ils ont rempli leurs engagements. — Avant le commencement des poursuites peut-être? — Non, bien longtemps après. — Mais ceux-là au moins qui ne les ont pas encore remplis, en demandent probablement la nullité? — Non. — Eh bien! où sont donc les plaignants? — Il n'y en a pas; il n'y a que des témoins. — Soit; mais enfin, ils réclament quelque chose? — Non, rien. — On ne leur a donc rien volé. Ah ! nous comprenons : c'est la *Vindicte publique* qui poursuit ! Enfin, soit. Les deux agents ont trompé, escroqué tous ces braves gens-là, vous avez raison, condamnez-les; *mais le directeur*, comment arriverez-vous à le faire condamner comme complice de ses agents? — Rien de plus facile, de plus simple : ses prospectus, ses circulaires renferment des mots à double-sens, des termes équivoques; la Cour les a relevés dans de nombreux considérants. — Mais de vos 31 témoins, transformés par vous en escroqués, pas un ne sait lire, ne s'est fait lire ces prospectus, avez vous dit; donc ces prétendus termes équivoques, que vous *n'avez pas voulu* comprendre, n'ont pu aider les agents à commettre les escroqueries. — C'est possible, mais les agents ont évidemment reçu les ordres du directeur pour agir ainsi. — Vous n'en apportez aucune preuve et eux-mêmes le nient. Le directeur vous *prouve* au contraire, *puisqu'on doit prouver son innocence*, qu'il a toujours surveillé avec le plus grand soin ses agents en province, après les avoir scrupuleusement choisis, qu'il a toujours déployé contre eux la plus grande sévérité et qu'il en a révoqué un grand nombre; ceux-ci pour se venger ne manqueraient pas maintenant de dénoncer les ordres secrets qu'il leur aurait donnés. — Mais enfin me direz-vous, il en a profité de ces escroqueries, il a eu sa part du bénéfice et vous connaissez le proverbe latin : *is fecit cui profuit*. — Ah pardon ! mais vous avez été assez naïfs, *Messieurs* de la Cour, car il s'agit de Rutter, pour reconnaître le contraire; nous vous en remercions sincèrement, et votre arrêt à la main, nous allons vous le prouver. Daignez écouter, et *vous ne pourrez plus ne pas comprendre*, ainsi que vous l'avez si bien voulu une première fois.

La compagnie dont Rutter était le directeur percevait de suite 5% sur le montant des assurances; cette prime était attribuée en totalité aux deux agents pour leurs frais, peines et salaire, vous l'avez reconnu dans l'arrêt. Quand arrivait le moment de la liquidation des assurés, les uns perdaient leur mise, les autres se les partageaient; Rutter était chargé de faire ce travail de répartition, de distribution des fonds, et il touchait deux pour cent qui lui étaient payés par les *gagnants seulement*. Rutter a fait six répartitions successives, et toutes ont été trouvées de la plus grande exactitude par vous mêmes, Messieurs de la Cour. Parmi vos 31 témoins cités, *dix*, *tous ceux* pour qui le terme était échu ont rempli leurs obligations *après les poursuites et sans la moindre protestation* : sept d'entr'eux ont retiré un bénéfice, 3 ont perdu leur mise, et Rutter a touché 2% *sur les premiers, rien sur les seconds*, *ni* au moment de la souscription, *ni* au moment de la liquidation, *rien*, *jamais rien*. Eh bien! Messieurs, s'il y a là des escroqueries et par suite des escrocs, il devrait tout d'abord y avoir des escroqués. Où sont-ils ceux que Rutter a trompés, volés? Comme il n'a touché un bénéfice que sur ceux-là qui en ont retiré un bien plus grand, dans le rapport de 98 à 2, ce sont eux seuls qui peuvent être les escroqués. Etrange escroquerie que celle qui procure un bénéfice à l'escroqué, et tout le bénéfice promis, rien de moins!! Pas de dommage, donc pas d'escroqué; peut-il y avoir un escroc? Oh! s'il y eut eu un seul individu escroqué, vous n'eussiez pas manqué de condamner les agents et Rutter à lui rembourser le montant de l'escroquerie, même à lui payer des dommages-intérêts, et vous eussiez annulé les contrats; Vous qui avez su condamner Rutter, par la solidarité avec ses agents, à 5 mille fr. d'amende et aux frais s'élevant à plus de 1500!

Tenez, Messieurs, à quoi bon raisonner plus longtemps? Le Président Lemaire l'a dit : *c'est un délit imaginaire*. Quand on veut se débarrasser de son chien, on dit qu'il est enragé; c'est commode et puis expéditif. Qu'aviez-vous à craindre? La Cour de cassation? cette Cour des . . . comme l'appelait Tivier. Allons donc! Elle ne s'occupe que de la question de droit; elle n'a pas qualité pour examiner si les considérants dont vous avez rempli 4 à 5 pages ont le sens commun, si la qualité répond à la quantité; à cet égard vous êtes Cour souveraine et l'on en flatte assez votre vanité; la Cour de cassation saura se renfermer alors dans les limites de ses devoirs et proclamer solennellement que le Procureur général et le Président connaissent leur code, et le pourvoi est rejeté. — Ainsi donc, voilà un homme condamné à passer deux années de sa vie (730 jours et 730 nuits!) dans les prisons centrales parmi des milliers de voleurs et d'assassins, voilà un homme ruiné, condamné comme escroc, flétri à jamais, lui qui n'a jamais rien détourné, quand il n'y a pas un *seul escroqué*, un *centime volé!!* Oui, il y a de par le monde d'autres escrocs que ceux qui volent quelques pièces de monnaie : ce sont aussi des *escrocs*, ceux-là qui grâce à leur crédit, à leur puissance, volent l'honneur d'autrui; et ceux-là sont souvent adulés, honorés, respectés, comblés d'honneurs et de dignités ! Ce sont bien des *escrocs d'honneur*, et nous les citons au Tribunal de l'*Opinion publique* : oui, Tivier, toi qui uses de ton influence, qui distribues places et croix, pour satisfaire ta vengeance, tu es un escroc d'honneur ! Oui, Lemignon, toi assez faible pour sacrifier un homme à une place, la Justice à l'amour paternel, tu es un escroc d'honneur ! Et toi, de Bigora, ou plutôt Martin des Bigaro, en remplissant ton métier, tu n'es pas même digne d'être leur complice, tu n'es que leur *gâcheur* ! !

CHAPITRE XI.

RÉFORMES. — RÉPRESSION.

La Société ne peut ni ne doit rester impuissante ou désarmée, en présence de criminels qui deviendraient d'autant plus audacieux, qu'ils se sentiraient à l'abri de toute répression. Elle a entre les mains la fortune, l'honneur, la liberté, la vie de tous les membres qui la composent. Elle a *tous leurs droits*, mais à condition de faire rendre justice à chacun; elle a la *force*, mais à condition de n'en pas abuser; or, la *liberté* et la *vie* nous ont été données par Dieu, *nul n'a le droit* d'en disposer; ces dons sont *inaliénables*. Mais la Société a tout d'abord des *devoirs* à remplir, et le plus sacré de tous, l'objet premier de l'association humaine, c'est de veiller à ce que chacun de ses membres soit assuré contre les tortures de la faim, contre l'intempérie des saisons; la *misère* est l'une des causes les plus habituelles des crimes qui se commettent, elle les rend même presque excusables, et comme il vaut mieux prévenir que punir, la Société doit tout d'abord s'efforcer de guérir ce cancer qui la ronge, le *Paupérisme*. Un autre devoir qui lui incombe, c'est d'avoir une *police* habile et bien organisée, qui rende plus difficile la perpétration de crimes ou de délits. Mais tout en admettant ces deux questions aussi bien résolues que possible, il se commettra encore des crimes, et nous devons examiner ici les *droits* et les *devoirs* de la Société.

Un crime se commet-il maintenant? La personne attaquée a le droit de repousser la force par la force, de se défendre par *tous* les moyens en son pouvoir; elle appèle à son aide, et la Société s'empresse de la protéger contre des attaques qui menacent sa propriété ou sa vie. Que si dans la lutte l'agresseur est tué, il n'y a pas de crime à réprimer : le coupable comparait devant la Justice de Dieu

Le crime au contraire est-il accompli? Le coupable arrêté? L'offensé ou sa famille veut en *tirer vengeance*, en *obtenir réparation*. La Société intervient, c'est à *elle seule de juger*. Le coupable avoue son crime, que *doit*-elle faire? Tout d'abord elle le condamnera à *réparer le dommage matériel* qu'il a causé, elle en assurera l'exécution par tous les moyens en son pouvoir. Mais est-ce là tout? Non: 1° l'offensé n'est pas encore satisfait; 2° les autres membres de la Société effrayés de ce crime, craignent que le coupable ne commette à leur égard de semblables forfaits; 3° puis ils craignent que d'autres, enhardis par l'impunité dont celui-ci jouirait, ne se rendent coupables de quelque crime; 4° la Société elle-même demande l'*amélioration* du coupable. Ainsi pendant que l'offensé réclame *vengeance*, les membres de la Société exigent une *punition exemplaire*. Or, pour satisfaire la vengeance de l'un, il se présente de suite un moyen : infliger au coupable le même mal que lui-même a causé, le *talion;* mais comme il n'effacera ni ne réparera le premier, ce serait commettre un nouveau crime et contre un ennemi désarmé, c'est *lâche* et c'est une *cruauté inutile*. Pour satisfaire aux réclamations de ses membres, que va faire la Société? Infliger des coups de bâton? Mutiler le coupable? L'emprisonner? Mais nous l'avons vu, c'est là *torturer*, c'est là *se venger*; c'est la *force brutale* seule qui recourt à ces moyens de vengeance, aussi s'appèle-t-elle alors *Vindicte publique*. Ce n'est pas là le *droit*, ce sentiment de *Justice inné* au fond de la conscience de tous les hommes. — Dès qu'un *être humain* vient au monde dans l'étendue de l'empire de la Société, il jouit aussitôt de la *protection des lois* de sa nation et acquiert *les droits* que celle-ci assure à chacun de ses membres, *aussi longtemps* que lui-même reste soumis aux lois. Commet-il un crime? La Nation a le droit de lui retirer pour un temps plus ou moins long, tout ou partie des droits que la Société lui avait assurés. Voilà bien le droit, et *nul ne pourra le dénier*. Ainsi donc, la *répression du crime*, c'est le bannissement de la Société, c'est l'*exil*. . . .

Voyons maintenant si cette Répression satisfait *tous les intérêts en jeu* : l'offensé se sent *vengé*, il est satisfait; les membres de la Société se voient mis à l'abri des attaques *présumées* du coupable, au moins pour un certain temps; les autres citoyens sont retenus dans la voie criminelle par la crainte de se voir exiler. La Société qui n'a pas excédé ses *droits*, a cependant bien rempli ses *devoirs*. Mais l'*exilé* peut-il se plaindre? Ayant enfreint les lois, il ne peut plus réclamer leur protection; cette répression qui n'est qu'une *privation de droits*, est bien pour lui dans le fait une *expiation*, nous n'hésitons pas à le reconnaître, mais il ne peut se plaindre d'abus de la force, car la Société ne lui inflige pas de tortures.

. . . .

Nous devons maintenant examiner la mise à exécution de ce *droit de répression*. Conservons le code pénal pour la durée des peines qui y figurent, en ayant soin d'abolir les *punitions* qu'il contient et qui sous les noms de *travaux forcés*, *réclusion*, *prisons centrales*, *cellulaires*, etc., ne sont que des *degrés différents de tortures*. Nous avons ainsi des *exils* variant de quelques jours à quelques années, à la vie tout entière. — Si *le droit* ne reconnait qu'un *moyen de répression*, l'*exil*, rien n'empêche de lui appliquer *plusieurs modes différents*, au contraire; car un *même mode d'exil* agirait *différemment* sur les condamnés, et ainsi par le fait, les mêmes crimes seraient expiés *inégalement*, ce qui est injuste. Nous allons présenter ici les principaux modes : 1° *lieux d'exil hors de France*; 2° *en France*; 3° *rachat des droits de la Société*.

1° Tout membre de la Société coupable d'un crime doit être *exilé* pour un temps plus ou moins long. Ainsi parle la *Justice*; mais alors l'*Humanité* fait entendre sa voix : "ce coupable, ce condamné, est un homme, il est votre frère; comme vous, il fut membre de la Société, et un jour viendra où il en fera de nouveau partie. Elevé dès son enfance dans le sein de la Société, initié aux merveilles de la civilisation, à ses usages, à ses commodités, que va-t-il faire sur une terre étrangère, arraché tout à coup à ses habitudes? Il y mourra de faim. La Société doit étendre sur lui sa main protectrice, lui fournir les moyens de vivre, de travailler; elle doit pourvoir à sa sécurité, veiller à son bien-être; elle doit enfin mettre à sa disposition les *êtres qui lui sont chers et veulent le suivre pour* l'aider à supporter les tourments de l'exil." Il faut donc fonder des *Colonies*, comme l'avaient fait les Grecs, les Romains. Nous consacrerons le chapitre suivant à ces colonies étrangères et aux colonies agricoles qu'on pourrait fonder en France.

2° Dans le sein de la Société elle-même, ouvrez des *lieux d'exil*. Là, que le condamné privé des droits de Société, n'en reste pas moins *un homme*, qu'il y vive *libre*, en un mot qu'il n'y soit plus un *numéro*, *l'esclave de la Vindicte publique*. Que l'un puisse choisir la solitude des cellules, un autre l'atelier en commun; que chacun soit *libre* de s'occuper on non, de *travailler comme il voudra*, *mais par contre il remboursera* les dépenses qu'il nécessite à la Société. Que s'il n'a ni fortune ni travail, l'Etat ne doit pas moins pourvoir à sa nourriture contre l'ouvrage qu'il devra faire, mais à la *condition expresse* que ce travail ne puisse jamais établir une concurrence ruineuse à celui des membres de la Société; s'il refuse de travailler, qu'on ne lui donne que du pain et de l'eau, le strict nécessaire. Bien entendu c'est à l'État qu'incombent le *droit* et le *devoir* de prendre toutes les mesures de police nécessaires pour assurer la sécurité de la Société et la paix intérieure dans ces lieux d'exil.

3° Prenons un exemple : voici un homme qui a commis un crime ; il est condamné à payer des dommages-intérêts à sa victime et à être exilé pendant 5 ans de la Société ; il est riche, il a payé la réparation pécuniaire. Au moment de partir pour l'*exil*, il propose à la Société de racheter les droits dont il doit être privé pendant 5 ans ; il a un million, il en offre la moitié, les trois quarts même, pour être de suite réintégré dans ses droits. La Société *peut-elle*, *doit-elle accepter ?* Examinons de nouveau *les intérêts en jeu* : le dommage causé à la victime a été pécuniairement réparé ; sa vengeance ne sera-t-elle pas aussi *bien satisfaite*, *en voyant son agresseur perdre* les trois quarts de sa fortune, qu'en le sachant exilé pour 5 ans *et en le voyant à son retour jouir* de ses droits et de la totalité de sa fortune ? Evidemment. La Société n'a pas à craindre qu'il commette un nouveau crime, ou que d'autres soient enhardis par l'impunité à en commettre de semblables. Cette *répression* ou *expiation* (perte des trois quarts de la fortune) retiendra tout aussi bien que la menace de 5 ans d'exil ou de prison tous ceux qui seraient tentés de commettre le même crime. Tous les intérêts légitimes sont donc ainsi sauvegardés, la Vindicte publique seule pourra réclamer, car elle y perd une victime. La Société qui ne doit pas rechercher la vengeance, mais seulement *la satisfaction des intérêts légitimes*, *peut* donc accepter. Cette fortune pourra soulager bien des misères, et aider à combattre le Paupérisme. — Oui, mais ceux qui n'ont rien, va-t-on nous dire ? — *Patience*, nous y viendrons ; nous tenons tout d'abord à établir qu'*en droit*, *ce rachat n'est pas injuste*. Nous sommes bien loin de dire : la *Société doit* consentir à ce rachat, mais nous avons prouvé qu'elle le *peut* ; dans quels cas, c'est ce que nous allons voir.

Combien n'y a-t-il pas de procès criminels où chaque Juré est obligé de se dire dans sa conscience, en parlant de l'accusé : „à sa place j'en aurais fait autant.„ Et cependant il est obligé de le proclamer coupable du fait reproché et que la loi qualifie de crime. Un exemple : on insulte votre mère, votre sœur ; irez-vous en demander réparation aux Tribunaux ? Essayer de prouver qu'on les a calomniées ? Allons donc ! Si l'imputation porte atteinte à leur honneur et à leur considération, c'est un délit que la loi appèle *diffamation;* le Tribunal sans se préoccuper de savoir, si c'est *calomnie* ou simplement *médisance*, sans laisser discuter sur le fait aucune des deux parties, condamnera le *diffamateur* à une amende et à quelques centaines de francs de dommages-intérêts, peut-être à quelques jours de prison. Mais l'honneur sera-t-il rendu à votre mère, à votre sœur? Au contraire, elles n'en seront que plus deshonorées. Il est donc ridicule dans ce cas de recourir aux Tribunaux, et il est ainsi, comme on le voit, des cas où le duel est juste, nécessaire, indispensable même. Eh bien! vous tuez le calomniateur, on vous arrête, on vous juge, vous êtes condamné à quelques années de prison, et cela parce que vous avez défendu l'*honneur* de votre famille au péril de votre vie, parce que vous avez rempli votre devoir. Il en est de même, si trouvant votre femme dans les bras de son amant et cédant à votre indignation vous les tuez. Mais ce serait bien pire, si tout en n'ayant que des preuves trop certaines de votre deshonneur, vous tuez l'amant de votre femme dans un moment de colère, car le crime n'est plus reconnu excusable par la loi et vous encourez la peine de mort. Aussi que font souvent les Jurés dans des cas semblables? Quand tout prouve jusqu'à l'évidence que l'accusé est coupable du fait incriminé, ils déclarent qu'il ne l'a pas commis. Triste alternative dans laquelle on les place, *ou* de mentir à leur conscience, *ou* de faire condamner un innocent! Le Jury a bien le droit de reconnaître des circonstances atténuantes, ne pourrait-on autoriser le Jury à déclarer l'*exil rachetable?* La Cour examinerait ensuite la fortune du condamné, et connaissant la nature et la gravité du crime, elle fixerait la somme qu'il aurait à payer. Quant à celui-là qui n'a d'autre fortune que son travail journalier, n'atteindra-t-on pas aussi bien le résultat désiré (son amélioration et la satisfaction des autres intérêts légitimes), en réclamant de lui une part de son gain journalier? Il devrait ainsi apporter chaque semaine ou chaque mois la portion de sa paie ou de ses appointements que la Cour aurait fixée. — De cette manière la Société représentée par le Jury qui autorise et par la Cour qui fixe le chiffre et les conditions, établira une différence entre le *vice* et l'*erreur*, et tous les crimes ne seront plus ainsi pesés dans la même balance.

Mais nous entendons déjà d'ici crier au matérialisme, à l'injustice, à la faveur, on se rachète pour de l'argent, etc.. Nous croyons cependant avoir prouvé que ce rachat n'est pas injuste, qu'il est possible et juste même dans certains cas; nous allons en donner une preuve matérielle tirée de l'administration actuelle de la Justice. Toute personne arrêtée préventivement pour un délit peut être admise à *déposer caution* et elle est rendue provisoirement à la liberté; qui donc s'est plaint de cette facilité, et peut-on y voir une preuve d'*injustice*, crier *à la* faveur? Au contraire, puisque le minimum de la caution fixé à 500 fr. d'abord a été abaissé et réduit à 150. Certes la similitude est frappante et nous suffit.

CHAPITRE XII.

COLONIES.

Ce n'est pas tout d'indiquer le *droit* ou de le démontrer, et là dessus d'établir une théorie, il faut pouvoir la mettre en pratique. C'est ce que nous allons essayer de faire avec le *droit de Répression*, tout en nous restreignant le plus possible.

La terre est grande, sa population petite encore en comparaison de son étendue, et Dieu merci, le sol est presque partout fertile. Combien n'y a-t-il pas en Amérique, en Afrique, dans l'Océanie, en Europe même, de parties incultes qui n'attendent que des bras pour donner à l'homme la nourriture dont il a besoin: choisissez des endroits sains, bien situés, pourvus d'eaux et de forêts, transportez-y vos condamnés, donnez-leur la facilité d'emmener avec eux leur famille, femme et enfants, si toutefois ceux-ci veulent les suivre; arrivés à leur nouvelle patrie, donnez-leur des moyens d'existence, des vêtements appropriés au climat, des instruments propres à travailler, des vivres et provisions en attendant la récolte prochaine. Obligés de se suffire à eux-mêmes dans un temps donné, ayant devant eux l'espoir de la régénération et de la propriété, ils se déferont peu à peu des habitudes mauvaises nées du contact du vice; ils deviendront pour la plupart des chefs de famille honnêtes et laborieux. Il faut avoir différents lieux d'exil : choisissez les plus éloignés pour les condamnés aux peines les plus fortes, l'Océanie par exemple pour les forçats, l'Amérique ou l'Afrique méridionale pour les réclusionnaires, l'Algérie pour ceux condamnés à plus d'un an de prison.

On nous fera bien des objections, nous le savons; mais nous devons nous borner à examiner sommairement les deux principales : le *danger* et la *cherté*.

1° Prenez garde, nous dira-t-on; tous les condamnés vont s'échapper, ils vont rentrer en France, la Société est perdue. — Rassurez-vous : il n'est pas besoin de tenir un homme enfermé dans un cabanon pour l'empêcher toujours de nuire, et d'ailleurs vient le moment où vous lui ouvrez la porte de son cachot : alors il s'élance la rage dans le cœur, il cherchera à se venger des tortures qu'il a souffertes et il est dans la Société elle-même. Quant aux exilés, c'est tout autre : d'abord, ceux qui emmènent avec eux femme et enfants, partent avec la résolution de se créer là bas une nouvelle patrie, ils deviendront d'excellents colons; ceux-là qui sont seuls, sentiront la nécessité de travailler et préféreront la vie indépendante qu'ils mèneront dans la colonie à la prison qui les attendrait à leur retour dans leur patrie avant le temps d'expiation; car cette fois, la Société se trouverait dans le cas de légitime défense et aurait le droit de les retenir prisonniers. Mais que de difficultés pour revenir : transportés à 4 mille lieues de leur patrie dans des îles où n'abordent que des bâtiments de guerre, sous la surveillance même si l'on veut d'une garnison, ils aimeront mieux s'attacher au travail, que courir les hasards d'une fuite environnée de périls immenses. Mais enfin, quelques uns parviennent à s'échapper, ils veulent rentrer en France; ils n'ont ni passeports, ni papiers, il leur sera bien difficile de franchir la frontière. Eh bien! soit, ils sont en France; mais n'a-t-on donc jamais vu de forçats rompre leur chaîne, et alors ne sont-ils pas en France, ne viennent-ils pas à Paris? Des transportés qui s'échapperont, la plus grande partie resteront à l'étranger et chercheront à s'y créer une nouvelle existence : Dieu leur vienne en aide!

2° Les dépenses de ces colonies lointaines seront trop considérables. Nous ne viendrons pas vous dire : alors c'est par économie que vous torturez dans vos prisons. Mais il est facile de prouver que les dépenses ne sont pas grandes, qu'elles ne dureront que quelques années et que ces lieux de transportation se transformeront bientôt en colonies, qui rapporteront à la mère-patrie plus qu'ils ne lui auront coûté. Vous ne manquez ni de navires de guerre, ni de matelots, ni de soldats; ces vaisseaux cinglent les mers de tous côtés et sont en grande partie sans occupation indispensable; déjà, vous le voyez, le transport ne coûtera rien. Que vous nourrissiez vos prisonniers dans vos prisons ou sur les navires, l'entretien est toujours le même, sauf le travail dont l'Etat ne profite pas. Il est vrai que l'on serait obligé de construire des habitations, de donner des instruments de travail, puis des provisions pour 18 mois, deux ans peut-être; l'Etat envoie des soldats du génie qui sont charpentiers, maçons et dirigent les travaux, les condamnés sont les ouvriers. Mais ce sont là les frais de premier établissement et ils se renouvèlent peu; car après 2 ou 3 ans, la colonie pourra se suffire à elle-même, et si elle a besoin de bras pour s'agrandir, les nouveaux condamnés serviront de domestiques aux premiers arrivés devenus propriétaires des maisons qu'ils se seront construites, des terres qu'ils auront défrichées; ces nouveaux débarqués auront aussi l'espoir de devenir propriétaires après un certain temps, comme récompense de leur bonne conduite. Ces colonies dépendant de la mère-patrie jouiront des mêmes avantages que les autres colonies. Quant aux condamnés, leurs *droits* sont seulement *suspendus*; ils en jouiront à nouveau dans toute leur plénitude, le jour où ils auront expié leur faute ou mérité leur grâce; bien entendu qu'ils ont toujours la jouissance de leur fortune.

On ne pourra évidement transporter dans ces colonies les condamnés à un an de prison et au dessous, et cependant un grand nombre parmi eux n'ayant pas les moyens de payer leur nourriture et entretien, doivent travailler. Nous avons dit que l'Etat doit leur fournir du travail, mais sous la condition expresse qu'il ne puisse jamais établir une concurrence ruineuse à l'industrie privée. Or, voici un travail tout trouvé, qui sans rien coûter, augmentera les richesses de la France et sera l'un des moyens les plus énergiques et les meilleurs pour combattre le paupérisme : Les biens des communes en France s'élèvent à 4 millions 720 mille hectares; près de 2 millions sont cultivés et rapportent annuellement 37 millions de francs; 2 millions 800 mille consistant en *marais*, *landes*, *déserts*, ne rapportent rien et leur valeur est estimée à 100 fr. par hectare. C'est là que vous enverrez les *exilés* qui doivent travailler; faites-leur d'abord construire des maisons, puis défricher la terre, préparer le sol. Craignez-vous qu'ils ne s'échappent? Leur vêtement uniforme les en empêchera, joignez-y si vous voulez un cordon de soldats; mais mieux encore que tout cela, donnez-leur femme et enfants, l'espoir d'une rénovation et la promesse d'un meilleur avenir, et aucun ne sera tenté de s'échapper.

Un peuple Chrétien qui appèle tous les hommes ses frères et prétend marcher à la tête de la civilisation, aurait honte de laisser mourir de faim un seul do ses membres. Quel fut en effet le premier objet de l'Association des hommes entr'eux qui donna naissance à la Société, si ce n'était de se protéger, de s'aider mutuellement, et de pourvoir aux besoins les uns des autres, en assurant à chacun sa nourriture et un gîte? Aussi, quand on trouve un homme mendiant sur la voie publique, c'est un délit, on le condamne à quelques mois de prison. Aussi, quand on trouve un homme dormant la nuit sur la voie publique, c'est un délit, on le condamne de même. C'est juste, car sans aucun doute, la Société a pourvu à la nourriture de tous, au gîte do chacun. Hélas non! Elle ne se préoccupe nullement de si peu, et quand un malheureux n'a rien, plus rien, s'il n'a pas la force de se laisser mourir de faim, au moins de se suicider, *ou* il doit demander l'aumône, et c'est un délit, *ou* il doit voler, et c'est un autre délit! Dilemme infranchissable pour le malheureux : délit, délit partout!! On dirait vraiment que partout on trouve une *certaine compensation de bien et de mal*, dans la nature, dans l'homme, dans la Société, dans tout en un mot : à côté des bienfaits de la civilisation, apparaît son égoïsme; à côté de l'excellence de notre religion, l'intolérance; à côté de l'augmentation de la richesse et du bien-être, l'accroissement de la pauvreté, de la misère! Nous ne cherchons pas à présenter de paradoxes, mais nous avons le droit de mettre la civilisation dont nous sommes si fiers, en regard de l'hospitalité des tribus barbares, notre humiliante aumône, en regard des aumônes que le Musulman réclame du riche au nom du droit que l'Alcoran lui assure. — C'est bientôt dit, nous répondra-t-on, mais quand nous aurons reconnu ce *droit*, comment en régler l'exercice, comment en empêcher les abus? Comment couvrir les dépenses qu'il nécessitera? Il faudra donc établir de nouveaux impôts, quand déjà nous payons deux milliards chaque année? — Nous ne parlerons nullement d'un impôt spécial que l'on pourrait rétablir sur l'orgueil et la vanité au profit de la misère, mais nous posons la question en ces termes : *la Société peut-elle laisser mourir de faim un seul de ses membres?* — Non, nous répondrez-vous; c'est un *devoir sacré* pour tous, d'empêcher l'un de ses semblables de mourir de faim. — Eh bien! si c'est là *votre devoir*, c'est alors le *droit de chacun* de réclamer le morceau de pain, qui doit empêcher sa famille de mourir de faim. — Il est dangereux et inutile de proclamer ce droit. Nous nous occupons d'ailleurs de le traduire en fait : nous formons des sociétés de secours mutuels sur tous les points de la France, nous avons des bureaux de bienfaisance, des sociétés de charité publique, puis la charité privée, etc. — Prenez garde : car sous le manteau de la charité, se cachent souvent l'ambition, l'intolérance religieuse ; là vous recevez, non pas à proportion de votre misère, mais à proportion de vos protections, de là l'hypocrisie ; non pas au nom du *droit* qui relèverait votre courage, mais au nom de l'*aumône* qui humilie et avilit tout à la fois. L'on a épouvanté la Société, en essayant de proclamer le droit au travail ; ses conséquences sont incommensurables, car la Société s'engageant à donner du travail à tout le monde, doit payer un salaire élevé et porter un coup funeste au commerce et à l'industrie privée ; mais ici, c'est bien différent : un morceau de pain n'est-il pas obligatoire, qui donc oserait le refuser ?

Voyons donc maintenant les palliatifs actuels de la misère : nous trouvons bien des prisons pour punir pendant quelques mois le malheureux qui a mendié ; nous trouvons bien des dépôts de mendicité, où l'on troque sa liberté contre un morceau de pain, où la fainéantise engendre la paresse, avilit et dégrade ; nous voyons enfin des hôpitaux où l'on va mourir, quand on est assez heureux pour réunir certaines conditions nécessaires. N'y a-t-il pas cependant dans ces murs des bras encore forts et valides, des gens qui ont du courage et ne demandent un morceau de pain qu'en échange de leur travail ? Eh bien ! vendez-leur, ne riez pas ! oui, vendez-leur à chacun un morceau de terre, une petite maison et les instruments, les bestiaux dont ils ont besoin. — Comment ! vendre à des mendiants de la terre ? quand la forêt n'est pas même défrichée ; des maisons quand il n'y en a pas une seule de construite ? des instruments, des bestiaux, payables comment, quand ? — Attendez. Nous avons vu tout à l'heure les condamnés restés en France s'occuper à défricher des terres, à y construire des habitations, granges, écuries. Eh bien ! ces terres mises en culture, pourvues d'instruments aratoires, de bestiaux, etc., pourraient être cédées *au prix de revient* à ceux de ces *indigents-valides*, qui connaîtraient les travaux de la campagne et seraient en état de diriger une ferme. On leur donnerait un délai plus ou moins long pour payer par annuités, 15 ou 20 ans par exemple, et un agent de l'Etat serait chargé de la surveillance pendant quelques années. Ceux des condamnés qui donneraient des preuves de repentir et se seraient distingués par une bonne conduite, pourraient également obtenir une de ces concessions. Soyez persuadés que plus d'un village florissant s'élèverait bientôt de ces contrées qui sont désertes maintenant et paraissent ne jamais devoir produire quelque chose. — On se plaint et à juste titre, que les habitants des campagnes, alléchés par les prix élevés des journées et les plaisirs des villes, quittent en foule leurs villages pour aller augmenter la population des villes et leur misère. L'on se rappèle avec terreur qu'au moment où s'écroulait le colosse Romain, le peuple des campagnes lui aussi s'acheminait vers les villes, réclamant à grands cris *panem* et *circenses*. Et cependant l'on ne peut s'opposer à cette migration, car les travailleurs des campagnes sont libres d'aller où bon leur semble. Mais quand ils auront fait l'expérience de la vie des villes, que désenchantés et fatigués ils pensent à leur vie passée et la regrettent, alors profitez de l'occasion : tendez-leur une main secourable, offrez-leur du travail, un bien-être assuré avec de la persévérance et de la bonne conduite. Vous les empêcherez ainsi de se livrer à la paresse, à la débauche, qui conduisent au vol, à l'assassinat; loin d'être à charge à la Nation, ils rapporteront bientôt, et augmenteront la masse des impôts; ils cesseront enfin d'être la honte de la Société, un danger permanent pour l'Etat.

La philanthropie a daigné construire d'immenses bâtiments pouvant contenir chacun 2 à 3 mille êtres humains, les condamnés à plus d'un an de prison et à la réclusion, et il serait vraiment malheureux que d'aussi beaux bâtiments fussent perdus! Mais patience : cette *œuvre de punition et de vengeance* va se transformer en *une œuvre d'humanité.* Parmi les malheureux indigents, combien n'y en a-t-il pas, qui arrivés à une extrême vieillesse ne sont vraiment plus capables de rien faire, et qui sans ressources sont à la charge de la charité publique! Combien de malheureuses femmes ne se trouvent-elles pas dans le même cas! *Ce sont là les invalides du travail.* Vous avez plus de soixante mille places à leur distribuer; ils seront satisfaits de la nourriture, des vêtements, du logement que vous leur donnerez, en leur laissant, bien entendu, la liberté; ils vous béniront, et là où l'on n'entendait que les plaintes, les gémissements, les imprécations des condamnés, là régneront maintenant le calme, la tranquillité, la satisfaction. Chacun de ces condamnés vous coûtait environ 200 fr. par an pour leur entretien et *nourriture, ces nouveaux hôtes ne vous coûteront* pas davantage ; forcez même les communes à payer la moitié, ce sera la taxe des pauvres, et elle ne sera pas lourde. Les vétérans, les invalides de l'armée ont leur hôtel, les malheureux ouvriers n'ont *que la prison ou l'hôpital; donnez-leur à eux aussi des* maisons de retraite, ils y ont droit également, car si le travail honore, il ne récompense pas toujours assez, et ces maisons de retraite ne vous coûteront rien, elles sont toutes construites déjà.

N'oublions pas cependant *les condamnés à plus d'un* an de prison, à leur retour d'exil : la patrie parle toujours au cœur de chaque homme, du Français surtout. Un déporté a fini son temps d'exil, il est *libéré*, il recouvre tous ses droits; il veut revoir sa patrie, vous avez pris *l'obligation* de le ramener en France, de lui rendre ses droits, son honneur, puisqu'il a payé sa dette à la Société. Mais il n'a rien le malheureux, et cependant il doit vivre ! Doit-il donc mendier *ou* voler ? De ceux-là vous pouvez également former des colonies : là du travail, du pain; ils défricheront eux-mêmes la terre, ils construiront des habitations, et si l'on est satisfait d'eux, alors qu'on leur vende aussi une maison et un champ; ce seront d'excellents citoyens.

Des hommes d'intelligence et de cœur ont depuis longtemps pris l'initiative et essayé de régénérer les coupables à l'aide du travail agricole; ils se sont occupés de la jeunesse, et Dieu sait combien de natures doivent à ces âmes généreuses de n'être pas perverties, combien de malheureux jeunes gens entraînés déjà par le mauvais exemple, ont été ramenés au bien par le travail et l'instruction : ce sont M. M. *de Bretignières* et *de Metz*, qui avec leurs seules ressources et sur des terrains leur appartenant, ont fondé la colonie agricole de *Mettray*. Leurs noms devraient être plus chers à la reconnaissance publique que ceux des plus fameux généraux, et à peine cependant sont-ils connus ! Honneur à ces hommes généreux qui ont montré la voie ! Ils ont largement rempli leur tâche; que l'État maintenant leur achète leurs colonies, qu'il les paie généreusement, qu'il continue et complète leur œuvre en étendant aux *condamnés*, aux *déportés-libérés*, aux *indigents*, ce que de leur seule initiative ils ont fait pour la jeunesse. Ce sera pour eux la plus douce et la plus noble récompense !

CHAPITRE XIII.

POLICE.

A l'Etat le soin de prévenir autant que possible les crimes et délits, de rechercher ceux qui ont été commis et d'en poursuivre la répression près les tribunaux criminels; les agents chargés de ce soin forment la *Police*. Nous ne nous occuperons ici que de la *Police judiciaire*, qui comprendrait les *Procureurs du roi* et les *Commissaires-instructeurs*.

Le Procureur du roi reçoit les plaintes et les examine; il peut faire venir les deux parties et leur donner son avis ou des conseils, ou bien il transmet l'affaire avec son réquisitoire au Commissaire-instructeur. Celui-ci est chargé de l'instruction criminelle : il assigne l'inculpé à comparaître, il entend les témoins, recherche les pièces de conviction, et s'il croit que l'inculpé est coupable d'un crime, il sollicite de la Chambre criminelle l'autorisation de le faire arrêter. En cas de *flagrant délit*, il pourrait recourir à cette mesure, mais il devrait sur la demande de l'inculpé, le conduire directement dans le cabinet du Président, qui prononcerait provisoirement jusqu'à la réunion de la Chambre. On conserverait la distinction actuelle des crimes et délits, mais *l'arrestation préventive* ne serait autorisée que pour les crimes, ou pour le prévenu d'un délit qui aurait déjà subi une condamnation à plus d'un an de prison; dans l'un ou l'autre cas, la Chambre pourrait autoriser la mise en liberté provisoire, soit sous caution soit avec des répondants.

C'est M. le *Commissaire-instructeur* qui doit vous interroger, c'est à vous de répondre; l'interrogatoire doit être transcrit par écrit, afin que le Procureur du roi et les Magistrats puissent bien connaître l'affaire. Quand M. le Commissaire vous a bien interrogé, il commande à son greffier d'écrire une demande qu'il vous fait; *c'est juste; mais qui dictera la réponse de lui ou de vous?* Nous lui dénions formellement ce droit : l'on *m'accuse*, moi seul au monde j'ai le droit de parler pour moi, surtout quand j'en suis responsable de ma fortune, de mon honneur, de tous mes droits. — Mais si vous êtes incapable de dicter? — Je transmettrai ce droit à qui je voudrai. Car pourquoi l'instruction serait-elle *secrète?* Comment se ferait-il que l'inculpé fût seul en présence de l'Accusation, et *à sa discrétion?* Non; l'accès du cabinet du *Commissaire-instructeur* doit être libre à la Magistrature qui surveille, et à la Défense que j'ai choisie. Car quel est le but de cette instruction? De transmettre *aussi fidèlement que possible* à la Magistrature, à mes Juges, les réponses que j'aurai faites. Seul donc j'ai le droit de les faire; si je suis incapable de dicter, je transmets mon droit à qui bon me semble. Que si M. le Commissaire prétend que la dictée n'est pas conforme à mes réponses, qu'il en fasse l'observation, et le greffier écrira les deux versions.

La durée de l'instruction ne saurait dépendre de la volonté d'une partie : ainsi M. le Commissaire ne peut avoir le droit de prolonger l'instruction tant qu'il lui plaira, ou de l'abréger de telle sorte, que l'inculpé n'ait pas le temps de rassembler les preuves et témoins nécessaires pour établir son innocence; si d'ailleurs il n'a pas les moyens nécessaires pour faire citer les témoins, ou qu'il ne sache où les trouver, qui s'en occupera pour lui, pendant qu'il est enfermé? Evidemment il faut ici un Juge désintéressé, impartial, et qui ne soit pas la Police. C'est donc la Chambre criminelle qui devra décider de toutes les contestations entre elle et l'inculpé.

Le Commissaire-instructeur remettrait ensuite au Parquet les pièces et témoignages, avec son rapport ; le Procureur du roi prendrait telles conclusions que bon lui semblerait, mais qu'il devrait faire signifier à l'inculpé, et celui-ci pourrait y répondre. Tout le dossier composé des pièces de l'instruction, du réquisitoire et du mémoire de l'inculpé, serait alors remis à la Chambre criminelle. Mais que celui-ci soit acquitté ou renvoyé devant le Jury, la tâche de la *Police* est terminée : le dossier et l'affaire appartiennent à la Magistrature, qui peut en tout état de cause ordonner un supplément d'instruction ou en charger un de ses propres membres.

Ainsi donc, en *matière criminelle*, plus de *Ministère public*, et tel était l'avis du chancelier *Lhôpital*.

L'on va nous dire : vous prétendez que la Société n'a pas le droit d'enfermer un condamné dans une prison, que c'est punir, torturer, et vous, qu'allez-vous faire ? Torturer un homme qui n'étant pas condamné doit être présumé innocent et traité comme tel. Peut-être même autoriserlez-vous le secret ? — La prison ici n'est pas une *peine*, un *châtiment*, c'est une nécessité à laquelle chacun doit se soumettre, dans l'intérêt général pour réprimer les crimes, dans son propre intérêt pour laver son honneur de tout soupçon, si l'on est innocent. L'arrestation préventive et surtout le secret sont des mesures mauvaises en soi, parcequ'elles entraînent beaucoup d'abus ; néanmoins, elles sont souvent nécessaires, même pour prévenir d'autres crimes, et on doit pouvoir y recourir. Mais qu'on n'oublie pas les restrictions que nous y apportons : 1° l'autorisation doit être accordée par la Chambre criminelle ; 2° la *durée* du secret serait limitée à huit jours ; 3° enfin si l'inculpé est reconnu innocent, il pourrait réclamer une Réparation de la Société pour le tort qu'il a souffert dans son honneur et sa fortune (v. Chap. XVII).

Il nous a suffi pour en faire justice, espérons-nous, de dépeindre les horreurs du transfert à pied entre deux gendarmes avec les menottes aux mains. Il n'y a peut-être pas de supplice plus hideux, de tortures plus infâmes que cette *exposition publique* de chaque minute et qui peut durer de longs jours ; d'ailleurs elle enlève aux malheureux tout sentiment de honte et endurcit le criminel. Si vous avez le droit d'arrêter et de transférer l'inculpé au lieu où il doit être jugé, ce que nous ne dénions pas, votre devoir est de le soustraire à la curiosité importune et méchante du public.

Un délit a été commis, une plainte déposée, une instruction ouverte; mais l'inculpé *répare* le dommage, *satisfait la victime*, le délit existe-t-il encore? Si vous laissiez la réponse à M. le Commissaire, il vous répondrait toujours : *évidemment*. Si vous la laissiez aux deux parties, elles vous répondraient : *non*. Mais il est facile de comprendre, que l'inculpé arriverait souvent par ses menaces ou ses supplications, à forcer la main à sa victime, et il ne saurait dépendre de ces deux parties de prescrire des lois à la Société. Ce serait encore la Chambre criminelle qui aurait à décider, si le délit ou crime est suffisamment réparé, et *s'il y a lieu de cesser ou non les poursuites.*

Si l'on adoptait les principes posés par l'Auteur, le nombre des arrestations préventives, qu'on ne connait pas exactement, mais qui doit dépasser 120 mille par an, diminuerait dans une proportion énorme; il s'élèverait à peine à 18 mille, savoir : 8 mille accusés, et 10 mille récidivistes condamnés à plus d'un an de prison. — Le résultat le plus clair et le plus important serait celui relatif aux *innocents arrêtés préventivement* : la moyenne annuelle varie de 60 à 75 mille (p. 294), et elle se réduirait à 6 ou 7 mille au plus. (Note de l'Editeur.)

CHAPITRE XIV.

MAGISTRATURE.

Nous avons expliqué (p. 12) ce que nous entendions par le mot Société ; nous avons analysé la Nation et démontré, que si d'une part c'est le Peuple qui doit faire les lois par ses députés, de l'autre c'est l'Etat qui doit les faire exécuter, puis qu'un troisième Pouvoir également indépendant et du pouvoir exécutif et du pouvoir législatif doit être chargé de juger les contestations auxquelles donne lieu l'application de ces lois; ce troisième pouvoir, c'est le *Pouvoir Judiciaire*, et les membres qui le composent sont appelés *Magistrats*.

Nous avons vu (p. 304) quelles garanties illusoires présente actuellement l'inamovibilité à la Magistrature française : chacun de ses membres dépend du Procureur général, et celui-ci, agent révocable de l'État et qui ne devrait être que le chef de la Police judiciaire dans le ressort de la Cour, *y est en réalité le chef suprême* de la Justice. — Mais alors, nous dira-t-on, vous voudriez que les Magistrats fussent élus par le Peuple et pour un certain temps ? — Non, pas davantage, car alors ils dépendraient du Peuple et ne formeraient plus un *Pouvoir indépendant*. — Que voulez-vous donc ? — Le voici : des Magistrats vous devez exiger des lumières, la connaissance des hommes et des affaires, en un mot de l'*expérience*, et il est impossible d'en acquérir avant l'âge de 30 ans. Ouvrez donc cette carrière à tout avocat qui aura plaidé depuis quelques années et soit âgé de 30 ans au moins et 35 ans au plus ; les candidats se présenteraient dans des concours publics devant une commission qui chaque année se transporterait dans 5 à 6 villes différentes ; elle se composerait de membres de la Cour de cassation et de Professeurs de droit, et dresserait des listes de mérite dans chaque circonscription ; ces listes jointes aux notes fournies par les Tribunaux et transmises à la Cour de cassation, détermineraient son choix pour les nominations dans la Magistrature. Assurez alors l'indépendance de chaque Magistrat par l'inamovibilité, celle de chaque Cour d'appel par la faculté d'appeler dans son sein tel magistrat de son ressort qui lui conviendra, même les membres du parquet ; mais laissez à la Cour de cassation le soin de choisir les Présidents de tribunaux et de chambre, et de distribuer les récompenses du Pouvoir, croix et distinctions.

Voyons maintenant quelle serait l'organisation du Pouvoir Judiciaire : au civil, la Magistrature juge, *mais jamais au criminel.* — Au chef-lieu de chaque arrondissement se trouve une *Chambre criminelle;* elle surveille la Police judiciaire, l'intérieur des prisons, accorde ou refuse l'autorisation d'arrêter les citoyens ; elle est ainsi que nous l'avons vu, Juge de toutes les contestations qui s'élevoraient entre l'inculpé et la Police ; elle déclare s'il y a lieu ou non à le renvoyer devant le *Tribunal criminel;* chaque partie, accusateur et inculpé, peut interjeter appel à la *Cour.* — Au chef-lieu de chaque département se trouve une *Cour criminelle*, composée de deux chambres : l'une chargée de juger les appels des chambres criminelles, l'autre appliquant la loi au verdict rendu par le Jury. La Cour surveillerait l'exécution des arrêts et devrait s'assurer si les lois de l'Humanité sont bien observées à l'égard des *exilés;* elle juge *par défaut* les accusés-contumaces, mais l'arrêt ne pourrait jamais devenir *définitif* que sur l'opposition de l'accusé. — Voyons enfin quelle serait la Composition de la Cour de cassation : il s'agit surtout de juger les questions de droit, mais il s'agit aussi de diriger la Magistrature ; il faut donc tout à la fois, et des hommes qui ont fait du droit leurs études spéciales, et des hommes qui possèdent à fond la connaissance des affaires judiciaires. Prenez donc dans les Ecoles les plus illustres professeurs de droit, dans les Cours d'appel les magistrats les plus intelligents, les plus capables, et formez la Cour de cassation de ces deux éléments ; mais laissez-lui toute liberté pour choisir parmi les candidats qui se présenteront, afin de remplacer les membres qu'elle aura perdus, et soyez bien persuadé qu'elle n'appellera que les professeurs et les magistrats les plus distingués par leurs talents et leur mérite. La Cour de cassation comprendrait : 1° un

Comité chargé de diriger le Pouvoir judiciaire et d'administrer; 2° une *chambre civile* pour juger les pourvois formés contre les arrêts des Cours d'appel; 3° une *chambre Criminelle* pour examiner les procédures criminelles; 4° une *chambre de Justice*, formée de la réunion des chambres civile et criminelle et chargée d'examiner les demandes en *révision* d'arrêts de condamnation (v. chapitre XVI); 5° la Cour de cassation, toutes chambres et comité réunis, serait chargée de trancher certains différends qui s'élèvent quelquefois entre l'Etat et le Peuple, et pour la solution desquels on n'a eu jusqu'ici recours qu'à la mitraille ou à l'insurrection, toujours la Force brutale, jamais le Droit! Mais on comprend qu'ici nous nous taisions . . . *et pour cause.*

Alors, *mais seulement alors*, vous aurez dans la Nation un troisième Pouvoir, également indépendant et de l'Etat et du Peuple; ce ne sera plus comme maintenant une administration de l'Etat appelée *Ministère de la Justice;* mais ce sera le *Pouvoir Judiciaire*, et ses membres prêteront serment non plus à l'Etat, mais à la Constitution et aux Lois.

Mais vous êtes inconséquent, va-t-on s'écrier! Vous constituez là un *Corps Judiciaire*, et vous avez tonné dans la première partie contre l'Esprit de corps du Parlement; vous avez même prétendu que tout Corps a des vices qui lui sont propres. — C'est vrai, nous le reconnaissons; ce pouvoir Judiciaire formera un corps, et il s'en développera un esprit particulier; mais connaissant sa composition, il nous sera facile de déterminer d'avance *quel sera cet esprit* : il aura de l'orgueil, de l'ambition, soit; mais croyez-vous que ce soit payer trop cher son indépendance? D'ailleurs il n'a pas de force à sa disposition et il ne juge pas au criminel; il ne pourra donc commettre les abus scandaleux du

Parlement; en outre, aucun de ses membres ne pourrait appartenir à l'Etat ou faire partie du corps Législatif. L'orgueil, l'ambition de ce corps Judiciaire seront de maintenir les véritables principes du Droit, de conserver intacte son indépendance, et de tenir d'une main impartiale la balance exacte entre les deux autres Pouvoirs de la Nation.

CHAPITRE XV.

TRIBUNAL.

Nous ne saurions trop le répéter : chacun de nous confie à la Société, c. à d. à *tous*, son honneur, sa fortune et ses droits; il consent bien à *circonscrire* sa liberté, pour ne pas nuire aux droits des autres, mais *sa liberté comme sa vie* est un bien *inaliénable et imprescriptible*. Nous ne pouvons perdre les *droits* que la Société départit à chacun de nous en naissant, aussi longtemps que nous nous conformons aux lois. Toute poursuite qui pourrait porter atteinte à la liberté ou à l'honneur d'un citoyen, ou lui enlever quelqu'un de ses droits, doit être soumise à la Société elle-même. C'est le Pouvoir judiciaire qui chaque année choisirait, sous certaines conditions, les membres de la Société qui devraient former les listes des *Juges*; le sort décide ensuite de quel *Jury* ils feront partie. Les *Jurés* doivent être *indépendants*, *désintéressés et impartiaux*. Quel sera le nombre de jurés nécessaire pour former un Jury? Nous avons conservé la distinction établie entre le crime et le délit, et proposerions de nommer *six* jurés pour juger les délits, *douze* pour les crimes. La *Cour* composée de *trois Magistrats* applique la loi au *Verdict* du Jury. Voilà le *Tribunal criminel*.

Il est un principe général de justice qu'il faut proclamer bien haut et surtout savoir appliquer : *tout doit être égal entre l'accusation et la défense*. Nous devons cependant prêter l'oreille à la voix de l'*Humanité* et donner plus de *facilités* à la défense, car l'homme est en général enclin à croire aux apparences mauvaises plutôt qu'aux bonnes intentions. Quand un crime a été commis publiquement ou qu'il a attiré l'attention de tous, on comprend la fiévreuse impatience du Public dans l'attente des débats. Très souvent même l'acte d'accusation est publié dans les journaux; cette publicité n'est *juste* et *loyale*, que si l'accusé peut en même temps en publier la réfutation; au poison le contre-poison.

Quand un accusé est renvoyé devant le Tribunal criminel, il se choisit un avocat; au cas contraire, le Président lui en désigne un *d'office*, puis remet à un autre avocat le dossier de l'Accusation. Le défenseur de l'accusé ne peut refuser la tâche qui lui incombe, mais l'avocat qui doit représenter l'Accusation ne peut être contraint de réclamer une condamnation, quand dans sa conscience il croit à l'innocence de l'accusé ou doute de sa culpabilité; il doit donc examiner le dossier, et il peut accepter ou refuser. *Mais qu'on ne l'oublie pas*, et là une erreur grave est journellement commise, il ne représente pas la Société, il représente l'Accusation, rien de plus, rien de moins; c'est la *Société qui juge*, et elle est représentée par le Jury.

Le Président de la Cour interroge accusés et témoins, dirige les débats. L'avocat de l'Accusation a présenté l'attaque, l'avocat de l'accusé la défense; tous deux ont répliqué et déposé des conclusions; mais pour Dieu! pas de résumé de M. le Président, pas de questions de sa part. Que les jurés se retirent dans leur chambre et s'y recueillent dans le calme de leur conscience; ils ont sous les yeux les *conclusions* de l'Accusation et celles de la Défense, qu'ils soient libres d'agir comme bon leur semble. Loin de nous cette hypocrisie qui défend aux jurés de penser aux dispositions pénales de la loi, comme si ceux qui les connaissent, pouvaient les oublier!

Quel sera le nombre de Jurés nécessaire pour rayer un homme de la Société? Les uns veulent l'unanimité, les autres se contentent de la majorité, et tous ont raison, à leur point de vue, suivant qu'ils écoutent *la voix de l'Humanité ou celle du Droit* : le droit strict n'exige que la majorité, c'est vrai. Ainsi donc, pour un délit, il faudrait 4 voix sur 6, ce qui forme la majorité et en même temps les deux-tiers du Jury; quant aux crimes, il n'en saurait être différement, et comme il faut ainsi réunir tout à la fois *et* la majorité *et* les deux-tiers, 8 voix sur 12 seraient dès lors indispensables pour la condamnation.

Nous le répétons ici (p. 9 & 335) : la Société n'a pas le *droit* de disposer de la vie d'un de ses membres. Que si cependant vous tenez à considérer un homme comme un *ennemi public*, *irréconciliable* de la Société, et vous arrogez le pouvoir terrible que vous prétendez nécessaire à votre existence, vous ne pouvez y recourir que si la Société tout entière est *unanime* à reconnaître le péril comme inévitable. Mais quand le Jury *à l'unanimité* aura condamné une tête à l'échafaud, il doit avoir le courage d'accomplir ce qu'il ordonne, ou au moins d'assister à l'exécution; et qu'alors, jurés et magistrats, accusateur et défenseur, accompagnés de l'autorité exécutive cette fois, le bourreau et ses aides, assistent à la terrible *expiation* qui doit sauver la Société!

CHAPITRE XVI.

RÉVISION.

Les droits de la vérité sont imprescriptibles. Nous comprenons parfaitement qu'on les limite dans la poursuite des crimes et délits, à dix ans par exemple pour les premiers et à trois pour les seconds; mais ce que nous ne pouvons comprendre, c'est qu'on puisse *prescrire* les droits de l'innocence injustement condamnée, et cependant aussitôt après l'arrêt de condamnation, ils sont à jamais prescrits. Laissez donc au condamné l'espérance de voir un jour proclamer son innocence : nous admettons qu'on fixe un délai très court à l'examen des vices de forme en matière criminelle, mais ce que nous ne saurions admettre, c'est qu'on exige d'un accusé qu'il fournisse les preuves de son innocence, quand on a commencé par l'enfermer, par le tenir au secret et le séparer de ses parents et amis, le tout *à tel jour* qu'il plaira à l'Accusation de fixer, quand elle aura réuni toutes les preuves dont elle a besoin. L'on a institué une chambre criminelle à la Cour de cassation pour l'examen des questions de droit, pourquoi n'en instituerait-on pas une pour l'examen du fait? Non pas pour réviser le verdict du Jury, mais pour examiner les preuves *nouvelles* qu'un condamné pourrait recueillir après l'arrêt; nous disons *preuves nouvelles,* car nous comprenons qu'il faille donner de la force à la Justice, et nous devons admettre la fiction, *pour quelque temps* au moins, qu'elle ne peut se tromper : elle peut cependant avoir été induite en erreur, soit par des pièces fausses ou de faux témoignages, de même que par la perte de pièces ou l'absence de témoins, qui pouvaient prouver l'innocence de l'accusé : mais que ces pièces se retrouvent ou que ces témoins reparaissent, il faut pouvoir alors proclamer l'innocence du condamné : la Cour de cassation devrait donc être chargée de les examiner, de les entendre, d'ordonner s'il le faut, une instruction nouvelle, et si elle pense qu'il y a des motifs nouveaux et sérieux pour réviser, alors elle choisirait un Jury devant lequel l'affaire serait présentée à nouveau; ce serait un *Jury de Révision.*

On n'aura certes pas à craindre que la Cour de cassation donne trop légèrement l'autorisation de comparaître devant un nouveau Jury; elle se montrera sans aucun doute très circonspecte à cet égard, et elle n'aura pas tort. Mais comme elle pourrait s'opposer systématiquement à la révision d'un procès, il faut donner à la Vérité un nouveau moyen de se faire jour, et ce moyen serait de *droit général* en faveur de chaque condamné : qu'il fasse d'abord son temps, puis à l'expiration de sa peine, qu'il vienne alors réclamer un Jury de révision qui prononcera de nouveau sur sa culpabilité. Certes, il faudra une certitude bien forte de son innocence et de la bonté de sa cause, pour venir s'exposer une seconde fois au verdict du Jury, à l'arrêt de la Cour, à une condamnation nouvelle! — Ou une audace bien grande, nous dira-t-on. — Il n'y a pas d'audace qui ose affronter de nouveau la Justice, pour obtenir quoi? L'honneur; et moyennant quel enjeu? La liberté. Quant aux condamnés à un temps très long, faites-les jouir du droit de réclamer un Jury de révision, dix années par exemple après leur condamnation; deux barrières sont ici nécessaires : 1° leur conduite doit toujours avoir été bonne pendant ce laps de temps; 2° la nouvelle condamnation qui pourrait leur être infligée ne pourrait sous aucun prétexte être réduite. Et en effet les condamnés, même à perpétuité, sont presque toujours graciés après 12 à 15 ans de galères, quand leur conduite est bonne; certes, aucun de ceux-là ne voudra risquer d'aliéner à nouveau sa liberté et ses droits, à jamais peut-être, alors que d'un moment à l'autre il doit recevoir sa grâce et voir s'ouvrir les portes de sa prison. Nous savons parfaitement qu'aussitôt après leur condamnation, sur 10 condamnés 7 au moins s'ils le pouvaient, affronteraient de nouveau la Justice pour courir la chance, au risque même d'une peine plus forte, de se voir rendre à la liberté; en préparant leur défense, ils ont pu étouffer quelque temps la voix de leur conscience et ont peu à peu compté sur un acquittement; mais le temps efface cette impression factice et la conscience reprend peu à peu son empire; aussi quand de longues années se seront écoulées, ils ne sont plus tentés de réclamer contre l'arrêt qui les a frappés, si toutefois il est juste.

Que si le Jury de révision acquitte un condamné, son innocence sera hautement et solennellement proclamée; non seulement il rentre dans tous ses droits, mais la Société doit réparer autant que possible le tort et le préjudice qu'elle lui a causés, et c'est ce que nous allons développer.

CHAPITRE XVII.

RÉPARATION.

Dès qu'un préjudice est causé à quelqu'un par votre fait, ou celui d'un de vos employés dans l'exercice de ses fonctions, vous en êtes civilement responsable et en devez *réparation;* c'est de toute justice. Ainsi vous avez un domestique, qui en conduisant votre voiture blesse par imprudence un malheureux père de famille et le rend incapable de travailler, le Tribunal le condamne à quelques mois de prison et en outre à lui payer une somme d'argent et une rente viagère ; puis vous, le maître, vous êtes déclaré *civilement responsable* et condamné *solidairement* à payer de votre poche et la somme d'argent et la rente. C'est là un principe de notre droit et très juste, bien que la jurisprudence l'ait singulièrement exagéré : car si votre cocher tue par vengeance la personne qu'il a conduite la veille, ou si votre nègre viole une fille plus ou moins vertueuse, vous son maître, vous êtes condamné à payer 5 ou 10 mille francs de dommages-intérêts, plus les frais, ce qui deviendra bientôt un moyen de spéculations honteuses. — Combien de milliers de citoyens sont chaque année *arrêtés préventivement* qui sont ensuite reconnus *innocents ;* rendus à la liberté et acquittés, ils vont sans aucun doute s'empresser d'assigner *leur accusateur* et lui réclamer des dommages-intérêts pour le tort et le préjudice qu'ils ont souffert dans leur honneur et leur fortune, et dont il est la cause. Mais nous le savons, il n'y a guère d'autre *accusateur* que le Ministère public ; il y a bien une plainte, des dénonciations, mais le parquet a soin de ne pas vous livrer ces pièces, et pour cause (p. 285), et vous êtes ainsi dans l'impossibilité de poursuivre la *calomnie.* Que si vous osiez réclamer une indemnité de la Justice pour le temps passé en prison, pour le dérangement de vos affaires *ou seulement pour vos déboursés*, vous savez ce qu'elle vous répondrait (p. 294). Eh bien ! est-ce juste ? L'accusation a donc tous les droits et pas un seul devoir ? Il sera toujours permis de dénoncer, d'accuser, d'instruire, et il n'y aura pas une borne, si petite soit-elle, qui empêche ces abus déplorables de se commettre ? Mais on nous dira : « Nous accusons au nom de la Société et nous poursuivons dans l'intérêt général ! » Eh bien ! c'est à vous tous qui formez la Société, que je m'adresse : est-ce juste ? voudriez-vous donc appartenir à un Corps qui ne veut pas réparer le tort, le dommage qu'il a causés en voulant assurer sa conservation, sa sécurité? En arrêtant un innocent, ses agents ont commis un crime, involontaire nous l'admettons, mais un véritable crime, et le Corps doit en être *responsable*, tout comme le maître qui est condamné comme civilement responsable non seulement pour les *fautes* (crimes involontaires) de ses domestiques, employés ou agents, mais même pour les *délits et crimes* qu'ils commettent dans l'exercice de leurs fonctions. N'examinez pas maintenant les conséquences : demandez-vous seulement si c'est juste, si ce ne devrait pas être ainsi, et votre conscience vous répondra : *oui*. D'ailleurs nous vous ferons observer, et ceci ne peut vous offenser, qu'un jour vous pouvez devenir une de ces malheureuses victimes d'une erreur de la Justice ou d'une dénonciation calomnieuse, et qu'alors vous seriez bien heureux d'avoir d'avance reconnu et proclamé hautement ce qui d'ailleurs est juste, nécessaire, indispensable même, *le droit à une réparation;* vous regretteriez amèrement alors d'avoir repoussé le droit et refusé une contribution annuelle de quelques centimes pour acquitter une *dette sociale aussi sacrée*, quand en qualité de créancier vous auriez à recevoir une somme importante, qui ne serait cependant qu'une faible compensation pour le mal et les pertes que vous auriez soufferts. Rappelez vous les nombreux exemples d'erreurs ou de vengeances judiciaires que nous vous avons présentés (3ème partie, chap. 9 et 10), et qui donc oserait dire que la Société ne doit pas une réparation à ces malheureux. Allonc donc ! mais ce serait . . . Il est d'ailleurs grand temps d'arrêter la rage toujours croissante des dénonciations et calomnies, moyen si commode de vengeance et qui cadre si bien avec l'hypocrisie de notre siècle.

Certes, tout le monde le reconnait maintenant : une réparation est juste, nécessaire, indispensable. Vous êtes acquitté : vous demandez à la Magistrature communication du dossier de l'accusation, vous avez entre les mains les preuves de la plainte et de la dénonciation, vous êtes alors en présence du *véritable accusateur*. Le Jury dont le verdict a proclamé votre innocence, décide s'il y a eu *mauvaise foi* de sa part : dans ce cas, c'est un crime ou délit, suivant que lui-même vous accusait d'un crime ou d'un délit, dont il vous savait innocent ; vous le poursuivez à son tour devant le Tribunal criminel en lui réclamant des dommages-intérêts. Que si au contraire le Jury déclare qu'il n'y a pas eu mauvaise foi de sa part, la faute provient de la Magistrature qui a accueilli la plainte et vous a renvoyé devant le Tribunal criminel. La Société vous en doit réparation : le Jury fixerait de suite le chiffre de la *Réparation pécuniaire*, que l'État aurait à vous payer pour le compte de la Société.

CONCLUSION.

Nous avons enfin terminé la tâche que nous nous étions imposée et avons ainsi déroulé une partie des crimes produits par la *Tyrannie judiciaire en France.*

Nous avons peut-être quelquefois exprimé avec trop de chaleur et d'énergie ce que nous ressentions.

Nous avons sans aucun doute froissé bien des intérêts, nous avons heurté bien des idées reçues; mais nous prions le lecteur indépendant, avant de nous juger, de vouloir bien s'entourer de tous les renseignements nécessaires et s'adresser à des personnes ayant l'expérience des faits et gestes de la magistrature française actuelle.

Qu'il s'enquière seulement, — mais bien bas, — comment et pourquoi on n'a jamais voulu (nous disons *voulu*, qu'on ne s'y trompe pas;) découvrir le fameux Jud, l'assassin du président Poinsot? S'il est assez heureux, pour bien s'adresser, il sera complètement édifié.

Mais dans ces cas, si « la parole est d'argent, le silence est d'or, » disent les Italiens. Qu'on veuille bien ne pas l'oublier. L'Empire a ses pontons et ses oubliettes; il a besoin de la magistrature et la magistrature est à son service.

> Voilà, où nous a conduit *l'homme providentiel.*
> L'or triomphe, et l'honneur doit céder à l'intrus.
> Naguère dans Paris, débarquant à pieds nus.

FIN.

TABLE DES MATIERES.

INTRODUCTION ET MÉTHODE.

Première partie.

Des lois et du parlement.

Deuxième partie.

La justice contemporaine ou *les coulisses intimes du monde judiciaire français.*

Troisième partie.

www.ingramcontent.com/pod-product-compliance
Ingram Content Group UK Ltd.
Pitfield, Milton Keynes, MK11 3LW, UK
UKHW021103220726
13924UKWH00005B/2221